北京景山学校50周年校庆丛书

北京景山学校教育改革文集

BEIJING JINGSHAN XUEXIAO JIAOYU GAIGE WENJI

2000~2010

◎ 范禄燕/主编

人民教育出版社

图书在版编目（CIP）数据

北京景山学校教育改革文集（2000～2010）
范禄燕主编．
—北京：人民教育出版社，2010
ISBN 978-7-107-22807-0

Ⅰ．①北…

Ⅱ．①范…

Ⅲ．①中小学－教育改革－北京市－文集

Ⅳ．①G632.0-53

中国版本图书馆 CIP 数据核字（2010）第 071899 号

人民教育出版社 出版发行
网址：http://www.pep.com.cn
北京汇林印务有限公司印装　全国新华书店经销
2010 年 5 月第 1 版　　2010 年 5 月第 1 次印刷
开本：787 毫米×1 092 毫米　1/16　印张：39
字数：555 千字　　印数：0 001～2 000 册
定价：53.60 元

如发现印、装质量问题，影响阅读，请与本社出版科联系调换。
（联系地址：北京市海淀区中关村南大街 17 号院 1 号楼　邮编：100081）

主　编：范禄燕
副主编：陈瑞群　袁立新
编　委：陈茹珊　王京梅　王慧波
　　　　邱　悦　毛　敏

前　言

　　北京景山学校因教育改革而诞生，依教育改革而生存，随教育改革而发展。作为一所专门进行城市中小学教育教学改革试验的学校，景山学校从1960年建校至今一直进行基础教育改革试验，取得了可喜的成果和规律性的经验，为我国基础教育改革作出了一定贡献。

　　在长期的教改实践中，景山学校造就出了一支具有一定教育理论水平和教育科研能力的骨干教师队伍，形成了教育教学工作、教育教学改革试验和教育科研三者紧密结合、"三位一体"的教育工作体系，确立了以学生发展为根本、以教育科研为先导、以教育教学为中心、以科研课题为载体，全面推进素质教育的办学特色。

　　教改是景山学校的灵魂，教改是"景山人"的性格，教改是景山学校生命力之所在。景山学校的教育科研工作已经同教育教学工作一起成为学校的一项重要工作。夯实科研基础，加强科研管理，创新科研机制，培育科研特色，提高科研实效，促进学校可持续发展已成为景山学校发展的主要目标之一。

　　当前，我国许多中小学校都在深化教育改革，进行教改实验，这对景山学校来说是一项挑战，但我们有信心迎接挑战。我们的教育科研和教改实验不是赶时髦和追浪潮，而是紧密结合学校教育教学实际，以校为本进行实实在在的研究和改革。

"十五"期间，景山学校根据教育改革的形势和学校发展的实际，积极开展各级各类课题研究，承担了1项教育部重点课题，2项国家级课题子课题，2项北京市级课题和5项东城区级课题。此外，有校级课题6大类73项。"十一五"期间，景山学校独立承担了2项北京市级课题、3项东城区级课题，参加了4项国家级课题子课题研究。此外，还有校级课题36项。这些课题涵盖了学校改革的各方面，涉及德育、课程改革、教材建设、教法学法、考试评价和优质教育资源配置等，紧紧围绕"全面发展打基础、发展个性育人才"的办学方针展开。这些课题的研究是我校坚持和深化教育科研的基础，确保了学校的教育教学沿着科学的方向前进。

我校在40周年校庆时曾由人民教育出版社出版了《北京景山学校教育改革文集》(1960~2000)，对学校建校40年教改历史进行了总结。2010年5月4日是北京景山学校建校50周年，在此，我们将近十年来学校的教改实验成果汇编成册，编辑出版了《北京景山学校教育改革文集》(2000~2010)。这本书与上一本书一脉相承，主要记载了进入新世纪以来景山学校承担的部分教育科研课题研究与实验成果以及教师们在教育教学改革中的一些实践探索，反映了我校多层次、多学科的改革。本书分四编：课题研究报告；小学教育科研论文；初中教育科研论文；高中教育科研论文。

这本书既是对我校教育科学研究成果的展示，也是献给我校50周年校庆的一份厚礼。我们希望所有的"景山人"都继续将教改视为自己的责任与使命，在教改的道路上不断探索、不懈追求，朝着辉煌的目标奋勇前进。

由于成书时间仓促，书中难免有疏漏和不准确之处，敬请指正。

编者
2010年3月10日

目 录

第一编 课题研究报告

景山学校九年一贯义务教育课程教学改革试验研究…………范禄燕 3
遵循学生身心发展的特点和规律 整体构建学校德育模式……陈瑞群 21
网络环境下新型写作教学系统的建构……………………………周 群 32
走进国家重点实验室
　　——高中学生研究性学习的探索与实践…………………李慧兰 40
立足现代 放眼世界 把握未来
　　——电脑辅助教学实验研究………………………范禄燕 邱 悦 46
中学选修课的设置与规范化的研究与实验……………………陈瑞群 60
开启学生通向科学、社会奥秘的心路之门
　　——小学科学、社会综合课程的探索与
　　　实践………………………………………袁立新 于立燕 高 颖 69

基于网络的校际教育教学资源共享机制的开发及应用研究……范禄燕 76
提高课堂实效性的学习策略研究……朱淑玲 86
开展"生活技能"教育课的探索与实践……刘 莹 100

第二编　小学教育科研论文

引导感悟　指导积累
　　——景山小语教材名家名篇阅读教学方法谈……刘长明 113
让数学思考萦绕课堂　用数学魅力感动师生……李云飞 121
新课标　新理念　新教材
　　——使用景山新教材的体会……徐 蕾 128
如何激发学生数学学习兴趣，养成良好学习习惯……张静丽 141
语文课怎样体现三维目标的统一……叶晓静 147
动手操作　想象创新
　　——《观察立体》教学谈……秦全英 152
学习新课标　创新教与学……方月兰 158
回头看什么……薛涟霞 163
课改与教师素质
　　——论语文教师的审美能力……张 然 170
创设探索空间　活化数学教学……郭宇凡 175
从信息技术教学的点滴谈起……钮海源 182
在生活中学习社会……高 颖 189
小班教学让学生快乐着，学习着……于立燕　宫效宁　闫 卫 196
浅谈如何有效开展小学歌唱教学……杨向玲 200
热爱生活，感受美
　　——我对艺术创意课的设计……袁 萌 212

"团队沙龙"
——九年一贯制学校团队衔接的新模式……………………高 颖 217
关于培养小学生创造思维能力的思考………………………孙洁晶 222
体育教学如何渗透思想品德教育……………………………治雪梅 228

第三编 初中教育科研论文

北京景山学校综合实践活动课程校本化的实践……邱 悦 毛 敏 235
数学好"玩"
——记一堂别开生面的数学活动课……………………郝立萍 248
建构初中语文探究式活动课程的实践与思考………………周 群 251
新课标指导下的诗歌、文言文教学方法新探………………王海兴 264
运用多元智能理论转化英语学困生的研究…………………曹 蕾 277
在角色换位中培养创造性思维和艺术想象力
——小说教学中的换位策略初探………………………汪 羿 286
初中几何教学初探……………………………………欧 丽 王 宁 300
以"问题"为纽带的科学教育
——"问题驱动"生物教学模式概述……………………邱 悦 309
如何组织语文的综合性活动…………………………………王月华 316
在初中信息技术课程中开设几何画板的实践与研究………吴俊杰 325
平面图形的镶嵌教学设计……………………………………韩莉梅 334
劳动技术课教学模式的研究与试验…………………………张小军 341
在劳技课教学中培养学生设计创作能力的尝试……………黄冬梅 351
新课改下信息技术课报刊制作的教学探索
——《亲情专刊》教学案例……………………………李 卓 357
以教师的教学情感激发学生的学习情感

——在初中思想政治课教学中的体会和思考 ………… 王春辉 365
中学生厌学问题的案例与研究 ………………………… 张智文 371
构建和谐师生关系
——浅谈班主任与学生沟通技巧 ………………………… 郝立萍 376
新课程改革中发展性评价的实践与探索 …………………… 毛 敏 380
语感阅读法与学生书面表达能力的发展研究 ……… 曾 雯 付永庆 388

第四编　高中教育科研论文

为学生未来的发展奠定坚实的基础
——北京景山学校高中办学特色与经验 ………… 王京梅 袁立新 397
语言与思维：口头表达训练之启示 ……………………… 张亚南 404
北京景山学校研究性学习的实践与思考 ………………… 袁立新 410
发挥学案导学在教学中的积极作用 ……………………… 徐伟念 425
合作学习在高中英语课堂教学中的有效运用 …………… 殷玫君 430
运用几何画板，开展探究性学习 ………………………… 吴 鹏 440
北京景山学校关于信息技术与课堂教学整合的研究 …… 沙有威 447
信息技术与中学物理实验整合研究的报告 ……………… 裴加旺 456
中学史地教学中现代多媒体教学手段与传统教学手段的
　比较 …………………………………………………… 廉 辉 466
从生活走进化学
——高中化学必修模块教学策略研究 …………………… 林红焰 宁 滨 476
新课标下数学直觉思维能力的培养 ……………………… 王惊雄 485
高中数学研究性学习的思考与实践 ……………………… 刘兴华 493
近六年北京高考物理实验分析及命题趋势研究 ………… 裴加旺 509
隐喻理论对词汇教学的几点启示 ………………………… 付永庆 522

从兴趣出发，以写促学
　　——关于新课标下英语写作教学的思考…………………赵丽丽 528
高中物理研究性学习的实践与思考………………………………满　娜 536
网络多媒体技术应用于"基因工程"教学的尝试…………………何　彬 547
新课程、新思路、新理念
　　——在实施"研究性课程"教学中的几点
　　　　体会………………………………徐　平　何　彬　姜　志 552
关于校本课程"探寻中国历史名城"的实践和思考………………刘　颖 557
培养学生的个性发展与研究性学习…………………………………刘　群 566
高中物理课堂教学结构的优化………………………………………朱亚平 571
学习心理辅导案例
　　——如何帮助学生构建良好认知结构………………………朱淑玲 578
对软排教学研究性学习的
　　研究………………刘　洋　李　峰　刘树平　骆小铁　焦福群 584
让每一个"问题生"都享有教育的阳光………………………………刘志江 594
高中新课程实施过程中学生心理的调查研究………………毛　敏　张　毅 602

第一编

课题研究报告

景山学校九年一贯义务教育课程教学改革试验研究

范禄燕

作为全国教育科学"十五"规划教育部重点课题之一,"北京景山学校九年一贯义务教育阶段课程与教学改革的试验研究"自2002年立项以来,经过全体课题组成员的研究与实践,取得了一些成果和规律性经验。

一、课题的提出

课程改革是教育改革的核心,也是深化教育改革、全面推进素质教育的重要标志,学校实施的课程集中体现了一所学校教育价值的取向,直接影响到学生的发展和教育质量的提高。

面向21世纪,世界各国无不推动学校课程的革新,以提高国民素质,其策略包括制定课程纲要、加强课程弹性化、大力开发校本课程、注重课程统整化等,其中也包括九年一贯设置课程的问题。

2001年6月,教育部颁布了《基础教育课程改革纲要(试行)》,开始了新一轮基础教育的课程改革。在《纲要》中明确提出"改变课程结构过于强调学科本位、科目过多和缺乏整合的现状,整体设置九年一贯的课程门类和课时比例,并设置综合课程,以适应不同地区和学生发展的需求,体现课程的均衡性、综合性和选择性。"这些规定为我们的课程改革指明了方向。

在我国基本普及九年义务教育的新形势下,义务教育最理想的学制是九年一贯制。因为这种学制符合我国少年儿童身心发展呈现出快速和提前的特点和趋势，有利于进一步促进他们身心的健康发展；有利于深化教育改革，全面推进素质教育；有利于合理安排课程，综合利用教育资源，更有效地利用学时。《国务院关于基础教育改革与发展的决定》中提出："规范义务教育学制，'十五'期间，国家将整体设置九年义务教育课程，有条件的地方，可以实行九年一贯制。"北京市作为全国的政治、经济、文化中心，已经提出小学和初中阶段实行九年一贯制教育。

学制从宏观上规定和影响着课程教材的建设和发展，学制改革必须与课程、教材、教学改革同步进行。九年一贯学制已经形成，但与之相适应的课程、教材体系还没有形成。因此，根据时代和社会发展的需要，顺应国际教育改革的潮流，适应国内教育改革的形势，北京景山学校基于长期的九年一贯整体实践研究，提出了进行"九年一贯义务教育课程教学改革试验研究"，探索课程、教材、教法、学法与评估一体化的课程体系和教学模式，旨在为我国义务教育阶段九年一贯课程教学改革提供具有规律性的实践经验。

二、课题研究的主要内容和方法

本课题研究按照九年一贯的思路，以系统论观点作为思想方法，对义务教育阶段九年一贯制的课程、教材和教学改革进行统整研究，以完善九年一贯课程设置理论，构建新世纪景山学校九年一贯课程与教学新体系；编写全日制义务教育阶段富有特色的语文、数学、外语等教材以及校本课程教材；培养一支理论与实践相结合的研究型的教师队伍，从而为我国中小学课程改革的发展提供规律性的经验。

（一）课题研究的主要内容

1. 新世纪景山学校课程理念研究。
2. 国家课程校本化的研究及其相应的教材开发建设。
3. 校本课程的开发及其教材建设。
4. 课堂教学改革的研究。
5. 课程评价与课程管理的研究。

（二）课题的研究方法

本课题研究注意利用现代信息技术手段，进行信息搜集。主要采用行动研究法、案例研究法、调查法、文献法、实验法等多种研究方法。确保研究的科学性、严谨性和超前性。研究力图使理论研究与实践应用结合起来，既进行理论方面的探索，又为中小学提供可以借鉴的实践模式。

三、课题研究的原则和价值

本课题研究提出以下原则，并将贯穿于整个研究过程：

(1) 学制改革必须与课程、教材、教学改革及评价改革同步进行。

(2) 义务教育阶段应该加强九年一贯精神（基础扎实、充分发展个性）。

(3) 九年一贯制教育需要小—中沟通的教师队伍。

(4) 课程、教材和教学改革必须围绕学校实际进行，并突出学校特色。

我国实施九年义务教育以后，义务教育阶段的课程一直分为小学和初中两个阶段，这种客观上的中小学分离给教育工作造成了很大程度的"断层"，在认识上、做法上缺乏系统性、连续性和稳定性，在教育实践中不可避免地出现了脱节和不必要的重复等问题。而我们提出的"义务教育九年一贯课程教学改革试验研究"重视课程发展的延续性，强调九年一贯的课程设计、教材编制和教学改革，以期能充分发挥九年一贯的优势，使每一位学生都能接受基本而完整的义务教育课程。

北京景山学校提出的这一课题，是在继承、借鉴基础上的探索和创新，是以"三个面向"和"全面发展打基础、发展个性育人才"的办学理念为指导的。本课题研究的价值在于保障全体学生享受高质量的教育，促进教师专业化队伍的建设，探索新时期素质教育的学校管理体制，从而为社会提供优质的教育资源。

四、课题研究的主要成果

（一）明确了课程改革的目标和原则

在新的课程理念和课程标准的指导下，我们确定了北京景山学校课程改革的目标和应遵循的原则。

改革目标：以"三个面向"为指针，构建北京景山学校新的课程体系，即优化基础学科课程，加强实践活动课程，开发校园环境课程，改变传统的、单一的学科课程体系，确立"以学生发展为本"的理念和"全面发展打基础，发展个性育人才"的办学宗旨，对北京景山学校的课程进行调整和改革。

改革原则：

1. 面向全体学生，使学生在德、智、体、美诸方面得到全面发展，全面推进素质教育。

2. 全面落实国家课程计划，开足、开齐教育部颁布的课程标准中规定的课程。不以升学考试科目为唯一目标，不随意删减非考试科目。

3. 优化基础工具学科，增加选修课程，创造条件开发环境课程，体现课程的综合性和实践性。

4. 适当减少门类，综合相关学科。体现传统与现代的结合，处理好继承、借鉴与创新的关系。

5. 切实减轻学生过重的课业负担，提高教学质量。精心备课，确保每节课教学内容的完成，向40分钟要质量；注意调动学生的积极性，注意启发引导学生；作业要精选题目；不允许利用节假日进行集体补课。

6. 课程改革本着因人因课制宜的原则，突破原课堂、课程和课时的限制，建立有诊断、激励与发展功能的评价体系。

7. 进行课程改革要发扬民主，实事求是。要立足改革，以求发展。

（二）进行国家课程校本化与优化的研究

国家课程是国家规定的课程，它专门为培养未来的国家公民而设计，并依据未来公民接受教育之后所要达到的共同素质而开发的课程。国家课程强调基础性和统一性，但无法兼顾不同地域和学生的个性发展。这就要求学校构建以学生发展为本的更为合理的基础教育课程教材体系。因此，北京景山学校在全面落实国家课程计划，开足、开齐国家规定的课程的同时，积极进行国家课程校本化与优化的探索试验。学校和教师通过调整课程计划和结构，以及选择、改编、整合、补充、拓展等方式，对国家课程进行校本化、个性化的再加工、再创造，使课程结构更符合学生个性与学校、社会的特点和需要。

1. 全日制义务教育语文、数学教材的编写与试验

中小学教材是课程的主要承载体，是组织学校教学的主要媒体。因此，在深化教育改革，全面推进素质教育的过程中，中小学教材建设是一项具有战略意义的基础性建设，它直接关系着中小学教育教学的水平，关系着学生终身学习和一生发展的基础。

课程教材建设始终是北京景山学校改革试验的重点。1999年6月全国教育工作会议召开后，北京景山学校在总结40年来教学改革实践经验的基础上，遵循"三个面向"的精神，以国家课程标准为依据，结合北京景山学校教育资源优势，开始编写全日制义务教育语文、数学教材。我们希望通过总结和反思北京景山学校长期进行课程教材改革试验的成果及其基本经验教训，借鉴国内外有关中小学教材建设的历史经验和教训，根据我国新世纪人才强国战略对人才素质的要求，对照教育部新颁布的课程标准，编写适应学生发展需求、具有学校特色，有利于培养创新精神和实践能力，提高综合素质，有利于促进学生心理健康和良好个性发展的新教材，从理论和实践的结合上，探索中小学国家课程校本化与优化的新范例和新途径，为我国中小学课程教材建设提供规律性的实验经验。

北京景山学校的教材编写坚持继承传统，与时俱进，体现时代特点和现代意识的原则以及理论联系实际的原则，既注重学习有关课程教材建设的新理论、新经验，注重理性思考，又必须紧密关注教材编写和教学实践中的新问题，使理论研究有目的、有针对性地为教材编写和教学实践服务。参加编写教材的人员有：长期主持北京景山学校教学改革试验的老领导，长期进行教材改革试验并有丰富实践经验的老教师，在第一线亲自进行新教材试验的中青年骨干教师，并聘请我国的中小学课程教材专家作为顾问进行指导。采

取边编写、边试验、边听课、边总结、边修改的方法，将教材编写、教学试验和教师培训有机地结合起来，以增强教材的实践性、针对性和适应性，保证教材具有比较广泛的适用性。北京景山学校以《全日制义务教育语文、数学课程标准（实验稿）》中规定的基本水平为依据来编写教材，这样就使教材在国家较发达的地区、城镇都能适用。

语文教材改革的总体思路是："整体谋划，分段实施，稳步过渡，九年基本达标。"要通盘考虑从一年级到九年级语文学习的整体要求，通过九年语文课程的学习，要让绝大多数学生具备公民应有的语文素养。

数学教材注重体现基础性、综合性、实践性和弹性，使学生在认识数学、理解数学和应用数学的过程中，使个性才能同时得到发展。体现数学教育为提高人的整体素质这一中心，使得人人学有用的数学，人人学必需的数学，不同的人从数学上能得到不同的收获。

目前语文、数学教材已编写到小学1~5年级，初中6~7年级，有北京、天津、重庆、四川、江苏、浙江、广西、广东、内蒙古、河南、吉林、江西、海南等18个省、市、自治区的60所兄弟学校和我们一同进行新教材的试验。这些教材受到了参加试验的学校、教师、学生和家长的一致好评。

2. 一二年级综合课程的研究

21世纪中小学课程改革的一个重要发展趋势就是强调课程的整合。我国新一轮课程改革，九年一贯整体设置义务教育的课程，构建了分科课程与综合课程相结合的课程结构，提出了小学阶段以综合课程为主的原则。

北京景山学校与教育部课程教材研究所合作，承担了《面向21世纪义务教育课程综合化的研究与实验》课题，在小学一二年级进行科学和社会综合课的探索与实践。经过两年的实践，已经成为学生喜爱、家长支持、学校重视、教师在任教中得到提高的课程。

综合课程具有以下几个特点：

（1）课程的宗旨以发展学生素养为本

科学、社会综合课以发展学生科学素养及人文素养为本，对儿童进行自然科学常识及社会科学常识的启蒙教育。注重面向全体，全面发展与个性差异发展相统一的课程，是注重由师本转向生本，强调学生是学习活动主体、自我发展主体的课程。

（2）课程内容选取注重生活化、社会化、综合性

科学课和社会课教材由教育部课程教材研究所的专家负责编写，北京景山学校的教师进行教学实验，充分体现了编写人员与实验教师紧密结合的特点。新教材考虑到低年级学生的年龄特点和知识、生活经验及能力都是有限的，因此，教材内容联系社会，联系学生生活，选择贴近学生生活的、接近周围社会和环境、符合现代科学技术和社会科学发展趋势的、适应社会发展要求的和有利于学生奠定终生发展的基础所最需要的内容，使学生感觉到学习的内容是熟悉的、亲切的。

教材的综合性强，这就是人们常说的"大综合"。一二年级的科学课教材，内容主要以低年级同学比较感兴趣的动物、植物、人文、声、光、电以及与生活密切相关的衣、食、住、行等单元为主。社会课涉及自我认识、自我教育、祖国传统文化（如节日）、学校、家庭心理教育、思维训练、生活实践、社会自然与自我的整合等方面的内容。

（3）教学方式体现自主性和多样性

在教师主导下，学生自主参与各种学习活动，是小学科学与社会课的主要教学形式。两门课程的教学中充分发挥学生的主体作用，强调学生的参与和体验。在科学、社会综合课的教学中根据学生的特点和"以活动促发展"的指导思想，更加突出"活动"的地位。教学中的"活动"内容明显增加，几乎每节课都设计了让学生活动的时间，或角色扮演、或游戏、或动手制作、或观察，活动时间平均占每课总量的50%左右。

科学、社会课在教学方法的设计和安排上，吸取了当今教育发达国家的经验和理念，诸如科学课的小班教学、课堂游戏、分组活动、小组讨论、室外活动、试验自主设计、方案评估、试验成果展示等方法的运用，尤其是科学课采取了小班化小组教学的形式，一个教师面对24名学生，学生4人分

成一组，比较四五十人的大班授课，其启发性教学优势突出，师生互动、生生互动效果明显。社会课比较强调学生的参与表演，通过创设与学生生活十分接近的情境，用游戏、小品、表演、配音等方式来"激活"脑力，用角色扮演创设情境，进行实践，加强学习。

通过两年的探索与实验，科学社会综合课的实验取得了明显的效果和突破性的成绩，其表现为：

①学生方面

其一，学生参与课堂活动为100%；其二，学生动手动脑能力得到极大提高，心灵手巧；其三，思维能力有了明显提高。

②教师方面

对于任课的教师来说，科学、社会综合课的教学完全是个新课题。面对无正式教材、无学具、无任何参考资料的情况，面对新的教学方式，通过两年的教学实践，六位任课教师要千方百计地设计教案、教法，要自己制作各种各样的教具，要制作各种各样的教学课件，两年下来，大家都感觉到自己的教学能力、教学水平得到了很大的提高。

③家长方面

对于刚刚入学的一年级小同学上好科学、社会课，家长的协作是必不可少的。由于孩子们十分喜爱科学课，所以家长为了孩子给予教师极大的支持。他们帮助孩子准备各种各样的学具，许多家长都当了孩子课外实验的辅导员。

两年来，经过多次调查反馈，科学、社会综合课已成为深受学生喜爱的课程之一。因此我们可以自豪地说：小学科学、社会综合课是学生喜爱、家长支持、学校重视、教师在任教中得到提高的好的实验课。

（三）开发校本课程，进行校本课程系列化的探索

校本课程是我国基础教育新课程体系中的一个重要组成部分。它是体现学校办学理念、发挥学校资源优势、符合学生需要、促进学生和教师发展的一种课程。北京景山学校在进行国家课程校本化的研究与试验的同时，积极开发具有学校特色的校本课程，进行了校本课程系列化的探索。

1. 必修类校本课程资源的开发

北京景山学校在"关注学生,以学生的发展为本"这一校本课程开发的核心理念的指导下,根据学生的特点和需要,充分发挥学校的传统和优势,挖掘教师的潜力,发挥教师的积极性,开发了一些适合学生发展需要的校本课程(详见表一),这些课程都是北京景山学校学生必修的校本课程。这些课程的教材,有的是选用国外的教材,有的是与专家合作编写的教材,有的是教师们自己编写的教材。这些课程教材都深受学生的喜爱。

表一　北京景山学校校本课程设置总体框架

课程设置		开设年级	课时分配
校本课程	必修类		
	科学综合课	一、二年级	每周2课时
	社会综合课	一、二年级	每周2课时
	艺术创意课	一、四年级	每周1课时
	书法课	三、四、五年级	每周1课时
	形体课	四、五、六年级	每周1课时
	生活技能课	六年级	每周1课时
	英语活动课	六、七年级	每周1课时
	数学活动课	六、七年级	每周1课时
	研究性学习	高一、高二年级	每周2课时
	游泳课	一至八年级	每周2课时
		高一、高二年级	连续5周

2. 选修类校本课程资源的开发

北京景山学校在"全面发展打基础,发展个性育人才"的办学宗旨指导下,始终重视选修课程的开发与设置。这些课程以学生主体发展为主,尽量满足学生的兴趣、爱好和需要,从而为学生的个性发展创造良好的条件。

北京景山学校选修课设置的目标是:在课程改革的实践中完善课程选修制理论,构建北京景山学校规范化的选修课框架体系;建设一批相应的选修课教材；培养出一支理论与实践相结合的教师队伍，从而为课程改革的发展提供宝贵的规律性经验。

北京景山学校选修课设置的基本原则是：(1) 发挥教师特长，体现教师主导；(2) 发展学生特长，体现学生主体；(3) 尊重学生意愿，促进个性发展。

目前，北京景山学校共开设三大类近40门选修课，（详见表二）通过这些校本课程的开发，学校为学生提供了更多的学习机会，给学生的发展提供了广阔空间，极大地丰富了学生的学习体验。同时也促使教师不断思索：怎样才能开发出学生喜欢的课程，从而促进了教师的专业发展？

表二　北京景山学校校本选修课程设置

	类别	对象	目的	课程
校本课程	提高类选修课	针对成绩优秀，兴趣和特长比较定型并希望在某一学科有所特长和进一步发展的学生。	目的是培养竞赛型人才，提高他们的才能。	数学竞赛专题、物理竞赛专题、化学竞赛专题、生物专题、外语专题。
校本课程 任意选修类	拓展类选修课	针对对某一学科知识有兴趣的学生。	目的是通过介绍一些新的科学理论，扩大学生视野，可以促进他们的能力进一步发展。	西方戏剧欣赏、现代诗歌欣赏、英语视听课、数学建模、电子技术、国际热点问题、时政风云、关注老北京、植物组织培养、领土与国力、基因奥秘、天文知识讲座、古代建筑、机器人、戏剧欣赏、环境保护、心理常识与健康教育、礼仪常识等。
校本课程	文体类选修课	针对那些有艺术兴趣和体育爱好的学生。	目的是发挥他们的特长。	戏剧表演、美术欣赏、素描、服饰欣赏与设计、20世纪西方现代音乐初探、摄影、电脑、绘画、陶艺、排球、足球、游泳、舞蹈、声乐。

(四) 积极推进教学改革

教学是课程实施的关键环节。课程标准是贯穿于我们教学中的"纲";教材是我们教学中行之有效的工具。《课程标准》要在教学中验证;教材要在教学中使用;课程改革的理念只有通过具体的教学活动才能体现出来。

近五年来北京景山学校的课堂教学改革始终围绕这一课题开展研究与试验,不断改革探索和确立新的课堂教学观念,树立"以人为本"的教学思想,以新的课程标准的理念为指导,以科学方法论为基础,以促进学生发展为出发点,构建出了"教与学"和谐统一的课堂教学;确立了新的教学观,推进了课堂教学方式的创新,积极地探索具有新课程理念的教学模式。

1. 构建以学生发展为本的课堂教学

现代教育观念强调:在学习过程中要力图让所有学生处于教育的优势之中,通过积极参与学习过程,从而取得成功的学习。这里所说的"教育优势"、"积极参与"、"成功的学习"都是与学生的主体密不可分的。所以,探索和构建以学生发展为本的课堂教学在课堂教学改革中就显得十分重要。在"全面发展打基础,发展个性育人才"的办学理念指导下,北京景山学校始终把学生的发展作为课堂教学的主线,强调关注每一个学生、关注每一个学生的全面发展。在课堂教学中重视发挥学生的能动性、自主性与创造性。激发学生的内在需求,调动学生在教育中的积极主动性,使学生变被动学习为主动学习。在课堂教学中注意创设良好和谐的教育环境,给学生提供可以自主决定、自由探索、积极参与的活动机会,加强师生交往、积极互动,使课堂教学成为一个"学习共同体"。在课堂教学中要相信学生、依靠学生、强化和提高学生的主体地位,使学生独立自主地学习,在课堂学习过程中学会感悟,获得发展,真正成为课堂的主人。

2. 确立新的教学观,推进课堂教学方式的创新

景山学校经过长期的教改实践,逐渐摸索、总结出了具有自己特色的教学基本原则:

(1) 德、智、体、美全面发展的统一要求与发展学生个性特长的多样性

相结合。这既是基础教育与英才教育的辩证统一，也是促进每个学生个性化发展的科学手段。

（2）牢固掌握基础知识、严格训练基本技能与发展智力、培养能力相结合。

（3）提高智能与发展非智力因素相结合。二者相辅相成，共同达到提高学生能力的目标。

（4）发挥教师主导作用与培养学生独立学习的主动探究精神相结合。

（5）教学中循序渐进的训练方式与集中时间、重点突破、适度跃进的训练方式相结合。

（6）量力性与一定的难度相结合。

（7）常规教学与研究性学习相结合。

（8）班级教学与分类指导相结合。

（9）基础文化教育与劳动技能教育相结合，科学精神与人文精神的教育相结合，强化现代教育技术的使用与课程的整合。

（10）课内与课外、校内与校外的教育工作相结合。

这些原则是我们对教育辩证法的初步认识，是对教育教学规律的切实体会，在这些原则的指导下，北京景山学校在课堂教学改革中不断确立新的教学观，转变教学方式，积极引导学生转变学习方式，不断探索多样化的学习方式，推进课堂教学方式的创新。

北京景山学校教师在教学过程中不断改变过于强调接受学习、死记硬背、机械训练的现状，改变单一的、落后的教学方式，充分激发学生的学习兴趣和潜能，通过讨论、实验、探究、合作学习等多种教学组织形式，引导学生积极主动地学习，为课堂教学注入新的生机和活力。

北京景山学校提出，教学过程是师生交往共同发展的互动的过程，教师应该在课堂教学中使学生做到"真理解"（理解、体验、表达和阐述）、"引激活"（兴趣、参与、开发潜能）、"研迁移"（举一反三、触类旁通）、"促发展"（创设问题、研究问题、解决问题）。这些都要求教师不能只满足于成为从知识为起点到知识为终点的主导者，而更重要的是应以知识为载体，导出方法、导出思路，开发潜能。所以，教师应该全方位的解读和理解当今课堂教学的责任与义务，由传统的知识传授者转变为现代学生发展的促进者，真正在课堂教学中能使学生积极、活泼、主动地得到创造性的发展。

3. 探索具有新课程理念的课堂教学模式

教学模式不仅仅是理论，它还包含着程序、方法、策略，是远比理论丰富的。它是一套方法论体系，它是在一定教学思想和教学理论指导下建立起来的较为稳定的教学活动结构框架和活动程序。课堂教学模式体现新的课程思想与教学价值观和教学的前沿思维，是教学思想、教学观念体系与教学实践契合的生长点。新课程改革背景下的课堂教学，要求中小学教师确立新的课程思想和新观念，改变传统的课堂专业生活方式，重构具有新课程理念的课堂教学模式，这是实现新课程改革目标的必然要求。缺失了课堂教学模式的创新，新课程的顺利实施、课堂教学效益的大幅度提高及可持续发展，是难以实现的。

北京景山学校在更新观念的基础上，全面反思和批判当今的课堂教学，大胆实践，由浅入深、由表及里，在继承、借鉴、融合的基础上创新，强调课堂教学形式的三个支点，即教师指导下的学生主体作用的发挥、学习方法的指导、多种教学媒体的有效使用，使课堂教学成立体形式，实现教师、学生、教材、媒体、环境一体化，鼓励教师在课堂教学中"八仙过海、各显神通"，整体进行各学科课堂教学模式的探索。几年来，通过老师们的努力，探索出了问题解决方式下的概念教学模式、任务型语言教学模式、合作学习模式、"问题驱动"生物教学模式、化学教学STS（科学、技术、社会）模式、物理探究教学模式、"目标激励——主体实践"劳技课教学模式等一系列课堂教学模式，推进了北京景山学校的课堂教学改革。

（五）探索并完善科学的评价机制

评价对课程改革具有导向性，对教学实践具有指向性，评价是教育改革的推动力。北京景山学校在"以人的发展为本"新的评价理念的指导下，已开始探索并完善对学生、对教师的科学评价方式,旨在体现评价形式的多样化与评价内容的多元化,建立可以促进学生和教师发展的评价机制。其总体思路是:突出教学评价的整体性和综合性;过程评价和终结性评价相结合;"定量评价"和"定性评价"相结合;充分发挥评价的诊断、激励与发展功能;开展特色评价,促进学生、教师和学校的全面发展。

1. 发展性教师评价的改革与实践

教师的专业发展不仅是当前教育发展的需要,而且也是关系到学校能否培养全面发展人才的关键。没有教师的专业化成长,学生的全面发展就无从谈起。随着新课改的不断推进,以前单纯的"以学生分数"和"升学率"为导向的教师评价方式已经不利于教师的专业发展和学生的健康成长。教育教学的现实呼唤能对教师的教育思想、教育实践提出目标,指出发展方向的发展性教师评价。

(1)根据上述教师可发展性评价的思路,北京景山学校从教学目标内容、教学过程方法、教师素养能力、教学实际效果、现代教育技术使用等几大方面建立了促进教师不断提高和发展的课堂教学评价体系。

(2)建立景山学校学生对教师教育教学工作评价方案。学生是教育教学的主体,学生对教师的教育教学工作最有发言权。学生对教师教育教学工作的评价或反馈的意见,也可使教师从另一个角度了解自己的教学工作效果,从而进行反思和改进,最终达到提高教学水平的目的。

(3)建立以教研组为单位的教学研究评价方案。采取形式:开展集体教学研讨活动;开展教研组内的课堂教学观摩评议活动;以教研组为单位,确定科研课题来指导教学水平的不断提高。在评价中充分体现关怀与尊重,鼓励广大教师参与到教学评价中。

(4)建立家长或家长委员会对教师和学校工作的评价方案。请家长来学校参加教学开放日活动(每学期举办一次);召开家长会听取家长对学校教育教学工作的意见;听取家长委员会对学校及教师工作的意见。

2. 探索发展性的学生评价方式

通过学习《基础教育课程改革纲要》,我们认识到,发展性评价不仅对教师,而且对学生也同样重要。发展性学生评价是落实新课标,推进新课改的强大动力。要建立促进学生全面发展的评价体系,评价不仅要关注学生的学业成绩,而且要挖掘和发展学生多方面的潜能,要了解学生发展的需求。通过评价发挥评价的教育功能,要帮助学生认识自我,建立自信,促进学生在原有水平上的发展。那么,什么样的评价方法才能促进学生的发展呢?根据新课改精神和《基础教育课程改革纲要》的要求,本着促进学生全面发展的评价理念,我们尝试构建了一套以促进学生全面发展为根本目的的发展性评价体系。在进行评价的过程中,坚持过程性评价与终结性评价相结合,定性评价与定量评价相结合,运用多种评价方式,将评价贯穿于整个学习过程。改变对学生评价过分强调甄别与选拔的做法,把评价定位于促进学生的全面发展,发挥评价的激励、诊断和发展的功能。这既是学生评价改革的出发点,也是衡量学生评价改革成败与好坏的重要标准。

(1) 强调评价的激励功能:对学生的课堂表现、作业批改等方面多采取鼓励、肯定的评价,重视学生的学习过程和学习态度,尤其重视学生的进步与变化,以起到激励学生自我发展的目的。

(2) 对学生进行多方面的综合评价:包括学生自评、小组评价、家长评价、教师评价、操行评价。

(3) 改进成绩评价的方法:不仅关注学生的学业测试,还要研究考试方式、考试内容和评价导向。

(4) 重视学生多方面潜能的发展,重视综合素质的评定:学校正在研究制定《北京景山学校学生科技、体育、艺术特长培养目标及评价手册》,以促进学生全面的发展与提高。

总之,发展性评定是当前落实新课程、新理念的推动力,在今后的实践中,我们将不断完善评价体系,加强评价机制的建立。

五、认识与思考

（一）学校要为课程、教学改革提供必要条件

学校必须立足自身的人力资源、教育资源、学校环境，确立自己学校独特的发展方向，体现自己学校独特的办学理念或教育哲学。否则，学校是不可能进行课程、教学改革的。

首先，学校要具有明确的办学理念。学校的教育哲学、办学宗旨、培养目标是进行课程改革的前提条件。北京景山学校在"三个面向"指导下，确立了"全面发展打基础，发展个性育人才"的办学理念，这是北京景山学校新世纪办学的指导方针，也是构建北京景山学校新课程教材体系的依据之一。

其次，学校应有一定的课程教学改革和实践基础。北京景山学校作为一所教改试验学校，自建校以来在学制、课程、教材、教法和学法、评价等方面进行了综合的整体改革与试验，取得了可喜的成果和规律性的经验。"十五"期间北京景山学校又独立承担了教育部重点课题《九年一贯义务教育阶段课程与教学改革的研究与试验》，这些都为课程、教学改革奠定了坚实的基础。

最后，要有课程资源开发的保障。在课程教学改革中，应对学校的师资、设施、经费、器材、场地等课程资源进行合理安排，充分利用。注意挖掘和利用学校现有的课程资源和社会资源，使其服务于课程、教学改革。

（二）学校领导要自觉的成为课程、教学改革的发起者

研究表明，校长所提供的支持与协助是促进课程、教学变革的重要因素。尤其是校长的领导风格、校长的远见、推动力、决策与安排是使教师成功地实施课程改革的重要因素。校本课程的推进与实施同样需要学校领导的引领和组织，没有校长的重视与组织，仅仅靠教师自发进行是很难推进的。因此，校长要成为新课程改革的发起者。学校领导班子要首先学习与研究，统筹规划和设计学校课程的实施方案。

（三）教师参与是课程改革和教学改革顺利进行的重要条件

教师是教育实践的直接承担者和教育变革的实施者。"如果学校的课程发展有一线教师的参与,将有利于体现课程研制者的意图,有效地发挥新课程的作用。同时,由于教师的参与,课程可能会更为清晰、易懂,更容易被其他教师所理解与实施。"一切教育改革和教育发展都离不开教师的参与,而教师的发展水平又直接决定着教育改革的成败。因此,教师参与课改及校本课程开发将有助于课程改革的顺利实施。只有教师具有课程改革的正确理念,有进行课程改革的愿望和动力,有参与课程改革所必要的知识、能力,课程改革和教学改革才能得以顺利实施。

北京景山学校教师积极参与课程改革和教学改革,并且在这一过程中许多观念正在发生着转变:改变过于注重知识的传播,强调教师要成为学生学习的帮助者、促进者;改变过于注重书本知识,强调教学内容和形式更贴近学生的生活体验,贴近现代社会生活;改变过于注重接受性学习,强调学生主动参与、乐于探究、勤于动手的学习方式;改变过于注重学科本位,强调学科间的综合;改变满堂灌的教学方式,强调采用启发式、讨论式、研究式,师生共同发展,让学生真正成为学习的主人;改变过于注重学习结果,强调注重学习过程。

(四)课程改革和教学改革需要专家的指导

通过综合课的研究与试验,我们感到,北京景山学校教师与教育部课程教材研究所专家携手合作,双方为实现试验目标相互合作、相互交流、相互研讨、优势互补、相互推动,这是自主开发校本课程的上佳选择,也是一条可取的、愉快的途径。因此,课程资源的开发不是局限于学校自己内部的资源,而是要挖掘、利用一切可以利用的校内外教育资源,寻求教育专家的指导,这样在一定程度上可以避免课程开发的盲目性和随意性,使课程开发走向科学、规范、完善。

结束语

课程改革和教学改革是一个长期的实践探索过程,我们能投身于这场改革,既是一种机遇,更是一种挑战,任重而道远。如何更好地实施与推进课程、教学改革，如何通过课程改革使学生受益，使教师提高，如何利用课程改革的机会，使学校不断发展，是我们努力的目标，也是做好学校管理的最终目的。我们相信，只要我们坚持采取"学校领导、课程专家、实验教师"三结合的组织形式，坚持以科研为先导，以实验为基础，遵循继承、借鉴、改革、融合、创新的原则，勇于实践，善于总结，与时俱进，不断完善，最终一定会形成具有北京景山学校特色的课程教材新体系。作为一所教改试验学校，我们有信心继续挺立在教改实验的潮头，并始终坚定着我们的信念：

我们的目标，仍然是使我们的学校成为最好的——

这是一所真正坚持教改试验的学校，

在这里，所有的孩子离开学校时都已经确定了一项才能、一种能力、一种智力。

通过这些，为其终身学习和一生发展奠定了初步的基础。

遵循学生身心发展的特点和规律
整体构建学校德育模式

陈瑞群

一、课题的提出

德育，即从学生的实际出发，遵循学生身心发展的特点及规律，对学生进行基本思想政治观点、基本道德、基础文明行为习惯、良好个性心理品质和品德能力的培养。德育在学校教育中占有重要的地位，它关系到能否把学生培养成有理想、有道德、有文化、有纪律的新一代。这是关系到社会主义事业的成败，国家和民族的前途和命运的一项战略性任务。

改革开放以来，随着中小学德育工作进一步加强，取得了一些成绩。但同时也应看到，中小学德育工作还存在许多不适应的地方，还存在一些需要研究的问题。

首先，学校德育工作存在着"各管一段"的情况。我国中小学德育一直分为小学阶段和中学阶段，每个教育阶段都有相应的德育大纲，这对于规范每一阶段的德育工作起了明显的作用。但客观上中小学分离给德育工作造成了很大程度的"断层"，致使在认识上、做法上缺乏系统性、连续性、稳定性，在教育实践中不可避免地出现了脱节和不必要重复的问题。

其次，德育工作脱离实际的问题也十分严重。德育育人而不研究人，缺少对学生发展规律的研究。当今教育"以人为本"已成为教育行动的准则。德育工作要获得实效，必须从学生心理规律和实际出发，这一观点已被国内外中小学教育所认同。中共中央办公厅、国务院办公厅《关于适应新形势进一步加强和改进中小学德育工作的意见》指出:"遵循中小学生的身心发展规律,从中小学生的实际情况出发,提高德育工作的针对性和实效性。"日本强调"道德教育重要的一点是不要陷入条条主义,过于拘泥道德的细目,而应努力达到儿童和学生内心世界的自觉";美国全国教育协会将小学教育目标归纳为六条,其中第二条便是"增进儿童的心理健康和发展儿童的人格",在中小学道德教育中经常运用蕴涵着丰富道德因素的文学和历史典籍的传统故事来进行;澳大利亚强调"学生必须养成健康的习惯和态度,达到健全的身心";德国的小学德育内容包括"教育学生学会在集体中共处,学会谦让和合作,让学生在与周围人的接触中发现自己承担的责任"。但是在我国,"德育工作一定要依据受教育者身心发展的规律"这条原则在实际的工作中并没有很好地贯彻执行,德育工作不能很好地根据青少年学生身心发展的特点开展,德育工作不适应社会生活的新变化,不适应全面推进素质教育的要求,不能对学生思想道德的发展有直接的帮助,造成德育工作的实效性和针对性不强。

针对这些问题,为了更好地落实德育目标,我们必须从学校的实际出发,遵循青少年身心发展的规律,整体规划学校的德育模式。因此,北京景山学校提出了"遵循学生身心发展的特点和规律,整体构建学校德育模式的研究与试验"这一课题。

二、课题研究的意义

无论是从理论还是从实践方面看,我国中小学德育工作从主流看还处在一种传统模式中,没有将学生心理发展特点有机的融入德育工作中,在实际工作中没有考虑学生自身发展的需要和社会发展的需要,只是对学生施加外部影响,只求其表,不求其里。北京景山学校构建的这一德育模式,是在与时俱进观念的指导下,在继承、借鉴基础上进行的探索和创新。整体构建学校德育模式,既要考虑不同教育阶段学生的心理特点和发展规律的特殊性,注意各教育阶段德育目标、内容的层次性和渐进性,又要考虑学校德育的统一性，注意各个教育阶段德育目标、内容的完整性和连续性。力求将学生的身心发展规律与德育的具体目标和内容有机结合起来，从而使北京景山学校的德育工作更具有科学性和实效性。

这一课题的研究将使北京景山学校德育工作有一个新的发展，将为我国中小学的德育改革提供一些规律性的方法和经验。

三、课题研究的内容与研究方法

研究的主要内容：①研究中小学德育目标、内容的纵向衔接问题；②研究建立与学生心理特点和发展规律相适应的各阶段的德育目标、内容、评价体系。

研究方法：①理论研究与行动研究结合。理论研究领先，在提出理论假设和德育模式总体框架后，开展行动研究，在行动研究中检验、丰富、发展和完善理论与形成模式，最终把理论假设转化为德育实践模式；②群体研究与个案研究结合；③具体方法：本课题采用行动研究法、调查法、文献法、实验法等多种方法，确保研究的科学性、严谨性和超前性。

四、课题研究的主要成果

（一）确立了整体构建德育模式的思想基础

学生是学校德育的对象，也是德育学习的主体，我们面对的不是一张白纸的学生，而是有血有肉、有思想感情、有生命发展需要、有自己生活方式的人，这是我们德育工作的出发点，因此，以"学生发展为本"理念的确立是时代的要求、历史的必然。以"学生发展为本"的思想，应充分体现在以提高学生的素质为核心，以发展学生的个性为基础，以注重教育的社会化和终身化为特征。我们认为，以"学生发展为本"的理念体现在教育价值取向上是为学生的终身发展负责，一切为了学生；在教育的对象上是为了一切学生，它要求德育工作者面向全体学生，面对每一位学生；在教育的环境上应是开放的，给学生有一个发展的环境，使其有充分发挥人潜能的外部条件；

在教育方式上应充分考虑到个性的差异，并从实际出发，既有整体的规划，又注意到层次性，从而达到人格的完善。

众所周知，德育工作的效果，不仅依赖于各种外部条件，同时必须依赖学生自身的内部因素，德育的作用不可能超越青少年学生身心发展规律的制约。德育工作要获得实效，必须从学生身心发展的规律和实际出发。北京景山学校构建的这一德育模式是以不同年龄段学生身心发展特点为基础，以学生主体性发展为本，尊重道德学习主体的需要，使德育工作进一步贴近学生实际，起到更为直接的内化作用，促进学生知（认知）、情（情感）、意（意志）、行（行为）与社会现实的要求和谐一致，切实提高学校德育工作的科学性和实效性。"以学生发展为本，遵循学生身心发展的特点和规律"成为北京景山学校整体构建德育模式的思想基础。

（二）确立了统筹规划，整体构建德育模式的原则

北京景山学校在学制上是小学、初中九年一贯和高中三年。这样的学制给德育工作提供了一个优势，我们充分利用这种优势，构建了整体化的、一贯性的德育工作体系，以保证在这个德育过程中要素结构的完整性和连续性，使之充分体现各年龄段学生身心发展的特点。德育工作体系以目标、内容、途径、方法、管理、评价等要素系统为纬，以年级层次系统为经，进行横向贯通，纵向衔接，分层递进，螺旋上升。以保证各个阶段德育工作的层次性和渐进性，充分发挥一年级到高三年级德育系统的整体功能，提高德育工作的针对性和实效性。

北京景山学校在整体构建德育模式中注意了中小纵向衔接以及学校、社会、家庭横向沟通，各种教育深浅和侧重点针对不同年龄及学习阶段的理解和接受能力所不同，逐步提高。还坚持以学科为主渠道，课内外，校内外相结合。课题研究遵循由浅入深、由低到高、由近及远、由具体到抽象、由感性到理性的原则，遵循学生思想品德发展的实际和各个年龄段学生的心理特点，制定了从一年级到高三年级的德育内容（重点目标、重点要求、活动内容），形成了系列化、规范化的相对稳定的德育内容体系。

(三) 创建了全员参与，整体构建德育模式的组织机构

德育工作是一项整体化工作，学校的德育工作不仅应该党政领导重视，主管领导落实，而且学校的全体教职员工都是德育工作者，学校的全部工作都应渗透德育，因此全体教职员工必须树立教书育人、管理育人、活动育人、环境育人的整体育人思想，构建合理的德育工作体系是学校进行德育工作的重要保证。为此，北京景山学校设立了如下的德育工作机构。

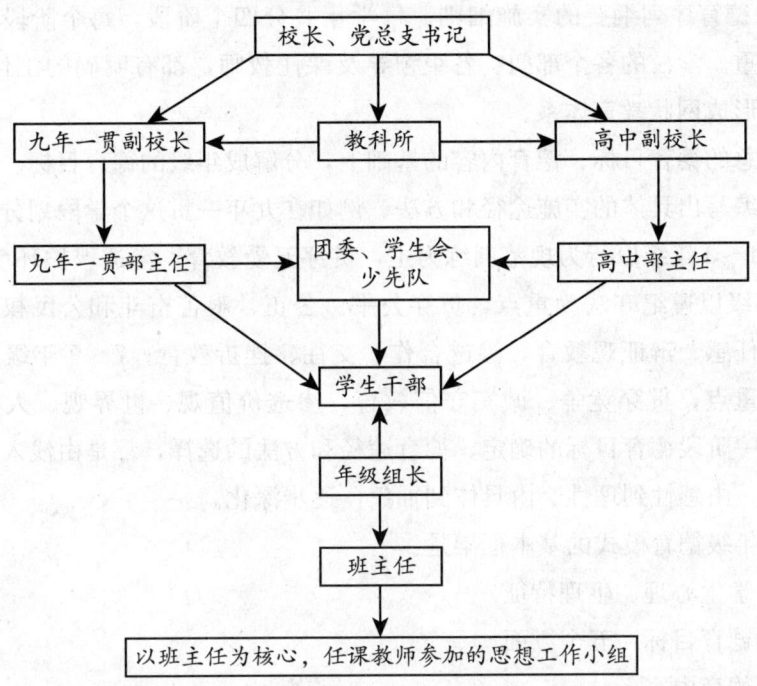

(四) 制定了《北京景山学校德育序列纲要及实施细则》

北京景山学校提出以遵循各年级学生心理、生理、思想品德发展特点为依托，整体规划构建一至高三年级德育的新模式，在老师多年积累的丰富经验的基础上，制定了北京景山学校从一年级到高三年级的德育序列纲要及实施细则。

《北京景山学校德育序列纲要及实施细则》共分四个方面：

1. 研究学生生理、心理发展的主要特点。主要包括：学生生理发展的主要特点；学生心理品质发展的主要特点；学生思想品德发展的主要特点。

2. 德育工作目标。主要包括：政治思想方面；道德行为方面；心理品质方面；学习态度、方法指导等方面。

3. 德育工作内容。主要包括：爱国主义教育；社会主义教育；集体主义教育；道德教育；劳动教育；遵纪守法教育；良好的个性心理品质教育。

4. 德育序列纲要的实施细则。每学年共分四个阶段，每个阶段的工作各有侧重。学校的各个部门、各级领导及课任教师，都有明确的工作目标、方法，形成网状教育体系。

在总的德育目标、德育内容的基础上，分解成年级的德育目标、德育内容，并编写出具体的实施途径和方法。例如在九年一贯这个学段划分为三个阶段：1~3年级以行为规范训练为主，贯穿五爱教育，渗透保护环境教育；4~6年级以遵纪守法为重点，贯穿公平、公正、艰苦奋斗和公民权利、义务、责任感、辩证观教育，渗透合作、交往、挫折教育；7~9年级以道德品质为重点，贯穿竞争、诚实守信教育，渗透价值观、世界观、人生观教育。每一阶段德育目标的确定、德育途径和方法的选择，都是由浅入深、由低到高、由感性到理性、由具体到抽象，逐步深化。

分年级德育模式的基本框架是：

1. 学生心理、生理特征

2. 德育目标：五个方面

3. 德育内容：

4. 实施细则：

年级德育模式从时间上划分为四个时间段：

上学期：开学初——期中；期中——期末。

下学期：开学初——期中；期中——期末。

参与者：九年一贯办公室、年级组、班主任、任课教师、团队、学生会。

《北京景山学校德育序列纲要及实施细则》从纵向看，是一至高三年级的纵向衔接。这种衔接要求每一年级的学生身心发展特点、德育目标、德育内容、德育序列纲要的实施细则都应遵循不同年级学生的年龄特点和品德形成发展的规律，建立分层递进、螺旋上升、和谐衔接的有机联系。从横向看，是学生身心发展特点、德育目标、德育内容、德育序列纲要的实施细则四个分系统的横向贯通。这种贯通要求每个分系统都要落实到各个年级中去。

《北京景山学校德育序列纲要及实施细则》的制定，为北京景山学校德育工作的系列化、制度化实现了有章可循，为班级教育、年级教育实现教育的最终结果，起到了实效作用，这一整体德育模式的构建使北京景山学校德育工作跃上了一个更新的发展层面。

（五）制定了学生发展性德育评价指标体系

制定学生发展性德育评价体系是保证德育目标实现的必要措施。在德育管理工作中，加强评价有利于促进学校的德育改革，增强德育效果，推动德育由虚变实，由软变硬；有利于提高学生自我评价、自我教育的能力，扬长避短，促进良好品德的形成和发展。同时，建立完善的学生德育评价体系是检查、督导、评估学校质量的重要机制的组成部分，可以及时发现学校德育工作中存在的问题，以便改进德育工作。

北京景山学校结合《北京景山学校德育序列纲要及实施细则》，研究了不同年龄段的德育教育内容所应有的地位和作用，制定了德育评价指标体系。力求通过建立完善的学生德育评价体系，对学生的德育进行科学、全面、公正的评价。通过德育评价体系的逐步完善，使其与素质教育相适应，把评价对象的德育活动引导到实现德育目标上来，以便更好地推动学校德育工作的开展，全面提高评价对象的整体素质。

根据北京景山学校德育工作的目标和内容，依据《北京景山学校德育序列纲要及实施细则》，我们确定将评价体系分为以下 3 项一级指标和 17 项二级指标。

思想品质：
  国家意识和集体观念
  明辨是非的能力
  对待学习的态度
  具有一定理想和追求
  善于思考，崇尚科学

道德行为：
  文明习惯，诚实守信
  尊敬师长，尊重同学
  热爱劳动，节俭朴素
  社会公德，遵纪守法
  学习习惯，学习方法
  人际关系，团队精神

个性心理品质：
  正确认识和评价自己
  自信心
  毅力与承受能力
  善于与人合作控制
  调节情绪心理健康
  心理健康，活泼开朗

  各年级根据以上两级指标，遵循学生身心发展规律，完成各年级的评价指标体系。在制定发展性德育评价指标时，针对不同阶段年龄阶段、不同年级的学生，确定不同教育阶段的具体评级指标，形成相互衔接、层次递进的结构。

  该评价体系采用家长、教师、学生的多元主体评价方式，将评价的权利还给学生，以学生自评为主，促进学生的自我反思，自我教育和自我发展。学生根据评价项目，对自己的德育水平进行评价。评价分为"满意"、"基本满意"、"还需要努力"三个维度。学生可以在"是否需要帮助"这个项目中，对学校、教师或家长提出要求，这样，教师、家长可以根据学生的要求，有针对性地提供帮助，做到有的放矢。家长和老师对学生的德育水平及学生自评的结果进行评价，更着重提出对学生以后的发展的希望，从而使学生清楚认识到自身的发展方向，并为之而努力。

与传统的德育评价相比较，该评价体系淡化了选拔功能和褒贬功能，尊重学生自我教育、教师的帮助和指导，切实增强了德育的针对性、实效性和自觉性。

（六）建设了一支优秀的教师队伍

在整体构建学校德育模式的研究与实践中，我们不仅取得了一批成果，更重要的是带出了一支队伍，成就了一批人才。五年来，北京景山学校围绕这一课题召开了五次"德育工作论坛"，每年确定一个主题（如班主任工作的研究与实践、新型家长会的研究与实践、全员德育）对德育工作进行研究。通过课题研究，涌现出一批优秀班主任和优秀青年教师。北京景山学校的邱悦、蔡琼、赵昕、刘庆海老师获得了北京市"紫禁杯"班主任称号，陶春老师成为东城区德育骨干教师。他们只是北京景山学校优秀教师的代表，北京景山学校的许多青年教师通过参与课题研究都已快速成长起来，现在，北京景山学校已有十多名教师成了东城区级优秀班主任。

（七）取得了一系列研究成果

通过几年的研究与试验，该课题取得了一系列研究成果：

1. 2005年由人民教育出版社出版的专著《新课程改革在景山学校》中，第五章专门反映了该项课题研究成果：《德育为首——全面推进素质教育中的德育》，该部分共分三大部分，收录了32个教育案例的研究与评析。（详见专著《新课程改革在景山学校》）

2. 编辑出版了《北京景山学校德育序列纲要及实施细则》。

3. 制定了《北京景山学校德育评价指标体系》。

4. 编辑出版了《素质教育案例选编》、《德育经验汇编》一、二集（共发表教师德育论文 87 篇）。

5. 课题报告《北京景山学校德育序列纲要及实施细则的制定与实施》获东城区首届教育教学成果一等奖。

6. 课题报告《"北京景山学校德育序列纲要及实施细则"研究与实验》获全国教育科学规划"十五"课题"整体构建学校德育模式深化研究与推广试验"2004 年学术研讨会课题研究优秀成果一等奖。

7. 《开展多方位德育，促进学生良好德育形成》荣获全国教育科学规划"十五"课题"整体构建学校德育模式深化研究与推广试验"2004 年学术研讨会课题研究优秀成果一等奖。

8. 《新型家长会的研究与实践》荣获全国教育科学规划"十五"课题"整体构建学校德育模式深化研究与推广试验"2004 年学术研讨会课题研究优秀成果一等奖。

9. 几年来，共有 150 多篇课题研究论文在全国、北京市、东城区获奖，有多篇文章发表。

五、认识与思考

通过几年的研究与探索，这项课题研究取得了一些成果和经验。但是随着研究的深入，我们发现仍有一些问题有待进一步思考与研究。

（一）关于德育的目标和内容

学校德育工作必须坚持"以人为本"的原则。学校德育要结合实际，根据学生身心发展特点，有针对性地开展工作，才会有作用、有实效。因此，在制定德育目标和内容时如何体现不同年级学生年龄特点和品德形成的发展规律？德育目标和德育内容如何既能体现各年级的特点，又能体现整体构建的递进和衔接特点？这些问题都需要进一步深化，以保证德育的科学性和实效性。

（二）关于德育评价

德育评价是德育管理工作中的重要环节，是检查、督导、评估德育质量的重要机制,是切实加强和改进学校德育工作,使德育由虚变实、由软变硬、由弱变强的不可缺少的重要措施。德育评价的研究是本课题研究的主要内容之一,我们制定出了一套学生发展性评价指标体系,取得了一些经验,但是仍然有一些问题需要解决。如怎样才能真正做到个性化评价?如何建立健全学校、班级、学生三级评价体系,使多元主体评价方式真正发挥作用?如何探索出一种便于操作、能适时恰当地反映学生德育状况,将总结性评价与形成性评价结合起来的德育考核机制?这些都是需要今后研究的问题。

　　北京景山学校在教育改革中诞生,在教育改革试验中发展前进,整体构建学校德育工作体系这一课题的研究还很不完善,我们将在实施的过程中进一步修改和提高。在新时期我们将继续坚持以"三个面向"为灵魂,为培养走向现代化、走向世界、走向未来的有理想、有道德、有文化、有纪律的一代新人奠定坚实的基础,作出我们应有的贡献。

网络环境下新型写作教学系统的建构

周 群

一、研究背景

2001～2002学年度第二学期,我进行了建构初中语文探究式活动课程的尝试,开发了"关注老北京文化"的校本课程。学生按照不同兴趣组成活动小组,开展探究式学习。在该校本课程语文活动实践的全程中,我除了有意识地引导学生利用网络进行资料检索外,还为这门校本课程选择了专门的网络平台,用于语文活动中进行开放式的互动交流,取得了良好的效果。由此,我产生了进一步的构想——将网络技术与语文学科进行整合,建立"初中语文学科网络教学工作平台"。即:将网络平台纳入语文教学系统,使之对传统教学过程起支持和改造的作用,由此形成了网络环境下的新型的教学系统及其动态教学流程。

二、研究目标

以"景山写作学院"网络论坛为研究平台,建立网络环境下新型的写作教学系统及写作动态教学流程;建立新型作文教学系统中学生写作能力的评价方式。

三、研究依据

1. 建构主义理论。建构主义认为,知识不是通过教师传授得到的,而是学习者在一定的情境即社会文化背景下,借助其他人(包括教师和学习伙伴）的帮助，利用必要的学习资料，通过意义建构的方式获得的。学习是在社会文化背景下，通过人际间的协作活动而实现的意义建构过程。网络环境下的写作平台，必然对学生的自主学习、合作学习等产生深远影响。

2. 前期准备阶段的数据调查结果。2001 年，我对景山学校八年级 5 班"电脑辅助教学班"进行了问卷调查，结果显示：关于作文提交的形式、作文点评方式的问题，学生对利用电脑（含网络）完成教学任务的各种形式抱有极大热情。大多数学生认为，在电脑作为学具辅助学习的过程中，师生关系较以前有明显不同。这组实验调查数据，为我们进一步开展运用网络平台支持语文教学的试教实验提供了事实依据。从学生心理接受的角度看，网络平台能够很好地调动学生学习语文的兴趣。这是保证网络环境下新型作文教学系统建立和正常运转的重要因素。

3. 前期利用网络支持初中校本课程"关注老北京文化"课题的成果。在该校本课程开展语文活动实践的全程中，网络优势得到了极大凸显。除引导学生利用网络实现信息资源的共享，我还为学生提供了专门的网络平台，进行开放式的互动交流。在整个"关注老北京文化"校本课程的建设中，网络工作平台已成为课程的有机组成部分，且极大地拓展了语文学习活动的空间。

4. 符号学的理论。目前正在尝试以罗巴·巴尔特的符号学的理论与视角，研究"景山写作学院"建立以来出现的种种教育教学现象，以期对该课题的研究能够进一步深化。

四、研究方法与步骤

研究方法：

文献研究法、实验法、问卷调查法等。

研究步骤：

1. 2001～2003 年，开设"关注老北京文化"校本课程，论文《建构初中语文探究式活动课程的研究与实验》，2002 年获北京市教育学会第十届学术年会优秀论文二等奖。该课程运用网络支持试教全程，引发了我将网络技术与语文学科进行整合，建立"初中语文学科网络教学工作平台"的构想。

2. 2003年7月，在已有的信息技术与语文学科融合的经验之基础上，完成论文《创建"景山写作学院"（网站）建立网络环境下写作教学系统》。该论文是"景山写作学院"先期构思的体现，设计了网站的具体建构方案。

3. 2003年7~9月，请国内一流的专业人员，根据上述论文中设计的建站方案，完成了"景山写作学院"网站的程序设计与修改、申请空间、注册域名、上传等工作。

4. 2003年9月13日，正式开通"景山写作学院"网站（www.jsxzxy.com）。

5. 2003年9月13日至今，以"景山写作学院"为网络平台，开展"建立网络环境下写作教学系统"的试教实验。课题前期准备与试教实验期间，共完成学生问卷调查三次，积累了若干数据。试教过程中，不断完善网络栏目建设，调整教学策略，积累试教经验。

五、研究成果

1. 前期准备阶段完成的《利用网络工作平台支持初中校本课试教全过程》一文，发表于全国中文核心期刊《语文建设》2003年第9期，首都师范大学文学院刘占泉老师作了评点。

2. 2003年11月，《创建"景山写作学院"（网站）建立网络环境下写作教学系统》一文，经清华同方教育技术研究院和北京教育学院信息技术教育专家评审，获北京市教育学会主办的论文评比一等奖。发表于《北京教育研究》2004年增刊。该论文设计了"景山写作学院"网站的具体构建方案。

3. "景山写作学院"中文网络写作平台创办并实际运行两周年。（网站内容见光盘或登录www.jsxzxy.com）2004年12月，《北京娱乐信报》对此进行了报道，相当多的网站转载了该文。

六、突破性成果

1. 该网络平台属于新型的教学系统。由于这种网络平台的介入,作文教学进入网络工作环境,突破了传统教学模式的限制,产生了新型的教学动态流程,具有新的教学功能。

该网络平台实际上由三个层级构成,从教学系统的角度对其作静态分析,其基本结构如下:

平台层级	所含一级栏目	工作任务
指导控制层	学院研究室	负责制定目标、利用反馈衡量目标完成情况,对不足部分作出补偿,然后制定新目标……周而复始,循序渐进(提出目标、策划步骤、处理反馈、调节诸多要素间的关系等)
群体工作层	课堂大本营	负责完成主要的一般的教学任务(知识和实例导引、论坛活动、课内外结合、与传统教学系统的配合互补等)
个体延伸层	个人演武场 天涯采玉处 俊友品茗亭 嘉宾留言簿	负责完成其他的特殊的教学任务(使用资料库、社会网站论坛,还有个性化的创造交流活动,如以文会友等)

以群体工作层(课堂作文教学)的教学任务为例,开放式、多回合、多向网络交互作文教学系统的工作流程是这样的:

```
在课堂上共同讨论写作任务,了解有关该次写作的各项要求;
            ↓
学生完成写作任务,在专用平台(论坛)上提交各自的作文;
            ↓
课堂上(利用网络教室)师生共同参与互动评议
      (跟帖、发表意见和参与评分);
            ↓
根据评议结果和作文要求,推选佳作,进行佳作展示活动。
```

仔细研究这个工作流程,我们可以看到,该网络平台属于新型的教学系统。由于这种网络平台的介入,作文教学进入网络工作环境,突破了传统教学模式的限制,产生了新型的教学动态流程,具有新的教学功能。

传统的作文教学,学生的写作过程始于接受写作任务,终于把习作交给老师。师生之间的互动往往仅限于在课堂这一现实的物理时空中对学生习作的评价活动(包括教师的点评和有组织的学生点评)。应当说,这个过程对绝大多数学生而言几乎成封闭状态,他们的习作不能得到充分的评价、分析和指导,其互动是极不充分的。新课标要求学生"能与他人交流写作心得,互相评改作文,以分享感受沟通见解"。网络平台拓展了相对教育的时间与空间,拓展了学习空间,形成"共时空",不仅使互动具有可行性,而且互动的力度相当大,能够进入开放式的多回合、多向交互的教学状态,实现了真正意义上的因材施教。

在网络环境下的教学动态流程中,教师首先充分利用"课堂"这一现实空间,借助网络平台相关栏目("舟桥引渡")完成写作知识和实例方面的导引,在培养学生语言表达能力的同时,着重解决作文源头问题,深化学生对生活的认识。接下来,学生完成初稿,将习作发布在平台的"教学流水线"栏目中,师生共同参与互动评议。与传统方式相比较,在网络环境下的评议活动互动性极强,师生之间、生生之间均形成交互:不仅他人(老师、学生)可以评议,写作者同样可以有针对性地进行反馈,发表自己的看法,实现多回合的交互。课堂作文教学的最后一个环节是:根据评议结果和作文要求,师生共同推选佳作,利用网络平台进行佳作展示活动。后两个环节最能充分体现学生的主体作用,虽然是属于群体工作层,仍能最大限度地兼顾学生的个性化学习。

利用网络平台所开展的个体延伸层的写作教学活动,则以学生个人的写作行为为主。由于网络环境的介入,个体延伸层的写作教学活动从课上转移到课下,教学内容由封闭改变为开放,教学行为由群体活动为主改变为学生个体活动为主,更能够凸显学生学习的自主性和个性化特色。

2. 在新型教学系统中，传统的对学生写作能力评价方式亦得到突破。

借助于网络平台的技术功能，形成了新型作文教学系统中学生写作能力的评价方式。新的评价方式主要有以下三方面特色：

（1）网络平台从技术上提供了评分功能，教师对学生习作评价打分，同时每个学生也都能够参与评价，通过跟帖的方式给原作（主帖）加分。学生与老师的评分有各自的权重，最终师生共同决定学生习作的最后分数。作为积极参与对他人进行评价的奖励，学生跟帖也能够获得积分，与作文分数一并计入该生的总积分中。

（2）本着平等的原则，也为了方便对学生习作的管理，每个学生的原创都收入个人文集。在平台上点击学生（发帖人）的名字，就能进入该生的个人文集。学生每次习作的完成情况和所获得的评价，可以清晰地从这个文集中得到连续、集中的反馈。两年来，网站为每一名参与"景山写作学院"写作互动的学生建立了"个人文集"形式的电子写作档案（成长记录）。

（3）更多的教学力量介入了教学过程及评价环节，打破了班级的界限。不仅班级成员与师生之间产生互动，参与评价，不同班级、不同年级、不同学校的学生也参与互动评价；任课教师之外的人力资源（教育专家、作家、学生家长等）也积极介入写作指导与评价，使得写作教学真正呈现出了"一池春水"的动感。

新课标要求加强对学生进行形成性评价，"提倡为学生建立写作档案"。网络平台实际上就起到了"成长记录"的作用，"收集能够反映学生语文学习过程和结果的资料"，不仅"注意考查学生修改作文内容的情况"，而且"关注学生修改作文的态度、过程和方法"。由于"景山写作学院"采取了"会员积分制"，学生积极写作发表原创、积极参与交流回复跟帖等均可获得积分，积分中实际上隐含着对学生态度的评价，网站的页面虽然随时处于动态更新状态，但由于页面能够向前（过去）翻阅查询，实际上，学生在网上参与语文活动（如修改作文）的过程和方法是可以全部再现的。这就为教师综合考查学生作文水平的发展状况提供了透明、公开的事实依据。

总之，引入网络平台后所形成的新的学生写作能力评价方式，为彻底改造现有考试手段，建立一套能够明晰化和量化的公平竞争机制提供了新的操作模式。

七、结论

综上所述，并仔细观察网站具体运作情况，我们可以看出：有别于一般多媒体（如录音机、多媒体课件、教学资源库）提供的相对静态的教学手段，网络平台是一个开放式的多回合、多向、立体动态的系统性工作平台。由于网络平台的介入，形成了一种新鲜的具有特殊功能的"教学系统"，这种新型的教学系统进入工作状态，就会产生一种新型的、具有可控性的教学过程。

（1）利用网络平台展开的作文交互活动，从工作机理上能够保证学生"能与他人交流写作心得，互相评改作文"（新课标），充分"分享感受、沟通见解"。

（2）可以建立起课内外水乳交融的自然联络机制，教师由操纵网络平台，实现对课外学习的有机和有效的控制。

（3）学生能够利用"景山写作学院"网络平台，实现语文学习的对外（网络世界）无限扩展、对内（精神世界）深入挖掘，以及个人学习行为的最大程度的自主自由。

总之，该工作平台进入作文教学系统，与传统的教学条件结合，构成了一种新型的"教学系统"——作为特殊的教学系统，其独有的要素乃是网络环境（包括硬件与软件），其形成的枢纽就在于语文课程与网络环境的整合，其中诸环节都渗透着对学生的人文关怀。因此，它能够从多方面支持教学、充实教学、细化教学、发展教学，为实现"为了每一个学生"（尊重和发展学生心理个性、语文能力个性及语文能力养成过程的特殊性）的改革目标，承担起传统语文教学系统几乎无法承担的一部分重要工作。

八、思考

　　进一步展望，建立这种新型的作文教学系统，能够开辟出把网络教学平台引入语文课堂实践、充分沟通课内外联系和发展个性化语文学习能力的教改新方向。虽然目前会受软、硬件设施条件的限制，如学生家中是否有可上网的电脑、学校是否提供完成课堂作文教学的网络教室、教师运用信息技术支持语文教学的能力等，但随着社会经济的发展和网络技术的普及应用，这些问题应该能够得以解决。2003～2005年，运用"景山写作学院"网络平台的试教实验进展情况良好，证明了在更大范围内推广运用网络平台建立新型写作系统和写作教学流程的软硬件条件已经基本成熟。因此，本课题不仅具有一定的超前性，同样具有比较大的可行性。

　　当然，"景山写作学院"网络写作平台在技术上还有相当大的改进空间；两年来，网站运行中呈现出来的种种教育教学现象，还需要深入细化分析归纳；如何深入挖掘、充分利用学生习作的动态资源，如何利用网络平台更广泛地支持阅读教学、全面发展学生的听说读写能力，如何利用网络平台实现更大范围的资源共享与互动，如何促使教师利用网络开展更深层次的教学互动研讨，如何利用网络开展学科德育工作，如何利用该网络平台开展对学生网络环境下心理健康的研究……凡此种种问题，都值得我们在下一阶段的课题研究中深入探讨。

走进国家重点实验室
——高中学生研究性学习的探索与实践

李慧兰

在科学技术迅猛发展的今天,青少年对于科技教育的需求也越来越高,为培养走向现代化、走向世界、走向未来的高素质人才,"提高科技素质、培养创新精神"已成为学校和社会义不容辞的责任。

学校是科技教育的主渠道,学校科技教育应与当前进行的课程改革相融合。课程改革中提出的研究性学习着眼于提高学生创造性学习,注重提高问题的探究能力,注重引导学生改变学习方式,通过自主学习和亲自实践来获取知识,旨在开发学生的探究能力和创新潜能,从而培养创新意识和创新精神,这与科技教育的理念不谋而合。

科技教育是北京景山学校课程体系中的重要部分。学校的科技教育还要适应学生的多样化需求。在这样的理念基础上,北京景山学校的科技教育同样具有多层次和多样化的特征。我们一方面通过必修课程的讲授和研究性学习的开展,使全体学生热爱科学、亲近科学,相信科学、崇尚科学,具备基本的科学素养,形成对科学、技术、社会的正确理解;另一方面对于部分学有余力的爱好科技的学生,我们积极创造条件,开展各种社团活动和课外活动,使他们能参加较高层次的科普交流和实践活动,拓展见识,使他们能更深刻地理解科学,了解科学技术发展的过程;对于少部分较早地显露强烈的科学热情和禀赋的学生,我们积极创造条件,开展了一种较高层次研究性学习的探索与实践——"走进国家重点实验室"的活动,使学生能够进入更高层次的学术环境,去接受初级的系统的科学研究训练,使其有可能发展成为未来的优秀科技人才。

一、课程的性质与目标

通过这种课程的开设,为学生创造一种机遇,引导他们走进科学世界,引领学生科学求知、勇于实践。

课程的目标:

1. 旨在充分发挥学生自主学习的积极性,引导学生走进科学,接触社会,培养学生的创新思维和团队精神。

2. 鼓励学生探索、发现问题,提出设想,解决问题,尝试探究与发现,在科学研究中培养科学精神。

二、课程的整体规划

"走进国家重点实验室"是北京景山学校研究性学习的一个重要方面,它是一种较高层次的研究性学习,是针对高中学生中学有余力、较早地显露强烈的科学热情和禀赋的学生而开设的。学校依托社会资源,与北京大学、清华大学、中国协和医科大学、中科院等十余所高校和科研机构签订协议,开展了"用科学家的大手,拉起学生的小手"活动,让学生走进国家重点实验室,在专家、教授的指导下进行科学研究,使得学生的潜能得到最大限度的释放,能力得到明显提高。

作为北京市首批进入国家重点实验室的科技示范校,景山学校8年中有300多名学生自报研究课题,课题涉及生物、医学、计算机、化学等多个学科。260多名学生参加了中国科学院植物研究所、中国科学院计算机研究所、中国协和医科大学基础医学院、中国医学研究院基础医学研究所、北京大学物理实验室、北京师范大学生物实验室等20多个国家重点实验室的活动,在刘德培院士、何维教授等40多位著名专家学者的指导下进行研究活动。

三、课程的实施与效果

（一）学生的来源

学生自愿报名，高中各班提名，年级推荐，在学有余力愿意参加此项活动的学生中选拔，经过专家笔试、口试、面试、动手操作实验，最后确定人选。这些入选学生利用业余时间进入国家重点实验室，开展科学研究活动。

（二）活动时间

①利用每周六或周日时间；②利用寒暑假时间。

（三）课题研究

刚开始时，学生走进国家实验室，看到那么多新奇的科学仪器、化学药品，接触到从未听说过的科研名词，常常提出一个又一个问题，导师则一一解释。渐渐地，学生的问题由一些最基本的常识变得逐渐深入，随着越来越多的术语、概念的接触和熟悉，学生慢慢悟到正在进行中的课题的整个框架。在学习中，通过专家的引导和同学们共同讨论，首先从问题入手，聆听专家理论指导，学习相关理论知识和书籍，收集资料，然后在观察与实验的基础上确定课题，最后通过科学论证，从一次又一次的实验中得出结论，使他们体会到科学体系的严谨。

以前在组织学生参加活动时，老师总是要求学生先进行学习，然后再根据学习的内容进行实验操作。而走进实验室以后，导师们总是教学生根据自己的课题，自己去学，去查资料，去问，学生完全处于主动学习的地位。而且，在这种带有极强目的性的学习中，使学生更深刻地体会到平时知识积累的必要，正如学生所谈的"科学领域充满未知和神秘，宛如繁星密布的夜空令人向往。深深感到：科学对中学生来说，并非像星空那样，可望不可及"。

"科学精神的培养最为关键。"我和专家们在活动中不断探索着学生们参加科研活动的规律。中国协和医科大学何维教授辅导过三批学生，批批学生都在全国中学生科技竞赛中获大奖，并进入美国青少年工程大奖赛拿大奖。学生们考上理想的大学后，首先把喜讯告诉何维教授；北京师范大学生命科学学院周云龙教授辅导的中学生也连续入围全国青少年科技创新大赛，他们所进行的对首都35个湖泊的环境考察项目引起了国内外专家和媒体的关注。那是在35摄氏度的高温下，我带着学生同周云龙教授一起，从早晨6点到晚7点，一次次地从湖水中取样，又连夜进行检测而获得的。在中科院植物所、动物所、软件所等国家重点实验室"工作"过的中学生们，也都经历过这样的科学考察和实验。

以678分考入北京大学的姜川日前回到景山学校，向刚刚参加科研活动的新生讲述："走进国家实验室，使我终生受益。"姜川从京郊考入景山学校普通班后，我鼓励他进入中科院微生物所实验室。科研活动都在假期，姜川每天从通州区赶往中关村，跟研究生一起接受导师指导，不懂的问题全靠自己问、自己查资料。这样艰苦的学习锻炼了姜川的意志品质，他以科学态度苦学巧学，科研论文和升学考试获双丰收。

北京景山学校刁玉鹤同学自己选择了《用B2A法和膳食调查对中学生营养状况的分析》课题，他在专家指导下，在实验室活动一年多，利用业余时间对景山学校的257名年龄在12～18岁之间的学生进行：①身高和体重的测定；②全身电阻抗测量；③皮褶厚度测定；④膳食和体育活动的调查测定。实验测定得到有关学生脂肪含量、个人状况、膳食情况和各种营养指标的大量数据，经过分析提出：①中学生应科学膳食，养成良好的膳食习惯；②平衡营养，不要偏食、挑食；③加强体育锻炼的合理化建议。论文作者刁玉鹤在中国科技会堂专家答辩会、全国"长江小小科学家"比赛场、英特尔国际工程与科学大奖赛（美国）、亚太地区青少年科学节交流会（新加坡第二届APEC）上，均能对答如流，受到专家的好评。

几年来走进国家实验室的同学经受了锻炼，在科学精神、科学方法等方面普遍得到了提高。

（四）实施效果

1. 几年来，走进实验室活动从开始时只有3名学生参加了两个实验室活动，现在已发展到有300多名学生自报课题，260多名学生参加了中科院植物研究所、中科院计算机研究所、协和医科大学等20多个重点实验室活动，指导专家有40多名。学生在专家指导下完成论文近40篇,其中有17篇文章在全国获奖,有40多人的论文在学校、市和国家教委的10本论文集刊登,并出版了《科学家与中学生谈网络〈e矛e盾〉》一书,本书已经在全国发行。

2. 参加活动的学生不仅在科技活动中获殊荣,参加科研活动也促进了他们在学习上的进一步飞跃。几年来,北京景山学校参加"走进重点实验室"的学生有多人考入理想院校,继续在科学的道路上探索。

表1 考入重点大学人数

学校	清华	北大	复旦	北航	对外经贸大	北工大	北方交大	上海交大	国际关系	南京大学	北师大
人数	9	9	1	1	2	2	1	1	2	2	3

3. 走进实验室活动提高了学生的能力,取得了优异的成绩,获得了许多中学生科技类的最高荣誉。请参见下表:

表2 学生获奖情况及人数

奖项	市长奖	市金银帆奖 1998~2005	金鹏科技奖	金牌	银牌	中学生十佳	胡楚南奖	参加国际竞赛获奖及交流
奖数	2人	8块	8块	8块	6块	2人	1人	28人

4. 这种实践活动并不是要追求实践活动的最终结果,而是强调实践活动中的教育过程。它不仅使学生扩充、积累了知识,而且学到了专家身上的科学探究精神,锻炼了个性品质,培养了科研意识,更有利于提高学生的实践和创新能力。正像学生们所讲的那样:"实验的过程是艰苦的,但正是艰苦的过程,使我们懂得了科技的真谛。"

表3 对学生部分收获的调查

调查内容	从科学家身上学到做人的道理	自己综合能力提高很大	促进学习大量科技书籍
调查结果	78%	68.4%	63.2%

四、我们的思考

1. 研究性学习的关键，是当学生在学习过程中面临新情境、新课题，感到需要解决而又无现成的对策和方法时，激发他们的求知欲，指导他们以积极的态度，寻找处理的手段和方法，青少年的好奇心正是他们探索世界，产生创造欲望的心理基础。

2. 研究性学习的活动，最能体现学生的主体作用。在研究性学习过程中，各种知识都会通过具体问题贯穿和联系起来，不仅涉及数、理、化、地、生，以及逻辑方面的知识，而且计算机操作能力还要强。这一过程可以突出表现创造思维的独立性。这是最为难能可贵的思维品质。

3. 引导学生选择他们最熟悉、最关心的社会热点问题进行研究。这样的课题容易激发学生的兴趣。在具体社会调查和走进实验室活动中，可使学生的潜力得到充分挖掘，让学生接触社会和了解社会，体会投身社会中的酸、甜、苦、辣，唤起学生的社会责任感。同时，通过这些活动，可以使学生学会关心，学会合作与分享，学会推荐和展示自我。

4. 研究性学习能有效地促进学生学习，鼓励和点拨学生，使他们在活跃的氛围中愿意尝试探索，树立自信心。

几年的实践证明："有了科学环境，就可以超前发展——给学生一个支点，他们能够跳跃。"北京景山学校正是通过"走进国家重点实验室"这个支点，激发了学生的创造动机、启迪了学生的创造思维，发展了学生的创造能力，塑造了学生的创造人格，引领学生科学求知，勇于实践，为全面培养学生的综合素质构建了一个广阔的舞台。

立足现代　放眼世界　把握未来
——电脑辅助教学实验研究

范禄燕　邱　悦

一、课题基本情况

1. 课题试验时间

1999 年 6 月至 2003 年 3 月

2. 试验对象

北京景山学校 1999 年入学的六（5）班和 2000 年入学的六（5）班

3. 课题总负责人：范禄燕

行政支持：张春静　徐秀筠　邱　悦

教科研顾问：陈瑞群　袁立新

卫生监理：杨彦娥

技术支持：李鸣燕　钮海源

子课题负责人：

班级管理子课题：邱　悦　刘　涛

政治试验子课题：刘庆海

语文试验子课题：周　群　吕景辉

数学试验子课题：李　冉　靳雅琴　郝丽萍　韩莉梅　张　旭

英语试验子课题：申彩霞　刘　涛

生物试验子课题：邱　悦　刘　莹

历史试验子课题：郭宝成　俞伟东

地理试验子课题：赵国红　谷悦群
劳技试验子课题：翟冬敏
信息技术子课题：郭善渡

二、课题的提出

任何学习都是在一定的社会文化背景下进行的。当今社会已经进入信息时代，科学技术，特别是信息技术（IT）的迅猛发展，给学习带来了深刻的变革。自20世纪90年代以来，信息技术被广泛地应用于教育领域。这被教育专家称之为"教育信息化"现象。其主要特点是在教育教学过程中广泛应用以电脑多媒体和网络通讯为基础的现代化信息技术。短短几年间，"教育信息化"席卷全球，其势头之强，影响之广，可以说是掀起了一场学习的革命。

1993年9月，美国政府正式提出"信息高速公路"（Information Superhighway）建设计划，其核心是发展以Internet为主的综合化信息服务体系和推进信息技术在社会各领域的广泛应用，特别是把IT在教育中的应用作为实施面向21世纪教育改革的重要途径。美国的这一举动立即引起世界各国的热烈反应，不管是发达国家还是发展中国家，都结合本国国情，相继制定了推进本国教育信息化的具体规划。各国普遍认识到，一旦错过了这场教育观念、学习方式的深刻变革，在未来十年、二十年，甚至五十年的人才、科技竞争中，都将被远远地甩在后面，其结果是综合国力的下降。

在这样的背景下，1999年9月北京景山学校作出了成立"电脑辅助教学实验班"的重大决策，首次提出电脑不仅是教师辅助教学的教具，更是学生自主学习的学具，将电脑与网络引入教室，引入课堂，大胆探索在基础教育阶段如何迎接教育信息化的挑战。教育信息化究竟会对教育和学习产生什么影响？北京景山学校是邓小平同志"教育要面向现代化，面向世界，面向未来"题词的发源地，始终走在中国教育改革的最前沿。本课题研究实施三年来，对于在教育信息化的趋势下，如何有效地开展信息化教育进行了大胆而有益的尝试。在激发学习兴趣，提高学习质量，开发学生潜能，发展学习的创新精神和综合素质等方面取得了显著成果。同时也暴露出一些值得密切关注的问题，为今后实施信息化教育提供了宝贵的参考。

三、课题的预期目标与指导思想

预期目标：

1. 全面高效、高质量地完成教学大纲规定的教育教学任务，特别重视在以计算机为主要学具的网络学习环境下，学生心理、生理健康的保护与发展。

2. 以多媒体计算机为学具，以网络为资源，开发人脑潜能，全面发展学生素质。探索在网络环境中进行信息化教育的途径与方式；自主学习、合作学习、探究学习等多种学习方式的特点、规律及效果；个性化学习与学习兴趣、学习质量的关系等一系列理论与实践问题。

3. 培养一批能熟练使用现代信息技术进行教学和教改试验的教师队伍。

课题指导思想与理论依据：

1. 多媒体电脑不仅是教具，而且是学具，提倡并且通过本课题的实验，在家长自愿的前提下，实施有条件的中小学学生自备计算机的硬软件到校使用。现代化教育的基本特征之一是把现代化教育技术引入教育教学领域。因此，应积极主动地加大对教育的投入。

2. 建构主义学习理论和教学理论，强调以学生为中心，通过创设情境，引导学生自主探究，协作对话，最终使学生成为知识意义的主动建构者和信息加工的主体，而不再是外部刺激的被动接受者和知识的灌输对象，从而使学生从被动学习转变为主动学习。

3. 教育信息化的主要特点是在教学过程中广泛应用以电脑多媒体和网络通讯为基础的现代化信息技术，其表现为教材超媒体化、资源全球化、教学个性化、学习自主化、活动合作化、管理自动化、环境虚拟化等特点。

4. 改变单一被动的"接受性学习"，在网络教学环境中实现学习方式多样化。通过自主学习、探究性学习、合作学习、个性化学习等不同方式调动学生学习的积极性，真正发挥学生的主体性，培养学生的首创精神、探究意识、合作能力，进而全面开发学生的潜能，提高学生综合素质。

四、实验方法与过程

（一）实验班的组建

为了使实验班与对照班具有可比性，故在1999～2000学年新六年级采用随机的原则进行分班，再确定六年级五班为"电脑实验班"，因此，分班过程中无任何择优选拔，使得实验班与对照班起点基本相同。确定"实验班"后，召开家长会，向家长通报成立"电脑实验班"的决定和想法，并按照自愿的原则完全尊重学生、家长的意愿和选择，不愿意参加"实验班"的学生调到普通班。这样，以"双向选择"为原则，最终确定实验班的学生名单。同年级其他各班均为对照班。

（二）电脑实验班的软硬件建设

教室内为每位学生配备一台计算机。学生计算机的配置为奔腾III450，内存为64兆，硬盘为8G，考虑到最大限度地降低辐射对学生可能造成的伤害，采用了液晶显示器，教室的局域网采用的是通用依特耐公司提供的多媒体教育网。每台学生机通过教室的多媒体教育网可以直接连接到校园网和互联网。教师计算机配置为奔腾III600，内存为128兆，硬盘为8G，教师可以使用教师计算机展示课件，进行教学活动，并通过多媒体教育网对所有学生机进行控制和操作。服务器为奔腾III550，内存为256兆，硬盘为20G，服务器提供了大量储存信息的空间，可以供教师和学生共同使用。

教学软件主要由以下几个渠道获得：（1）购买市场上的教学软件，如科利华教学软件等；（2）软件公司赠送的试用教学软件；（3）教师在计算机老师辅助下开发的一些课件；（4）在教师的指导下，由教师与学生共同或学生独自制作的一部分课件。

（三）计算机的使用

每天使用计算机的课时占全天课堂学习时间的三分之一，即每天平均2课时。期中和期末复习考试阶段，使用时间会减少。计算机在课堂上的使用主要有以下五种形式：（1）教师用计算机展示课件，讲授新课；或教师将学习资料（如阅读材料、优秀作文、习题、背景知识等）通过教室网络发送给学生，供学生学习、讨论、交流、评议等。（2）在教师的指导下，学生到虚拟网或互联网上搜索信息进行自学。（3）学生展示自己制作的课件或电脑作品，如学生用自己制作的课件讲古诗，其他同学评议。（4）学生利用电脑完成教师布置的学习任务，如写作文、做课件等。（5）学生利用网络资源，制作电脑作品，开展主题教育活动，如"我为奥运考察团做报告"主题班会中的"申奥网站"，"创新方案大比拼"主题班会中的"创新方案集锦"，"碧水蓝天的呼唤"班会观摩活动中的大型环保网站"生命的呼唤"等。

（四）实验数据的采集与处理

1. 每学期对实验班及对照班学生进行体检，重点考查学生视力的变化情况，分析实验班与对照班视力变化的差异。

2. 2002年5月对实验班及对照班学生进行了社交回避、社交苦恼、抑郁感和幸福感四个方面的心理测试，考查使用计算机对学生心理影响的差异。

3. 取三年中实验班与对照班语文、数学、外语三科期末考试成绩进行统计，计算平均数，并进行方差分析，比较实验班与对照班学习成绩上的差异。

4. 就信息意识、信息能力等方面进行问卷调查，比较实验班和对照班在信息素质方面的差异。

五、结果与结论

（一）对学生生理健康的影响

"计算机辅助教学实验班"的课题研究对学生的生理健康未产生明显影

响,实验班学生身体健康状况良好。

特别需要说明的是,一些家长和专家担心学生长时间操作电脑会严重影响视力,根据我校医务室校医三年连续跟踪调查的结果:在每天使用电脑1~2课时的情况下,对学生视力无明显影响。另外,在验血和内脏检查中也未发现实验班的学生有任何明显异常。

(二)对学生心理健康的影响

"计算机辅助教学实验班"的课题研究对学生的心理健康方面,在社交回避、社交苦恼、抑郁感和幸福感四个心理指标上,实验班与对照班学生无显著差异。

值得注意的是,在此问题上理论界也存在争论,一些专家指出,青少年长期接触计算机,特别是浏览互联网,会导致人际交往障碍和自我封闭倾向,严重者会表现出心理幸福感降低,孤独感、抑郁感增加,产生沮丧、困惑、悲观、失望等心理偏差和心理障碍。因此,学生心理健康问题成为本课题实验中引人关注的一个敏感问题。经北京景山学校与北京师范大学心理学院联合对实验班与对照班的全体学生进行心理测试证实,该课题实验未对参与实验的学生造成不良的心理影响。说明只要注重对学生的心理进行必要的引导和调试,注重对学生健康心理状态的塑造和维持,在本课题的情境下,不会对学生的心理健康造成负面影响。

(三)对学生学习成绩的影响

根据三年跟踪调查发现,实验班的整体学习成绩随着实验课题的推进,逐渐提高,呈上升趋势,完全达到了课题开题时的工作目标。

在初中入学成绩中,实验班平均分低于对照班平均分0.3分(三门主课语文、数学、英语,下同);

六年级上学期,实验班平均分低于对照班平均分2.1分;

六年级下学期,实验班平均分高于对照班平均分0.2分;

七年级上学期,实验班平均分高于对照班平均分2.5分;

七年级下学期,实验班平均分高于对照班平均分10.1分;

八年级上学期，实验班平均分高于对照班平均分 9.4 分。

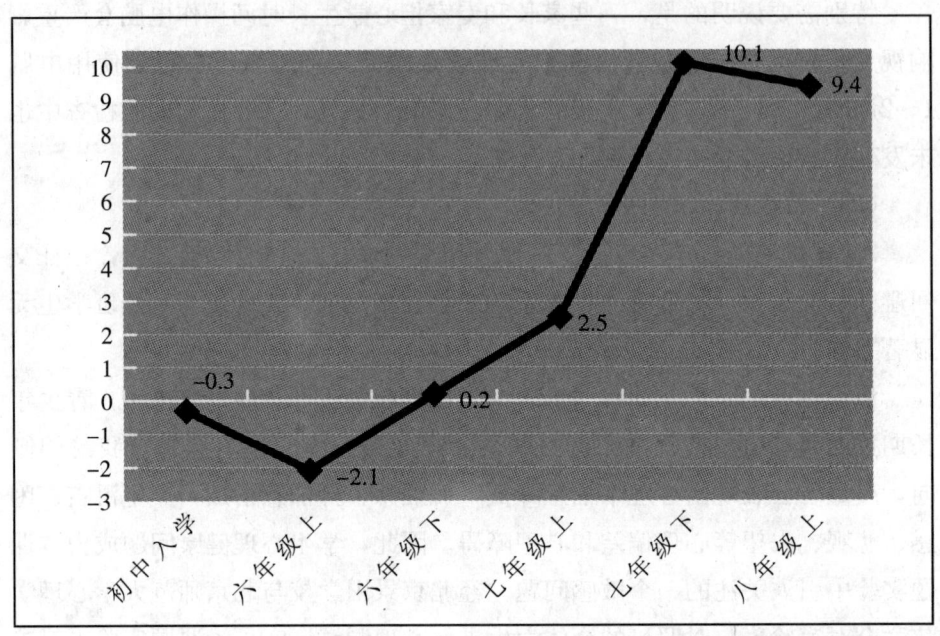

从以上数据可以明显看出学习成绩进步的趋势，而且这些进步的取得还是在实验班同学花费大量时间和精力进行计算机知识的学习和制作电脑作品的基础上，更说明实验班的学习效率、学习质量和综合能力有了明显的提高。

在对学习成绩进行方差分析时，发现实验班的方差明显高于对照班，说明实验班在学习上两极分化的现象要比对照班严重。

(四) 学生的信息素质有了明显提高

素质教育要求全面发展学生的综合素质，其中信息素质在信息社会中显得尤为重要。信息素质包含信息意识、信息能力、信息道德三个方面。其中信息能力又包含发现信息、收集信息、检索信息、处理信息、展示信息等。通过三年的课题实验，实验班的学生在信息素质方面有了明显提高，特别是体现在信息意识明显加强，在学习过程中有目的、有意识地搜集相关背景知识和其他有用信息，并且能通过检索，迅速找出需要的信息，尽可能多地占有有用信息,并且了解信息的来源和出处。在此基础上,加深对所学知识的理解,扩大视野,开拓思路,陶冶性情,促进学生综合能力的全面发展。在实验班举行的一系列大型主题教育活动中,如"我为奥运考察团做报告"、"碧水蓝天的呼唤"等,同学们从网上搜索信息,通过采访、调查、考察获得信息,并对这些信息进行加工处理,制作成电脑作品或班级网站,将同学们对问题的看法和思考展示出来,突出体现了电脑实验班的特色,获得了一致好评。

● 当你要开展一项科学研究时,你要做的第一件事是:

	搜索信息查找资料	寻找合作伙伴	寻找指导教师	制定研究计划
实验班	56.7%	15%	8.3%	20.0%
对照班	33.6%	25.2%	18.7%	22.5%

● 如果要查找一条信息,你首选的方式是:

	上网	图书馆	报纸杂志	询问他人
实验班	80.0%	10.0%	3.3%	6.7%
对照班	52.7%	33.3%	8.4%	5.6%

● 你能记住几个搜索引擎和与学习有关的网站:

	10个以上	5~10个	3~5个	3个以下
实验班	40.0%	30.0%	23.3%	6.7%
对照班	25.0%	19.5%	33.3%	22.2%

● 你的打字速度大约是每分钟多少个字符?

	大于300个	200~300个	100~200个	100个以下
实验班	50.0%	26.6%	23.4%	0
对照班	13.3%	25.0%	50.0%	11.7%

一部分学生在信息技术方面不断钻研，学有所长，有的以图形处理见长，有的专攻程序设计，涌现出一批"小电脑专家"，体现出较高的信息素质。实验班学生的电脑作品在每年的校科学节电脑作品比赛中均取得了明显优势，几乎都包揽了一、二、三等奖，在去年的科学节上，实验班姚望和赵忆慈两位同学的电脑作品获得了仅有的两个特等奖。实验班 32 名学生都能制作课件，累计制作课件 60 余件。每名学生都能制作网页形式的自我介绍，在景山教育网上专门有实验班的主页"景山八五班"。

（五）电脑实验班形成了积极向上、拼搏进取的良好班风，体现出较高的综合素质

电脑实验班成立三年来，取得了一个又一个荣誉，逐渐成长为景山学校最优秀的班集体之一，已经成为展示景山学校学生风采的窗口。实验班在学校运动会、科学节、文化节、歌咏比赛等大型活动中多次获得第一名和优秀班集体称号。在全校 500 分评比活动中，多次获得全校最高分。连续三年被评为校级优秀班集体，连续两年被评为东城区先进班集体，今年还被评为北京市先进班集体。

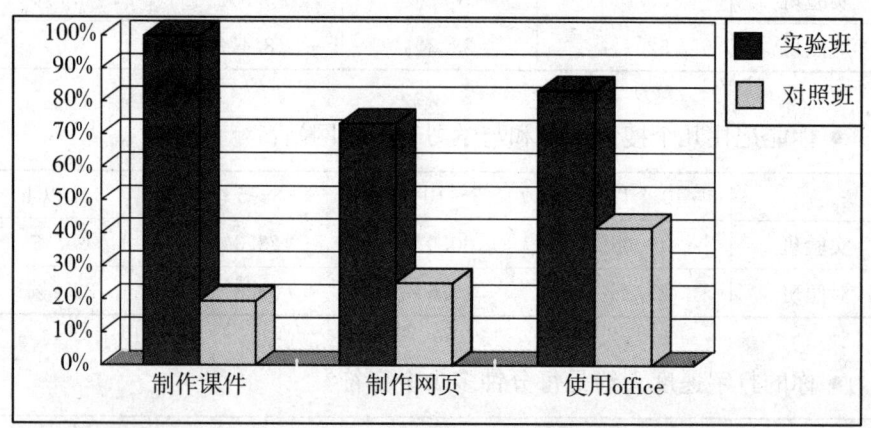

这些荣誉的取得充分证明了，电脑的使用丝毫没有影响班集体的凝聚力，学生愿意为集体荣誉而拼搏进取，而且在活动中各方面素质和能力得以全面加强。事实说明，实验班的班风积极向上，班级建设和管理是成功的。

电脑辅助教学实验班有一整套严格且行之有效的常规管理方法,保证了课题三年来的顺利推进,在电源管理、电脑操作、硬件维护、网络安全等方面均未出现任何安全责任事故。

(六)通过三年的课题研究,培养出一批能够熟练使用现代信息技术进行日常教学和教改科研的教师队伍

"电脑辅助教学实验班"的课题对教师的要求非常高,使课题组的教师感受到压力和紧迫感,必须要更新观念,不断学习,提高教学理论水平和实践能力,特别是使用电脑的水平。三年来,实验班承担各级各学科公开课、观摩课、研讨课二十余节,其中2001年5月4日景山学校语文教改四十周年研讨会上周群老师的公开课、2001年4月25日纪念景山学校计算机教育二十周年活动中邱悦老师的生物公开课、2002年4月16日八(5)班的东城区班会观摩课"碧水蓝天的呼唤"等重要活动都很好地运用了电脑和网络,给人以耳目一新的感觉,得到听课领导、专家和教师的高度评价。

(七)经过三年的课题实验,得出初步结论

"基于网络的信息化教育"对于激发学生的学习兴趣,调动学习积极性,提高学习质量,开发学生潜能,全面发展学生的综合素质起到了积极重要的作用。实验班三年来取得的成绩和进步就是最好的例证。这种先进的教育模式符合"以人为本"的教育理念,符合学生全面发展的需要,符合当今社会对教育的要求,符合素质教育的原则,值得在有条件的地区推广普及。这种教育模式可以概括为:

> 人脑、电脑＋网络
> 自主、探究＋合作
> 情境、实践＋体验
> 整合、创新＋开拓

人脑与电脑协调作用,实现功能互补,网络是信息的载体,可以提供各式各样的,无穷无尽的学习资源。

通过多种学习方式,使学生成为信息的主动获取者、加工者、知识意义

的主动建构者，而且能够探究获得知识的过程和方法，能够与伙伴进行平等地合作与对话，交流与共享。

在学习过程中，通过创设情境使学生产生认知的心理体验，也通过让学生接触大自然，接触社会，在实践中获得另一种心理体验。

知识的跨学科整合，多种能力的整合和多种思维方式的整合，使得学生的综合能力、综合素质显著提高，开拓创新的意识和能力也得到了全面发展。

综上所述，本课题预期的三项主要目标都已基本完成，课题研究从整体上是成功的。

六、讨论

第一，教育专家认为，学生有着与生俱来的探究的需要和获得新体验的需要、获得认可与被人欣赏的需要以及承担责任的需要，这些需要必须通过科学的教学方式和学习方式才能得到满足。单一的接受性学习方式，将学生作为容纳知识的容器，严重抑制了学生的积极性，忽视了学生的主体性。这显然不符合现代教育的要求。因此，教育改革的中心任务之一就是变学生的被动学习为主动学习。基于网络的信息化教育和电脑辅助教学改变了这种状况，使学习方式多样化，真正体现了以学生为中心的原则，帮助每一个学生进行有效的学习，使每一个学生得到充分的发展。特别值得注意的是，这种信息化教育对于开发学生潜能，培养首创精神，全面发展综合素质具有重要作用。

电脑辅助教学是互动式的教学过程，在传统教学模式中，信息从教师流向学生，往往是单向流动的，有了电脑和网络，有了交互式的教学软件，学生就不再是信息的被动接受者，而是参与到学习的全过程中。他们可以对每一个细节提出问题，发表看法，可以对教师、其他同学的观点进行评议。信息从教师到学生、从学生到教师、从学生到学生是多向流动的。在这种多向的信息流动中，由于思维的碰撞而产生灵感的火花，就可能使学生思维的深度和广度加大，从而使学生处于思维激活状态，为提高课堂学习质量打下坚实的基础。

电脑辅助教学是个性化学习的过程。在传统教学模式下，学生千人一面，往往抹杀了学生的个性化思维。而电脑辅助教学的课堂上，教师发给每位学生一篇阅读材料，学生可以"仁者见仁、智者见智"，都发表自己的感受；教师将学生的作文放在教室的网络中，学生可以自由地评论，有的说好，有的说差，都很正常；教师布置学生制作课件，全班32个同学保证没有重样的，反映出学生不同的构思、不同的风格、不同的思考角度。正是这种情境给了学生发展个性的空间，因此，实验班学生的写作水平逐渐在年级中显示出优势，有不少学生的个性化作文已逐渐形成自己的风格和特色，得到了语文组教师的肯定。

电脑辅助教学是自主学习的过程。在传统教学模式下，学生听教师的指挥，看第几页书，做哪道题，学生自己缺少选择的余地，因此有些学生逐渐失去了积极性。而基于网络的电脑辅助教学，教师给一个目标，教给些方法，学生到互联网这个信息的大宝库、知识的聚宝盆中自己去搜索、去寻找，正所谓"条条大路通罗马"，只要学生能达到教师提出的要求，具体的学习过程完全由学生自主决定，学生有了选择权，决定去哪个网站，找哪些信息，哪些信息有用，哪些信息无用，这种自主学习既培养了学生的学习能力，又激发了学生潜在的学习愿望，调动了学生的积极性。有时，一个学习任务需要几个同学组成一个小组来完成，这就是一种合作学习。在小组中，不同学生的特点往往是互补的。比如：有的同学善于感性思维，有的同学以逻辑思维见长，有的同学电脑水平高，有的同学文学素养强。这样，他们可以学习他人的优势，好的想法还可以共享，最终达到共同进步的目的。

第二，必须尽快建立适合此种教学模式的评价体系。在课题推进的过程中，全体成员都在努力探索，试图建立一个全面客观的评价体系，并且取得了一些进展，但并不完备。这一评价体系的建立对于课题本身具有十分重要的意义：（1）如果仅拿学习成绩来评价，比对照班分高就算成功，比对照班分低就算失败,过于简单片面。因为这种先进教学模式从意识、能力、素质上带给学生的益处是长远的,也许是终生的,但很难立刻就兑现在成绩提高多少方面。(2) 八(5) 班取得了有目共睹的成绩,但如果把成绩仅仅归功于使用了电脑和网络,也是不客观的。这里面是个综合因素,既有先进的教育理念,现代化的教育技术,也有学校领导的重视支持,课题组老师的忘我工作,实验班学生和家长的努力与合作。那么如何客观评价信息化教育在其中所起的作用,既不夸大,也不缩小,是一个值得研究的问题。(3) 尽管学习上出现了两极分化,但必须注意到,学习较差的学生在自身原有基础上有不同程度的进步,而且也能熟练打字,制作简单的电脑作品,这也是一种能力上的提高,更为重要的是他们对学习产生了兴趣,树立了信心,这里也有一个评价的问题。

第三,本课题的关键因素是人。从学生的角度说,实验班成绩的两极分化证明,并不是所有学生都能适应这种学习的模式,一部分自控能力强,学习态度端正的学生从实验中所获得的收获就大,尽管没有显示在成绩立即大幅度提高方面,但这种观念的转变、能力的提高,必然对学生今后的学习甚至一生带来益处。相反,一些自控能力差,学习态度不端正的学生从实验所得的收获就小,甚至负面影响超过了收获,成绩反而下降。从教师的角度说,推动实验课题的关键因素在教师,那么教师的教学观念、教学理论、教学艺术和电脑操作水平都直接影响到信息化教育效果的好坏。尽管经过三年的课题研究已经锻炼出一支比较成熟的教师队伍,但教师之间的水平仍然参差不齐。建议学校加大对课题组教师的培训力量,使每一位教师都能用好电脑,使电脑发挥最佳的效能,而不要因为人的因素而对宝贵的教育资源产生浪费。

第四,教师在课题研究中遇到一个最头痛的问题就是教学软件的问题。一线教师懂教学,但不懂计算机专业,如果每节课的课件都让教师独立制作是不现实的。软件公司的技术人员懂专业知识,但不懂教学,因此,有些现成的教学软件不好用。由于教学软件的匮乏,一度使课题研究非常被动。基于这种情况，建议学校尽快利用校园网的资源优势建立素材库、课件库，给教师搭建制作课件的平台。素材充实了就可以大大减少教师制作课件的周期。而且每位教师制作的课件都应该统一进入课件库，这样就不用花费时间制作已经有的课件。有经验的一线教师可以把要做的课件写出脚本，在北京景山学校计算机老师的技术支持下制作完成，充实到课件库中。

  第五，不要把电脑游戏看成是洪水猛兽。作为电脑实验班，电脑游戏自然也是一个不容回避的问题。通过三年的课题实验，结论是完全禁止电脑游戏并非上策，因为玩是孩子的天性，电脑游戏又是电脑的一项重要功能，连成年人也有玩游戏的需求，何况孩子呢？如果简单禁止，只能引起学生的逆反、抵触情绪，适得其反，这里的关键在一个"度"上，而且教师应加以引导，在完成学习任务的前提下，适当放松一下，注意不要单纯地玩而是在玩中学。实验班有些"电脑高手"就是从玩游戏开始的，到后来，有些同学已经能自己编游戏了。

中学选修课的设置与规范化的研究与实验

陈瑞群

一、加强课程结构的选择性是学校和学生发展的需要

课程改革是整个教育改革的核心，也是深化教育改革、全面推进素质教育的关键。《国务院关于基础教育改革与发展的决定》已将课程改革鲜明地提到促进素质教育，取得突破性进展的关键环节的位置上，明确提出"加快构建符合素质教育要求的新的基础教育课程体系"。

课程改革的突破口就是课程结构改革。在课程结构改革中，改变单一的必修课结构模式和学科本位的倾向，加强课程结构的"选择性"始终是重中之重。教育面对的是一个个具有独特个性的学生，教育应促进每一位学生的个性发展。为此，课程结构必须具有选择性，以适应学生的个性差异。当前，课程选修制已成为现代基础教育的重要支柱，正确处理必修课与选修课之间的关系已成为世界课程改革的重要课题。我国在新颁布的《基础教育课程改革纲要》中倡导学校应努力创造条件开设选修课程。《全日制普通高级中学课程计划》中要求学校除开设国家规定的选修课外，还要开设灵活多样的地方和学校选修课，尤其是要设置校本选修课程。

面对教育的发展和未来的挑战，学校要全面推进素质教育和深化教育改革，就必须抓好学校实施的课程整体优化，特别是在科学实施国家课程的前提下，根据地方、学校和学生的实际情况开发出具有学校特色的选修课程。

二、明确课程、教材改革的目标和原则

在新的课程理念和课程标准的指导下,我们确定了北京景山学校课程、教材改革的目标和应遵循的原则。

改革目标:以"三个面向"为指针,构建北京景山学校新的课程教材体系,即优化基础学科课程,加强实践活动课程,开发校园环境课程,改变传统的单一的学科课程体系,确立"以学生发展为本"的理念和"全面发展打基础,发展个性育人才"的办学宗旨,对北京景山学校的课程进行调整和改革,进行国家课程校本化(主要是语文、数学)和校本课程系列化以及课堂教学改革的研究与试验。

改革原则:

1. 面向全体学生,使学生在德、智、体、美等方面得到全面发展,全面推进素质教育。

2. 全面落实国家课程计划,开足、开齐教育部颁布的课程标准中规定的课程。不以升学考试科目为唯一目标,不随意删减非考试科目。

3. 优化基础工具学科,增加选修课程,加强实践活动课程,创造条件开发环境课程,体现课程的综合性和实践性。

4. 适当减少门类,综合相关学科。体现传统与现代的结合,处理好继承、借鉴与创新的关系。

5. 切实减轻学生过重的课业负担,提高课堂教学质量。精心备课,确保每节课教学内容的完成,向40分钟要质量;注意师生良性互动,调动学生的积极性,注意启发引导学生;作业要精选题目;不允许利用节假日进行集体补课。

6. 课程、教学改革本着因人因课制宜的原则,突破原课堂、课程和课时的限制,建立有诊断、激励与发展功能的评价体系。

7. 课程、教材改革发扬民主、实事求是、立足改革,以求发展。

三、选修课的设置与规范化研究

北京景山学校在"全面发展打基础,发展个性育人才"的办学宗旨的指导下,始终重视选修课程的开发与设置,依据课程改革的目标和原则,以学生主体发展为主,尽量满足学生的兴趣、爱好和需要,为学生的个性发展创造良好的条件。

（一）我们的探索

1. 北京景山学校选修课设置的目标

在课程改革的实践中完善课程选修制理论,构建北京景山学校规范化的选修课框架体系；建设一批相应的选修课教材；培养出一支理论与实践相结合的教师队伍,从而为课程改革的发展提供宝贵的规律性经验。

2. 北京景山学校选修课设置的基本原则

（1）发挥教师特长,体现教师主导；（2）发展学生特长,体现学生主体；（3）尊重学生意愿,促进个性发展。

3. 选修课开设的程序

北京景山学校校本选修课设置的基本程序为：首先调查学生的需要和兴趣,根据学生的需要确定选修课的大致科目和范围,然后每位教师按照学校确立的选修课课程目标和学生的需要,根据所教年级学生的特点,本着拓宽和加深学生知识、培养学生兴趣特长的原则,确立选修课题目,并申报到教研组,申报同时需提交开课设想,然后由教研组集体评议,择优上报总课题组,批准后统一向全体学生公布,接受学生选择。学生可根据自己的兴趣特长,选报自己喜欢的选修课,根据学生的志愿进行统一编排。选修课编排形式为初中在各个年级内进行组合,高中打破班级、年级界限,按照学生选择的科目进行安排。

目前北京景山学校共开设三大类近 40 门选修课（详见附表）,通过这些校本课程的开发,学校为学生提供了更多的学习机会,给学生的发展提供了广阔空间,极大地丰富了学生的学习体验。同时也促使教师不断思索：怎样才能开发出学生喜欢的课程,从而促进了教师的专业发展。

附表 北京景山学校校本选修课程设置

		类别	对象	目的	课程
校本课程	任意选修类	提高类选修课	针对成绩优秀，兴趣和特长比较定型并希望在某一学科有所特长和进一步发展的学生。	目的是培养竞赛型人才，提高他们的才能。	数学竞赛专题、物理竞赛专题、化学竞赛专题、生物专题、外语专题。
		拓展类选修课	针对对某一学科知识有兴趣的学生。	目的是通过介绍一些新的科学理论，扩大学生视野，可以促进学生能力的进一步发展。	西方戏剧欣赏、现代诗歌欣赏、英语视听课、数学建模、电子技术、国际热点问题、时政风云、关注老北京、植物组织培养、领土与国力、基因奥秘、天文知识讲座、古代建筑、机器人、戏剧欣赏、环境保护、心理常识与健康教育、礼仪常识等。
		文体类选修课	针对那些有艺术兴趣和体育爱好的学生。	目的是发挥他们的特长。	戏剧表演、美术欣赏、素描、服饰欣赏与设计、20世纪西方现代音乐初探、摄影、电脑绘画、陶艺、排球、足球、游泳、舞蹈、声乐。

4. 进行选修课管理的研究

目前我国中学开设的选修课是课程计划规定的、由学校自行设计课程内容、全体学生必须选修或可以任意选修的一门课程，与其他课程相比，选修课有许多新的特点，因此学校必须在管理上结合本校的实际进行。

北京景山学校关于选修课的管理侧重从教材（进行内容）、教师和评价三个方面进行。学校将选修课排入学校课表，每周一次，两课时，任何活动不允许占用这个时间，这从时间上保证了选修课的顺利进行。具体的管理由初中部和高中部主任负责，进行选修课的组织、协调与评价。教学内容由任课教师自己选择，既可以根据学生的兴趣，也可以结合自己的想法，现在已编写出了8本选修课教材，分别为《领土与综合国力》、《乡土历史和古代建筑》、《时政风云》、《世界热点问题》、《游泳》、《软式排球》、《高中数学优秀特长生培训教材》、《高中物理优秀特长生培训教材》、《高中化学优秀特长生培训教材》，我们要求任课教师有教学计划、教案和对学生进行考勤与评价的具体方法。每学期期末根据授课情况和学生评价给予课时经费补贴。

5. 进行教学方法、教学形式的探索

选修课在教学内容上与必修课有所不同。它是必修课内容的拓宽和补充。在教学方法、教学形式上也可以根据教学内容和学生需要和特点进行多种尝试。我校选修课进行了分组教学、讲座、活动课、研究性学习等方式的研究与试验。如环境保护选修课，七年级采取活动课形式进行、《关注老北京》便采取研究性学习和活动课的方式进行，学生以小组为单位，选择课题进行研究。高中结合研究性学习，开设了不同的学科和课题，让学生依据自己的兴趣和爱好进行选择。这些教学方法结合了学生的特点和需要，激发了学生的兴趣和潜能，都取得了良好的效果。

6. 进行选修课评价的研究

在研究过程中，进行选修课的评价方式的研究，包括对学校选修课设置和教学情况、教师教学效果和学生学习成绩的评估。

（二）效果的分析

我们采用问卷调查的方法对选修课的开设情况和效果进行了调查和分析。调查对象为七年级的212名学生和高一年级的180名学生，共计392

人，问卷设计有12个问题，调查结果统计如下：

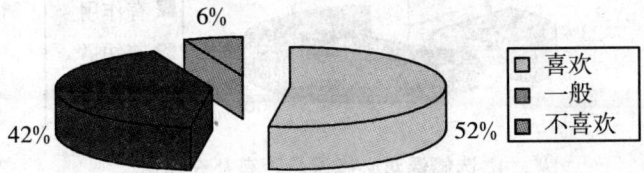

1. 学生对选修课的喜欢程度

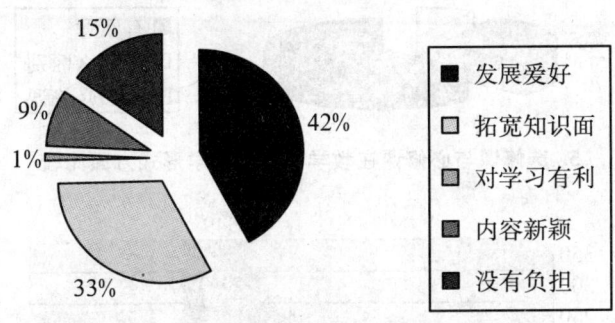

2. 学生喜爱选修课的原因

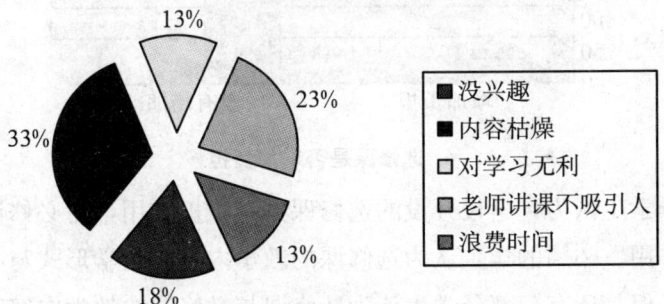

3. 学生不喜欢选修课的原因

从上图可以看出，绝大多数学生表示喜欢选修课程，只有极少数学生不喜欢，学生喜欢选修课的主要原因依次为：发展爱好、拓宽知识面、没有负担、内容新颖。学生不喜欢选修课的主要原因是：内容枯燥，老师讲课不吸引人。因此，今后的选修课教学应在这两个方面加以改进。

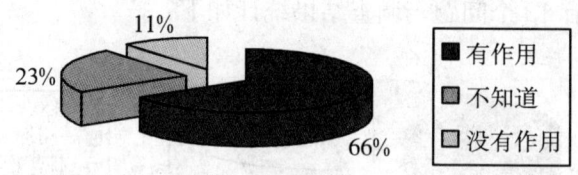

4. 选修课对必修课是否有补充作用

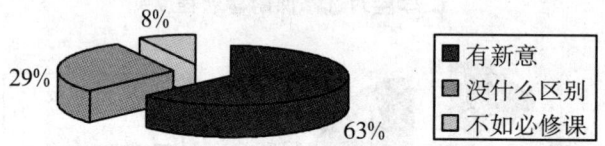

5. 选修课与必修课在教学内容、教学形式方面比较

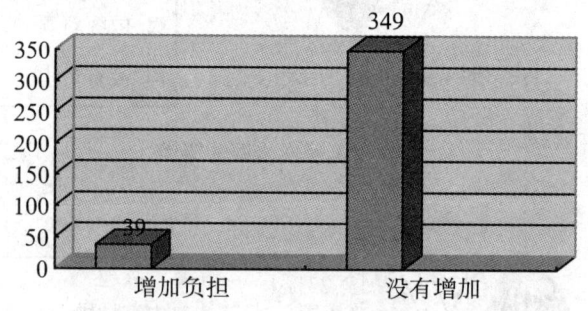

6. 选修课是否增加负担

大部分学生认为，学校开设的选修课具有积极作用，对必修课起到了很好的补充作用。63％的学生认为选修课的教学内容和教学形式与必修课比较具有新意，但是还有一部分学生认为选修课与必修课的教学内容和教学方式没什么区别，甚至还有8％的学生认为选修课不如必修课，这就要求任课教师要很好的反思和改进自己的教学。此外，有90％的学生认为选修课没有增加学习负担，这既是我们设立选修课的初衷，也是选修课受到学生欢迎的一个主要原因。

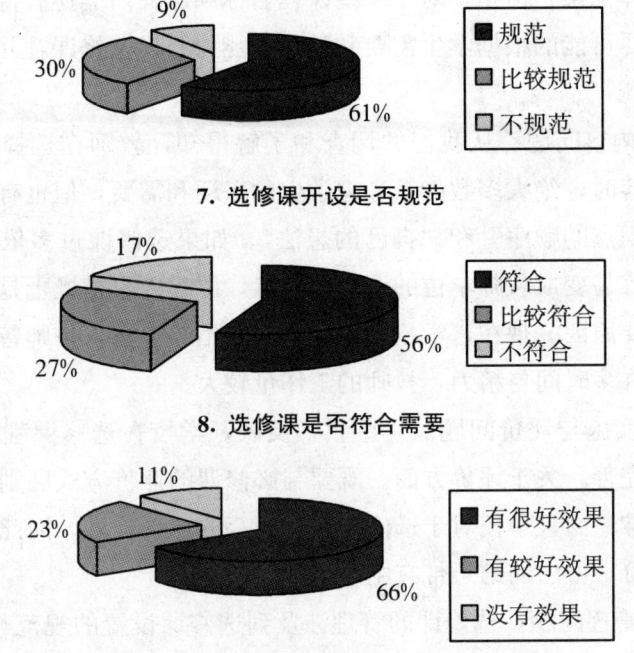

7. 选修课开设是否规范

8. 选修课是否符合需要

9. 选修课的学习效果

总体看来，绝大多数学生对选修课的开设和效果持肯定态度，91%的学生认为选修课的开设规范和比较规范，83%的学生认为学校开设的选修课基本符合自己的需要，而且有89%的学生认为学习选修课具有较好的效果。这也说明了学校开设的选修课还是比较符合学生的需要和要求，还是比较成功的。

调查结果也暴露出一些问题：目前北京景山学校开设的选修课门类还较少，一学期开设的时间也较短。选修课的开设还不是十分规范，还存在着一些需要完善的地方，这也是我们今后需要重点解决的问题

（三）我们的思考

选修课的设置与规范化的过程中还有一些问题需要探索与思考。

1. 校本选修课的总体框架问题。目前，北京景山学校已初步构建起选

修课程的总体框架，但是，对于一些课程名称和课程门类还有待进一步界定与完善。应尽可能的根据学生需要和教师的能力开设选修课，并尽量能够体现学校特色。

2. 课程内容问题。从我们的调查和了解得知，教师在选择与组织选修课的课程内容时，绝大多数能够考虑学生的兴趣和需要，但也有部分教师还是依据"知识点的顺序"和"自己的想法"。如果选修课过多依赖教师个人的想法，就容易变成教师本位的课程。而且，课程内容枯燥也是学生不喜欢选修课的主要原因。现在，学校的课程资源还不够丰富，教师备课、查找资料需要付出许多时间与精力，教师的工作量较大。

3. 课程实施与评价问题。一些教师反映，学校在选修课程设施的配套方面还有待完善。关于评价方面，既要与必修课的评价方式区别开来，又要有一定的标准，而且学校对于选修课没有统一的评价标准。因此，一些教师不知如何评价，得出的结果带有主观色彩。

4. 课程管理问题。选修课的管理涉及到选修课设置的规范与教学效果，但目前对选修课的管理都还处于摸索阶段，选修课对教师、学生的管理与要求，选修课教师对学生的要求与管理都还比较笼统，有时会影响选修课的质量。

开启学生通向科学、社会奥秘的心路之门
——小学科学、社会综合课程的探索与实践

袁立新　于立燕　高颖

一、课程整合是当前小学课程改革的重点

21世纪中小学课程改革的一个重要发展趋势就是强调课程的整合。通过综合课程的建设实现相关学科的整合，避免分化过细、彼此孤立的课程状态。这样，既有利于减轻学生的课业负担，又有利于培养学生的综合能力。顺应当前世界各国课程改革的潮流，我国新一轮课程改革，九年一贯整体设置义务教育阶段的课程，构建了分科课程与综合课程相结合的课程结构，提出小学阶段以综合课程为主。

根据儿童认识客观事物的规律，一般来说，年级越低，课程综合程度可以越高。对儿童和少年进行自然科学常识启蒙教育及社会科学常识启蒙教育适宜采用整体的、密切联系社会生活和儿童自身实际的、活动的方式进行。基于上述课程改革的理念，我校与教育部课程教材研究所共同合作，承担了"面向21世纪义务教育课程综合化的研究与实验"课题，在小学一二年级进行了科学和社会综合课的探索与实践。

二、科学、社会综合课程的开发及其特点

（一）课程的宗旨以发展学生素养为本

科学、社会综合课以发展学生科学素养及人文素养为本，对儿童进行自然科学常识及社会科学常识的启蒙教育。以发展学生素养为本是构建科学与

社会课程目标的基本价值取向，它鲜明地区别于那种以知识为本，以教师为本的课程观。以发展学生素养为本的课程是注重面向全体，全面发展与个性差异发展相统一的课程，是注重由师本转向生本，强调学生是学习活动的主体，自我发展为主体的课程。

（二）课程内容选取注重生活化、社会化、综合性

科学课和社会课教材由教育部课程教材研究所的专家负责编写，北京景山学校的教师进行教学实验。充分体现了编写人员与实验教师紧密结合的特点。新教材结合我国目前的实际和已有的经验，吸取了美国、英国、日本和中国台湾地区低年级科学、社会启蒙教材的优点，特别是考虑到低年级学生的年龄特点和知识、生活经验及能力都是有限的，因此，教材内容联系社会，联系学生生活，选择贴近学生生活的、接近周围社会和环境的、符合现代科学技术和社会科学发展趋势的、适应社会发展要求的和有利于他们奠定终生发展基础所最需要的内容，使学生感觉到学习的内容是熟悉的、亲切的。

教材的综合性强，这就是人们常说的"大综合"。一二年级的科学课教材，内容主要以低年级同学比较感兴趣的动物、植物、人文、声、光、电以及与生活密切相关的衣、食、住、行等单元为主，目的在于培养学生好奇心、亲近自然、热爱自然和科学的情感，实事求是、勇于探索的科学精神，初步了解和认识自然现象，了解一些基本的科学方法，初步培养"科学探究"和"技术设计与制作"的兴趣，形成良好的生活习惯与劳动习惯、与环境友好的绿色生活方式。社会课涉及自我认识、自我教育、祖国传统文化（如节日）、学校、家庭、心理教育、思维训练、生活实践、社会自然与自我的整合等方面的内容，目的是使学生通过社会知识的学习和生动活泼的活动认识社会和参加适当的社会实践，能够适应目前的及未来的社会生活，为成为一个诚实、正直、爱祖国、爱社会主义、具有社会责任感、善于参与社会实践、具有自主性和创造性的公民打下基础。

（三）教学方式体现自主性和多样性

在教师主导下，学生自主参与各种学习活动，是小学科学与社会课的主要教学形式。这种教学活动设计不但要求形式多样、生动活泼，而且以鼓励学生的主动参与、主动探索、主动思考、主动实践、自主发展为基本特征。这种教学活动设计，着重关注学生在学习活动中体验科学或社会实践活动的历程，以促进学生科学素养和人文素养的发展为目的。

教学形式的转变同时也意味着学习主体的变更。学生能否成为学习的真正主体，关键在于老师是否能放下"教"的欲望，是否能成为一名真正的引导者。两门课程的教学中应充分发挥学生的主体作用，强调学生的参与和体验。学生是教学的积极参与者，学生主体性的发展只有通过学生的参与才能完成。在科学和社会课的教学过程中，每一位任课教师不仅鼓励学生积极参与，而且注意创造学生主动参与的氛围，充分调动学生的积极性和主动性。教学中教师注意从学生身边的事物入手，密切联系学生生活实际，让学生亲身参与体验，探究发生在周围的自然、科学和社会现象与变化，收到了良好的教学效果。

培养学生的创新精神和动手实践能力已成为当今教育的主要目标。在科学、社会综合课的教学中根据学生的特点和"以活动促发展"的指导思想，更加突出"活动"的地位。采取了以学生活动为主体的实验手段，利用活动这种形式所包含的趣味性、互动性、可研究性及可延展性使学生对科学、社会课的学习兴趣被激化，成为学习的坚实基础和强大动力。教学中"活动"内容明显增加，几乎每节课都设计了让学生活动的时间，或角色扮演、或游戏、或动手制作、或观察，活动时间平均占每课总量的50％左右。这样，在教学中突出学生的主体地位，每个学生都有机会主动参与各种活动，在活动中学生获取知识，体验学习的乐趣，培养学生探究能力及乐于发现、勤于思考、善于观察的科学与人文素养。

科学、社会课在教学方法的设计和安排上，吸取了当今教育发达国家的经验和理念，诸如科学课的小班教学、课堂游戏、分组活动、小组讨论、室外活动、试验自主设计、方案评估、试验成果展示等方法的运用，目的在于让学生体验学习的乐趣,全身心参与学习过程,从而获得知识和提高能力。尤其是科学课采取了小班化小组教学的形式,一个教师面对24个学生,学生4人分成一组,比较四五十人的大班授课,其启发性教学优势突出,师生互动、生生互动效果明显,首先可以给每一个孩子充分思维交流和展示自我的机会;其次,小班式教学给每个孩子充分动手实践的机会;最后,教师可以最大限度地发挥创造性。

社会课比较强调学生的参与表演,通过创设与学生生活十分接近的情境,用游戏、小品、表演、配音等方式来"激活"脑力,用角色扮演创设情境,进行实践,加强学习。社会课尝试了"情景学习法",创设适当教学情境和良好的教学氛围,调动所有感官的授课方式,足够的口头鼓励、足够的形象、音乐、足够的行为、参与及活动使学生从中获得了大量的信息。同时,在探讨一个问题时采用讨论、辩论等方式,在学习一项技能时采用比赛、竞赛等方式,在体验一种情感时用模拟表演、角色转换、配音等方式都充分地调动了孩子的感官,激活了他们脑力,使知识的学习变得轻松、活泼而且有效。

三、综合课程取得的成绩

通过几年的探索与实验,科学、社会综合课的实验取得了明显的效果和突破性的成绩,开启了学生通向科学、社会的心路之门。

(一)课程的效果

1. 学生方面

其一,学生参与课堂活动为100%;其二,学生动手、动脑能力得到极大提高,心灵手巧;其三,学生思维能力的明显提高。

2. 教师方面

对于任课的教师来说,科学、社会综合课的教学完全是个新课题。在无正式教材、无学具、无任何参考资料的情况下,面对新的教学方式,通过两年的教学实践,六位任课教师要千方百计地设计教案、教法,要自己制作各种各样的教具,要制作各种各样的教学课件,两年下来,大家都感觉到了自己的教学能力、教学水平得到了很大的提高。

3. 家长方面

刚刚入学的一年级的小同学要上好科学、社会课，家长的协作是必不可少的。由于孩子们十分喜爱科学课，所以家长为了孩子给予了极大的支持。他们帮助孩子准备各种各样的学具，家长当了孩子课外实验的辅导员。

（二）突破性成绩

1. 最大程度的激发了学生的学习兴趣

任何教学改革，都是围绕着一个中心，那就是让学生自觉自愿地参与到学习活动中来，让学生对所学知识、对学习过程都产生浓厚的兴趣，让兴趣成为他们最好的导师。

为了达到这一目的，本项实验从教学的内容设计、教法改革等方面进行了卓有成效的尝试。

科学和社会课的教学内容设计更注重孩子的年龄特点，打破了以往教材编写上突出重视知识的系统性、完整性而忽视了趣味性和可研究性的传统思路；教材内容包罗万象，试验活动丰富多彩，不是为了灌输知识，而是在孩子面前展开一幅绚丽、神奇的自然科学和社会科学的画卷，让他们在兴奋、惊讶之余产生强烈的好奇心和求知欲；学习中更不用死记硬背，取而代之的是运用简单科学的试验方法，从事简单有趣的科学研究和实践活动，体验揭秘的乐趣，让教学内容成为孩子求知探秘的乐土，成为了他们学习的朋友而不是负担。

2. 全面多层次的拓展了学生的视野和思维

教材的包容性，教法的多样性所产生的效果不仅在于提高学生的学习兴趣，更体现了现代教育的一种全新理念，那就是不再把学生看成是承载知识的容器，而要把学生培养成一个有开阔的视野，有创造性思维的人。

教材在内容上涉及面之广是以往所不能比及的。它为学生提供了一个全新的视野来认识什么是学习，什么是知识，那就是一切皆可学，一切皆可知，只要学生好奇心不泯灭，只要学生的求知欲不泯灭，学生就能成为知识的主宰。

在教学方式上摒弃了以往注重课堂严谨性的教学模式，提倡松动活跃——给学生玩的机会。让学生在玩中发现问题，启发他们动脑筋解决问题。由浅入深，举一反三，创造性思维更是科学、社会综合课要交给学生的思维方式。其中包括用简单方法解决复杂问题；用不同方法解决同一问题；用已知现象探求未知难题；还有不拘一格，别出心裁；等等，这就是要让学生充分发挥想象力和创造力，把思维潜能最大程度的发挥出来。不仅教给学生知识，更要教给学生如何思考是综合课要达到的目标之一。

3. 教给学生如何发现问题、解决问题的基本方法

彼得克莱恩曾说："当孩子们在帮助下自己去发现那些基本规则时，他们学得最好。"也就是说，孩子是他们自己最好的教育者，我们应该充分相信他们，并为他们提供自我教育的环境和空间。

由于课堂教学的需要，教师常常要求孩子从家里带来一些物品，包括玩具、用具和简单材料，教师不仅以此为教具开展教学活动，还启发孩子如何改良它们，使之一物多用，一物多能。

不满足只从课堂上获取知识，教师鼓励学生自己提出问题然后在课下利用各种途径寻找答案，读书、上网、试验、讨论等，教给他们多方面、多渠道获取知识的方法，为他们离开课堂后的自主学习打下一个良好的基础。

4. 提高了学生的综合素质

现代社会对人才的要求已不再靠一纸文凭来衡量，而更将体现素质的综合性——团队精神、独立科研能力、触类旁通、创造性思维成为主要内容。

科学综合课从教材内容设计到教法改革到教学组织无不着眼于长远着眼于未来——在学校教室数量师资数量有限的困难下依旧坚持变大班教学为小班教学，保证学生拥有分组活动和分组试验的机会，由此培养其在团队中的合作能力。

为了让学生更好地了解、认识真实的社会，在两年的社会课教学过程中，我们指导学生通过参观、访问、实际参与、探究等活动去了解社会现象，了解自己在社会中的角色与定位，体会自己与社会、与他人的关系，养

成关注社会、服务社会的意识，发展服务社会的能力。

所有这一切使得学生从课堂上、从老师那里获得的不仅是知道了"是什么"和"为什么"，更让他们获得了求知的乐趣和求知的方法：与人合作、科学研究、勤于动手、善于动脑渐渐成为他们学习的重要方法，而这种素质的养成对于他们今后的发展无疑有着至关重要的作用。

四、综合课程积累的经验

1. 北京景山学校与教育部课程教材研究所携手合作，在两年的时间里相互推动、相互研讨、相互交流，双方为实现试验目标相互合作，优势互补，这是自主开发校本课程的上佳选择，也是一条可取的、愉快的途径。

2. "游于艺"是低年级学生乐于接受的教学方式。

怎样把这套比较先进的教材，转变为我们的教学实践，使同学们在课堂的教学实践中去接触知识，探究知识，最后能去主动的爱学、好学，这正是我们教师花费精力最大，准备工作最多的地方，我们从教学实践中逐步认识到了，要根据教材的内容，结合北京景山学校的目前实际，必须采取多种多样的学生所喜欢的教学形式，把知识与活动融于丰富多彩的教学实践中，学生在高高兴兴，欢欢乐乐的活动中获取知识，增长本领和培养好习惯。

3. 课堂创设和谐教学氛围，师生合作进行学习。教学过程是一个师生之间、生生之间多边互动的过程，教学中和谐、融洽的氛围和条件有利于师生、生生之间相互合作，共同完成教学任务。

"亲其师才能信其道"。任课教师在教学中不仅注意知识的传授，更注意与学生情感的交流与沟通。霍老师的和蔼、于老师的亲切、阎老师的幽默、宫老师的睿智、高老师的活泼、海老师的热情深深地感染着每个学生，学生对几位老师也都产生了喜爱的情感，并随之喜欢上了这几门课程。教学中师生相互尊重，一起学习、一起活动，每堂课都处在愉快、轻松、和谐的氛围中，从而形成了老师教得轻松、学生学得愉快，教与学、师与生处于良性互动的良好氛围之中。

基于网络的校际教育教学资源
共享机制的开发及应用研究

范禄燕

一、问题的提出

改变我国基础教育不均衡发展现状，必须要从两方面入手。一方面，我们要开发更多的优质教育资源，而优质资源的核心要素就是高水平的教师队伍。教师素质的高低，直接关系到青少年学生的健康成长，关系到全民素质的提高。另一方面，要充分发挥教育资源的作用，必须做到有效传播。无论从哪个方面来说，教育信息化都有着至关重要的作用。

优秀教师的成长需要接受继续教育和职后培训，但是由于时间和空间限制，教师很难接受系统性的继续教育。在信息化社会，丰富的成长性教育资源为教师的素质提高提供了便利的条件，找到了克服空间和时间制约的有效方法。

优质教育资源的有效传播，就是以最佳的方式传到最遥远的地域，传给最广泛的受教育者。缺乏有效传播，优质资源势必造成极大的浪费。一位哲人说："一个好的思想，两人共享，各得其一。"思想在于传播才能充分发挥作用，而优质教育资源同样如此。要让这些资源上网，突破时空的限制，做到优质教育资源共享。借助于教育信息化手段，扩大教育优质资源，并且有效传播，那我们的教育就能快速发展，均衡问题也就可迎刃而解。

随着互联网迅速普及，信息化社会对我国各级教育产生了重大影响。2000年年底，教育部发布《关于在中小学实施"校校通"工程的通知》，提出了"用5~10年时间,使全国90%左右的独立建制的中小学校能够上网,使中小学师生能共享网上教育资源,提高所有中小学的教育教学质量"的宏伟目标。这一决策为我国教育现代化发展提供了有力保障,也极大地促进了我国教育现代化的发展。特别是全国中小学信息技术教育工作会议、"校校通"会议的召开以后,更使教育信息化成了社会的一大热点。但同时,"有路无车无货",致使投入大量资金的区域网难以发挥其应有的作用和效益,造成了设备的闲置和浪费。

对于教师来说,高质量的备课,精美的课件制作,科研成果及其转化,以及教师再学习等都离不开强大的资源背景;而对于学生来说,培养利用信息技术的能力,培养学生研究性解决问题的能力,培养学生的创造力和学习的能力不仅需要强大的资源平台,而且其质量的高低也成为资源建设的关键所在。开发、研制教育教学资源,已成为解决我国中小学教育信息化"瓶颈"问题的当务之急。

目前,各级政府、各种教育机构投资建设了大量的资料库,但是由于教学资源的开发主体多为公司或者专业师范院校,这些机构各自为战,追求小而全、大而全、造成了教育资源的相对分散;另外,这些机构虽然开发了大量的资源,但由于开发者多为企业开发人员或者研究人员,不能和教育教学的实际相结合,所以造成了资源建设和教学实际相脱节的尴尬局面,其产品不能满足教师的教学实践,学校购买了大量公司的产品,却不能匹配使用,造成了社会资源的巨大浪费,而学校需要的资源却少之又少。

这样一来,网络教育优质教育资源明显不足与已有教育资源不能充分利用的问题已经成为教育信息化发展的一个主要问题。

以校际联盟的形式合作进行资源的共建共享,并在此基础上探索信息资源在教育教学上的应用在国内还属首次。以学校为主体而建立的校际联盟,更加贴近学校教育教学的实际,更能保证教育资源的有效性。同时,网络时代核心的精神是协作、融合、共享。资源建设、内容开发不是单一学校或公司所能完成的,它必须面向社会结成最广泛的合作联盟,建成各种学校的协作关系，才能做到最大限度整合资源、共同建设、共同拥有、共同使用。

因此，由北京景山学校发起成立，由国内外致力于基础教育改革的中小学校共同创建，以先进的多媒体技术和网络通信技术为依托，共建共享优质学科课程、校本课程和教育资源的服务型协作组织，对探索教育教学资源的建设与应用，促进我国教育事业的均衡发展有着积极的现实意义和深远的历史意义。

二、研究方法与人员分工

（一）研究方法

本课题通过区域性组织的方式，以北京景山学校及学校友好合作学校北京市第一中学、北京市第二十七中学、大兴区第八中学、大兴区第八小学、北京景山学校王府分部为基本单位，采用边实践、边研究、边应用、边传播的行动研究模式，将理论研究与教学实践有机地结合在一起，促进学生成长、教师提高和学校发展。

具体研究方法：文献研究法、调查研究法和行动研究法等。

（二）主要人员分工

范禄燕：课题组组长

贺鸿琛：课题组顾问

陈瑞群：负责课题研究总方案，指导并组织实施课题研究

陈茹姗：运用网络联盟，促进教师专业成长的研究

王京梅、邱悦、宋以平：景山学校高中、初中及小学教育教学资源库建设研究网络联盟在学科教学中的应用研究

王惠波：网络联盟的平台技术开发与完善的研究

乐嘉文：负责网络联盟的推广及应用

毛　敏：负责课题资料的整理及相关报告的撰写

陈瑞群　袁立新：网络联盟对学校教育科研成果的转化研究

三、研究过程

本课题从 2006 年 10 月至今，采用文献法、调查法对课题提出的背景、课题研究的必要性和可行性、课题研究的主要内容等进行全面、深入的论证，在本课题正式立项后，根据专家提出的建议进一步明确研究方向、理清研究内容、调整研究方案；在技术方面，已经建设和完善了网络平台，确定了网络板块内容结构，制定了校际网络联盟资源建设标准规范。

在前期工作的基础上，本学期我们进行了下面几项工作：

1. 在学校大量扎实的日常教学实践中，提炼出具有典型性的案例，确定成数字视频窗口、编辑成案例集。其中包括联盟中其他学校上传的教案 800 篇，课件 500 节，视频录相课 300 节。

2. 将我校已经取得的重大教育科研成果进行整理修改，在网络联盟上进行发布，以便使学校科研成果能够得到更大范围的运用和推广。

3. 实施了网络视频会议系统应用。应用平台的视频会议系统实现异地教学，"数字景山"三地（北京、江苏、四川）四校（北京景山学校、北京景山学校远洋分校、江苏盐城解放路学校、四川什邡外国语学校）远程视频教学研究活动。通过远程教育传输中心，使我校的优质教育资源通过网络实现共享，以促进教育均衡发展。

4. 进行异地师资培训，利用网络平台，先后与北京、天津、四川、浙江、江苏、河北、新疆、陕西等省、自治区、直辖市的二十多所教材使用校的教师进行教材使用及师资培训。推进新课程，师资培训要先行。搞好新课程师资培训工作对新课程实验推广工作至关重要。景山远程教育平台对加强景山合作校骨干教师培训、交流工作，无疑是一种非常经济、便捷的手段，极大地增强培训的针对性、实效性和广泛性，极大地提高了培训效益。

5. 2008 年 5 月底，北京景山学校向四川什邡外国语学校捐赠了 500 张数字景山网络学习卡，从而及时、迅速地保证了使用北京景山学校教材的近 500 名学生可以通过网络学习平台继续学习。

6. 运用网络联盟，开展国际交流，利用网络平台先后与意大利、日本、我国香港特别行政区等国家和地区学校和教育机构进行交流和合作。

四、阶段性成果

（一）搭建了集成式数字化基础教育技术平台，为有效地开展教学改革、教育技术、学科课程的研究与共享提供了技术支持和平台

学校专门成立了"数字景山"领导小组，负责"数字景山"建设的总体决策、整体规划和评估验收。建立了数字景山研发团队，目前研发团队共计16人，其中4人具有教育技术学、计算机科学及教育学硕士学位，其余人员均具有本科学历。

数字景山整个平台分为三个部门：数字校园、网络联盟和学习空间。

1. 数字景山：主要展示学校教育的基本情况与特色，宣传学校办学成就；提供多种教学模式的版本，帮助教师实现基于网络的电子备课；同时为学校的教育科研提供资源和平台支持以及发布学校的通知、公告等，实现学校办公信息化，提高管理效益，实现教师人事、财务等管理手段的数字化。

具体栏目有：新闻中心、党建园地、教学改革、行政办公、校际交流、德育园地、名师辅导、学生园地、景山国防教育、景山奥运网站、排球分会、游泳馆以及关于景山等。

其中"学生园地"下又设置科学节、文化节、景山校刊、学生社团、学生论坛等栏目。

2. 网络联盟：主要面向合作校，结成最广泛的合作联盟，最大限度地整合资源，共同建设、共同使用、共同发展；到目前为止，已经有江苏盐城解放路小学、江苏徐州三中、内蒙古赤峰田家炳中学、浙江宁波广济中心小学、山东莒南县第四中学、河北平山中学、四川什邡外国语学校等16所中小学加入景山联盟。

网络联盟还提供了视频会议和远程教学系统，使景山学校与各地学校建立畅通联络；在教育科研人员的指导下，及时总结各校在理论研究与实践探索方面的创新经验，开展适合本校的教育行动研究，并进行推广；以及积极

创造条件，促进各加盟学校之间，加盟学校与国内院校、研究机构及其他国家教育组织的交流与合作。

具体栏目有：网盟动态、教育科研、教育资源、教师培训、名师风采、联盟学校、教师论坛以及网盟介绍等。

3. 学习空间：（1）以北京景山学校的学科课程和教材为基础，广泛整合合作校、加盟校多媒体资源，开发数字化的学习环境，为学生创设一个自主学习的平台，使学生利用网上资源开展丰富多彩的、个性化的课外学习；（2）使教师突破课堂和书本的限制，利用网络平台和资源实现多渠道的教学。

具体栏目有：多媒体同步课程（包括景山版教材和人教版教材）、有声课堂、名师辅导、考试与训练、马健心理咨询、轻松学吧（包括小学古诗动画、轻松英语电子杂志、数字实验室、电子图书馆、游戏背单词等）、游戏化学习专区、英语听力学习专区以及服务中心等。

（二）各类教育教学资源库的建设与研发

主要建立了教师资源库和学生资源库。

1. 教师资源库的建设

（1）课堂教学视频库的建立

对近年来景山学校的公开课视频资源进行了数字化和网络化处理，共收录景山学校小学到高中各个学段12个年级课堂实录共840节，其中小学380节，初中204节，高中236节，涵盖语文、数学、英语、物理、化学、政治、历史、地理、生物、劳技、计算机、美术、音乐、书法、班会、家长会等多个学科内容。

另外，合作录制了东城名师网络视频课程549节，涵盖了小学到高中各个学段，语文、数学、英语、物理、化学、政治、历史、地理、生物等学科内容。

（2）网络多媒体同步课程资源及数字教材体系的建立

北京景山学校五十年来一直进行教育教学改革试验，特别是在课程和教材方面进行了积极的改革探索,构建了具有自己特色的课程教材体系。远程教育及数字资源以多媒体(包括文字、图形、图像、动画、影像和声音)方式显示教学信息,同时它所特有的信息获取快速灵活、交互方式丰富多样、协作交流打破校际、地区界限等特性,对教材的内涵和外延作了更大的拓展,便于共同建设新型的现代化数字教材体系,提升各学校的教育教学质量。

①开发景山版小学网络多媒体同步课程资源。目前,建立了语文、数学两个学科,共20本数字教材。其中,静态页面22 099张,图片42 522张,音频文件659个,视频文件2 768个,动画文件2 997个。总容量8.82 G。

②人教版小学网络多媒体同步课程资源。共建立语文、数学、外语三个学科,六个年级,共30本数字教材。其中,静态页面18 065张,图片43 599张,音频文件246个,视频文件1 584个,动画2 654个。总容量9.89 G。

③初中(人教新课标)多媒体同步课程资源。包含初中三个年级,语文、数学、英语、物理和化学五个学科,按每学期一本书计算,共24本书。其中,静态页面168 55张,图片168 55张,音频文件681个,视频文件646个,动画3 068个。总容量11.2 G。依据新课程标准,以全新的模板进行制作。

④高中多媒体同步课程资源。包含高中三个年级,语文、数学、英语、物理、化学五个学科,按每学期一本书计算,共30本书。其中,静态页面3 896张,图片35 085张,音频文件255个,视频文件638个,动画353个。总容量6.69 G。

2. 学生学习资源中心建立

(1)电子图书馆:主要包括教育教学用书、科普类、政法类、哲学类、经济类、历史类、文学类、电子类、军事类、医疗、艺术类、生活类等书,总计约2万册书。

(2)特色资源综合库:建设具有教改特色的教学资源,包括游戏化同步背单词、小学古诗80首动画、初中50篇古诗文动画、学生轻松英语电子杂志、数理化数字实验室、景山电子教材等特色资源。

（3）试题库：从小学到高中各个学段的网络"试题训练系统"，包含多种教材版本，共计约50万道试题。可以实现同步训练、网上考试、网上判卷、成绩统计、自我诊断等功能。教师可以利用该系统轻松组成考试试卷，也可以组织网上考试。学生通过此系统可以自我诊断掌握知识的程度，及时查漏补缺，为学生提供了一种自主学习、自我检查的手段。

（三）发挥我校优质教育资源的辐射、带动作用，推进教育均衡发展

切实落实"面向学生、走进课堂、用于教学"的要求，北京景山学校运用信息化的手段和方式，发挥优质教育资源的辐射、带动作用，采取与联盟学校整合、重组、教育资源共享等方式，促进联盟学校的改造。为推进基础教育均衡发展，推进无差别教育，寻求一种共同发展、互补双赢的模式作出应有的贡献。

在网络联盟成立以来，景山学校先进的办学思想，优质的教学资源为联盟学校的发展作出了应有的贡献：

在2008年4月召开的纪念邓小平"三个面向"题词25周年——全国"百校校长"进景山活动中，宁波市广济中心小学作了《联盟造优势 共享出智慧》的发言，在发言中，该校校长说：

2006年下半年起我校与北京景山学校展开合作，开始引入了"数字景山"平台。通过试用和使用，我们充分认识到这是一个引领教师专业成长的新平台，它改变了以往信息技术只是作为一种辅助工具的地位，而是以数字平台丰富的资源信息直接引领教学理念层面的变革。网络联盟输送名校海量优质、前沿教学资源，并以此提升教师教学理念、方式方法，同时，也能将课堂延伸至家庭，以一种学生乐于接受的方式充当家庭教师的角色。

江苏省盐城市解放路实验学校校长作了《借鉴景山经验 促进学校发展》的报告。他说：2006年在北京景山学校的支持下，盐城景山小学正式挂牌，同时加入了数字景山网络联盟，由景山学校倡导共建数字景山网络联盟，共享教育资源。同年，还与北京景山学校成功开通了空中课堂，北京景

山学校的优秀教师直接为我校学生授课,为我们提供了一个更高层次的校际交流平台,提升了我校实施新课改的水平,学校的课改经验多次在省市研讨会上交流,受到高度评价。

五、结论与讨论

(一)网络联盟的成立也建立了北京景山学校知识管理的平台,有效整合了北京景山学校及联盟学校优秀的课程资源和教学资源,学校的教育教学思想、方法、以及学校优质教育资源特别是学校特高级教师个性化的教学实践,这是学校极其宝贵的财富,通过数字化的形式,进行长久固化下来,从而使得教学得以传承与发展,这是学校教育教学特色延续的基础,也是数字科研平台的基础所在。

(二)高质量的数字资源建设为实现循序渐进的训练方式与集中时间重点突破、适度跃进的训练方式、班级教学与分类指导、个性化学习相结合提供了可能,从而为使学校基础教育与英才教育的结合,促进学生个性化发展提供了强有力的手段。

(三)学校的教学改革离不开科研,是否参与教育科研是传统型教师与专家型教师的最大区别,也是学校的办学特色和学校发展的生命力之所在。数字化平台建设为教育科研提供了一个信息共享、信息交流、信息管理的高效平台,提升了教育科研的信度和效度。在学校教育科研人员的指导下,及时总结加盟学校在理论研究与实践探索方面的创新经验,共享科研成果、并组织学校深入开展了适合本校特点的教育行动研究,促进了学校的跨越式发展。

六、下一步研究计划

1. 继续加强数字景山数字资源库的建设及开发。

2. 扩大网络联盟学校,与更多的外省市学校进行结盟,扩大景山学校的影响、推广景山学校的优质教育教学资源,为教育均衡化作出我们应有的贡献。

  3. 对网络联盟学校的教师和学生做问卷调查，探讨运用"网络联盟"之后，如何转变教师的教学方式和学生的学习方式。

提高课堂实效性的学习策略研究

朱淑玲

一、问题的提出及其意义

我国新的课程标准鲜明地将人放在了首位,将人的发展放在了首位。学校教育的最根本的目标是要使学生健康全面的发展,获得可终身发展的能力。因此,高中教育应从使学生学会向学生会学转变。

但是,据有关机构对北京市6所中学的1 837名(其中男生949名,女生888名)中学生进行的测试,发现在学习欲望、学习方法、学习计划、学习环境、学习习惯、学习态度、考试技巧等方面,有相当一部分学生存在问题,如下表所示。

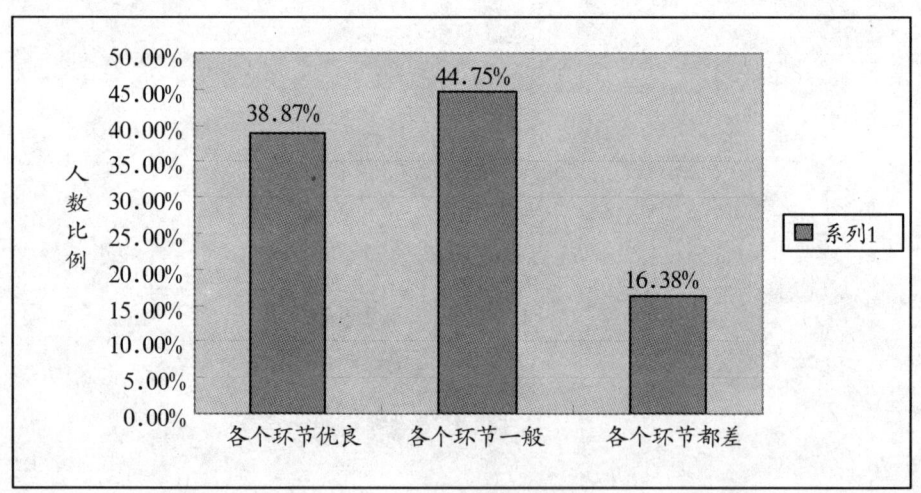

从以上的数据分析可以看出，学习成绩与学习的各个环节都有密切的关系。

为了解决教育中存在的这些问题，实现使学生从学会向会学转变。必须使学生把学习当成一件愉快的事情，教师把教学也当成一件愉快的事情，这样课堂教学效率才能大大提高，从而也可以减少学生的学习负担。

二、相关的理论基础

现代建构主义学习理论认为，学习是人们在已有经验的基础上主动理解和构建新知识的过程。在学习中人的主体积极性的发挥，自主学习能力和良好的学习策略起着至关重要的作用。

课堂教学的实效主要指课堂教学整体的效果。关于实效性问题我们可以讨论两个方面：一个是活动是不是达到效果；二是达到效果的这个状况如何，也就是说，是不是投入的时间和精力与最后的产出结果有一个比较好的比例。影响课堂教学实效性因素有三个方面：一是学生，二是教师，三是教学资料。本课题主要是从学生的角度探讨如何提高课堂学习的实效性。

学习策略是为达到一定的学习目标，对影响学习的各种因素加以综合思考，精心策划和有效调控的学习技能。

学习策略包括以下几方面的内容：（1）明确学习目标，分析相关学习条件，策划合理的学习方案；（2）选择适当的学习方法，主动组织加工知识信息，形成层次分明的整体网络知识结构；（3）有效管理学习过程，不断自我监视、评估和反馈学习的进度及效果，及时调整不适当的目标、方法，确保学习的有效性。

通过对不良的学生存在的问题进行心理分析，发现可以概括成以下几个方面：

（1）不想学。对学习没有热情，没有学习的动力。

（2）想学学不进去。感觉学习没有乐趣，学习本身对自己没有吸引力。

（3）想学学不好。没有好的学习方法，有劲不知道使在哪里。

（4）学习效率低。在作业上花费太长的时间，没有主动学习的时间。

(5) 学习容易受情绪和环境的影响，零散的时间利用很差。

(6) 对自己的学习状况不能清楚认识，不能调控自己的学习进展。

通过这项研究，找到解决以上学生在学习中存在问题的具体操作方法。针对性地对学生进行学习策略的指导和训练，并根据学生的反馈，甄别哪些策略具有实效性，区分出哪些策略解决哪些问题更有效，对有效的策略形成可以操作的训练模式。使老师和学生减少重复和无效劳动，这样就能大大地提高课堂教学效率。

三、研究案例分析

通过理论与实践思考，笔者制定了相关的实施策略，并加以实施。其主要的实施策略和效果如下：

（一）目标策略

策略学习者在学习时首先要明确学习的目标和任务。研究表明，对学生影响较大的学习目标有两种，一是学习目标取向，二是成绩目标取向。学习目标取向是指将知识学习和能力提高作为学习目标，认为能学到知识技能，使自己发展提高的学习就是有意义的学习，喜欢选择有一定难度的学习，评估标准是看自己有无提高；而成绩目标取向则相反，对学习结果（如成绩）更感兴趣。学习目标取向有益于知识技能学习，有益于心理发展，符合素质教育的要求。

学习目标是学习活动最基本的出发点，但学习目标不是单一的，而是一个有层次的体系，从时间上可以划分为长期目标、中期目标和近期目标。目标需要一步一步的实现，没有任何中期目标或者长期目标可以脱离近期目标的实现而单独实现。长期目标是理想，是前进的动力，中期目标是对某一阶段的成长和学习进行整体控制，近期目标是长期目标和中期目标能够得到逐步落实的保证。这三种目标是相辅相成、相互支持、缺一不可的，而近期目标又是所有目标实现的基础。

案例：

在开始学习策略研究之前，我问同学们在学习上有什么问题，小梅同学说道："我觉得学习特没意思。每天要学习那么多没用的东西，又辛苦又没意思。"

小梅在学习上存在的问题，也是其他相当多的学生共同存在的问题。他们共同的说法就是，学习很没意思。这部分学生的问题主要在于：第一，没有明确的学习目标，学习和自己的需要之间没有任何联系，就没有学习动力。第二，没有学习兴趣，在学习中感受不到学习的乐趣。第三，缺少好的学习方法，学习效率低下，在学习上缺少成功体验。第四，不能正确认识自己的学习现状，有人是盲目乐观，有人是缺少自信。

我们通过以下的做法，解决了学生的学习动力问题。

1. 通过实例分析，使学生明确目标对人生的作用。

一起分享一些成功人士的成功历程，通过对这些真实案例的分析，并且联系自己周围的成功人士的做法，得出了目标对人生可以有三方面的作用：第一，目标为人指明了行动的方向；第二，目标在人行动时起导向作用；第三，目标为人的行动提供动力。明确了这一点，学生们开始思考自己的人生目标和学习目标。

2. 通过对自己兴趣爱好的分析，明晰自己心中的目标。

一起回忆小时候的梦想，思考现在的兴趣所在，并且分析这些兴趣爱好是否可以作为他们的职业定向。还一起分析一些成功人士，看他们的梦想，也看他们实现梦想的过程。经过一段比较长时间的思考，同学们慢慢的从没有目标，到有模糊的意识，再到有了比较清晰的人生目标。同学们感到在他们的前方点亮了一盏灯，他们知道要往哪里走了。

3. 通过了解自己的学习现状与目标之间的差距，制定个人的学习计划。

阅读一则案例《五年后你在干什么？》，通过文中主人公实现自己理想的过程受到启发，了解了从现状到实现目标之间需要作出合理的计划，并按照计划去实施。学生们制定了非常详尽的人生规划和个人学习计划。

4. 通过设立评估、监测、反馈和调整系统，保证了目标的顺利实施。

①通过一个简易自我检测表，使学生了解了自己目前的学习状态。

学科＼状况	付出与收获	成功经验或失败原因	改进措施
语文			
其他			

分析之后学生们突然意识到：付出与收获相当的科目，要想提高成绩多努力就行了。付出少收获大的科目，其中一定隐藏着成功的方法，找出自己的优势，并试着用到其他学科去。付出大收获小的科目，应该找出原因，然后找老师谈谈，请老师点拨找出问题的症结，争取在方法上或者思维上有所突破。

②根据各科学习情况，制定学习的时间表，按照计划和学科特点学习。

③帮助学生建立自信心，保障了计划的顺利实施。

一位资深的心理学家曾经说过："自信是在不自信中成长起来的。"每个人都有自卑情绪，就看你怎样对待。学生还处在成长期间，心理和身体都不成熟，在我们看来无关紧要的一句话都可能给学生带来伤害，他们小小的心灵中常常很不自信。尤其那些成绩不是很好的学生，内心更是忐忑。我们给学生创造各种机会，让他们有成功的体验，让他们在行动中获得肯定，自信的种子发了芽，学生的自信就慢慢建立起来了。

④督促学生监视计划的实施情况，及时进行调整，保证目标的实施。

实施效果：

做完目标策略的训练之后，学生们突然有一种豁然开朗的感觉。他们说，上了十年学都没明白过自己的学习是处于什么状态，今天突然明白了。我的成绩不理想我已经不担心了，因为我知道我该干什么了。明白之后的学生，已经不再是为了父母学习，也不是为了讨老师的欢心学习，而是为了实现自己的人生理想而学习。他们的内心充满了力量，课堂上他们充满了渴望,即使是一个很普通的老师在上课,他们也能感受到学习的快乐,学习的效果也就不再是老师担心的问题了,和以前相比学习的效果大大的提高了。

小梅同学在自己的总结中写道:"……不知道为什么,我感觉我的潜意识告诉我,我能把物理学的很好,欠缺的是工夫,或者说是毅力。但我无论怎样,以前是物理比我高,现在我感到我比物理高……。"

做完目标策略的训练之后,小梅同学确立了自己的人生目标,想做一个机械师,上大学想学空气动力学。他对我讲,以前没有人生目标,也没有试图了解过自己,觉得考上重点大学没有问题。现在设定了人生目标,认真分析了自己的学习现状,感觉如果不认真去做,考上重点大学还真有困难。而且现在,也不认为学的东西是多余的,学的东西多了好有好处,思路开阔了,解决问题容易了,现在是想多学一点。

小梅同学自己在总结里写道:"我以前的学习状态是那样的萎靡,对任何事没有感觉,没有目标不知该怎样努力,一天天的漫无目的的梦游。当时感觉没有任何东西可以吸引我,上学只不过是一种形式。

被动的学习带来的后果:所有科目都不理想,没有强项,好像所有的都是弱点,一片迷茫,不知所措,不知该如何下手去改变,所做的都是无用功。一开始考试心就慌慌的,不知如何下笔。

通过目标策略的训练,渐渐发现自己的缺点。原来学习态度真的很重要,自己忽视了太多太多。所以开始有所改变,上课不再趴着了,精神也集中了许多,开小差也只是偶尔的事。慢慢发现自己感觉比以前好许多了,听懂的东西也渐渐多了,回家所用的时间也稍微少些了。状态也好点了,在物理上表现更明显些,当一个人的精神状态好了后其他一些东西也会跟着前进。状态好了想的深了,所以也经常问问题,这也对巩固学习有一些好处,对课程也学的深入许多。

所有的一切前提是学习态度,没有一个好的学习态度是不可能去谈学习方法的,而我的毛病之一就是态度不端正。随着对学习策略了解的深入,也会附带着使我对态度有一个重新的认识,这也就迫使我不得不抛弃那些让我变的日渐消沉的坏习惯。我会尽自己最大的努力去完全脱离它们，一定要改变面貌，这对我太重要了！光改变状态是不够的，要一步一个脚印的完全改变我这个人，我要在有限的时间中发挥自己最大的潜能，要尽最大努力去得到我所能够得到的。

不论有多艰辛，我都要坚持！坚持！成功失败与否，都不重要，重要的是我付出了。我享受了这个过程！从现在开始是一个新的起点，以前怎样都不重要，重要的是今后！"

此后，小梅的物理成绩已经从及格上下，一跃成为班里的前三名，听课的精神状态非常好，看书做题有了自己的方法，老师还专门给全班同学介绍了他的学习经验。与此同时，我们还看到他的意志力变得坚强了，他对自己的未来充满了信心。

案例小结：

实施目标策略的几个关键点是：第一，要引导学生探寻他内心深处的愿望或者是理想，只有他自己设定的目标才有长久的动力作用。第二，要引领学生认识现在的自己，只有看到目前与目标之间的差距，才会开始行动。第三，要教会学生设定合理的阶段目标，并且要学习会对自己的学习进行监视、评估和调整，才能确保计划的顺利实施。

（二）构建良好认知结构策略

知识结构：构成每个学科的知识都有内在的联系，这些相互联系的知识构成的网络即是知识结构。

认知结构：学习者学习新知识之后，在自己的头脑中都会有一个知识结构。每个人头脑中的知识结构都带有每个人的个人特点。头脑中带有个人特点的知识结构就称为认知结构。认知结构和学科的知识结构吻合的越好越有利于学习。

案例：

1. 通过课堂上教师的示范，使学生了解到知识的内在联系。

在讲课过程中注意及时总结归纳，帮助学生找到知识间的内在联系，从局部到整体逐渐建立知识之间的关系。对相似的易混淆的知识进行类比，使学生区分出原有知识和新知识。还在方法上具体指导学生，如何寻找知识之间的联系，如何进行知识之间的类比。有些看起来不相关的知识或事实，通过类比你会发现它们之间是有联系的，使学生在潜移默化中学会概括。

高中物理教学中，引进了位移、瞬时速度和加速度的概念。老师一个一个的讲，学生一个一个的学。如果不能让学生认识到这些知识之间是有联系的，学生头脑中的知识就是零乱的，没有系统的。在教学中我从学生已有知识出发，每学一个概念都和前边已经学过的概念进行联系对比一下，使学生学到的知识总是相互联系的一个整体，知识间的联系始终在学习过程中被关注。

如：我们派出去一辆汽车，2小时的时候，我们要了解这辆汽车的运动情况，这时，我们首先关心的是车的：

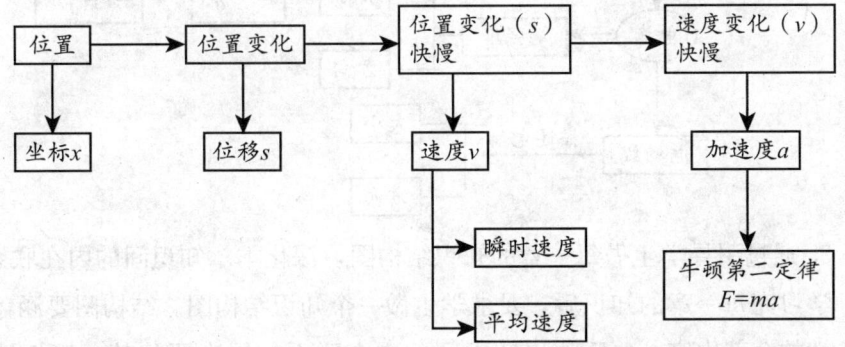

2. 每天由一位同学做课前总结，通过教师点评使学生认知结构优化。

每天有一位同学以知识结构的形式作课前总结。这名同学事先要做好准备，要先给教师讲一遍。然后教师和他一起分析归类是否合理，知识间的联系是否是本质性的，等等。经过准备之后，这位同学自己对这一部分知识的理解就比较深刻了，知识之间的联系也把握得比较好了。由他在上课开始的前五分钟做上一节课的复习，所展示的是这一位同学概括总结的结果。但是，每位同学学过这一部分内容之后，在自己的头脑中都有一个自己的知识结构。我通过对这位同学的点评，使同学们认识到部分知识间的本质联系是什么，自己的知识结构有哪些地方是不合理的，如何修改的更合理。下图是高二（3）班卞达同学做课前复习时自己做的知识结构图。

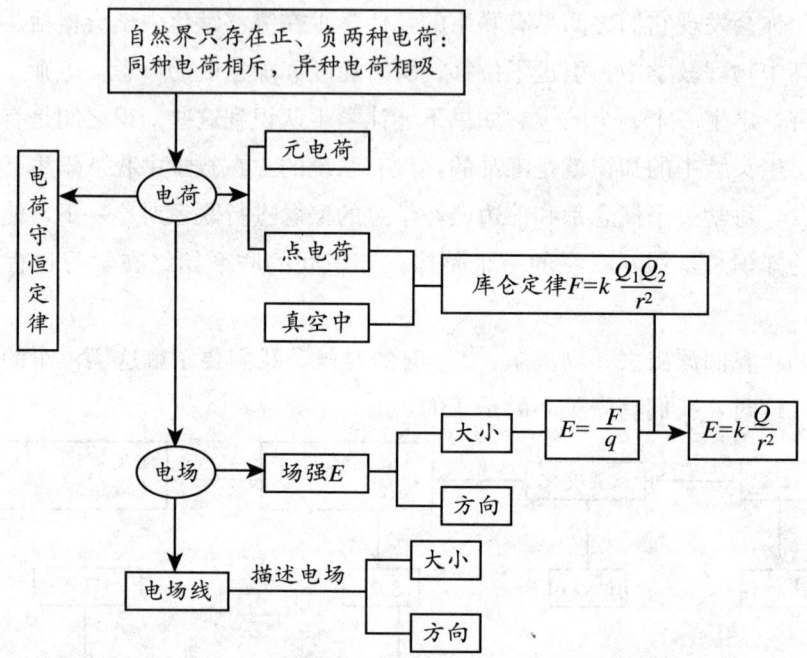

3. 通过引导学生做每一章的知识结构图，深化本章知识间的内在联系。

学习完每一章的知识后，要求学生做一个知识结构图。结构图要涵盖本章所学的全部内容，要反映出知识间的内在联系，层次要清楚，概括性要强。在做知识结构图的过程中，是学生对所学知识的再梳理过程，也是建立知识间更广泛联系的过程，更是探索知识间本质联系的过程。这一过程，使学生对所学知识的理解更深刻，思考也更深入。

实施效果：

在经过一个月的学习方法训练之后，林欢同学开始试用做知识结构图的方法进行学习。期中考试前，数学学习了圆、椭圆和双曲线，他做了一个知识结构图，将这三个容易混淆的内容进行类比、区分、概括，使得自己对这一部分知识的理解区分非常清楚,期中数学居然出乎他的意料得了满分100分。

一位男生,在做机械振动、机械波的总结时,对振动图像和波的图像用了一个非常形象的比喻:"振动图像是一个人独舞的录像,波的图像是集体舞的剧照。"没有类比,没有概括,就不会有这么生动的比喻,也就没有这么深刻的理解。

大多数同学,感到考虑知识结构之后,自己有意识地进行总结归纳,对知识的理解程度比以前好了。做了每一章的知识结构图,对各部分知识间的联系和区别就更加清楚,对知识的记忆也比以前容易了。

设立学习方法研究课的初衷,是教给学生一些可以具体操作的学习策略,使学生得到一些具体可行的学习方法,从而提高学生的学习成绩。一个学期的实践之后,老师们感受最强烈的,不仅仅是学生成绩的变化,而且学生的精神面貌也发生了巨大变化。小时同学在自己的总结中说:"我面对物理的时候不再有无力感,而是感觉心里有底了。"小李同学,物理属于她比较薄弱的学科,通过构建知识结构图的训练后,对学习开始进入比较深入的思考。她在学习电场这一章时,提出了以下一些问题:"没有电场,电荷之间是不是就没有相互作用力?研究电场强度是为了研究电荷在电场中的受力吗?研究电势差就是为了研究电势能?……"提出这些问题表明,她开始对所学的内容进行思考和概括了。在这里,我教给学生的是一个方法,而学生得到的是信心。学生知道了如何去学习,他感到他可以把握学习的时候,他的信心就树立起来了,学生感到自己可以控制自己的学习了。

(三)最大限度激发内在潜能的策略

案例:

同学们在说自己在学习中遇到的问题或者困惑。小李同学走到讲台前,在黑板上列出了如下一组数据:

在学校 —————— 10 小时   在路上 —————— 3 小时

睡觉 —————— 7 小时   早、晚饭 —————— 1 小时

剩余时间 ┈┈┈┈┈ 3 小时

她对这些数字进行了简短说明后，对我说："这样算来，我其他什么事都不做，每天也只有 3 小时的时间。又要预习，又要复习，又要完成作业，又要找参考书进行自我知识扩展，哪有那么多时间？"说完之后，她坐在那里得意洋洋的看着我，等着我如何给出答案。

小李同学在学习上存在的问题，也是其他相当多的学生共同存在的问题。他们共同的说法就是：听的挺明白的，一做作业就不会。这部分学生的问题主要在于：第一，听课效率低下，真正理解的内容比例太小，记住的主要是结论性的内容；第二，缺少及时复习，知识的巩固性差；第三，缺少阶段复习的环节，头脑中的知识零散，系统性差。

笔者通过介绍现代学习理论－加涅的信息理论，使学生认识了学习过程，提高了课堂听讲效率。具体做法如下：

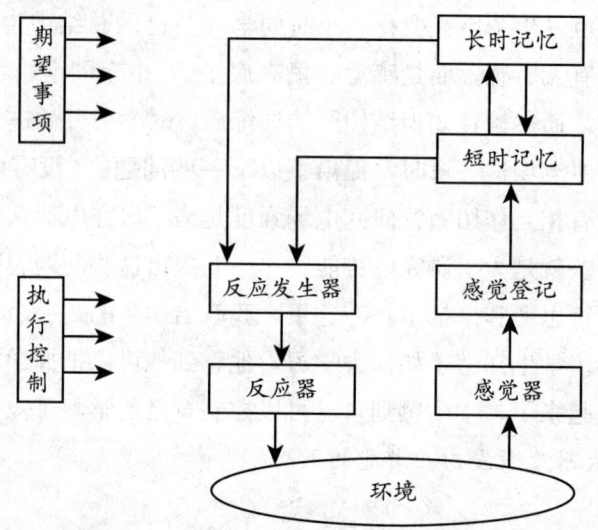

1. 带着对本课期待的心情听课，提高了听课效率。

学生对本课是否有期望以及期望大小，直接影响着学生在课堂上投入时间和精力的多少，也直接影响着学生课堂听讲的效果。学生对本课有期待，期待值高，投入的精力就大。听课时精神饱满，注意力集中，思维活跃，听课效果自然就好。

2. 通过加强注意力训练，提高听课效率。

上课开始时，教师常常做一个实验或者讲述一个现象做为引课。它的作用是呈现给学生一个物理情景，提供给学生大量的信息。只有当学生的注意力指向这些信息时，信息才会被登记，其余大量未被注意的信息就会被遗忘掉。因此，有意识地注意要观察的对象，可以获取更多的有用信息。

3. 学会了重点内容复述，提高了课堂记忆效率。

被感觉登记了的信息，只有经过内部的复述才会转为短时记忆，被储存在记忆中。大量未经内部处理过的信息被遗忘掉。为了使尽可能多的有用信息进入短时记忆，就应该有意识地选择有用信息进行复述。

4. 通过思维深度参与，提高听课效率。

短时记忆中存储的内容，只能持续几秒或者几十秒。要想比较长时间的记住这些内容必须经过成功编码。在课堂上，老师做过实验或者呈现过某种现象之后，一定会提出一些问题请同学们思考。这些问题常常是寻找几个现象之间的联系，或者是寻找发生这些现象的规律，或者是寻找某个现象产生的原因。通过对现象进行分析、对比、分类、概括和综合，找出现象背后的实质。这个过程就是编码过程，知识被理解，并与其他知识建立起有效的联系，从而成功的进入长时记忆。这些进入长时记忆的知识，可能会保持1分钟至几十分钟不等，甚至少量的会被记住许多年。由此可见，主动听课，积极思维可以大大的提高听课效率。

5. 合理安排复习时间和频率，提高学习效率。

进入长时记忆的内容，若要长久地被保持在记忆里，及时复习是必需的。在对所学知识不理解没记住的情况下就开始做作业。有时候可能解一道题的时间就是几十分钟甚至一个小时，造成时间和精力的极大浪费。我们让学生掌握了学习方法，减轻了学生的学习负担，提高了学习效率。

实施效果：

学生在了解了学习过程之后，按照各自的情况分别对不同关键点加强了注意，都有了自己的感悟和收获。

小林同学在总结中写到：听课上，我有意识地加强了动手操作，这在理科四门中都有体会。对于课上老师讲的例题不再是一知半解，不但理清了思路，还加强了运算。我知道做对一道题，不光要有大体的思路，运算方法是否巧妙也起决定作用。做一道看似会了的题目，经常做到中途又无法进行下去了，这时才知道如果不是亲自动手，要留下多少漏洞。

复习上，"及时复习"我做的不错，几乎每节新课，不论文理，我都会在课间拿出三四分钟时间，做个浏览。这之后，我对课堂上的知识的掌握就比以前更深，更牢固，这个方法效果不错。

小李同学在阶段总结中写道：

在研究性学习开课之初，我给老师列出了这样几个数字：在校——10小时，在路上——3小时，睡觉——7小时，早晚饭——1小时，学习剩余3小时。之后，我对这些数字作出了简短的说明：这样算来每天只有3小时的时间，按照老师所说的学习方法，又要预习，又要复习，又要认真完成作业，又要找参考书进行自我知识面扩展，哪有那么多时间？说完，我满意地回到座位上，想听听老师怎么看待这个问题，而我听到的回答只有一个：抓住点滴时间去学。当时我并没有多想，也没有打算去实践一下。

第二天了，又是一个无聊的中午——起码当时对我来说是无聊的。我呆坐在座位上，两眼盯着笔记本，那一排排的公式、定义、原理并不能吸引我的注意，我想起了学习心理辅导课上老师给我的答案，越想越不服气。这样简单的一句话就打发我了，这样的道理我早就听过了，之后我又想，心理辅导学习能学到什么？只是一些听俗了的道理吗？我合上笔记本，趴在桌子上，准备熬过这一下午。终于放学了，我回到家照例是先写作业，拿起笔通常是又翻书又翻笔记的，可今天却变了个样，作业简单了，我自然是非常高兴。待写完作业，抬起头一看刚九点半，时间还早，我翻开书，听老师一回，就拿新课当小说看吧，心里真是无比轻松，我突然想到中午呆坐在桌前，无意的看着那几页笔记，我明白了，这就是作业简单的原因！

第三天上课也变的容易了,不像昨天那样,老师讲什么,我记什么,而是我说了什么,老师又重复一遍,我就像老师一样,已经在脑子中备好了课。

这一天让我过的异常兴奋,因为我"当了一天老师"。

从这一天起,我开始跟时间较劲。在我的一天中,远不只二十四小时,因为我跑在了时间的前面。

四、结论与反思

1. 学生是学习者,而且应该是主动学习者。但是在学生对学习过程不了解的时候,他们感到的是茫然无措。教师能从学习策略的高度对学生进行针对性的辅导,将能使学生由学会转变为会学的一个强有力的催化剂。

2. 学生成绩差不是学生智力的标志,也不一定是学生不努力的结果。学会一套行之有效的学习策略,将使他们节约时间提高效率,我们看到的不会仅仅是成绩的提高,更重要的是他们信心的提升。而且,学生总有一天会离开学校,他们学到的方法,将会伴随他们终身,他们会成为真正的终身学习者。

3. 教育是有滞后效应的。我们要对自己正确的教育教学方法有信心。学习策略辅导进行了一个多月的时候,我看到小李一脸的不在乎,根本没把我们的学习策略辅导当回事,我也曾经怀疑我的学习策略辅导是否会真的有作用,但是坚持下来,我就看到小李身上的变化了。

4. 学习策略很多,要针对学生的具体问题,使用具体的策略,最重要的是在实施过程中要及时评估策略使用是否有效,效果是否明显,决定是否调整或者更换策略。

开展"生活技能"教育课的探索与实践

刘 莹

一、研究背景

美国现代教育理论认为,学校应当为学生提供四门课程:一门是个人成长的课程,包括自尊和自信的建立,动机、交流的技巧以及处理人际关系的技巧;一门是生活技能课程,包括创造性地解决问题和自我管理;一门是学习如何学习的课程,因此学习可以成为终生的过程并且充满乐趣;一门是具体内容的课程,综合各种主题。可见,在我们的教育中增加生活技能教育(其中还包括安全保护教育以及能胜任世界知识经济时代到来的创新教育)是十分必要的。

生活技能教育是世界卫生组织心理卫生处于1991年提出的"促进学生心理健康"的战略规划。目前许多欧美国家已着手实施该规划,并得到越来越多的国家的响应,逐渐在全球范围内开展起来。在国内外的教育研究和教育实践中,学校生活技能教育(Life Skills Education)是近年来较受欢迎的一种方法。所谓生活技能,是指个体能够采取正确的、适当的行为,有效地处理日常生活中的需要和挑战的能力。按照这个定义,能够被称为"生活技能"的能力很多,概括起来主要包括决策能力、解决问题能力、创造性思维能力、批判性思维能力、有效地交流能力、人际关系能力、自知力、同理能力、处理情绪问题能力和缓解压力能力等。生活技能教育能够帮助学生自信地对待自己和他人,保护自身安全,预防可能出现的健康问题,正确面对和处理生活中的各种压力和困难,成为一个有责任心的、独立的人。

近年来，随着医学模式的转变及"应试教育"向素质教育的转轨，儿童青少年的心理问题越来越受到全社会的广泛关注。我们面对的青少年正处在人生的第二个十年。他们不再是儿童，也还不是成年人。由于社会发展和生活水平的提高，儿童青少年的身体发育加速，表现在身高、体重的增加和性成熟提前；而心理社会发育却相对落后，学生的心理卫生问题增多，出现许多不良情绪和行为问题，如焦虑、抑郁、吸烟、酗酒、过早的性行为、自杀等，都严重影响着儿童青少年的健康。可见，重视对学生的心理健康教育，提高学生的心理素质，培养全面发展、身心健康的一代是当前素质教育要解决的重要问题。

学校比其他任何一个单独机构都更具有促进学生健康的优势。通过学校健康教育，学生们可以掌握基本的健康知识，转变对健康的认识和态度，逐步建立健康的行为。但是，以往的教学经验和调查表明，传统的健康教育对提高学生的健康知识和转变对健康的态度较有帮助，而对行为的影响并不明显。尤其是对于由心理原因引起的行为问题，收效甚微。如何通过心理健康教育提高学生的心理社会能力，使他们能够有效地处理日常生活中的各种需要和挑战，保持良好的心理状态，并且在与他人、社会和环境的相互关系中，表现出适应和正确的行为，是当今健康教育的焦点问题。因此，在学校中需要推行"生活技能教育"工作，以达到心理健康教育的目的。

当前，开展中小学心理健康教育的意义是要达到心理健康教育的三个层次：第一，维护学生心理健康；第二，培养学生健全人格；第三，开发学生心理潜能。通过心理健康教育，使学生能够做到生活上自理、行动上自律、评价上自省、心态上自控、情感上自悦。

心理健康教育是学生心理发展的需要，是培养21世纪人才的需要，也是实施素质教育的重要内容之一。

二、研究目标

探索在北京景山学校开展生活技能教育的可接受性、可行性和模式；

为北京景山学校初中（以六年级为主）编写学校生活技能教育教案，并检验其适用性；

探讨学校生活技能教育在提高学生的心理健康、预防问题行为（如预防艾滋病、远离毒品）等方面的有效性。

三、研究依据

《中国教育改革和发展纲要》明确指出："中小学要由'应试教育'转向全面提高国民素质的轨道，面向全体学生，全面提高学生思想道德、文化科学、劳动技能和身体心理素质，促进学生生动活泼地发展。"从以片面追求升学率为目标的"应试教育"到转向以身心健康发展为基础的素质教育，这是基础教育改革向纵深发展的必然趋势。

生活技能教育是一种心理健康教育，属于健康教育的一部分。它与我们现有的健康教育不完全相同。健康教育是以预防身体疾病为主，心理卫生只是其中的一个章节。而生活技能教育是以心理健康教育为主，以健康问题为讨论的核心，通过提高学生的心理素质来预防由不良行为而导致的各种疾病，目的是传授有利于青少年心理健康的技能，如培养学生爱和关心家长，老师和同学；自尊并尊重他人，保持情绪愉快，建立自信心等，使他们建立健康的行为。生活技能教育鼓励学生积极参与课堂教学，以多种形式的启发式教育手段引导学生学习选择正确的思维和行为方式，独立地作出分析判断，并有机会运用基本生活技能。以往对学生进行的心理健康教育往往单纯地介绍心理卫生知识，缺乏对学生必要的技能培养，与建立健康的行为联系不够紧密，像生活技能教育这样综合的干预方法在我国中小学目前的心理教育中尚属空白。这不仅符合时代的要求，也与我国目前推行的素质教育的观点是相同的。

四、研究方法与步骤

研究方法：

文献法、实验法与研究法相结合的研究方法。

研究步骤：

生活技能教育这样对中小学生综合干预的方法在我国中小学目前的心理教育中尚属空白，因此该课题主要以我个人独立承担，并与北京大学儿少所的有关专家进行教研，参考有关中小学心理健康教育多方面的资料，在可能的情况下与海内外有关专家交流。

通过亲自给六年级学生授课，收集来自于学生的反馈信息，编写并不断修改教案。

主要授课内容包括：

生活技能与健康、学会倾听（什么是身体语言？我会倾听吗?）、我有哪种情绪、调节情绪的方法、寻找朋友（团结互助的好伙伴）、沟通与交流（怎样表达自己）、理解他人、缓解紧张和压力、面对伙伴压力进退两难的时候如何说"不"、吸烟的危害、饮酒与健康、我的成功、培养责任感等。

巩固学习效果有多种形式，如总结、办报、写心得体会、填写试卷、案例分析等来强化学生已经学过的知识，由于教学形式活泼，所以学生们很喜欢，感到自己有被重视的喜悦，有主动参与的欢乐，有被尊重的欣喜。

同时，设计并完善相关调查问卷，最终期望能够对学生进行追踪调查。

具体实施步骤：

1. 基线调查。学生填写的"中学生心理健康调查表"，内容包括：自我认知、人际关系、控制情绪和处理问题能力、考试焦虑及不良行为等。

2. 授课过程中对每一节课均做详细的课后小结和记录，积累数据和资料。

3. 学期授课结束后，学生做手抄报和应用所学内容完成案例分析并对课程作出评价。

4. 干预后复查：学生再次填写"中学生心理健康调查表"。

在教学方法上，生活技能教育也与以往不同。在快速转型的社会，价值观的改变和媒体的影响，采用死板教条的方式来教生活技巧是不适宜的。我国传统的教学方式是以教师讲课为主，学生被动地听课、记笔记、抄写、背诵等，这种方法有利于熟记知识，但不利于掌握和运用技能。生活技能教育的教学方式则不同，它摒弃了照本宣科式的教学方式，鼓励学生积极参与课堂教学，通过讨论、游戏、快速反应（又称头脑风暴）、角色扮演等活动，引导学生学习、选择正确的思维方式和行为方式，独立做出分析判断，并有机会运用基本的生活技能。每节课可以结合不同的实例来说明问题。使学生有亲身参与的机会，享受参与的乐趣，从而提高了学生学习的积极性，既较好地传授了本课知识内容，又培养了学生的动手动脑能力，提高了他们的整体素质。因此，这对教师提出了更高的要求。教师不仅要掌握讲课的技巧，还要有良好的组织能力，要善于调动学生的积极性，激发、鼓励学生积极地参与课堂教学，经常表扬和鼓励学生所取得的每一点进步，而不是批评、责备学生。这种方法能够起到连接知识、态度与健康行为之间的桥梁作用。由于生活技能教育是面向全体在校学生的，因而具有预防性和可持续发展性。

学校中生活技能教育的核心内容主要包括以下十种能力：

决策能力，可以帮助学生明智地做出生活中的各种决定，使他们认识到在绝大多数情况下，事情会有多种选择，而且不同的选择会有不同的结果，从而从健康的角度积极地作出决策。

解决问题能力，可以通过一系列步骤来获得：a. 确定问题。b. 考虑出所有能解决问题的方法。c. 权衡每种方法的利弊。d. 挑选出最合适的方法，并制定计划。通过解决问题能力的训练，学生能够建设性地处理日常生活中的问题。及时地解决这些问题能缓解压力，使身心感到轻松和愉快。

创造性思维能力，通过使学生细致地分析他们的行为方式及其不同的结果，有助于他们作出决策和解决问题。即使没有要解决的问题或不需要做出什么决定，创造性思维能力也可以帮助他们透过直接的经验，对日常生活中的情况作出灵活的适当的反应。

批判性思维能力，是从对立的角度分析经验和信息，是一种客观地分析信息和经验的能力。它通过帮助学生认识和评价影响态度和行为的因素，如价值观、伙伴压力、传媒等，从而有利于健康行为的建立。

有效地交流能力，意味着通过言语或非言语、用符合文化和情境的方式恰当地表达自己。学生不仅要学会能够表达自己的观点、愿望、需求以及害怕、担心、忧虑等，而且能够在必要的时候寻求建议和帮助。

人际关系能力，帮助学生用正确的方法与他人打交道。这就是说，有能力与他人建立或保持友谊，与家庭成员保持良好的关系，同样也意味着有能力主动断绝关系。这对他们的心理和社会适应是非常重要的。

自知力即自我意识能力，要求学生能够重新认识自我，包括自己的个性、特长和弱点、喜欢和反感。发展自知力可以帮助学生在紧张或感到压力的情况下正确认识自己，同时它也常常是有效交流、人际关系技能以及发展对他人同理能力的先决条件。

同理能力，是一种理解其他人的生活状况的能力，即使我们可能不熟悉那种状况。它可以帮助学生在家庭和文化背景完全不同的情况下，理解和接受与学生所在的处境完全不同的人。同理能力可以使学生学会关心、爱护、帮助或容忍他人，特别是对待那些残疾或遇到不幸的人，以及那些被认为是耻辱和遭到摒弃但又特别需要帮助的人。如对艾滋病患者，给予关心、同情、帮助和照顾。

处理情绪问题能力，是指重新认识自己和其他人的情绪，意识到情绪是如何影响行为的，并有能力对这些情绪作出恰当的反应，对保持良好的心态有很大的帮助。

缓解压力能力，可以使学生重新认识生活中各种压力的来源及其影响，帮助他们缓解压力。这就是说，学生们可以通过减少压力的来源，比如，改变周围的物质环境或生活方式，或者学会放松自己，使得那些不可避免的压力所造成的紧张降至最低，不至于引起健康问题。

五、研究成果

本课题的研究还处于不断深入当中，因需要对学生进行较长时间的追踪调查，某些取得的信息、资料和数据等还无法与最终的结果进行对比分析，故现阶段主要以定性研究为主。主要包括不断完善与修改中的教案；重点人群访谈；设计调查问卷及评价问卷；学生完成的作业（制作报纸）等。

现将部分学生在谈到自己在不同方面的收获和体会以及对教学内容的评价摘录如下：

A：我最大的收获是学会了倾听。以前和父母或同学说话时，经常打断他们的话，有时弄得别人挺不愉快的。现在我知道了，两人聊天时要先听完（别人的话），再说自己的意见。

B：我的收获是学会了怎样作决定。我们年龄还小，缺乏生活经验，对于自己做出的某些事情十分困惑。上这门课，我们学到了许多方法，比如列清单，向家长、朋友和老师征求意见，这些方法十分有效。

C：生活技能教育课的内容丰富，老师讲得全面。而且可以在课上学到一些课外知识，给自己增加一些能力，在今后为人处世中增加技能，挺有用的。

D：这门课贴近学生生活，讲的事情是我们正在发生的和还未发生的。例如，交朋友应该真诚，如何选择朋友，如何面对伙伴压力等问题。

E：我觉得调节情绪的方法这节课挺好的。使大家学到了许多用得着的方法。在遇到困难、和同学吵架、考试没考好等各种心情不好的时候都用得上。

F：选择朋友这课好。以前交朋友是看谁顺眼就和谁好，学了这课后，知道不能从表面看人，应该从内心去慢慢了解，要看人的品质。

……

此外，学生还对该课程的教学方式给予了充分肯定。

教学方式举例如下：

学会倾听

人们表达自己情绪、意见的方式包括语言和身体语言两方面。所谓身体语言就是用动作、手势、表情等流露或传达出内心的感受。常见的身体语言包括：

——姿势：点头、翘二郎腿、耸肩、伸懒腰……

——手势：双臂交叉、打响指、挥手……

——表情：微笑、斜视、挤眼睛、皱眉……

——眼神：注视、怒视……

——距离：远、近……

角色扮演

把学生分成3人一组，分别扮演A，B，C。

——A：对B讲你学生时代最喜欢上的一门课，以及你为什么喜欢；

——B：运用身体语言，表现一个不好的倾听者；

——C：作为观察者，不说话，记录B的表现。

请C描述一下，B是如何表现的？

请A描述一下，对于B的表现，你有何感受？

下面请三个人变换角色：

——B：对C谈谈你的兴趣和爱好；

——C：运用身体语言，表现一个好的倾听者；

——A：作为观察者，不说话，记录C的表现。

请A描述一下，C是如何表现的？

请B描述一下，对于C的表现，你有何感受？

六、结论与思考

从目前收集到的定性资料的分析来看，学校生活技能教育这一新兴的课程是受到学生充分认可的。实践表明，该方法在促进学生心理健康方面具有先进性、可接受性和可行性。

心理学家认为，在一个人成功的要素中，智力因素只占20％，其余

80%则来自于非智力因素。一般而言,非智力因素就是指性格、情感、情绪、意志、社会适应能力等。在孩提时代,人的非智力因素表现不十分明显,但发展到了初中、高中阶段,非智力因素逐渐在人的成长中突现出来,进而对人们最终的成功与否起到极为重要的影响。那么,生活技能课恰恰是抓住这些非智力因素对学生的影响进行心理教育,帮助他们控制情绪,承受挫折,安排合理的时间,协调好师生关系;促使他们发挥自己的潜能,善于处理人际关系,努力学习生活技能,培养建立自信等。

学校生活技能教育是面向全体学生的,有助于提高学生的心理社会能力。

学校生活技能教育应坚持以学生为主体的原则,使学生积极参与到教学活动中。且学生对生动活泼的授课形式和图文并茂的授课媒体表现出极大的兴趣,受到热烈欢迎。

"预防胜于治疗",学校心理健康教育应着眼于学生的健康发展。学校要为学生提供一个健康成长的环境和科学有效的教育手段,这比矫正学生心理问题重要得多。正如上海师大心理学教授傅安球所指出的,中小学心理健康教育应当着眼于学生的健康和发展,而不是问题矫正。

有关专家认为,矫正学生的心理问题只是一种消极目的,预防和发展才是积极目的。学校心理辅导不只是防治学生各种异常心理和行为,而是要帮助学生达到心理功能的最佳状态、个性性格的完善发展、心理潜能的最大开发。

1998年由北京医科大学儿少卫生所将"学校中的生活技能"这一全新的教育课程引入我国,我校参与了试点研究,取得了丰富的第一手资料。但当时授课的对象为七八年级的学生,且为40~50人的集体授课,使课程目标的实现具有较大的局限性和干扰作用。目前,北京景山学校已把该课正式列为六年级学生必修的课程,且为20余人的小班授课,使授课对象的人数与国外相近,为课程目标的实现提供了前提保证。另外,我国国情与欧美国家存在着较大的不同,随之授课的内容与难度也要作相应的修改,且对北京景山学校的学生也要有很强的针对性。

在以往的工作中我们经常发现，学校教育与家庭教育往往出现脱节现象，我们的一些做法得不到学生家长的理解和支持。因此，学校开设的生活技能教育课程，要使每位学生家长了解，并请家长参与学校教育，配合学校教育的进度。如给家长办青春期生理心理特点讲座，使家长能进一步从科学的角度了解孩子的身心变化，掌握孩子的发展规律，帮助孩子健康成长。也可让家长与学生共同参加一项社会活动，共同听教育讲座。或请家长来学校讲课，讲家长对孩子养成教育的成功事例，等等。

生活技能教育不是短期行为。它是要保证青少年终生受益，而不是三年、六年不出事。不能急功近利，而应是长时间的"润物细无声"。这种教育也不是万能的，但只要解决一个问题，则使学生终生收益。学校生活技能教育——是培养学生心理健康的过程。生活技能教育课虽然在学校教育中还是一个新课程，还有一系列的诸如教学内容的设立、课程的安排等问题，还有待于进一步深化、改进，但是事实说明，这个课程是21世纪教育整体体系中不可空缺的一项重要的教育内容。

第二编

小学教育科研论文

引导感悟　指导积累
——景山小语教材名家名篇阅读教学方法谈

刘长明

北京景山学校是一所教改实验校，从1960年建校至今，小学语文教学更是走在了我校教学改革的前沿。为此，学校自编了小学五年制语文课本，其中以名家名篇为主体组织阅读教学是教材特色之一，也是教改实验所研究的重点内容。所选著名作家的著名作品既有现代的，又有当代的；既有中国的，也有外国的。这些作品词语丰富，用词准确；语言规范凝炼，文字优美流畅；结构精巧，布局谋篇独具匠心；思想深邃，情感炽热饱满。它们以深刻的思想、生动的形象反映生活，揭示人生的真谛，赞颂真善美，鞭挞假恶丑，其丰富的人文内涵对学生精神领域的影响是深广的。它们往往以一种无法抗拒的力量，潜移默化地影响学生的思想，陶冶学生的情操，净化学生的心灵，对学生人生观的形成具有十分重要的作用。

历次的小语大纲都明确指出语文课程的基本任务之一是使学生正确地理解和运用祖国的语言文字，而教育部新近颁布的《语文课程标准》则进一步指出，语文课程对于提高学生的人文素养也负有重要的责任，强调了人文素养的提高主要靠熏陶感染，潜移默化，而不是靠灌输。《标准》同时还强调，我们要遵循祖国语言教育的规律，重视语言的感悟、积累和运用。应该说，景山小学语文教材为学生提供了丰富的语言阅读内容，为他们感悟、积累并运用祖国的语言文字打下了坚实的基础。本文以下主要介绍我在十余年的语文教学中，根据教材的特点和学生的实际，在引导学生感悟名家名篇的语言文字、思想内容及指导学生积累语言两方面所采取的一些做法。

　　景山教材以名家名篇为主体的阅读教学主要是在小学三年级至五年级进行。由于认识和阅读能力有限，学生在阅读课文时必然在理解语言文字和体会作者的思想感情方面遇到困难。这样，教师的恰当引导就变得尤为重要。

一、强调品味朗读，读中体会真情

　　朗读是阅读教学中最经常的基本训练之一，是培养学生语感能力的重要手段。它是将无声的书面语言转换为有声语言的过程，是学生表情达意的主要手段，是一种艺术的再创造。在课堂上，对课文的理解、学习，离不开情感的参与，我注意引导、激发学生有感情地朗读课文，品味语言文字所表达的丰富含义。如在《再见了，亲人》（第八册　作者魏巍）一课的教学中，在引导学生分别学习理解大娘、小金花、大嫂三个典型人物为志愿军所付出的沉重代价后，我又用饱含深情的语言介绍了时代背景，让学生认识到还有更多的朝鲜人民成为志愿军抗击美帝国主义的坚强后盾，又有千千万万的志愿军战士在朝鲜战场上献出了宝贵的生命，中朝人民的友谊的确是用鲜血凝成的。在此基础上，让学生带着炽热的感情朗读课文最后三个自然段，这简短的几句话代表了志愿军战士的千言万语。很多学生眼含泪水一遍又一遍地诵读着课文，当时的情景令我感动不已。

　　又如教《白杨》（第九册　作者袁鹰）一课时，由于课文内容与学生生活实际相隔较远，当学生认识到爸爸是在借白杨的特点来表白自己作为一名边疆建设者的心后，我以激昂的演讲和饱含感情的朗读震撼了学生的心灵，激起学生在情感上的共鸣。然后让他们也有感情地读一读。同学们都声音洪亮地用心朗读课文，有的学生则很快地背诵下来。全班都沉浸在课文特定的情感氛围中，既具体形象地感悟了语言文字的意义，又深刻体会了课文内容表达的思想感情。

二、创设课堂活动，让文字动起来

语文学习具有很强的实践性，培养和提高学生语文能力的关键不是传授，而是训练。针对少年儿童好动的年龄特点，在课堂上创设丰富的行之有效的活动是训练的主要方式。我曾经对景山学校的学生做过调查：你最喜欢上哪门课？结果很多学生选择的是外语课。究其原因，是外语老师在课堂上通过多种形式的活动开展语言教学，给学生充分的动口、动手机会，使学生在轻松愉快的气氛中接受知识，形成能力。在以名家名篇为主体的阅读教学中，我通过创设课堂活动来引导学生感悟语言文字及思想内容，使文字更加生动形象，也收到了较好的教学效果。

1. 角色表演。在《渡船》（第九册 作者袁鹰）一课的教学中，在学生熟读课文的基础上，我安排了这样一幕演出：一个学生扮演妈妈，一个学生扮演奶奶，其他同学扮作渡船上的乘客。乘客们纷纷给年轻的妈妈出主意，想办法，除了书上写的，学生还提出了许多办法。在角色表演交流中，学生既学习了作家朴素、精炼的语言，又体会出乘客们的热心、善良，自己的思想认识也得到了升华。

2. 朗读比赛。在教《桂林山水》（第七册 作者陈淼）一课时，在带着学生看完桂林山水的录像及学生自己搜集的资料（以图片为主）后，我没有对课文中的词语作任何分析、解释，就让学生练习朗读第二自然段，即描写漓江水这一段。然后进行比赛，要求是先在小组内进行朗读，比一比，然后每个小组推荐一名代表朗读，最后决出前三名。学生的好胜心极强，积极性很高，认真反复地练习，读出自己的体会。在练习及比赛中，学生充分感受到漓江水静、清、绿的特点，同时被作者准确优美的语言、生动传神的描写所折服。

3. 给学生录音。在《火烧云》（第五册 作者肖红）一课的教学中，学习完作者对火烧云的变化描写（马—狗—狮子）后，在指名朗读的同时，我用录音机把学生的朗读录下来。这样，其他学生聚精会神地听，而当"小播音员"的学生，则认真地响亮地读。读完后，学生踊跃发言，评议朗读效果。在读、听、议的过程中，学生体会到作者对火烧云变化之快的描写是那样的生动、形象。另外，也可鼓励学生回家自己练习朗读，然后录下来，把录音带拿到课堂上来，大家欣赏、评读。实践证明，学生对这样的活动积极性很高，班里也培养出一批朗读能力强的学生。

4. 演讲。在教《野草》（第十册　作者夏衍）一课时，为了让学生充分体会到小草具有顽强的生命力，这是一种有弹性、能屈能伸的力；有韧性，不达目的不止的力，并认识到作者以此来赞颂抗日战争时期中国人民那种坚韧不拔、坚持抗战的精神。我安排学生把课文5、6、7三个自然段作为演讲的内容，到讲台上进行演讲，其中可以加进自己的语言。在准备过程中，学生非常认真，设计了手势，补充了内容，在整个演讲活动中，师生的掌声不断。

三、激发联想想象，丰富课文内容

联想是由某一事物想到另一事物的心理过程，它有助于人们多方向、多角度、多途径地思考问题。想象是指人的大脑对曾经知觉过的各种有关事物形象进行加工改造，创造出未曾知觉过的甚至是并不存在的事物形象的心理过程。在学习语言的过程中，启发学生合理地展开联想和想象，能够丰富课文的内容，有利于激发学生的情感，感受语言的魅力及作品所蕴涵的思想感情。

比如在教《生日卡片》（第九册　作者席慕蓉）一课时，为了让学生更好地理解这一段话："所以，那年秋天，母亲过生日的时候，我特别花了很多心思做了一张卡片送给她。在卡片上，我写了很多，也画了很多，我说母亲是伞，是豆荚，我们是伞下的孩子，是荚里的豆子；我说我怎么想她，怎么爱她，怎么需要她。"我引导学生想一想自己是否记得母亲的生日？母亲过生日时你送给她什么礼物？你平日是如何表达对母亲的爱和感激的？学生在沉思中，在比较中，不仅体会到作者用精炼且饱含感情的语句表达了"我"对母亲的爱，而且感悟到自己长大了，应理解母亲的一片爱心，如何做才能报答母亲的爱。课堂上学生将自己和文中的"我"的情感融为一体，抑制不住对这篇文章的喜爱之情。

又比如在《穷人》(第九册　作者列夫·托尔斯泰)一课的教学中，在讲两个精彩段落时我引导学生通过想象来感悟文章的深刻含义，同时进一步品味文中语言文字的运用。一段是桑娜把西蒙的两个孩子抱回家后复杂的心理活动描写，我让学生结合自己的体会来补白文中五处省略号可能包含的桑娜的其他想法，进而加深对文中描写的理解。另一段是渔夫深夜平安归来和桑娜的一段对话后，两个人沉默了一阵。在这里我让学生试着想象一下此时两人分别在想些什么？假如你是桑娜，你会怎样对渔夫讲这件事？这样的安排，使学生深刻地感受到桑娜和渔夫的心地是多么的善良。

四、利用音乐效果，引导艺术欣赏

音乐是以旋律和节奏为基本表现手段的艺术。它对于人们情感的激发是直接的，因而其巨大的感染力是不言而喻的。教材中所选的课文是通过语言文字来塑造形象的，而语言文字的抽象性又使一些学生难以想象文字描述的情境，也难以体验文字描写的情感。音乐的节奏、曲调能为感悟的主体——学生营造氛围，提供契机，调动学生的知识、生活积累，让学生在自身与课文文字之间架设起一座桥梁，让他们与作者的情感产生共鸣，帮助学生真正有所"悟"。我本人酷爱音乐，所以经常在语文课堂上利用音乐的艺术效果，来引导学生感悟课文的内容，进行一种艺术欣赏。比如在教《黄河颂》(第八册　作者光未然)一课时，在学生熟读这首诗的基础上，我找来《黄河大合唱》的光盘，让大家一起欣赏，可以边听边跟着哼唱。学生从雄壮、激昂的歌曲中感受到我们民族的精神：伟大而又坚强！然后再来有感情地诵读这首诗，全班学生激情澎湃，声音洪亮，齐读效果令我难忘。

又如在教《珍珠鸟》(第十册　作者冯骥才)一课时，经过反复比较，我翻录了古筝曲《春江花月夜》作为配乐，让学生在初读课文的基础上，选择自己感受最深的段落进行配乐朗读。在古筝轻灵、悠扬的伴奏声中，学生完全投入到作者笔下的境界中：一只可爱的小珍珠鸟蹦到"我"的杯子上，俯下头来喝茶，在"我"的笔尖上跳来跳去，最后竟趴在"我"的肩头睡着了！音乐与文字的结合使学生真正感受到：信赖，往往创造出美好的境界。

五、提倡独立学习，敢于各抒己见

长期以来，语文教学忽略了不同学生具有不同的学习方式，"一视同仁"的教学是无视具体"人"的存在，极不利于学生独立学习能力的形成，更无从引导学生去独立感悟，熏陶感染。鼓励学生独立思考，提倡学生对学习中遇到的各种问题开动脑筋，深入思考，勇于发表自己的见解。经常进行这方面的练习，就为学生感悟语言文字及思想感情打下了基础。

课堂教学实践中，我注意给每个学生充足的读书、思考的时间，使他们能从容地想一想自己读懂了哪些内容，还有哪些不懂的地方，自己认为文中哪一段写得最好，特别是能有一点哪怕是肤浅的，但确实是自己在读中悟到的见解。如在教《少年闰土》（第八册 作者鲁迅）一课时，在初读课文之后，我给了一节课的时间，让学生独立思考：你有哪些地方不明白？文中给你留下印象最深的是什么？你喜欢闰土吗？你认为文中的"我"作为一个富家子弟，生活得幸福吗？在下一节课的交流中，学生各抒己见，畅所欲言，谈出了自己独立学习的结果，有的同学还给其他同学提问题，当起了"小老师"，有些同学甚至为一个问题展开了争论。这样的安排使学生真正做到自读、自悟、自得。当然，在交流过程中，当学生的表达方向或内容有误时，教师要加以适时的点拨、引导。

景山教材以名家名篇为主体组织阅读教学的另一个目的，是让学生在听说读写的实践活动中接触和积累大量的语言材料，并内化为自己的语言，从而提高学生的写作能力。纵观古今中外一些著名作家和文学素养高的人，绝大部分都得益于年幼时期读了大量的文学佳作，有了丰厚的语言积淀。怎样指导学生丰富自己的语言积累呢？我在教学实践中，采取了以下几种做法。

（一）背诵

背诵有规范语言、积累语言材料、积累篇章、帮助理解、培养学习习惯及学习兴趣等多方面的意义。教材中安排了大量用词准确、语言优美、表情达意丰富的段落及篇章要求学生背诵。在熟读理解的基础上，我组织学生进行名家名篇的背诵比赛，形式多样：个人赛、小组赛、男女生对抗赛、抽签背、叫学号背、同学点名背，有时还安排年级组内进行班级比赛。这样的活动每个学期都要搞，学生参与的积极性很高，效果非常好。

另外，为了避免学生将已积累的语言材料遗忘过多，我还分别在四年级和五年级搞复背，即四年级时再次复习背诵三年级的精彩段落，五年级时背诵巩固三四年级时积累的语言。在朗朗背书声中，学生再一次对名家名篇进行感悟，理解也更加深刻了。

（二）摘抄

每个学期，我都让学生准备一个摘抄本，自己可以对本子进行美化，如设计一个漂亮的封面，画花边、插图，还可以起一个动听又有意义的名字，如"采蜜集"、"浪花集"、"落叶集"等。学习课文过程中，在熟读、背诵的基础上，安排学生抄写自己喜欢的词语、句子，甚至是段落、篇章，还可以写一写自己为什么要抄录这些内容，即记下自己的体会感受，把边读边摘边评边记结合在一起。这样能把书读活，从积累点滴的心得和收获，来学习作家文章的精妙之处。班内定期开展摘抄交流，树立榜样。这实际上是让学生开拓了一片新的园地，他们积极地耕耘起自己的乐园，积累了大量的美词佳句，每读一文，都有所收获。

（三）课外阅读

学生单靠教材进行语言积累是远远不够的，必然要有大量的课外阅读。新的《课程标准》则明确提出到小学六年级课外阅读总量不少于100万字。大量阅读可以培养语感，积累语言，对于提高学生的作文能力有很大益处。语文教育家吕叔湘在回答别人问他是怎样成功时说过：他的成功，课内知识占30%，课外阅读占70%，这说明语文学习的全过程应该包括两个方面，即课内和课外。根据教材特点及学生实际，我从以下三方面指导学生进行课外阅读。

1. 延伸型

教材中不少课文都是从作家的作品中节选出来的,教学这些课文后,指导学生阅读作者的原作全文。如学了《鲁鲁和菲菲》(第五册)一课后,我让学生阅读著名作家宗璞的短篇小说《鲁鲁》,了解小狗鲁鲁的整个命运。又如学了《少年闰土》一课后,让学生去找一找鲁迅的短篇小说《故乡》,从整体上了解作品的内容,有助于更准确地理解课文内容,把握课文的中心思想。

2. 扩展型

教材中也有很多课文是从作家的作品集中选的,学完课文后,指导学生阅读作品集,既可以拓宽阅读的内容,丰富语言的积累,又可以更深入地了解作家的写作风格。如学了《卖火柴的小女孩》(第九册)和《丑小鸭》(第九册)后,我推荐学生读《安徒生童话选》;学完《山地回忆》、《芦花荡》、《白洋淀边》、《采蒲台的苇》(以上四篇为第九册第六单元篇目)一组课文后,推荐学生读著名作家孙犁的《白洋淀纪事》,然后围绕"每一片苇塘都有英雄的传说"这一主题开了一次故事会。

3. 广泛型

这种形式的课外阅读与课文似乎没有什么直接的联系,不速效。但从长远看,扩大了学生的视野,奠定了广阔的知识背景,对课内的精读、语言的积累大有裨益。当然这种阅读不宜放任自流,老师还应注意予以指导。我指导学生在选择课外读物时注意到:内容要健康、积极向上;文体以故事、童话、寓言、散文、科幻作品为主;篇幅上从短篇入手,循序渐进,过渡到中长篇。教学中,我定期组织学生召开读书汇报交流会,学生将自己喜爱的课外书带到课堂上来介绍、推荐给同学,并畅谈自己的读书心得及收获,有很多学生还做了大量的读书笔记。交流会气氛热烈,学生收获很大。

景山学校历来重视学生读写能力的培养,在语文教学中强调读写结合。在以名家名篇为主体的阅读教学中,感悟与积累也为学生的写作作了铺垫,打下了基础。在今后的教学实践中,我将继续遵循《语文课程标准》,探索更多的行之有效的教学方法,将小学语文教学改革扎扎实实地进行下去。

让数学思考萦绕课堂 用数学魅力感动师生

李云飞

提升学生的思考能力是新课标中提出的要求,是新世纪人才培养的需要。数学是思维的体操,数学教学的核心是思维,让数学塑造聪明大脑、让聪明成就未来应当成为小学数学教学的重要目标。

一、浅析当前小学数学教学中忽视思考的误区

我在长期的小学数学教学的实践中发现,由于受到片面追求高分数、高升学率等因素的影响,在小学数学教学中存在着以下误区:

(一)重知识、轻思考

教师关起门来,生硬灌输,填鸭式教学。处于被动状态的学生整天死记硬背,全无自由思考的空间,失去了创造的乐趣,苦不堪言。学生的成绩可能提高了,但他们真的就把知识掌握得很好了吗?其实不然。换一个时间、换一个地点,以不同的方式出现同一类问题,学生就可能不会回答,甚至早就忘光了。这不算真"学会"了,"会学"就更是无从谈起。

(二)重技巧、轻思考

一些教师重视学生数学技巧的培训,这无疑是正确的。但有的教师热衷于题海战术,把学生训练成解题机器。还有的老师热衷搜集偏题、难题、怪题,背离解决问题的一般规律,超出绝大多数小学生的认知水平,在数学教学中表演"走钢丝"。

从大量的解题中获得"题感",学生解题水平提高了,看着很聪明,但是仅限于就题论题,往往实践与综合能力非常薄弱。面对千变万化的现实生活,这些学生缺乏融会贯通的思考,不能提出独到的见解。

(三)重形式、轻思考

近些年来,多媒体课件引入课堂,在培养学生兴趣方面收到较好的效果。另外,当前一些新的教学方式如体验教学、合作教学、活动教学等,在探索学生的主体参与上做了很好的尝试。然而,这些新的实践中也存在着虽然技术含量提升、形式新颖,但思考内涵下降的误区。

某些小学数学课堂(尤其是公开课、展示课),过于游戏化,场面很热闹,没有深层次思维活动,缺乏数学的味道。一节课下来,学生很高兴,思考上的收获很贫乏。一堂课中,如果多媒体演示、热闹游戏的时间过长,学生们独立思考、讨论质疑的时间势必被挤压。即使学生闪现思维的火花,也常常被老师忽视。在一节"面积的认识"研究课上,学生提出:"比一比周长,周长大的图形是不是面积也大"。多么好的思辨机会,老师对此问题竟然不置可否,令旁听者感到遗憾。

我们提倡活跃数学课堂,但形式永远要服从于内容,服从于数学教学的本质,要吸引孩子们认知思维的参与,唤醒孩子内在的灵性,发挥他们最大的潜能。

二、思维是数学教学的灵魂

(一)数学学科的特点

新的《数学课程标准》中提出:"数学是人们对客观世界定性把握和定量刻画、逐渐抽象概括、形成方法和理论,并进行广泛应用的过程。"

数学本身具有严密逻辑性、高度抽象性、高度概括性,数学为其他学科提供了语言、思想和方法,数学在提高人的推理能力、抽象能力、想象力和创造力等方面具有独特的作用。

(二) 新时期人才发展的需要

21世纪是综合国力的竞争，是人才的竞争，是头脑的竞争。面对21世纪世界范围内激烈的经济竞争和科技挑战，中华民族需要有大批的栋梁之材和各级各类的优秀人才，中小学教育要为人才的教育打好基础，使受教育者在德、智、体、美诸方面都得到发展。

智的发展，人们往往着眼于知识掌握的渊博与否，或是应用能力的高低。其实，这只是一种外在表现，本质的区分是思维水平的差异，在于是否拥有一个智慧的头脑。

(三) 新课标对数学教学的要求

新的《数学课程标准》明确了义务教育数学课程的总目标，并且从知识与技能、数学思考、解决问题、情感与态度四个方面进行了详尽的阐述。其中在数学思考方面特别强调：要发展学生的抽象思维、形象思维、统计观念、合情推理和演绎推理能力，以及清晰阐述观点的能力。

不管教学方式如何改变，思维是数学教学的灵魂，这是毋庸置疑的。没有思维的教学只是一个空壳、一场表演。

三、创建学思并重的课堂，师生进行智慧的碰撞

(一) 教学引入要充分唤发学生的惊奇感和疑问心

古希腊有"学问自惊异开始"的说法。"学问"一词，在希腊语中就是惊异、奇怪之意。日本教育家小原国芳认为，怀疑、惊异是发现真理的必要条件，"那种对任何事物都感觉迟钝，些许怀疑都没有，不起任何惊异之念的人，是没有资格进入学问领域的人"。

我在讲《时分的认识》一课时，首先播放一段非常激动人心的录像，那是跨栏英雄刘翔冲刺夺冠的时刻，立刻引起学生的兴奋和关注。在录像的最后，适时出现一块钟表（记录着那一难忘时刻），并有一个问题：刘翔夺冠的时刻不是整点钟，是几时几分呢？自然而然地引出课题。学生们只认识整点钟，但是面对新的挑战，他们非常踊跃、非常大胆地猜测着，不知不觉地

进入学习状态。

孔子云："知之者不如好之者，好之者不如乐之者。"老师在教学中要着眼于培养学生的思考能力，点燃学生的内心之火，激发学生的创造力和探究欲，使他们"好知"、"乐知"。

（二）教学环节要有序、流畅，利于学生思考和迁移

数学教学必须遵循数学学科的特点和学生的认知规律，教学活动要环环相扣，在知识的生长点上不断建构新知，了解知识的来龙去脉，有利于知识体系的形成。

1. 根据教材和学生特点，使课堂教学呈现出精当的层次序列。

一个优秀的数学教师，会深刻把握教材各部分之间的内在逻辑关系，善于利用能够揭示教学内容本质特征的典型材料，从学生实际情况出发，巧妙组织教学素材，让已经学过的知识进入新的情境中运用。应依据学生的认知规律，科学安排教学流程，精心设计有思维含量的数学问题，给学生留出足够的探索时间、空间，让学生体会知识的形成过程，思维得到发展。

2. 在教学关键处质疑，引起深刻的数学思考。

一节数学课应让孩子感到思考的欢乐，让思维像欢快流淌的小溪，而且是水到渠成，悄然无痕。数学老师要善于在教学的关键处质疑，使学生有安静思考，有激烈争辩，让思维跌宕起伏、螺旋上升。

3. 在教学难点、重点处，恰当运用现代信息技术手段，为思考的发展服务。

电教手段的巧妙应用，可以使学生在兴趣盎然中获得思考和感悟。但宜少而精，忌知识电声化，要做到画龙点睛，启迪思维。

新课标指出："平均数的教学重点，不是它的定义和计算方法，而正是它所包含的统计意义。"而这恰恰是学生难于理解和深刻感受的。我在教学中设计了移多补少的多媒体动化课件，起到非常好的辅助推动作用。

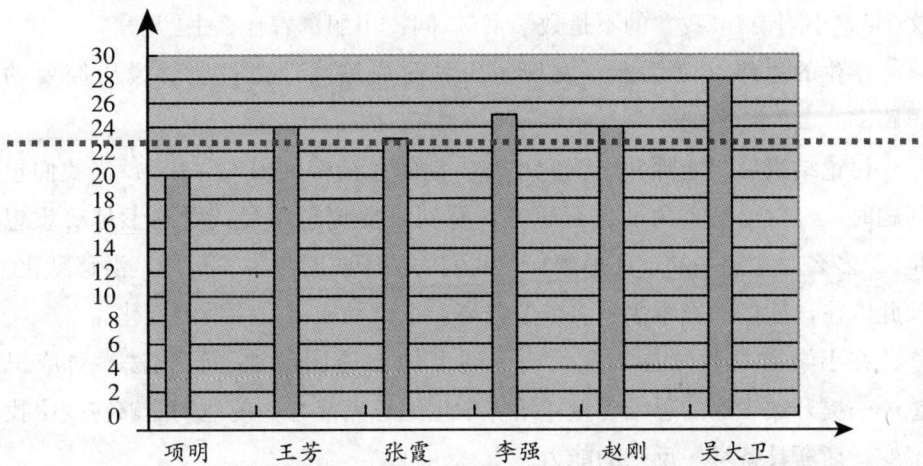

向阳学校三（1）班第一小队同学一分钟仰卧起坐次数统计图

在探索这6人做仰卧起坐的平均次数时，首先让同学们估测平均数的取值范围，然后让吴大卫补给项明4次，李强补给张霞1次，王芳和赵刚的次数不变。及时出现一条黑色的水平线，它在最大数与最小数之间，清晰地体现出同学们做一分钟仰卧起坐的整体水平。图中这6位同学做仰卧起坐的平均数是24，并不代表每个人都做了24次，平均次数和每人做的实际次数不是一回事。

学生们亲历了移多补少的形象演示过程，理解估测方法，通过形象思维，感受统计的意义。

（三）数学活动要注重数学思想、方法的渗透和提升

"授人鱼，不如授人以渔。"仅仅懂得"教"的老师是下等之下的老师，善于"使之学"的老师才是难得的老师。老师要想千方百计唤起学生的求知热情和学习兴趣，让学生自己去掌握挖掘学问宝库的"金钥匙"。数学教学在揭示知识之间的联系和规律的同时，必须注重思想、方法的渗透和哲理观点的升华。

在新教材的探索与实践中，有的学校推出了新颖的数学课程。如我曾观摩一堂小学二年级《数学广角》课。老师在课堂上创设这样一个问题："小

红、小丽、小刚分别拿着语文书、数学书、社会书。小红说：'我拿的是语文书'，小刚说：'我拿的不是数学书'。问：小丽拿着什么书？"

学生的思维非常活跃，发现了三种解决策略，而且能够说出简要的思路。

讨论结束后，老师并未就此止步，她的总结特别耐人寻味："当我们想问题时，经常要换个角度进行思考，看到<u>是</u>要想想<u>不是</u>，看到<u>不是</u>要想想<u>是</u>。"多么对立统一的辩证思想！让我们的孩子时时浸染、运用、潜移默化。长此以往，他们的思维水平将节节升高，思维品质将发生质的变化。

在小学数学教学中，要适时、适度地渗透图解法、转化法、对应思想……提升数学课的思维含量，培养学生的思考能力，使他们能够在变中找不变，渐渐具备举一反三的能力。

（四）教学过程中师生平等发问，共同思考，共同成长

巴西教育家弗雷勒倡导发问式教育，他认为教育是自由的实践，师生要进行平等的对话，老师和学生的称呼应该被一种新的名词取代，即"同时身为学生的老师"和"同时身为教师的学生"。教师与学生在共同成长的过程中同负责任。这与我们教育界提出的教学相长、课后反思是非常一致的。

发问式的教师可以在学生的反问中不断更新自己。学生也不再是温顺的聆听者，而成为与教师进行对话的、具有思辨力的共同探究者。

有这样一节课，内容是"倍的认识"。当课上到最后时，一个学生提出问题："'倍'有头无尾吗？"当时，上课的老师没有听明白。

课间十分钟，我和这个小男孩进行了交流。他说："老师讲了1倍、2倍、3倍……，有最大的倍数吗？是不是1倍就是头呢？能不能说是<u>有头无尾</u>？"我觉得他提出了一个非常合情合理的问题。他试图探讨倍数的范围，找出最大和最小，甚至考虑到了极限。

"无尾"是肯定正确的，但是否"有头"呢？引起了我的思考。在非0的自然数里，"有头"，"1倍就是头"。随着数域的扩大，在整数范围内、小数范围内，"就没有头了"。

尊重和倾听使我有幸欣赏到了一个孩子的智慧灵光。

"启智才是良师"。启发思考比教给学生知识要重要的多。教师要时刻把培养学生的创新思维和实践能力贯穿在课堂的始终。营造宽松自由的教学氛围，提供广泛的时间和空间，使学生有思考、有疑问、有争辩，并且敢于提问、乐于提问、善于提问，让师生在发现问题、解决问题的过程中，共同领悟，共同进步，让数学思考萦绕课堂，用数学魅力感动师生。

新课标 新理念 新教材
——使用景山新教材的体会

徐 蕾

《语文课程标准》明确指出：语文是最重要的交际工具，是人类文化的重要组成部分，工具性与人文性的统一，是语文课程的基本特点。由此可见，学好语文对一个人一生的发展起着至关重要的作用。我们使用北京景山学校编著的《21世纪五年制小学语文实验课本》，就很有助于全面提高学生的语文素养。这套教材以"三个面向"为指导，以培养学生的创新精神和实践能力为重点，使学生各方面都得到发展，尤其是有助于发展学生早期的智力。本套教材以集中识字为起点，培养学生识字能力；以阅读名家名篇为主体，培养学生读写能力；以作文为中心，培养学生创新精神和实践能力。这样编排教材的体系结构，符合时代的要求，符合新课标提出的新理念，注重了"知识和能力"、"过程和方法"、"情感态度和价值观"三个维度，真正体现了以人为本，发展个性，为培养现代社会所需要的一代新人打下了坚实的基础。

学生是语文学习的主人。语文教学应激发学生的学习兴趣，注重培养学生自主学习的意识和习惯，为学生创设良好的自主学习环境，尊重学生的个体差异，鼓励学生选择适合自己的学习方式。教师是学习活动的组织者和引导者，教师应转变观念，更新知识，不断提高自身的综合素养。应创造性地理解和使用教材，积极开发课程资源，灵活运用多种教学策略，引导学生在实践中学会学习。以下是我在新《语文课程标准》的指引下，对使用景山学校新编教材的体会和教学中一些尝试和经验。

一、多样的识字方法，为学生提供了打开知识宝库的金钥匙

汉字是表意的方块字，历来被人认为是难识、难写、难记的。而且，汉字看起来浩如烟海，每个字看上去又重床叠架，不好辨认。因此，生字多是学生不能尽早进入阅读的最大拦路虎。怎样帮助学生尽快认识、掌握汉字，提早阅读呢？景山教材为此做了大胆的尝试和实验，并且取得了很好的成绩。一、二年级集中识字的安排突破了以往学习汉字必须掌握到四会的程度，这一突破体现了新《课标》中所提出的低年级学生应多认少写的精神。在集中识字中，编者把识字进行分类编排：有"看图识字"、"形声字"、"从基本字识字"、"从部首识字"、"比一比"、"反义词"等识字方法，使学生学起来轻松愉快，有规律性。

首先，新教材中编排了许多有趣的看图识字，我在教学中充分利用书中色彩鲜艳、美观的图片来指导学生识字。这对于刚入学不久的孩子们来说，不仅降低了识字的难度，也吸引了他们的注意力，而且激发了学生学习汉字的兴趣。同时字和图的结合，也使学生对汉字字形的记忆是深刻的。如："山"（　）、"田"（　）、"月"（　）、"日"（　）等，这些字大部分都是象形字，至今仍可以用图画表现，每幅图画都能表现出字的音、形、义来，好学好记。而且，这些字基本上都是独体字，也是构成合体字的基本字。记准这些字的字形是非常重要的，同时正确书写这些字也是很重要的。

我在教学中，很注重指导学生的汉字书写。尤其是学生刚接触汉字，正确地书写基本笔画是写好汉字的基础。我经常教给学生顺口溜来写好基本笔画，如："横"是左低右高、"撇"要撇出尖、"捺"要捺出角、"点"是轻落笔重抬笔等。本套教材所配备的写字本，对学生按正确笔顺书写汉字有很大的帮助。同时，我还注重指导学生要把字在田字格里写美观，注意间架结构。并且从点滴入手培养学生正确的书写姿势和良好的写字习惯。总之，写一手好字是景山学校的特色，也是景山学生的骄傲，更是每个中国人应具备的基本素质。

其次，在集中识字教学中，形声字占了很大的比例。一组组、一串串的形声字，乍一看极易混淆，但仔细分析，你会发现它们的安排是遵循一定识字规律的。作为老师，就是要教给学生掌握、运用这一规律，轻松识字。形声字的特点是"形旁表义，声旁表声"，因此最重要的就是掌握基本字的音、形、义，基础要打好。在此基础上，再根据部首表义，学习其他形声字。在教学生识字的过程中，我始终坚持以人为本，尊重学生的认知规律，通过各种方法调动学生识字的兴趣，把识字与认识事物、生活经验、儿童游戏等有机的结合起来，使学生始终保持识字的新鲜感，激发学生主动识字的愿望。在教学中，我是抓住重难点进行突破，尤其是针对学生对有些字不易理解的情况，进行了有效地安排，化难为易，利用插图、电脑演示、实物等多种教学手段，吸引学生的注意力，让他们用眼睛看、用耳朵听、用鼻子闻、用手摸，让学生身体的每个器官都动起来，使他们很有兴趣的投入到学习中，让他们感到学习中国的汉字并不枯燥，而是一件很有意思的事情，充分调动学生的学习积极性，让他们真正成为学习的主人。

例如：学习以"分"为基本字，添加不同的部首组成"芬、吩、纷、氛、粉、份"一组字为例。这组字的难点是理解字义，其次是在理解字义的基础上根据形声字的特点，掌握字形。首先，我利用实物帮助学生理解"芬"和"粉"两个字。让学生亲自闻闻有香味的鲜花，理解"芬"指花香，组词"芬芳"，记住了"芬"为什么是草字头；再让学生摸摸粉末状的物品，理解"粉"指把米碾成细面儿，所以"粉"是米字旁。让学生自然的把识字和自己的生活联系起来，降低识字的难度。其次，是让学生根据生活中已有的经验，学习"吩"和"份"两个字。如：让学生回忆生活中，爸爸、妈妈是怎样口头命令你做事的？学一学。然后，在学生已有的生活经验的基础上，告诉学生"爸爸、妈妈或其他长辈口头命令你做事的过程就称为吩咐"，再让学生用"吩咐"练习口头造句，并记住"吩"为什么是口字旁？接着引导学生看电脑演示，把抽象的"份"字具体化，即把蛋糕平均分成八份，每个小朋友一份，强调单人旁。再次，是利用教材中的插图，学习"纷"和"氛"（后面再详细阐述）。

再例如：我在讲"峰"和"蜂"这两个字时，采用的是教给学生运用"比较"的学习方法。就是把这两个字进行比较，找出相同点和不同点，关键是让学生区分不同点，这两个字的不同点是"部首不同，所以字义不同"，接着我用两幅图帮助学生判断两个字的意思。让学生通过看图，猜猜哪个字是"山峰"的"峰"，哪个字是"蜜蜂"的"蜂"，并说出为什么是，突出形声字部首表义的特点。

聪明的学生不是把自己当成知识的容器，而是去掌握学习的方法。聪明的老师决不会只限于教给学生 2 000 多个汉字，而是教给学生科学的识字方法，向学生介绍识字的途径，培养学生识字的能力。从未来世界的发展来看，"未来的文盲不是不识字的人，而是不会学习的人。"本套教材中除了安排了"看图识字"、"形声字"外，还安排了"从基本字识字"、"从部首识字"、"比一比"、"反义词"等识字方法，学生们通过学习，掌握了识字的规律，学会了运用识字方法去识字。到二年级结束时，学生们已经认识了 2 135 个汉字，掌握了多种识字的方法，很了不起。

二、学习了大量的汉字，运用什么方法记住呢

学生在两年的时间里学会了两千多个汉字，对于他们而言是件了不起的事情，他们可以自己读书看报，走在大街上比同龄的孩子们认识的字多，他们感到很自豪，家长也为他们感到高兴。但怎样才能做到边学边巩固，使学生能灵活熟练地掌握及运用汉字是摆在我们面前的一个棘手的问题。有些学生对刚学过的汉字能认识，过一段时间就忘了；有些学生是把字放在课本中认识，挪到其他文章中就不认识了；还有些学生读书的时候认识学过的字，但一到写造句或看图写话中就出现了较多的错别字……这些问题的出现是很正常的，这正说明语文是实践性很强的课程，作为教师应着重培养学生的语文实践能力。因此，我在教学中做了如下尝试。

（一）把学习的新字及时地放回到语言环境中去，培养学生的阅读兴趣

可以说，大量阅读是巩固识字的法宝，是开启孩子心灵智慧的明灯，陶冶学生的审美情趣。这四册书中有意识地安排了一些句子和小诗，对识字教学帮助很大。尤其是这些内容丰富多彩，深入浅出，有浓郁儿童情趣和丰富想象的小诗，得到了学生们的喜爱。这些诗，语言规范，用词准确、形象、生动，音韵优美，节奏鲜明，朗朗上口，是培养儿童审美情趣和语感的佳作。如此安排的目的在于：可以增加阅读量，开阔儿童的眼界，激发儿童的智力和想象力，使学生受到品德教育、知识教育和美的熏陶；学生还可以把所学的汉字回到语言环境中去，学了就能读，既可以巩固识字，又可以调动学生识字的积极性，培养学生的阅读兴趣，使得学生在课堂上就能把刚学会的汉字放到具体的语言环境中，每当学生把刚学会的字在小文中找到时，他们都感到很自豪，很有成就感。同时，编者们所选用的小文章都具有趣味性、艺术性、科学性、教育性、发展性，都是有时代气息、与儿童生活联系紧密的，富有儿童情趣的。因此，每当学生读起来的时候，都情不自禁地被书中的内容所吸引和打动。尤其是现代小诗，更使同学们喜欢朗读和背诵。如：第三册中的P4《家》、P6《太阳》、第二册中的P11《蜻蜓》、P15《山》……一、二年级四册书中共出现了104首小诗。其中好诗很多，首首精彩，就不一一举例了。我觉得这样的安排非常好，教材很好的激发了学生学习的兴趣。这样既可巩固识字，又可以丰富学生的阅读面，这正体现了新《课程标准》中提出的全面提高学生的语文素养，注重平时的语言积累。我想如果教师在教学中有意识地利用这些小文章，激发学生的阅读兴趣，画龙点睛地给同学们讲一讲，同学们一定受益匪浅。

（二）课内外阅读相结合

教材中的好诗毕竟是少数，对于学生来说只是起到了抛砖引玉的作用，即使学生把104首诗全背诵下来，是不是就满足了学生对阅读的需求？显然不是。因此，我认为教材中精心编排的诗句，不仅仅局限在这104首诗中，其更深远的意义在于它激发了学生对阅读的兴趣，让学生们感受到了阅读的

乐趣。这正是新《课标》中对一二年级提出的阶段目标。这也正体现了编者们的一片苦心。

我在教学中，特别提倡学生增加阅读量，扩大阅读面，这样做能达到三个有利于：（1）有利于巩固识字，加深理解。在课外阅读中，我经常指导学生在阅读材料中寻找自己当天学到的新字，并用笔圈一圈；同时也找找以前学会的旧字，看看把字换个位置是不是还认识。促使学生在阅读中学会结合上下文和生活实际了解课文中词句的意思，在阅读中积累好词好句，丰富语言积累，培养语感。与此同时，阅读还可以帮助学生更深或更广的理解课内所学过的汉字和词语，扩展学生的词汇量，帮助学生了解一个字或一个词语在不同的语言环境中，表达的意思是不同的。因此，我感到大量的课外阅读是巩固集中识字的最好途径。（2）有利于开阔思维。景山学校教材中所安排的集中识字，其根本目的在于扫清文字障碍，帮助学生提早进入阅读。只有阅读，才能开发学生的早期智力，拓宽视野。课本中的文章是教给孩子们阅读的方法，课外阅读能给孩子们更多的丰富而有营养的精神食粮。在教学中，我每周都利用一节语文课（30分钟），带领学生进行课外阅读交流。有时让大家畅所欲言，说说自己通过阅读课外书知道了哪些知识；有时让同学们把自己看到的有意思的，有趣的文章推荐给大家看；有时我把好文章打印出来，再出一些思考题，让同学们在阅读之后进行讨论，开阔学生的思路。我为学生们打印的文章有：《树公公脱袍子》、《鱼儿中的飞行员》、《想做好事的小兔》、《冬天的太阳》、《小山泉的心愿》、《雨伞》、《分太阳》等等，我还为学生们推荐了王蒙、刘心武编的《课外语文》等，一篇篇短小精悍的文章深深地吸引住了孩子们的注意力。（3）有利于提高朗读水平。每当我和孩子们一起阅读一些小文章时，我会生动地为他们范读，用自己的声音感染学生。现在我们班的学生最喜欢听我为他们范读，他们觉得听得过瘾，每次我读完，他们还为我热烈鼓掌。我就与学生产生了共鸣，使学生产生了要朗读的强烈愿望。于是，我因势利导，让学生把看到的小文章试着自己读一读，然后进行点评，为每个学生都创造一个展示自己的机会。久而久之，孩子们的朗读水平逐渐提高了,他们会用自己的声音绘声绘色地朗读。

(三) 实践中,充分锻炼学生运用祖国语言文字的能力

我在教第四册 P6～7 的集中识字和题为《绿伞·蓝天》的小文章时,同学们的学习兴趣很高,主要原因是读了课后的这首小诗。这首诗共三节,结构相仿,于是我采用让学生熟读这首诗的基础上,引导孩子们自己作诗。如诗中的前两句都是"六月,(谁)在( )下,( )地说:( )。"学生们的积极性一下子被调动了起来,他们经过思考之后,说出了不成熟的句子,如:"六月,小蜜蜂飞到花园里,得意地说:这花真大。"我对学生的想法给予了充分的肯定,然后再和大家商量进行修改,如:"六月,小蜜蜂飞在花丛中,得意地说:这朵花真香。"接着,我又引导学生,让他们打开思路,到大自然中找到自己喜欢的动物,有的学生说"小蝴蝶……",有的说"小蛇……",有的说"小猫……",等等,我抓住这次机会,给学生布置了一次弹性作业,谁有兴趣谁就自己当小诗人,续写或改编《绿伞·蓝天》这首诗。

同学们纷纷进行创作,我就让写得好的学生把自己的作品读给大家听,并让他们工工整整抄写下来挂在壁报上展览。学生们的写诗热情被调动起来了。于是,每篇集中识字后面的小诗都成了孩子们仿写的例子。有些孩子还觉得仿写不过瘾,竟开始自己自由写诗。我常称赞他们是"现代小诗人"。

(四) 自由写作——日记

在学生们刚上完一年级上半学期时,我就注重引导学生学会观察身边的事,把自己看到的、听到的、喜欢的等自己的真实感受用语言表达出来,这样既练习了写日记,又在文章中巩固了识字,一举两得。刚开始,班中只有少数同学写了,于是我就抓准机会,让写了日记的同学在班中朗读,并大力表扬。一二年级的学生最喜欢老师表扬了,孩子们一看写日记,能得红花,能受到老师的夸奖,于是纷纷写来日记。我不论学生写得好与不好,只要他们动笔练习了,就是"最好的"。我不断地鼓励、激发学生,对写得好的同学,我帮他们修改,让他们把反映自己生活的稿子投到学校的红领巾广播

站。每当学校一广播我们班学生的日记,投稿的本人是激动、兴奋,还愿意再写;这对其他同学也有所触动,大家都开始了写日记的活动。另外,我还根据一二年级学生的年龄特点,即做事情从兴趣出发,有了兴趣,他们才能做好。因此,我买来各色彩纸,供学生们自由选择,激发他们的兴趣。许多学生在家长的帮助下,纷纷用电脑在自己喜欢的彩纸上打出日记。最后,我把学生们打印的日记都贴在壁报上展览,目的是让他们互相学习,在班内掀起了写日记的高潮。(学生作品另见日记集《亮点》)我相信这必将使景山学校的孩子们在不知不觉中,愉快地接受了教育,自然地得到了锻炼。这锻炼不仅是运用祖国语言文字的锻炼,也是对孩子们的观察能力、表达能力、写字能力、阅读能力、运用电脑的能力等能力的锻炼。

(五)充分利用书中多彩的插图,训练学生的语言表达、口语交际能力

这套新教材的四册书都有一个共同的特点,也是一个很突出的优点,那就是两册书中的插图很多。这些图色彩鲜艳,内容丰富,富有时代特点,与儿童生活联系紧密,有儿童情趣,学生爱看。在教学中如何有效地利用这些插图,对学生进行语言训练正是我们研究的课题。利用插图,让学生看图说话,看图讲故事,看图编故事,启迪儿童的智慧,启发儿童的想象,发展语言,发展思维是在语文教学中比较重要的环节。而且书中的构图精巧,为学生的语言发展创造了很好的条件,学生可以根据自己的想象来表达图上的内容和意义,为将来写作文打下良好的基础。一年级学生集中注意力的时间较短,如果教师在一节课中适时的利用书中彩图让学生看,不仅吸引了学生的注意力,也使学生得到了放松与缓解,同时还可以使学生从图中获得许多课外知识。因此,我在教学中充分运用书中插图,有意识地训练学生学会观察图和运用语言准确地表达图上内容的能力。这样既能发展学生的语言,又能培养学生的观察力,同时还能加深学生对汉字字义的理解与对字形的记忆。例如:我在讲"纷"这个字时,出示了书上的一幅大雪纷飞的图片。我先引导学生看图,并提问"这幅图上画了些什么内容?"有的学生会说:"冬天了,下雪了。"还有的学生会说:"房子上、树上、地上都落满了雪。"此时

我再引导学生观察图，看看"天空中有什么？"（我为了让学生理解的更准确，利用电脑技术使这幅图上的雪花都飘舞起来了。）学生会说："天空中的雪花在飞舞。"或是说："许多雪花在天空中飞。"再提问："谁能把刚才几位同学的发言合起来说一说。"这是有目的的训练学生说完整话。此时再引导学生看漫天飞舞的雪花是多而杂乱的样子，强调的是雪花很多、很杂乱，这就是"大雪纷飞"的景象。引出"纷"这个字，通过借助插图不仅帮助学生理解了不易理解的字，又训练了学生看图说话的能力。在讲"峰"这个字时，我引导学生观察书上的第三幅图：小明站在山峰上，小红站在山脚下。充分发挥学生的想象力，让他们把图和自己的生活相结合，大胆想象图中人物的语言；同时我还为学生创设了良好的语言环境：由两位学生表演对话，一位表演在山下的"小红"，另一位表演在山上的"小明"。这样做，不仅使学生受到了语言的训练，同时也激发了学生的学习兴趣。与此同时，在两位学生表演的时候，其他学生在听，这就进行了听话的训练。听话和说话是语言训练中密不可分的两个重要环节，也是以后学生写作文的基础。在这个过程中，我认为最重要的是在课堂教学中以学生为主体，尽量为学生创造发表自己想法的宽松环境。当一年级的小学生看到一幅插图时，大部分学生不能一下子就把图上的内容说得很清楚和完整，但只要他是认真地看图、并经过了思考，说出了图上的一部分内容，就非常好了。能在大家面前大胆地说出自己的想法的学生都应该受到表扬。我在教学中就多鼓励主动发言的学生；然后再在几位学生发言的基础上进行简单的整理，但不刻意要求学生一定要按某一模式说话，只要他能把话说通顺、没有语病、比较完整即可，如果能在句子中加一个或两个修饰词更佳。一二年级的学生大都是六七岁的孩子，正是语言发展的最佳时期，让每个孩子都能在大家面前张开嘴说话，是很重要的。教师在教学中要有耐心，在平时的课堂教学中把大量的时间交给孩子，让他们去看、去说、去体会、去交流，鼓励每个孩子有勇气说出自己的想法，无论对与错，老师都要帮助孩子树立自信心。在此基础上，老师可以在每天的教学中选取一幅或两幅图作为重点，训练学生的语言表达。如此细水常流，在训练的过程中逐渐规范学生的语言，再在学生能说一句话的基础上提高要求和难度，说两句话或三句话，日积月累，慢慢地学生就会说一小段话了。

（六）多媒体技术的运用，促进了教学现代化的进程

作为新时代的年轻教师，最大的优势就是接受新鲜事物比较快。现代科技飞速发展，多媒体技术已经进入了老师们的教学当中。教师讲台上不再是二十年前的一台幻灯机，而是设备先进的电脑、实物投影、录相机、录音机等综合教学平台。学校为教师提供了最好的教学设备，就希望老师在教学中充分使用，发挥其最大的作用。我在教学中做了如下尝试。

1. 制作课件解决教学中的重难点

我发现自从有了课件的清晰演示，同学们对一些比较难记的字都有了较深的印象。例如：我在教"尖"这个字时，告诉学生"尖"是由"小"和"大"两个字组成的，但要特别注意"小"字的字形产生了变化，于是我就利用课件进行演示：即"小"字和"大"字同时出现并进行组合，"小"字的"竖钩"变成了"一竖"。演示清晰准确，使学生印象非常深刻。

2. 让学生参与其中，师生互动

例如：我在教"记"和"纪"时，为使学生正确区分开这两个字，我出了两个句子，即"我每天都坚持写日（　）。""我们要遵守学校的（　）律。"让学生亲自操作电脑进行选择填空，填对后，电脑会发出掌声表示祝贺。这样的教学安排非常吸引学生，操作的学生努力要把题目做对，因此非常认真；而其他同学更是瞪大眼睛，检查台上同学做得是否正确。

3. 课件还要贴近学生的生活

例如：我在讲《春姑娘来了》这篇课文时，我把学生们在春天里照得照片汇集起来做成课件，并让学生们在电脑里为自己进行配音，描述自己对春天的感受。这个课件在课堂中的使用效果非常好，并且在东城区课件评比中还获得了三等奖。

4. 课件具有高效性和实效性

课件能为课堂教学提供较大的信息量，它可以跨越时间、空间的界限，为学生们提供最多、最全的信息。如课本中提到的各种花、草等千姿百态的植物。

总之，课件的制作过程是辛苦的。然而每当家长开放课结束后，听到家长们称赞老师们制作的课件有儿童情趣，孩子们很喜欢，在课堂上充分调动了孩子们积极性的时候，制作课件的艰辛就全部抛到了脑后。因此，我想只要老师们善于观察身边的学生，善于钻研教材，善于学习计算机技术，善于动脑，就会制作出高质量、有实效性的课件。

三、家校配合，调动各方面的积极性

使用景山学校的教材，离不开家长的帮助。这里提到的"帮助"，是关心学生的成长，在家中为学生创设良好的学习语言的环境，因为语文是母语教育课程，学习资源和实践机会无处不在，无时不有。

在家庭教育中，我建议：(1) 当孩子们学习了景山的教材，一下子学会了很多字时，必然要在家长面前显示自己有多棒，作为家长一定要给孩子展示的机会，还要多鼓励学生识字，多表扬，要始终让孩子感到识字是最光荣、最自豪的一件事；(2) 现在的社会，吸引孩子注意力的事物太多太多，如电视、游戏机、电脑、漫画书等，怎样把孩子的注意力吸引回来，是家长们最头疼的事情。我建议每天在晚饭后，家长们尽量抽出一点时间和孩子一起看书，目的是为孩子创设一种读书的环境。家长读家长的书，孩子读孩子的书，各自都为对方提供一个安静、舒适的环境。让孩子学会边读边思考，心态平稳。时间可为 30 分钟，读书时间结束后，可以进行读书体会的交流。主要是家长倾听孩子叙述通过看书都知道了些什么内容？让孩子大胆地表达。这种潜移默化的影响，才会使我们的孩子爱看书，和书交朋友。才能使孩子们学习了景山教材的集中识字后，有了用武之地。

原诗：

《绿伞·蓝天》
六月，小鲫鱼游在荷叶下，
得意地说：
这柄绿伞真大。

六月，小花狗躺在榕树下，
骄傲地说：
这柄绿伞真大。

六月，矫健的雄鹰，
飞翔在太阳身旁，
嗨，这片蓝天真大。

学生仿写：

《伞·海》
六月，小兔蹲在大树下，
高兴地说："这把遮阳伞真大。"
六月，小蝌蚪游在荷叶下，
大声地说："这把遮阳伞真大。"
六月，健壮的海鸥，
翱翔在轮船上方，
啊，这海真大。

《绿伞·花丛》
六月，小青蛙躲在荷叶下，
得意地说：
这柄绿伞真大。
六月，小花猫躺在枣树下，

骄傲地说：
这柄绿伞真大。
六月，可爱的小蜜蜂，
飞在花丛中，
嗨，这朵花真香。

《五月·夏天》
五月，小蜜蜂飞在花丛中，
高兴地说："这里的鲜花真多。"
五月，小松鼠跳在松树上，
兴奋地说："这里的枝叶真茂密。"
五月，小朋友走在公园里，
他们笑着说："夏天的景色真美！"

如何激发学生数学学习兴趣，养成良好学习习惯

张静丽

当今是数字化飞速发展的社会，对每个公民数学素养的要求日益增加，各种升学、就业考试中数学成绩的优劣尤为重要。为了将来孩子能考上好学校，能从事理想职业，提高数学学习成绩、培养数学应用意识迫在眉睫。有的家长不惜重金买各种参考书、复习资料，让孩子每天大量的做题，学校减负了，家长加上了码；有的为孩子请家教，报各种类型的补习班。由于方法不对头，越抓孩子越不爱学，越学孩子越没信心，学习成绩也无明显提高。

孩子的学习仅家长着急是不行的。因为孩子是学习的主体，是学习的主人，孩子学习的好坏取决于孩子的主观能动性。外因必须通过内因起作用，只从外部加压，不注意调动孩子的积极性是我们教育、指导孩子学习失败的重要原因。

在我从事数学教学的十几年中，所教过的班级绝大多数学生喜爱学数学，学习成绩也显著提高。许多学生从喜爱学到酷爱学，后来在数学竞赛中取得了好成绩；也有的学生从不爱学数学变成喜爱数学；还有的留级生以前最烦数学，到后来能接受数学，并顺利地考试合格，升入中学。总结起来，我的灵丹妙药就是激发孩子的学习兴趣，想方设法调动学生产生学习需求，并让需求得到满足，从而树立学好数学的信心。

一、激发学习兴趣，调动学生内需

爱因斯坦说："兴趣是最好的老师。"郭沫若也说过："兴趣出勤奋，勤

奋出天才。"显而易见，学习兴趣是成材的原动力。

学生对数学感兴趣，不是与生俱来的，是后天培养出来的。虽然有的孩子从小在数字、逻辑推理方面表现出一些才能，有的孩子则显示出对语言、形象思维方面有专长，这是客观存在的，但这种表现出来的才能是不稳定的，常常受到外界的影响。这就要看我们给孩子创造一个什么样的数学学习环境，怎样将兴趣引导到数学学习上来。不同年龄的孩子，兴趣点也有所不同。小学低年级孩子的兴趣更多地表现出对学习内容、学习形式的兴趣；中年级孩子的兴趣开始分化，更多地受老师、家长的态度、个人心理需求的满足、同伴之间的相互影响；中学生的学习兴趣随着年龄的增长逐渐趋于稳定。

怎样把孩子的兴趣引导到数学学习上来呢？

新奇产生兴趣。无论儿童还是成年人对于新奇的事物容易产生兴趣。数学知识本身是充满神奇、奥秘的。通过数学的学习，要让孩子体会到数学知识的趣味美；数字、符号、线条、几何形体的形体美；数学逻辑推理的严谨、准确的简洁美；对称图形、幻方、数阵、等量关系之间的对称美。把枯燥、乏味的数学符号、公式、推理赋予新奇、趣味，孩子自然产生兴趣，就会爱学数学。这就要求教师在把数学知识呈现给学生的时候，要采取多种多样的方式，让学生天天有不一样的感觉，总保持新鲜感。家长在家里辅导孩子学习也要变换方式，决不能采取压的办法，要让孩子在家的学习也有新鲜感。例如：对于低年级的孩子，可以采取让孩子当老师的方法，抓住小孩子愿意模仿老师的心理，让孩子将每天在学校学到的知识讲给大人听，这样可以发现孩子的听讲情况，也可以了解老师讲课的思路，给予孩子适当的指导。还可以采取游戏、竞赛等多种形式。对于中高年级的孩子可以让孩子出题考家长的形式，孩子的兴趣也很高，让孩子出考题，孩子为了考倒家长，要找最难的出，这时他自己就会认真看书，开动脑筋，开始可能出的不好，家长适当、巧妙地给予指导，长期训练，孩子就会出题了，自然就能掌握学习中的重点和难点，学习也就不成问题了。类似这样的方法很多，我仅在此抛砖引玉，只要开动脑筋，一定能找出适合自己孩子的好方法。总之让孩子在家里的学习也要有新奇的感觉，不要硬逼、生灌。天天一个面孔，天天一个腔调，孩子肯定厌烦了，自然不能取得好的效果。

需要产生兴趣。兴趣是在需要的基础上产生的，对符合需要的事物，孩子容易发生兴趣。有些学习成绩不理想的孩子经常埋怨自己的脑子不好用，学过的知识总也记不住。但是，他们对那些自己感兴趣的电影、动画片却能在只看一遍之后可以准确地复述故事情节。可见，这些孩子记不住所学的知识，并不是他们的脑子不好用，而是对自己所学的知识缺乏兴趣。因此，要了解孩子的需求，引导孩子的需求。

对于孩子学习上最主要的需求，我认为除了新奇以外，就是成就感的需求。这是一种高层次的精神需求，往往这种需求才能使兴趣持久。无论孩子、成人，都会对自己所做的事能得到别人的承认、肯定、赞赏，而感到喜悦，这种体验是激发孩子进一步学习的有利手段。老师、家长时时用鼓励的语言、赞赏的眼光对待孩子，使孩子从别人的信任与肯定中树立自信，天长日久，也许原本不感兴趣的事，慢慢就会感兴趣了。作为家长，要体会孩子的需求，摸清孩子的实际水平，不要提出过高的要求，可先适当降低标准，使孩子学习后能"初战告捷"、"战战取胜"，从而产生更大的学习动力和勇气。即使孩子考得不好，也不能讽刺、挖苦，甚至惩罚。考得不好孩子心里也很难受，再加之外来的刺激，就大受挫折。越是考得不好越需要家长、老师的鼓励、支持。总之一句话：好孩子是夸出来的。

孩子的新奇感得到保护，成就感得到了满足，对数学学习的兴趣自然而然地产生，这样兴趣还有可能成为持久性的兴趣，甚至成为终生的兴趣。

二、指导学习行为，养成良好的习惯

帮助孩子形成良好的习惯，是学校教育的重要任务，也是家庭教育中不可忽视的。家长都非常关心孩子的学习，为了提高孩子的学习成绩，想尽了办法，每天给孩子默写，帮孩子检查作业，给孩子出考试题，劲没少使，有时效果却不佳，其根本原因是忽略了对孩子学习习惯的培养。

习惯，就是把认识和知识落实转化为实践，并从实践中巩固和加深知识和认识，再转化为更高的实践。习惯，是经过重复练习而巩固下来的稳定持久的条件反射和自然需要。习惯一经形成就具有了稳定性，成为一种自动化行为，不需要意志努力，不需外界压力，不需别人提醒、督促。也就是说习惯成自然了。好的习惯可以使人受益终身，不好的习惯也将贻害无穷。培根说："习惯是一种顽强的巨大的力量，它可以主宰人生。"良好的学习习惯对于孩子成长起着十分重要的作用。从多年的教学经验来看，学习优秀的孩子多数都有良好的学习习惯，而学习差的孩子多数的学习习惯都不太好。这表明学习习惯与学习成绩成正比的。

小学生应具备哪些学习习惯呢？

1. 专心学习的习惯。专心地做事情，是办好一切事情的保障。凡是有所创造的人都能做到注意力集中地干事，这样的故事彼彼皆是。培养孩子专注的习惯是家长的重要任务之一。专心的习惯其实就是注意的稳定性、持久性。"注意"是打开智慧的天窗。"集中注意"是取得优异成绩的前提。目前不少孩子最缺的就是专注，他们边玩边听讲，边听流行歌曲边写作业，不是捅捅这，就是摸摸那，家里一点响声就把他们从椅子上唤起，再接着写作业，不是抄错题，就是算错数，这种情况下的学习，成绩能好吗？

2. 仔细认真的习惯。我们有些孩子在学习上缺乏责任心，对学习马马虎虎，敷衍了事；有的孩子理解知识囫囵吞枣，做作业时敷衍塞责，这种习惯也严重影响孩子的学习成绩。有的孩子很聪明，在数学学习上一讲就懂，一写就错；有的家长也这样说：其实他会，就是马虎。这种思想可要不得。据我在某一次学生测验后进行统计，不同程度的马虎造成的错误高达72%，这样的数据令我震惊，也让学生大吃一惊，如果他们改掉这些毛病，就会个个都是最优秀的学生。可见，马马虎虎害死人。

为了改掉孩子马虎的毛病，养成仔细认真的习惯，家长可以用孩子身上的典型事例教育他，让他知道马虎的危害，有时也可以故意犯点马虎的毛病，反过来让孩子来纠正你，从而加深孩子对马虎害处的亲身感受，达到教育的目的。在学习上，教孩子学会自查，建立错题本，计算每次作业、测验中出现的"低级错误"率（明明会，由于粗心而出现的错误），指定降低错误率的奖惩措施，等等。

3. 讲求效率的习惯。讲求效率，不磨蹭的习惯，这也是许多家长非常头疼的事，其原因一个是受大人的影响，大人办事有时时间观念不强，潜移默化地传给孩子；其二是家长对孩子包办代替太多；其三是孩子负担重，在完成学校老师留的作业以外，家长留许多课外作业，时间长了，孩子就会想，反正不让我玩，我就拖时间到点就不会让我做了。久而久之，磨蹭的毛病就养成了。

为了改掉孩子磨蹭的毛病，家长可以与孩子共同制定课余时间安排计划，既有学的时间，也有玩、看电视的时间，充分发挥小闹钟、计时器的作用，节余时间归己，这样孩子就会抓紧时间了。

4. 虚心好问的习惯。现在有许多孩子，在老师面前，不懂也不问，也不想问，回家家长给讲也不服气，说和老师讲的不一样，结果也没弄会，非常缺乏谦虚的精神。家长要鼓励孩子提问，孩子无论提出什么样的问题，都要给予认真的回答，即使不会，也可以与孩子共同查阅资料寻求答案。有时还可以向孩子提出一些孩子熟知的问题，让孩子懂得世无完人，好问无须脸红的道理，养成虚心好问的好习惯。

5. 认真书写的习惯。作业书写的好坏，好比一个人的外表，给人最直观的第一印象，是一个学生严谨作风的直接表现。景山学校的老师一贯重视书写，要求每一个学生都有一手好字。书写工整也可以减少许多不必要的错误。书写的基本功要从一年级抓起，训练孩子不用橡皮，做作业时要先动脑子，再动笔，想好再写，争取一次写对。还要养成认真写草稿的习惯，写数学题时做到"一步一回头"，写一步对一步的好习惯。为了避免抄错数，可以让孩子念出声来演算，在学校心里默念着计算，这样可以充分调动各种感官，从而使注意力集中，达到专心致志的效果。

三、教孩子学习方法

古人云："授之以鱼只供一餐之需，授之以渔可解一生之求。"教师、家长的任务不只是让孩子学会，更重要的是要让孩子会学。我们不仅要教孩子知识，更重要的是要让孩子具有探索知识的本领。这种本领就是科学的学习方法。

根据我的教学经验，将学习数学的方法归纳为四个步骤：

一听：上课认真地听老师、同学的发言；

二问：问自己，问他人；多问为什么，不懂就问；

三读：课前读书、课上读书、课后读书；

四复习：每天复习（了解每天知识的重点）、每周复习（总结一周学习的重点、难点）、每单元复习（梳理知识间的关系，了解自己的不足）、期末复习（构建知识体系，培养综合能力）。

针对孩子写作业、考试，归纳了四个步骤：

一审：孩子小不懂什么叫审题，告诉孩子"一个字不落的读题，圈出关键词语"；

二定：确定解题方法，列出算式；

三计算：做到"一步一回头"，写一步对一步；

四验算：数学题可以验算回去，考虑结果的可能性、合理性，可以进行正向检查法、反向检查法、重做法。

在数学学习中，激发孩子的学习兴趣，保护好孩子强烈的求知欲，就等于给了孩子一把开启数学知识宝库的钥匙；培养良好的学习习惯，就等于给孩子铺设了一条学好数学的道路；教会孩子学习的方法，就等于教会了孩子如何行走，如何跑得更快。有了这三个方面的培养，我想所有的孩子都能学好数学。在老师的精心培育下，在家长的耐心抚育下，每个孩子都应该有一片数学的蓝天。

语文课怎样体现三维目标的统一

叶晓静

一、专题研究

《全日制义务教育语文课程标准（实验稿）》中规定的课程目标是根据"知识和能力、过程和方法、情感态度和价值观"三个维度设计的。三个方面相互渗透，融为一体，以求达到学生语文素养的整体提高。可见，三维目标的实现是落实语文新课标的重要依托，在语文教学中起着纲领性的作用。我们知道"知识和能力"是比较容易量化的，学生认识了多少字，会用哪些标点符号，能否写出通顺的句子和听说读写能力达到的标准等，这些都是外显的，可操作性很强。而"过程与方法"、"情感态度和价值观"更多是隐性的，很难通过量化去衡量，也很难在短时间内见到明显效果。然而我们却不能因为它的不可测量性就忽视了对它的关注，因为这两个方面对儿童一生的发展意义而言，较前者更加深远。而教师作为教育者，更应责无旁贷地关注人最为本质的这些方面。就此，知识、能力、情感、态度、价值追求等就理应成为小学语文教学中的重要追求目标。

需要明确的是，"语文是实践性很强的课程"，言语技能的提高必须经由足够量的言语实践才能完成，而兴趣与习惯、知识与能力、方法与态度、情感与价值观等正是融于这样的言语实践过程中，并在这一过程中获得丰富与发展。所以我们说，这三个维度是一体的，不是分割而独立存在的。因此在教学中，既要重视以往我们曾经强调的语文知识与能力的学习与发展，又要关注这一过程中"语文的熏陶感染作用"，把情感态度和价值观的要求渗透于言语实践过程之中。正如《课程标准》所指出的:"培养学生高尚的道德情操和健康的审美情趣,形成正确的价值观和积极的人生态度,是语文教学的重要内容,不应把他们当做外在的附加任务,应该注意熏陶感染,潜移默化,把这些内容贯穿于日常的教学过程之中。"此外,能够促进并最能体现出学生语文素养是否获得发展与提高的根本途径是语文实践,这恰恰是个运用、体验与发展的过程,所以,要关注发展就必须关注过程,而不能像过去那样更偏重于结果性的东西,正如当代课程论所讲的,课程实施的首要意义不在于学习的结果,而在于学习过程本身,在这个过程中教师应该引导学生主动探究和发现,并悟出规律,掌握学习策略和学习方式,学会学习。

总之,"三维目标"最大的特点就是它的整体性和相互依存性。那么,在语文教学过程中怎样体现三维目标的整体落实呢?

二、走进课堂

基本字组字的教学。

(一)复习已学过的旧字:羊、舌、禾、几、广、大、言、奶、歌。

(二)学习新字。

1. 上下结构的字:禾—几—秃 禾—乃—秀。

禾、几组合成什么字?(课件演示:一只小猴子从上面推出"禾",另一只小猴子从下面举起一个"几",猛然碰在一起就组成了"秃")

"秃"是什么意思?秃是没有头发,像田里稀疏的禾苗没有几根了。特意强调"禾苗"和"几根"。树木没有枝叶是——秃树,山上没有树木是——秃山,铅笔没尖儿是——秃笔。

"乃"相当于"就是"。出示孙悟空的形象,谁能读读他说的话,"我乃齐天大圣"。(通过这句话帮助学生理解字义。)你怎样记住字形呢?"奶"去掉女字旁。"乃"只有两笔,撇加横折折折钩。

课件演示:小猴子推走"几",换上了"乃",拼成"秀"。

借助一幅小麦的图片引导学生认识麦秆、麦穗。"秀"字上面的"禾"

就代表谷类作物，麦穗上面一颗颗饱满的颗粒里面就是浆，像奶汁一样，成熟后加工出来的就是我们吃的面粉，用"乃"表示。因为"乃"是"奶"的象形字。接着告诉学生：小麦长高后就要抽穗，也就是秀穗。秀穗的麦子要比没秀穗的麦子高出许多，所以"秀"还有比一般的要好、优秀的意思。凡是带"秀"字的词都是形容好的，甚至是最好的。谁能给"秀"组词？（优秀、秀丽、秀美、新秀、山清水秀）

2. 左右结构的字：君-羊-群 言-午-许 舌-甘-甜（略） 又-欠-欢。

先学习基本字"欠"，写出甲骨文的字形，像人坐着张口的样子，本义指打呵欠。大家怎么打呵欠？学生做。打呵欠时往往张臂伸腰，又表示身体一部分稍稍向上移动，做"欠身、欠脚"的动作，学生一边模仿一边说出词语。

"欢"是由哪两个部分组成的？合在一起有什么变化？"欢"由"又"和"欠"组成的，"又"的捺变成点了。"又"表示手，"欠"表示张口。教师边动作表演边启发：又张口又拍手笑表示什么？"欢"表示高兴，快乐。可以用在哪些词语里？（欢呼 欢迎 欢心 喜欢 联欢）对今天来听课的老师，我们用掌声表示热烈欢迎。谁还能用"欢"来说话？学生纷纷举手发言。

3. 半包围结构的字：庆。

（三）小结。

大家来说一说基本字组字是一种怎样的方法？

学生：就是由两个简单的基本字组合在一起，构成一个新字；基本字组字是由两个基本字组成的合体字；而且有的上下组合、有的左右组合、有的内外组合；汉字的各个组成部分都有一些联系。教师：同学们总结的非常好，以后我们还会利用基本字组字的方法学习更多的汉字。

（四）巩固练习，指导书写。

三、课例点评

这是景山教材第二册中的一节识字课，通过基本字组字的方法进行学习，充分利用学生已有的旧知识引出所学的生字，再借助合体字的表义偏旁，来帮助学生掌握理解所学生字的音、形、义。这节课最明显的特点是教师一改过去让学生数笔画、记笔顺、频繁地分析字形结构的做法，紧紧抓住字理进行教学。教师经过查找这节课所学汉字的源头，了解到每一个合体字都有严密、复杂、有趣的组合方法，于是把工具书中的文言术语进行加工，转化为便于接受的通俗语言讲给学生听，学生在识字的过程中感受着中国汉字丰富的文化内涵。

如："秀"的本义是谷类作物抽穗灌浆，"禾"表示像小麦、稻子等谷类作物，"乃"表示抽穗灌浆，浆像奶汁一样。这个义项已经基本上被"优秀"取代了。可是对于一年级的小学生怎么能够理解"抽穗灌浆"呢？别说他们，就是成年人要想搞清楚恐怕也要经过多方请教。如果放弃不讲本义，那么学生对"优秀"的"秀"在字形上的接受恐怕太生硬了。百思不得其解，备课中出现了茫然，教科所的贾老师为我指点了迷津。利用网络资源搜寻小麦的图片，借助图片引导学生认识麦秆、麦穗。"秀"字上面的"禾"就代表谷类作物，麦穗上面一颗颗饱满的颗粒里面就是浆，像奶汁一样。成熟后加工出来的就是我们吃的面粉，用"乃"表示，因为"乃"是"奶"的象形字。接着告诉学生：小麦长高后就要抽穗，也就是秀穗。秀穗的麦子要比没秀穗的麦子高出许多，所以"秀"还有比一般的要好、优秀的意思。凡是带"秀"字的词都是形容好的，甚至是最好的。同学们像听故事一样领会着中国汉字的精深与奇妙，他们给"秀"字组了很多词语。

再如"群"：先学习左半边的"君"，边讲解边写出象形字，"尹"表示手握权杖；"口"表示发号施令。手握权杖发号施令的人就是"君"。君子原指地位高的人，后来指人格高尚的人。群由"君"和"羊"组成，表示许多羊、牛或人等聚集在一起。之所以这样造字是因为羊这种动物喜欢群居，每群羊都有自己的首领，即领头羊。本意是聚在一起的人或物，还有成群的、众多的意思。

这样的识字重在弄清字理，培养学生掌握学习汉字的规律和方法，注重教给识字方法，从而提高学生分析、推理、运用的能力，这种自主识字方式的建立，会极大地培养学生的探究能力。在识字过程中，学生面对每个汉字时不再简单地把他们看成是记录语言的符号，会慢慢感受到中国汉字如诗、似画，更像一个个动听的故事的缩影。他们会很自然的喜欢学习汉字，产生主动识字的愿望，从小培养热爱祖国语言文字的思想感情。这样的语文教学不仅是在教知识，更是在为学生的"整体"发展奠定基础。

四、智能点拨

不要把三维目标的结合看得有多么难以实现，只需我们大胆尝试，大胆探索。不妨尝试着这样做：(1) 从关注学生全面发展的角度考虑自己的语文教学，并重新思考语文课在儿童人生发展中的奠基作用。(2) 关注学生语文学习的兴趣与态度，打破传统和常规，摆脱过去过于强调接受学习的教学习惯，尽量采用新的教学方式，让学生在经历探求的过程中去理解知识的意义，在亲身实践、分享与合作中体验创造的快乐，形成积极的学习态度。(3) 制定有效的评价制度，加强过程性评价，课堂评价应更多地关注学生在课堂学习中的表现和反应。(4) 在实践中不断进行反思，总结成功的做法，提出存在的问题，通过理论学习寻找解决问题的办法，再回到课堂上进行实践，让自己始终走在不断探索的路上。这样做会很辛苦，会耽误不少休闲娱乐的时间，但课堂是我们倾注情感和心血的沃土，是教师生命历程中重要的组成，谁能说这样的探索不是勇敢者的游戏呢？

动手操作　想象创新
——《观察立体》教学谈

秦全英

空间观念的形成和发展是小学数学学习的重要目标之一。关于空间观念,《数学课程标准》中作了较为明确的表述:"能由实物的形状想象出几何图形,由几何图形想象出实物的形状,进行几何体与其三视图、展开图之间的转化。能根据条件做出立体模型或画出图形。"小学数学安排了大量关于"空间和图形"的知识内容,这些内容的学习是培养学生空间观念的重要途径。下面结合《观察立体》这一课的教学实践谈谈体会。

《观察立体》是北京景山学校编写的《21世纪小学数学实验教材》第三册第五单元的教学内容。(在第二册教材中,学生已经学过观察具体实物,从正面、上面、侧面观察一个正方体及由两个正方体拼成的长方体。)

这一课的教学目标为:

1. 使学生知道同一物体,从不同的方向看,看到的形状可能是不同的。

2. 引导学生观察由三个正方体搭成的立体,初步学会判断从正面、上面、侧面看这个立体时,看到的是什么图形。

3. 培养学生的观察力、想象力、猜测能力和空间观念。

4. 培养学生的合作学习能力,激发学生学习数学的兴趣。

教学重点、难点是:引导学生把三个正方体按要求拼摆成立体,正确判断从不同方向观察所看到的是什么图形;观察并判断由三个正方体搭成的立体(阶梯状)从不同方向看,是什么图形。

一、激趣引入

我首先变了一个魔术来激发学生的学习兴趣。课堂上，我准备了一个又大又红的苹果，并把这个苹果切掉了一小半，让坐在不同位置的学生来观察，有的同学看到的是一个完整的苹果，有的看到的不是完整的。同学们兴致盎然，产生疑惑，老师通过转动苹果进行验证，学生恍然大悟。

这一设计的目的是从学生的生活引入，引入快，直观明了，抓住了学生的兴奋点，让他们体会到站在不同的位置看同一物体，看到的结果可能不同。这是发展、培养学生空间观念的重要基础。并在此渗透要全面地看待事物的思想。

接下来，复习两个正方体搭成的长方体，从不同方向观察到的图形是什么形状的。

以上两个安排，是新旧知识的连接点，是新知识的生长点。

二、新课教学部分

我充分发挥学生的主体性，采用了灵活多样的教学方法，突出重点，突破难点，让学生动手操作搭立体，然后从不同方向观察，培养学生的空间观念。

空间感知依赖于操作活动，这是由"空间与图形"知识内容的特点决定的。小学中有关"空间与感知"的学习大部分都是建立在学生的经验和活动基础上的。就学习方法而言，他们对几何图形的认识是通过操作、实验而获得的。因此，在本节课的教学中，我把学生动手操作的活动放在十分重要的地位，引导学生通过视觉、触觉等多种感觉器官参与认知，这样才能积累丰富的空间感知，为空间观念的形成和发展打好基础。

我为每个学生精心准备了6个相同的正方体（正方体积木块），首先我放手让他们俩人一组，充分发挥他们的想象力、创造力，合作搭出4个不同的立体。要求学生在用三个正方体搭立体时，面和面要完全重合。课堂上，学生俩人一组，团结协作，互相商量，一起拼摆。小小积木块在他们手中有了灵性，一会儿放在这里，一会儿又放在那里，转眼间一个个不同的立体在他们手中诞生了。

然后用学生搭好的不同的立体进行交流，引导他们观察从正面、上面、侧面看到的图形是什么样的。这一环节是本课教学的重点和难点。为了突出重点、突破难点，我分两个层次进行教学。

第一，学生展示并排摆放的三个正方体，教师引导他们从不同方向进行观察，描述从不同方向看到的图形，到前面从老师准备的几种图形中挑出自己所看到的是哪一种（老师出示立体图及由学生挑出的从不同方向看到的图形）此活动通过学生动手搭、用眼看、动嘴说、动脑挑图，初步体验空间与图形之间的关系。在此基础上老师模仿学生的两种摆法（），让学生猜想从不同方向看到的图形形状，并举出相应的图形学具（学生手中有各种图形）。

这里全体学生参与学习活动，及时反馈学生学习效果，在有争议的地方老师及时点拨，并进行操作验证。这一安排符合学生认知的全过程，让学生心服口服，饱眼福。

这一层学习内容由浅入深，由学生观察并挑选出从不同方向看到的图形，到猜想、举出相应的图形学具，是学生空间观念的一个飞跃。在此，培养了学生的观察力、语言表达能力及猜想能力，发挥了学生的主体性。

第二，学生展示摆成的阶梯状的立体，并进行观察。这是本课的难点，教学中分三步进行。

第一步：先让学生独立观察、自主探究，试着用手中图形学具摆出从不同方向所看到的图形（由于这个立体与前边研究的立体不同，从上面或侧面看到的两个面不在同一个平面内，学生感知上有一定难度）。然后重点指导学生观察这种立体的上面，先用手摸一摸看到的面，再用语言表述看到的图形，最后用平台投影验证一下从正上方垂直投影得到的图形。这一设计的目的是让学生观察,自主探究。在学生遇到"坎"的地方,让他们用眼睛看,用手摸,动嘴说,最后平台投影验证,重视学生的思维过程和空间观念的培养。

第二步:组织学生小组合作,用手中的学具(图片、搭的立体)进行观察,互相说一说自己从不同方向所看到的图形。小组讨论(这时学生讨论的都是阶梯状立体)后,选出代表汇报。这一步主要是为培养学生的创新精神及为小组合作学习能力提供时间和空间,集体突破难点。课堂上,同学们积极踊跃,到讲台前展示他们的成果,他们自己都有分工,一个人负责搭立体,另一个负责说从不同方向看到的图形,并举出相应的图形学具。下边的同学认真倾听,并报以热烈的掌声。一组汇报完了,又有一组汇报不同的情况。学生互相学习着,互相感染着。

学生汇报的情况,例如:

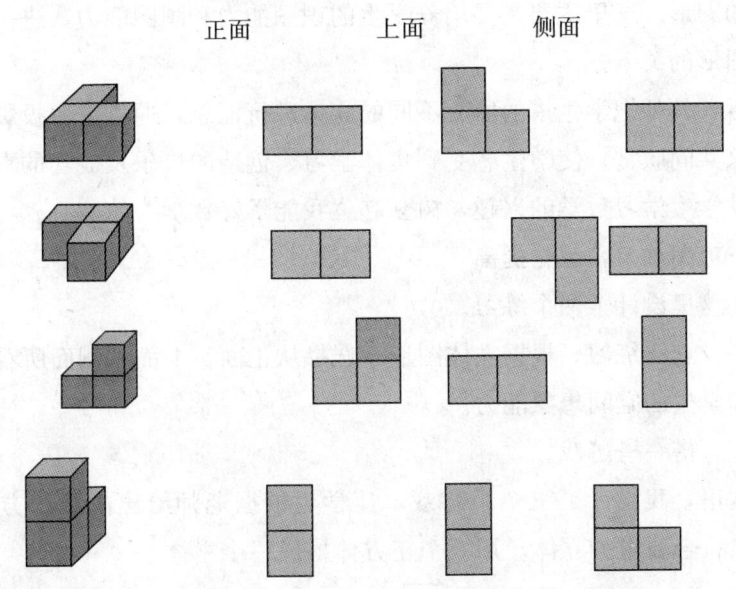

针对列举的最后一种摆法,学生还说出了左侧和右侧看到的图形是不一样的(相反)。

由此，我也体会到空间观念的形成需要自主探究与合作交流的氛围。以被动听讲和练习为主的方式，是难以形成空间观念的。培养空间观念需要大量的实践活动，学生要有充分的时间和空间观察、测量、动手操作，对周围环境和实物产生直接感知，这些都不仅需要自主探索、亲身实践，更离不开大家一起动手、共同参与。观察、操作、归纳、类比、猜测、变换、直观思考等对形成空间观念有重要作用的手段，只有在大家共同探讨、合作解决问题的过程中才能不断生成和发展并得到提升。通过合作交流可以更清楚地明确自己对空间的看法，并有机会分享各自的想法。大家的共同感受对促进空间观念的发展具有重要意义。

第三步：教师出示立体图，让学生用手中的学具搭出相应的立体。然后让学生细致观察后，在方格纸上自己试着画出从正面、上面、侧面所看到的图形。这里主要是要培养学生的识图能力和画图能力，进一步沟通空间与图形的关系。

最后，教师把学生搭的所有不同的立体进行汇总，通过平台投影展示出来，大家共同欣赏，使学生感受到集体学习、创造的快乐及成功的喜悦，进一步激发学生学习数学的兴趣，树立起"我能学好数学"的信心。

三、巩固练习，深化提高

我在这里设计了两个练习。

第一，连线练习。根据立体图形，选择从正面、上面、侧面所看到的图形，培养学生的空间想象能力。

第二，搭一搭游戏。

在这里，我设计了三个小游戏，让学生根据老师给出的某一方向的视图，搭出符合要求的立体。用3个正方体搭成一个立体：

（1）从正面看到的图形是

（2）从正面看到的图形是

(3) 从正面和上面看到的图形都是 ▯▯

这是本节课的升华部分，要求学生有比较强的空间想象力和思维能力，需要他们在头脑里加工和组合的基础上，通过实际尝试和动手操作来实现。这种重现使几何事实基于直观的表象，联想和特征得到实实在在的表示，使空间观念从感知不断发展上升为一种可以把握的能力。课堂上学生对于这种富有挑战性的学习内容，非常感兴趣。不仅能搭出符合要求的立体，而且还能搭出好几种，说明我们现在的孩子们信息量很广，空间感知能力比较强，很了不起，有很大潜力。

通过本节课的教学，我认识到，空间观念是从现实生活中积累的丰富的几何知识体验出发，从经验活动的过程中逐步建立起来的，发展学生空间观念的基本途径应当多种多样。无论何种途径，都是以学生的经验为基础。这些可能的途径包括：生活经验的回忆、实物观察、动手操作、想象、描述和表示、联想、模拟、分析和推理等。通过这些途径，学生感知和体验空间与图形的现实意义，初步体验二维与三维空间互相转换关系，逐步发展空间观念。

总之，无论对教材、教学还是教师，这里提到的空间观念都是一个需要重视、需要认识的新课题，都应给予充分的关注。空间观念从理念变成有助于培养学生创新意识的现实，还需要深入进行研究和探讨。有利于学生形成空间观念的内容、情境和教学方式，也需要在实际操作过程中不断探索。

学习新课标　创新教与学

方月兰

新课标指出：学生是语文学习的主人。语文教学应激发学生的学习兴趣。教师是学习活动的组织者和引导者。教师要灵活运用多种教学策略，引导学生在实践中学习。

在低年级语文教学中，识字是教学的一个重点，也是阅读和写作的基础。而我校一直就在进行低年级识字教学改革，要求学生在低年级就能闯过识字关，认识常用汉字两千余个。

要想让低年级学生能够全身心地投入到语文教学中，乐于学习，真正成为学习的主人，真正学会这些汉字，我认为教师的首要任务就是培养学生的兴趣，培养学生的求知欲，把课堂教学中强制性的学习变成乐事。寓教于乐，改变教学方法，让学生在愉快中求发展，在发展中求愉快教学。

一、寻找教材中的"快乐"，激发学生学习的兴趣

在低年级识字教学中，由于低年级学生天性好动，注意力难以集中。因此，在教学中，教师要挖掘教材中的"快乐"，运用多种形象直观的教学手段，创设丰富多彩的教学情境，激发学生的学习兴趣。

如：我在讲授"反义词"一课时，有"真—假"一对反义词。书中没有插图，老师枯燥的讲解并不能引起学生的兴趣。于是，我找来了两个柠檬，一个真的，一个塑料的。我先让学生从外形上进行观察分辨，接着再让学生亲手摸，最后一起品尝真柠檬体会它的味道。两个近乎一样的柠檬，吸引了

学生的注意力，他们争先恐后举起小手都想亲手鉴定柠檬的真假。学生的情感被激发了，他们在兴趣盎然中集中注意力，老师抓住时机，讲授了"真—假"这一组字，学生很快掌握了这组字的字形，并深深地记住了字义。

又如：在讲授《威尼斯小艇》一课时，为了拉近教材与学生的距离，我找来了小艇的模型和关于威尼斯的录像带。通过再现教材的相关情境，缩短学生与学习内容的时空距离，使学生如临其境，增强了对形象的真切感，进而产生细致的情感体验。正如叶圣陶先生所说的："作者胸有境，入境如于亲"。随后，我又让学生利用角色体验情境，请学生扮演文中的角色，船夫、商人、孩子……来领会文章的内涵。孩子是喜欢表演的，也喜欢看别人表演。那富有情趣的角色形象，特别接近学生生活的戏剧形式，不仅唤起他们的新异感、好奇心，使他们激动不已。同时，在这样的情境中，学生对教材的内容都有了很真切的理解。学生的语言表达能力、表演能力也得到了有效的训练。

二、游戏进入课堂，学与乐相结合，激发学生乐学情趣

不可否认，学习活动有时是枯燥乏味的，长期单调的智力活动会降低大脑皮层的感受性和兴奋性，从而影响学习效果。而低年级学生集中注意力的时间短，一节课有效注意一般只能保持十几分钟，而且很不稳定。因此，根据教材内容，在教学中适当的加入游戏，使学生处在兴奋与抑制的不断变换之中，调动学生思维的积极性，使学生感到有趣，爱学，激发学生乐学的情趣。

1. 趣味字谜。在进行识字教学时，光枯燥的让学生记住字的笔顺、结构，许多学生会去机械记忆，会死记硬背。与其这样，还不如用有趣的儿歌，简单的字谜，来调动他们的识字兴趣。如：学习"己—已—巳"字时，我给"己"编了个儿歌："横折横，竖弯勾，己字开放不封口。"孩子们的情绪被调动起来了，思维被激活了。他们也说出了"横折横，竖弯勾，已字开放半封口"、"横折横，竖弯勾，巳字不开要封口。"如"亭"字，学生说出

的谜语"一点一横长，口字顶房梁，秃宝盖张着嘴，丁字藏下方"。当他们受到老师的肯定，那一张张小脸洋溢着成功与自信的喜悦。

2. 我的朋友快快来。我校识字教学中，有相当大的比重是学习形声字。这些生字要让学生整体感知、整体记忆，如在复习"青"字一组教学时，我们通过做我的朋友快快来的小游戏，让学生通过部首的变化，掌握字义、字形。学生们分别找到"青"的朋友"情、清、晴、请、蜻"。

3. 摘字卡。为了巩固识字内容，我把每节课学习的生字做成字卡，并在字卡背面画上各种令人垂涎欲滴的"水果"，或是一个个可爱、活泼、学生熟识的小动物，让学生通过摘字卡后，读出字卡后面的生字，来巩固本课的学习内容，看着拿到自己喜爱的字卡的孩子脸上洋溢的天真笑容，我知道我又成功了，我又带着他们领略了知识的魅力。

三、通过竞赛，激发学习动机，发挥学生的智能潜力

在语文教学中，引进竞争机制，通过各种有趣的比赛，引起学生的兴趣，激发他们的学习动机。

1. 一字开花。根据形声字归类的特点，在教学中，我通过"一字开花"展开学生之间的小组竞赛。如：通过让学生往花瓣中填写以"青"作基本字的新字，看谁填得又快又好，这样既巩固了教学内容，又激发了学生的求知欲。

2. 选字大闯关。我通过现代教学媒体的运用，借助电脑鲜艳的色彩、生动的演示，制作了电脑课件。将一些形相近，音相同，较难分辨、掌握的形近字放在一起，请学生选字填空。如出示"清　情"，请学生填"心＿＿水"，当学生正确选到"心情　清水"后，电脑里会传出雷鸣般的掌声。这样的教学不仅让学生在游戏中掌握了新字，也更深刻地理解了字义。

四、把识字和发展学生的语言与思维紧密结合

识字教学是以识字为主，配以看图说话、短篇课文，来激发学生的学习

兴趣。而低年级学生的思维能力主要体现在观察能力、想象能力和表达能力上。

教师首先要指导学生观察，帮助学生确立观察的目的，使其注意力集中在此方面。如：在进行"饱"字教学时，学生只注意到图中的小朋友拿着苹果站着，而忽视了与字义有关的小朋友的神态。教师便要引导学生："大家看看图中的小朋友是怎么站着的，谁能表演一下？"于是学生通过自己的表演，仔细观察到了小朋友吃饱后肚皮圆圆的、嘴角流口水，那种吃饱后舒服、惬意的神态，也连贯地说出了：一个小弟弟手里拿着一个红红的大苹果，这个苹果太诱人了，它馋得口水都流出来了，可他刚吃完饭，肚子吃得太饱了，实在是吃不下了，他想：这个苹果该给谁呢？这样通过引导学生观察，即让学生记住了字义，也记住了字形，同时培养了学生语言表达能力。

其次，教师还要对学生进行想象力的培养，促进学生智力特别是创造性思维的发展。想象是人脑对已有表象进行加工改造而创新新形象的过程，是学生掌握知识获得能力的必要条件。

教师可利用精彩的画面、优美的音乐、直观的教具、教学多媒体的运用，对学生加以启迪，把学生引入教学情境之中，丰富学生的想象，发展学生的思维。如：在进行"分"字教学时，我制作了电脑课件——小朋友分蛋糕。通过有趣的画面，使学生有如身临其境。他们自然地说出了：一个小朋友过生日，妈妈给他买了大蛋糕，他请小朋友一起来吃蛋糕。他给每一位小朋友分一块，小朋友都祝他生日快乐！他们吃得很开心。

提高学生的表达能力，除了对学生进行口头造句、说话训练外，还要通过带领学生阅读课后的诗歌、短文，培养学生的语感，鼓励学生敢于发表自己独立的见解，激发学生的学习兴趣，使学生大胆想象。如：在第四册教材中有一篇短文《我真希望》，学生们阅读后，颇感兴趣，在老师的帮助和指导下，也写出了自己的希望……

我真希望　　　　　　　　　我真希望

　二（3）吴尚　　　　　　　二（3）夏一丹

我真希望　　　　　　　　　我真希望

所有的小朋友　　　　　　　北京的上空

都像我们一样，　　　　　　不是灰雾蒙蒙，

能够把书包背上；　　　　　而是蓝天白云；

我真希望　　　　　　　　　我真希望

我们伟大的祖国　　　　　　每一条马路

越来越强大，　　　　　　　没有随手丢弃的垃圾，

越来越富饶；　　　　　　　而是像公园一样美丽；

我真希望啊，　　　　　　　我真希望啊，

我们大家一起努力，　　　　世界上不再有战争，

把我们唯一的家园——地球，而是朋友遍天下，

装扮得更加美丽，更加迷人。世界更和平。

……

正是让每个学生"人人有快乐的追求，事事有奋斗的目标，天天有攀登的行动，时时有成功的喜悦"。在教育教学活动中，既使学生学得生动活泼，充满愉快，素质得到全面发展，又使学生的个性潜能得到开发，形成各自的个性品质和特点，这才是创新语文教学，也是我作为一名普通语文教师所追求的最高境界。

回头看什么

薛涟霞

著名数学大师波利亚曾在《怎样解题》一书中描述了解决问题的四步曲："理解问题、制定计划、实施计划、回头看"。而且通过问题的形式将这四步曲具体化。随着我国数学课程改革对学生问题解决能力和数学思考能力的愈加注重，四步曲也逐渐渗入到学生的问题解决过程中，然而"回头看"这一步曲却奏得不够响亮，不够优美。其主要原因是我国传统的问题解决模式是注重问题解决的过程，而对问题解决前和解决后这两个环节强调不够。

本文主要讨论解题后这个环节，即"回头看"的环节。那么"回头看"到底该看什么？"回头看"到底该如何看？

一般来讲"回头看"主要解决以下三个方面的问题。

一、检验过程和结果的正确性

最基本、最简单的回头看就是解方程后的检验过程。

比如解方程 $3x-4=5$ 的过程如下：

解　　　　$3x-4=5$
　　　　　　$3x=9$
　　　　　　　$x=3$

当解完方程后，常常将结果代回原方程中进行检验，目的是看计算过程和结果是否正确。

二、寻求一题多解，探询问题的本质，寻找新的契机

通过回头看寻求一题多解，或者加深对方法的理解或者有新的发现。其实数学中有很多知识都是在无心插柳柳成荫的情况下生成的，而非特意证明和求证，这也是数学吸引人的地方之一。下面通过两个例子说明寻求一题多解如何加深对方法的理解，如何生成新的发现。

（一）"大鱼吃小鱼"

有一个传说：1条大鱼一口就可以吃掉1条或2条小鱼；3条小鱼就可以与1条大鱼相持，互相不能使对方有任何损失。4条小鱼用3分钟可以杀死1条大鱼；5条小鱼用2分24秒可以杀死1条大鱼；6条小鱼用2分钟可以杀死1条大鱼……总之，当小鱼条数大于3条时，杀死1条大鱼所用时间与小鱼条数成反比。现有4条大鱼和13条小鱼相遇，这些小鱼能否做到将4条大鱼全部杀死，而自己1条也不损失，如果能杀死这4条大鱼最短需要多少分钟？

显然13条小鱼可以分成四组，而且每组小鱼条数不少于3条。因此13条小鱼可以将大鱼杀死，而且自己不受损失。

下面分步计算小鱼杀死大鱼所需要的最短时间。

步骤	小鱼分配	需要时间	每条剩余鱼分
第一步	3，3，3，4	3分钟	12
第二步	4，4，5	$\frac{12}{5}$分钟	$12-\frac{48}{5}=\frac{12}{5}$
第三步	6，7；5，8 不只一种分法	$\frac{12}{5}\div 7=\frac{12}{35}$分钟	$\frac{12}{5}-\frac{12}{35}\times 6=\frac{12}{35}$
第四步	13	$\frac{13}{35}\div 13=\frac{12}{455}$分钟	0

所以，总共需要时间 $3+\frac{12}{5}+\frac{12}{35}+\frac{12}{455}=5\frac{10}{13}$（分钟）

但是当题目中的大鱼和小鱼条数有所变化时就会出现意想不到的矛盾。

比如题中共有 10 条小鱼，3 条大鱼。从下表中我们可以发现在第二步时，分法不止一种，小鱼被分成不同的两组，那么自然会产生一个问题："每种分法最后算出来的总时间是否一样呢？"

步骤	小鱼分配
第一步	3，3，4
第二步	5，5 或 4，6

如果共有 14 条小鱼，3 条大鱼呢？从下表中可以看出第一步的分法就不相同，小鱼被分成不同的三组。那么这时"不同分法最后算出来的总时间是否一样呢？"

步骤	小鱼分配
第一步	4，5，5 或 4，4，6
第二步	4，10；5，9，6，8；7，7

经过计算会发现：虽然分法发生了变化，但是最后得出的总时间是相同的。此时就需要回头看，重新审视此题。提出问题"什么原因导致分法不同，而最后的总时间却相同？"。其实只要每条小鱼都做功，无论在哪一组，最终的效果都一样。现在回到"大鱼吃小鱼"的原题中对小鱼重新分类，分类标准又上了一个层次，是否有小鱼闲着。

于是直接列式 $\frac{36}{13}+3=\frac{75}{13}$（分钟），求出结果。这样大大简化了复杂的分步分类、繁琐的计算，从而抓住了问题的本质。

（二）三角形数

百位数字大于十位数字，同时十位数字大于个位数字的三位数共有多少个？

解法一：由于数很多，采取分类讨论的办法

百位	十位	个位	个数	总数
9	8	0～7	8	8+7+6+5+4+3+2+1=36
	7	0～6	7	
	6	0～5	6	
	5	0～4	5	
	4	0～3	4	
	3	0～2	3	
	2	0～1	2	
	1	0	1	
8				7+6+5+4+3+2+1=28
7				6+5+4+3+2+1=21
6				5+4+3+2+1=15
5				4+3+2+1=10
4				3+2+1=6
3				2+1=3
2				1
1				0

所以总共 36+28+21+15+10+6+3+1=120 个

解法二：利用"乘法原理"可以知道任意三个互不相同的数字排列，排法有 $10×9×8=720$ 种。而这三个数字的大小关系只有以下六种情况：

百位＞十位＞个位，百位＞个位＞十位，十位＞个位＞百位，十位＞百位＞个位，个位＞百位＞十位，个位＞十位＞百位。

因此符合题意的三位数共有 720÷6＝120 个。

以上两种方法都同时解决了一个问题，那么它们之间的关系如何？显然我们可以列出一个等式。在列式之前将第一种方法用符号表示：

T(1)＝1

T(2)＝2＋1

T(3)＝3＋2＋1

T(4)＝4＋3＋2＋1

T(5)＝5＋4＋3＋2＋1

T(6)＝6＋5＋4＋3＋2＋1

T(7)＝7＋6＋5＋4＋3＋2＋1

T(8)＝8＋7＋6＋5＋4＋3＋2＋1

那么结合两种方法可以列出等式：

$$T(1)+T(2)+T(3)+T(4)+T(5)+T(6)+T(7)+T(8)=\frac{10\times 9\times 8}{6}$$

由此，可以进一步猜测下面的等式也许成立。

$$T(1)+T(2)+T(3)+\cdots+T(n)=\frac{n(n+1)(n+2)}{6}$$

经过证明（证明略），此公式是正确的。

从 1 开始的连续自然数之和都可以摆成三角形形状，因此人们又将这些从 1 开始开始连续自然数的和称之为"三角形数"，而通过对两种方法的回顾和对比发现了"三角形数列"前 n 项和的公式。这恰恰说明了，解题后"回头看"往往可以惊鸿一瞥，会有意外发现。

三、建立系统的知识体系

比如有趣的牛吃草问题。无论是简单的还是复杂的牛吃草问题，我们都可以通过下图进行分析，仅仅抓住其中的两变和两不变，在变化中找到不变，从而顺利解决问题，建立系统的知识体系，做到正确的知识迁移。

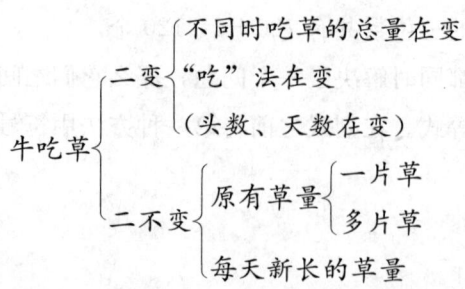

通过上面的知识体系图,我们可以看出牛吃草的问题主要是通过在"二变"上变化条件,从而产生多样的牛吃草问题。主要有以下几种变化:

1. 通过不同的吃法来求另一种吃法,即求某一吃法中牛的头数或者天数。

- 一块匀速生长的草地,可供16头牛吃20天或20头牛吃12天。那么这块草地可供12头牛吃多少天?

- 一块匀速生长的草地,可供8只羊吃20天或供14只羊吃10天。现有羊若干只,吃4天后又增加了6只羊,这样又吃了2天便将草全部吃完。问原有羊多少只?

2. 不同的吃法主体不同,即不全是牛在吃。

- 一块匀速生长的草地,如果让马和牛去吃,15天可以将草吃完;如果让马和羊去吃,20天可以将草吃完;如果让牛和羊去吃,30天将草吃完。已知牛和羊每天的吃草量等于马每天的吃草量。现在让马、牛、羊一起去吃草,几天可以将这片草吃完?

3. 牛吃的不仅仅是一片草,而是多片草。

- 牧场上有甲乙两块匀速生长的草地,甲草地面积是乙草地的三倍。30头牛12天能吃完甲地上的草,20头牛4天能吃完乙地上的草。那么多少头牛10天能同时吃完两块草地上的草?(提示:面积大,新长的草量也多)

同学们可以自己尝试做上面的练习题,如果觉得仍旧不过瘾,可以尝试着自己去变化,编制新题。事实上,牛吃草问题并不仅仅局限于动物和草的问题，它体现的是一种在变化中求不变的思想，因此可以有很多扩展和变形，比如抽水问题、门口进人出人问题、扶梯问题，甚至是行程中的追及问题，等等。

真正的回头看是需要加入思维活动的，这里只是简单举几个回头看的例子，希望能够抛砖引玉。

课改与教师素质
——论语文教师的审美能力

张　然

语文教学是美的事业，语文教材是一座美的宫殿，语文教师则应是美的使者。审美是一种复杂的、高层次的心理活动，其最高境界和极终目的是创造美。语文教师如果缺少审美能力，备课就不能发掘课文的美，讲课就传达不出美，就不能以美启真、以美怡情、以美育人，而必然会人云亦云，乏味地肢解课文，严重损伤语文课特有的美的价值。因此，语文教师只有不断提高自己的审美能力，才能无愧于美的使者的称号，搞好语文教学。

语文教师的审美能力，主要包括审美感知能力、审美鉴赏能力和审美创造能力。本文拟从这三个方面来探讨美与语文教学的关系。

一

人对事物的认识是从感知开始的，审美当然也须从感知开始。因此，语文教师对美的追求，首先应具备审美感知力。审美感知力要求主体对美的诸因素能直接把握和领悟。审美感知力包括对审美对象个别特征的反映，也包括对事物各个不同特征诸要素形式的整体反映。即通过感知形成表象，入境见形，从而激起美感，产生美的愉悦。帕克说："感觉是我们进入经验的门户"。

语文教师的审美感知力表现在善于从语言文字入手，既能零散地感知审美对象，不轻易放过一字一语，又能从整体上去把握，透过语言所描绘的形象进行深层的理解。只有这样，才能进入美的领域，并领略美的意蕴。感知力还要讲究快而深，这样才有利于将审美内容尽快传达到大脑，促进主客体的和谐。虽然对美的感知侧重于感性直观，但它也是一种社会意识活动，它积淀着一定的理性思考的因素，因此，审美感知力就包含有选择力，这对教学程序、教学内容、教学方法的安排均具有指导性。

语文教师既要有对色彩、音韵、节奏、结构等形式因素的敏锐感知，又要以丰富的想象力把那些静止的文字转变为鲜明可感的形象，因为"美只能在形象中出现"（黑格尔）。而语文教师的这些审美感知力不只是为了自身的审美愉悦，而更主要的是为了引导学生去感知课文的美。语文课文大都是审美的精品，储藏有丰富多彩、千姿百态的美，有感情激越的诗歌，有文辞优美的散文，有条分缕析的说明文，有逻辑严密的议论文，其中不乏偏重于形式的自然美，偏重于内容的生活美，讲究形式与内容统一的艺术美。如果语文教师缺少对审美对象的感知力，就感知不到作者创造的美，美文就只剩下了干巴巴的静止的文字，那怎能让学生感知到美呢？

有了审美感知力，"一个人的心灵就能在不知不觉中接受各种美的观念，并且最后接受同美的观念相联系的道德观念"（卢梭）。语文教学强调文道美的统一，语文教师的审美感知力有助于语文教学运用汉语这种具有丰富的美的资源的语种，展开优美的抒情和滔滔的雄辩，展示生动的审美场景，使美质像春风细雨般渗入学生心田，让学生体验美，培养高尚的道德情操。无论是识字教学、阅读教学，还是作文教学，只要语文教师具备了较强的审美感知力，那就能抓住形象性、情景性等引导和培养学生感知形体、结构、意境、风格、神采的美，并感知和捕捉生活的美。

审美感知力需要生活底蕴。语文教师应不断积累生活，丰富自己的阅历，拓宽自己的视野，这样才能左右逢源，从多方面深刻地感知美，能够体认文字形象美，感悟语言音乐美，品味词语意蕴美，领会句式变化美，把握整体风格美，从而把语文课教"活"、教"实"、教"美"，让学生在对美的感知中获得高品位的默契，使师生的双边情感交流自然。

　　罗丹说过，对于我们的眼睛，不是缺少美，而是缺少发现。语文是一条美的长廊，语文的领地处处有美，美不胜收，语文教师只有具备了敏锐的审美感知力，才能在美的长廊中感知到美，并能在语文教学中带领学生进入美的圣地，去感知千姿百态的美，使师生都能体验到审美的愉悦。

二

　　审美鉴赏力是比审美感知力更高层次的审美活动，语文教师必须具备这一审美能力。鉴赏力指对审美对象的欣赏评判能力，既包括对审美对象的美丑识别，也包括对审美对象的审美性质的深刻理解，还包括对审美对象的类型、形态的领悟和欣赏程度，并能给予恰当的审美评判。审美鉴赏力的具备，不仅要有扎实的美学知识，还须有一定的审美观念、趣味、理想作为鉴赏的标准。

　　美是连结情感的纽带，列宁说："没有人的情感，就从来没有，也不可能有人对真理的追求。"审美欣赏是一种艺术认识活动，它始终伴随着活生生的形象和内心的情感反应。赞科夫说："审美情感是人特有的本性。"语文教师只有具备丰富的审美情感，才能欣赏到文章中春的妩媚、夏的艳丽、秋的悲壮、冬的瑰丽，看到美的力量，认识美的本质。

　　语文课文都带有作者的审美情感倾向，表达着作者的审美理想。语文教师首先要根据作者的审美意识和审美指向，挖掘教材中的审美情感，使自己从作者崇高的精神美和自身创造的价值美的享受中受到强烈的感染。情是文之根，感人心者莫先乎情，语文教师抓准了情之根，就能转变成学生之意，从而体味到寻幽揽胜的乐趣。

　　一方面，人的情感是在一定情境中产生的，语文教师的情感应随作者感情的波动而波动，决不离开作品的感情基调。另一方面，语文教师只有形成理性指导下的稳定的审美情感，才能有效地控制好语文教学的情感节奏，使学生的审美情感趋向稳定，以形成自觉的道德行为。

语文教师一旦具备了丰富的审美情感，不仅可缩短与作品的距离，而且可与作者的美的情感思想沟通，正确把握作品的基调和节奏，从初入到渗透再到共鸣，并准确而有效地将之传递给学生，使学生产生不可言喻的美感，从而叩动学生的心弦，使之在"想象里渗透一种内在的欣喜和满足"。（爱迪生）

语文教师的审美评判力也是其审美鉴赏力的重要组成部分。审美评判力是对审美对象的美丑、好坏、高低的分辨和评价能力，这样的评判比科学认识的评判包含着更为复杂的心理因素，它需要建立于高尚健康的审美观基础之上，在方法上要对审美对象进行综合分析、概括、比较，以准确地评判审美事实和实美价值的意义，分辨良莠。因此，语文教师只有具备了审美评判力，才能透过形象，透过表象，通过理性的审美评判，挖掘其本质。

语文教师审美评判力不可或缺的原因，还在于它是一种积极的审美刺激的强化，它有利于将审美活动推向高潮，从而在语文教学中能以美启真。语文教师的深刻评判力是引导学生在美的海洋里孜孜以求地遨游、开窍、顿悟的重要保证。

语文教师具备了多重审美鉴赏力，语文教学就多了审美情趣，既可动之以情，又可审之以真善美和贬之以假恶丑，将学生从狭窄的课堂带到无限丰富、绚丽的美的天地中去，从而使学生感到学习语文是一种美的享受。

三

赞科夫说："人具有一种欣赏美和创造美的深刻而强烈的需要。"语文教师只有具备了审美创造力，才称得上是一个真正的审美者。语文教学的审美创造是美学理论的实践化，即是语文教师按美的规律进行的创造性实践活动。语文教师的审美创造力又是一种综合能力，它必须以审美感知力和审美鉴赏力为基础，有时还需要特殊的禀赋和才能。

语文教师必须按美的规律，搞好创造性的教学设计，突出教学的高激励功能、高效率功能和美育功能。只有具有创造力的教学设计，才会使学生越学越美，越学越乐，美在其中，乐在其中，如坐春风。马克思说过："美感就是人在创造性劳动中感到各种本质力量能够发挥作用的乐趣。"语文教学的过程应是创造性劳动的过程，它以实现人的各种本质力量为目标。陈钟梁老师说，语文教师在教学过程中的力量就表现在花最少的时间以求取得最大的效益。这就是教学美最本质的特征。

由感知到鉴赏再到创造，这实际上是一种知识的反馈，即吸收、加工、输出。这"输出"就是创造。一堂好的语文课，恰似高雅别致的艺术品，给学生以美的享受。语文教师是否具有审美创造力是衡量其是"教书匠"还是"艺术家"的重要区别之一。没有审美创造力的语文教师，其语文教学就无艺术可言，也就会是不成功的教学。

语文教师的审美创造力包括还原性创造和全新性创造。前者要求语文教师能通过直观、阅读等方法将美的人、事、物进行还原；后者要求语文教师能将前人积累下来的审美经验和审美成果加以迁移，按各自的审美理想去创造美，或以自己的独特的审美感知、鉴赏去创造。语文教师的教学语言必须体现审美创造力，既讲究科学美，又讲究艺术美，以敏锐的审美语感感受到语言表达的规范性、准确性、鲜明性、形象性、生动性、音乐性，通过创造美的语境，再现文章的声感美，把学生带入意境，"目视其文，口发其声，心同其情，耳醉其音"，从而活跃学生的"思"，发展学生的"智"。

语文教师只有讲究了教学的创造美，才能充分展示自己的个性才能，显示自身的本质力量，并形成自己的教学美风格。语文教师的审美创造力像熊熊烈火，可以照亮幽暗的角落，让一切珍贵的东西闪光。

创设探索空间　活化数学教学

郭宇凡

教育家赞科夫说过:"学生积极的情感、欢快的情绪能使学生精神振奋,思维活跃,容易形成新的联系。而消极的情绪,则会抑制学生的智力活动。"在课堂教学中有几种不良的倾向:注重教师最优化的教,忽视学生最优化的学;注重教师素质的提高,忽视学生兴趣的培养。如何将教授最优化与学习最优化有机地融合在一起,激发学生内在学习的动机,提高40分钟的教学质量,是我们在准备每节课时都不应忽视的问题。

波利亚曾经说过:"学习任何知识的最佳途径是通过自己的实践活动去发现,因为这种发现理解最深,也最容易掌握内在规律、性质和联系。"因此,我们要深入研究教材,明确每一节课的隐性或显性的联系,努力为学生搭建一个可以展现自我思想的舞台,以便有效活化数学课堂教学。

一、问题的提出

《减法——多减就加》一课是二年级学生在学习完加法的简便运算——"多加几,就减几",学习了减法的竖式计算的基础上,继续学习的内容。在大多数教材中,此部分内容是安排在三年级进行教学,很多数学知识是对生活问题的抽象,而抽象的知识对小学生来说没有具体感受,就将变得枯燥无味。如何使二年级学生利用自己的生活经验,来感悟"多减就加"的实际意义,同时掌握减法简算的计算方法?并将教学过程融入生活,化难为易、化繁为简、化枯燥为生动呢?

二、问题的思考

学生已经结合生活实际，利用估算思想，掌握了"多减几，再加几"的简算方法，在学习"减法"时，可否鼓励学生将原有知识进行迁移，通过亲自动手操作、独立探索、共同研究、对比分析，掌握减法简算的方法呢？

在学生对新知识的基础有了了解和准备之后，对于新知识的教学就处在一个更高一些的起点上，使学生时时处在一个主动探索的过程中，知识的重点与难点即将迎刃而解。在这个过程中，同时培养了学生的思维灵活性、观察能力、动手操作能力、独立思考、探究知识的能力，创新意识，以及迁移知识解决新问题的能力。

（一）由"购物"引出问题，并贯穿全课始终

利用和学生生活实际联系非常紧密的"购物"活动引入，通过出现的三个已知条件，使学生从中挑选2个，再提出一个数学问题。在提出数学问题的同时，训练学生提出问题、解决问题的能力，锻炼学生的逻辑分析能力，激发学生兴趣。同时，以这个情景为主线，贯穿全课，生动自然。

（二）通过观察比较，沟通几个关系

1. 加法与减法的关系

在学生根据已知条件提出相应的问题之后，通过学生的观察，先选择自己认为比较简单的题目进行计算，大多数同学会运用已有的生活经验，先解决有关加法的问题，使加法简算的方法在学生头脑中再现，为减法的简算做好铺垫与迁移工作。

2. 减法与减法的关系

通过观察算式中数字的特点，发现有的减法算式中，减数非常接近整百数，是可以利用简便方法进行计算的。将如何用简便方法解决减数接近整百数的题目，是本课重点研究的问题。研究时分层次、有重点。

3. 可以简算的减法和不便用简算的减法的关系

再通过观察、比较，将可以直接简算的，和不便于用简算而可以用竖式计算的内容显而易见的摆在学生面前，使学生能够体会、理解并掌握适时运

用简算可以提高运算速度，便于计算，同时还要掌握最基本的运算方法——竖式计算。

（三）学生成为课堂的主人，共同参与难点的突破

在简算中，"306－198＝306－200＋2"是本课的重点，亦是难点所在。在设计时，我首先给学生创设独立思考的空间，在自己研究发现问题时，老师将矛盾放大，把"306－200＋2 和 306－200－2"上升为全班的矛盾，引起学生思维的碰撞，在碰撞的同时得出结论。随即利用手中的学具：小棒、人民币、方格纸……或者利用自己画的简图进行分析与说明。由此来体会、来解释、来阐述"多减几，再加几"的理由。在说理的过程中通过数与行的结合来理解算理，阐明观点。同时培养其他同学"聆听他人意见"的习惯与能力，反思自己的方法，从而突破难点。

三、解决实际问题

（一）合理设计引入，使学生"身临其境"

在设计本节课"引入"时，如何用一道题目即可呈现加法运算，作为复习，又可自然过渡到减法，直点主题，同时情景还要贴近学生生活，便于二年级学生接受与理解呢？我设计了一个"妈妈带306元钱到玩具商店，商店提供了两种玩具：198元的福娃和267元的玩具汽车"。这个题目的设计，为学生提供了一个"自问自答"的空间。让学生在以上三个条件中，选择其中两个条件，提出一个数学问题。

在课堂上，学生提出的问题基本围绕"玩具汽车和福娃一共多少钱；妈妈买了一个福娃，还剩多少钱；玩具汽车比福娃贵多少钱（福娃比玩具汽车便宜多少钱？）；妈妈买了一辆玩具汽车后，还剩多少钱……"也有的同学提出了"买2个福娃，用306元，够吗？"出现这种情况也是很正常的。我及时告诉学生这个问题没问题，但是老师的要求是"选择其中的2个条件，提出一个数学问题"。在老师的及时指导下，使学生对"认真聆听老师的要求"又有了更深刻地印象。

(二）巧妙梳理原有知识，为知识迁移做好准备

本节课的内容主要是围绕"267＋198、306－198、306－267、267－198"这四个数学问题展开。使学生感到自己是课堂的主体。此时又将选择权交给学生：在这四道题中觉得哪道题更容易做。根据学生已有的知识经验，在已经掌握加法计算的时候自然觉得加法好计算，所以就先来研究"玩具汽车和福娃一共多少钱"，即"267＋198"这道加法题。这道题的研究也就是对加法简算的一个复习：观察数据、进行估算、体会"一个加数没变，另一个加数变大了，和也就比实际大了，所以要减去，既'多加就减'"。在学生头脑中将已有知识进行梳理，提炼出对新知识有益的经验。

(三）活化课堂教学，学生和教师携手走向知识

1. 独立思考、探索方法

接下来便是本节课的重点：观察剩下三道减法题。加法能用简算。减法是否也有简算方法呢？这个问题在学生头脑中形成了一个问号，吸引着学生去探个究竟。在学生肯定了能用简算的同时，给学生创设了一个独立思考的空间：鼓励学生像小科学家一样在研究纸上试着用简便方法计算"306－198"。

2. 出现矛盾、引出争论

学生运用已有知识经验，采取不尽相同的方法计算着，我在巡视中发现很多同学写下来的是"306－198＝306－200＋2"和306－198＝306－200－2"（这与课前估计的情况非常相近）。同一个算式却出现了两种不同的计算过程，随即将这两种计算方法让全班同学共同关注，在投影下展示给全班：首先请同学观察出两种计算的相同点：都是将198看作最接近的整数"200"，这样计算比较简便。不同的地方则是一个"＋2"、一个"－2"。抓住学生出现的问题，将其上升为全班性争论的矛盾，究竟是"－200＋2"还是"－200－2"呢？此时同学已经跃跃欲试要说明自己的观点，在此再次引起同学们思维的碰撞。

3. 结合生活、操作验证

由于考虑到学生的年龄特点，如果给二年级的学生讲授有关"减法的性质"，对于他们来说接受起来有一定难度。所以此时就从具体形象入手，请学生根据自己的喜好，选择老师提供的学具：306根小棒、306元人民币、306个小方格图……当然也可以自己画出线段图或示意图来研究和解决这个问题。

这里再次为学生创设了一个探究的空间。这次探究可以和小组的同学一起研究。当我走到学生中，参与他们的小组探究时，发现大多数同学都采用的是"306元人民币"的学具，这与学生的生活更为贴近。这306元人民币是3张100元的、一张5元和一张1元的。两个同学一个扮演"售货员"，一个扮演"妈妈"，"妈妈"要从306元中拿出198元交给售货员时遇到一个小问题："没有整好的198元"怎么办？这时孩子就可以结合生活经验，先从306元中拿出200元交给售货员，也就是在简算算式中将198看做他最接近的整数200这个过程。接着"售货员"接过200元之后就要考虑下一步怎么办？结合生活经验，刚才"妈妈"多给了2元，当然要找回"妈妈"2元，那么这"找回2元"在算式中的表示则是本节课所学的重点和难点。有一个男同学的话解释得很精彩："'找回2元'要用＋2来表示，因为我已经多给售货员2元了，要是再给售货员2元，那我就更亏了，所以要找回我2元，所以是＋2。"一个"亏"字精彩地阐述了算理的真谛。听，孩子的话往往最简单易懂。

有的孩子是用306根小棒来研究的。从三百根小棒中拿出两个整捆的200根小棒，还剩下106根，之后，再从这200根小棒中抽出刚才多拿出来的2根，还到106根中，合起来是108根，所以这还回来的2根小棒要加到106里面，是＋2。

有的孩子是用306个方格图来研究的。先圈出200个小方格，再把其中的2个还给剩下的106个小方格，合起来是108个。"还给"的过程，就是"＋2"。

有的同学是用自己画图的形式来研究的，在解释自己图意的时候思路很清晰，特别突出了"多减的2"。

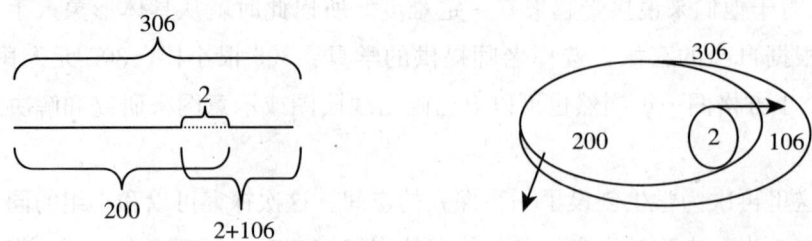

4. 数形结合，融会贯通

在学生汇报思路时，老师适时进行"采访"，将重点突出。特别突出当原来减去198，可现在减去200时，比实际多减了，那么结果就要比实际结果少了，所以要再加上。

这时教师应该特别注意学生用学具的辅助研究是为了突破难点，更应重视动手操作与算法的沟通。算式中的每一个部分，在学具探究中是怎样展现的；在利用学具操作的每一步时，在算式中又是怎样体现的，使学生充分体会到可以利用自己的生活经验、通过亲自动手探究体会到数与形的紧密关系，体会到数学研究的乐趣，品尝到成功的喜悦。

5. 拓展思路、夯实重点

这道减法的简算方法并不只局限于这一种方法，有的同学还思考出其他方法，比如：306－198＝300－200＋2＋6；306－198＝299－198＋7……我们鼓励学生开动脑筋，采用多种方法进行解答，但是要帮助学生去分析、去辨别出一种更加简单的方法来进行简便计算。由此进行"二次反思"，鼓励学生去观察数据的特点，找到当减数接近整百数时，可以把减数先看作这个整百数，再将多减的部分加回来。

此后的设计则是在有"特点"的减法算式和没有"特点"的减法算式间进行比较、辨析，所谓的"特点"，也就是反思出的本节课的重点。当一道减法题没有"特点"时，就可以直接采取最基本的"竖式计算"方法进行计算。

四、结论的得出

数学教学，最终以使学生能够探索和解决实际问题为目的。在数学课堂教学中，欣赏、引导和发展学生的思维能力、创新精神和解决问题的实际能力尤为重要。教学有法，但教无定法，是带着问题走向学生，还是和学生一起走向问题？就需要老师们从一节课的设计、安排、内容衔接、突出重点、突破难点、二次反思、巩固提高等各个方面动脑筋、下工夫，真正做到活化数学课堂，使学生的能力在这里得到有效提升。当一节数学课丰满、鲜活地展现在学生面前，那学生也会用他们的激情、用他们的智慧来拥抱原本枯燥的数学课堂。

从信息技术教学的点滴谈起

钮海源

跨入 21 世纪,信息技术已深入到社会的各个领域。计算机作为一种工具,已广泛应用在各行各业中,它正在改变着人们的工作、学习和生活方式。电脑应用知识已成为人类知识结构中不可缺少的重要组成部分。

《关于加快中小学信息技术课程建设的指导意见(草案)》中明确规定了中小学信息技术课程的目标是:"通过信息技术课程使学生具有获取信息、传输信息、处理信息和应用信息的能力。培养学生良好的信息素养,把信息技术作为支持终身学习和合作学习的手段,为适应信息社会的学习、工作和生活打下必要的基础。"

新教学大纲明确提出应把培养学生的信息素养作为教学目标,这就要求我们从事信息技术的教师要转变教育观念,改革教育模式,在教学中积极应用体验成功这一策略,让学生成为学习的主体,积极地研究、探索;大胆地展示、交流,在解决实际问题或完成具体任务的过程中体验成功,发展自我。

小学信息技术课程的任务是:培养学生对信息技术的兴趣和意识,让学生了解或掌握信息技术的基本知识和技能,使学生具有获取信息、传输信息、处理信息和应用信息技术手段的能力。在小学阶段,我们更注重培养学生对信息技术的兴趣和意识,提高学生的信息素养与信息能力;把计算机作为信息技术教学的工具,使学生掌握这种工具的使用方法,并借助于这一工具来帮助他们学习,提高学生的信息素质,培养他们用信息技术解决问题的各种能力。传统的电脑课重知识轻能力的教学目标、讲授型的课堂教学模式已经不适应新课程的需要，我们正在积极探索一些新型的教学模式，采用启发式、探索式、研究式等教学方法，尽可能地为学生提供积极主动发展的空间，培养学生运用信息技术进行学习和工作的能力、可持续发展的能力，为终身学习打好基础。

一直以来，信息技术课没有统一的教材。如何开设信息技术课，开设哪些内容，成了众多教师关注的焦点。直到2003年9月，我终于拿到了北京市东城区自己编写的一套小学信息课课本。这套教材共七册，其中包括了基础知识和基本技能模块、画笔模块、文字处理模块、多媒体模块、网络知识和技能模块、机器人模块。由于北京景山学校小学为五年制，并且从小学二年级至五年级，共四个年级开设了计算机课，课时为每个班一周一节。根据北京景山学校的课时情况，我从七册教材中选取了五册，分别安排在小学的四个年级中进行教学。分别为：小学二年级开设《键盘操作小老师》、《汉字输入小能手》（部分）；小学三年级开设《汉字输入小能手》（部分）、《计算机小画家》；小学四年级开设《计算机小编辑》；小学五年级开设《海龟机器人》。

在使用新教材进行教学的过程中，我对新教材也有了更深一步的认识。作为一名教师，如何把计算机知识既深入浅出、又活泼生动地教给学生，很值得我们研究。我在教学实践中也作了一些探索，下面谈谈我的一点个人己见。

一、注重学生学习兴趣的培养

学习兴趣是学生基于自己的学习需要而表现出来的一种认识倾向，它在学生的学习中具有重要的作用。乌申斯基曾说过这样一句名话："没有兴趣的强制性学习，将会扼杀学生探求真理的欲望。"尤其是小学生，他们的年龄、心理特征都决定了他们做事往往从兴趣出发，对于那些单调、枯燥的练习和难以理解的理论知识，教师应特别注意教学方法的选择，以保持和提高学生的学习兴趣。

新教材将培养学生对掌握信息技术的兴趣放在首位，注重从学生的兴趣出发。这在《键盘操作小老师》一书中尤为突出。该册书包括了认识键盘、教授打字指法的内容。以往学生在进行打字活动时会感到吃力、费时，枯燥和强迫性的训练往往会扼杀学生对打字学习的兴趣。而该书中的配套软件，很好地解决了这个问题，那些原本让学生感到死记硬背的东西，变成了可爱的键盘方舟和勇闯七关的小游戏，学生在游戏的引导下，顺利地完成了对键盘和打字指法的学习。当然打字的速度不可能一下提高，在小学阶段，指法的训练还应是一场持久战，它将贯穿整个小学阶段。我们应把它融入每一节课，如课前5分钟，在这期间教师要加强巡视指导，才能保证学生能够养成正确的习惯。

在新教材中，情境创设也是本套教材的一大特点。从《键盘操作小老师》中的练习鼠标的小猫钓鱼、拯救字母的键盘方舟、数字小怪物、字母键练习的天鹅公主；到《计算机小画家》中为大家改建校舍的小蜗牛等。很好的情境创设，让我看到学生的兴趣更高了，而且知识掌握更快了。在学生们心里记住了不是某一两个枯燥的知识，而是那些小故事。我在提问的时候，也不再问"我们如何将一个图形变成几个的？"而是改问"我们在给小兔子分萝卜的时候，是怎么把一个萝卜变成多个的？"这让我的教学变得越来越有趣，学生的学习质量也越来越高。

二、培养学生学习信息技术的能力，提高学生的综合素质

终生学习已成为信息社会的一种发展趋势，如何在学生行为习惯逐渐养成的阶段，结合本学科的特色向他们渗透这种意识呢？根据现代教学理论中的有关知识、能力乃至自我意识、情感、意志、性格等个性心理品质都是在活动中形成和发展的这一观点以及计算机学科的特点，教师应给予学生足够的阅读、议论、思考、练习等活动时间，并在活动中注意调动学生的感觉、思维和运动器官，使他们在动手、动脑、动口的智力操作活动中进行学习。

在掌握知识的同时，令其创新意识得到发展，最终学会思维和创造思维的方法。

我在使用教材时，不仅通过计算机演示教授学生如何进行操作，同时也注重指导学生看书，和学生通过探讨，一起从书中学习新的知识。计算机教材在学生手中不再只是一种摆设，而是他们学习中离不开的朋友。同时我还注意让学生了解书中目录的作用，在他们忘记教过的内容时，可以通过目录很快地找到需要的知识。并针对每课的学习情况，在目录上记下他们的课堂成绩。

我校的 LOGO 教学安排在小学五年级。由于我校小学为五年制，所以五年级也是从小学往初中过渡的一年。我想，这不仅是由小学过渡到初中，同时也是由教师灌输的学习方式到自主学习方式的过渡。因此我在教学中，注重培养学生的学习习惯，上课除我讲授之外，我还要求学生带一个作业本，记下课中最主要的内容，并将上机作业整齐地写在本上。成绩的考核，不光 LOGO 语言的学习，上机操作的考核，还包括作业的考核。通过这种方法，学生学会听讲，和老师一起总结出每节课的重点，并学习整理作业。

新教材中也有意加强了对学生综合能力的培养。如《计算机小画家》一书，不仅讲授如何使用画笔工具绘制简单图形、更主要地讲授如何从现有的资源中获取图形，并如何利用现有资源并加以自己的创作灵活地进行处理、完成自己的图形。在《计算机小编辑》一书中，报纸、电子小报等内容的引入，让学生们在学习知识的同时，更重要的告诉他们可以将自己所学到的知识用到实践中去，如在班集体活动中很好地运用计算机知识去完成其他学科老师交给的任务。

我想，学生一旦形成了这种学习的能力，并将学到的知识运用到生活、工作、学习中去，就会逐渐将被动学习变为主动学习，就会更易融入更广阔的天地。这也正是未来社会对人才的要求。

三、培养学生创新能力

创造性思维是思维的最高层次。培养学生创造性思维能力是小学教学改革中一个非常重要的问题。没有创新，人类就没有今天的文明与发展。要培养学生的创造性思维能力，首先就要培养学生的创新意识。创新意识是培养学生创新思维的动力。反过来，创新意识又必须以创新思维为基础，创新思维能保证学生顺利解决新问题，在解决问题的同时可以深刻地、高水平地掌握知识，并能把这些知识广泛地运用到学习新知识的过程中，使学习活动顺利完成。因此，教师应该在教学中及时发现、鼓励学生的创新行为，为学生的创新创造环境。

在课堂教学中，我努力营造宽松、积极、探索、创造性的课堂气氛，鼓励学生树立"尝试创新"的意识，锻炼学生独立探讨问题的思维能力。在学习讨论新知识时，鼓励学生发表意见，勇于尝试自己的想法，并和其他同学、老师的方法相比较，从中找出最优的方法。对于学生的课堂练习，我从不要求和教材中的一模一样，只要求他们参考书中练习，如果他们有更好的想法，都可以加进去。

四、初步培养小学生逻辑思维能力

小学生的思维特点是以直觉形象思维为主，抽象逻辑思维正在发展形成中，而形象思维发展到抽象的逻辑思维转化过程的转折点一般是在11～12岁，正好是小学五年级左右。如果在学生的这个年龄阶段，给他们创造适当的条件，进行逻辑思维的初步培养，将会对他们日后的学习、工作有很大的帮助。

LOGO语言是一种程序，它能带给学生严密的计算思维和有趣的学习体验，让学生掌握一些抽象的数学概念。同时，LOGO语言还给学生提供了控制电脑的条件，为学生的学习提供了更开放的空间。学习不再是靠教师的灌输，学习成为他们不断从实践中寻找答案的过程。

在LOGO语言教学中，我不仅讲授一些简单的命令，还注意训练学生的逻辑思维。当讲授重复命令时，我和同学们一起从画等边三角形、正方形的 LOGO 命令中总结出了重复的规律，并正确填写了重复命令。而对于一幅新的图形，学生大多很难正确填写为重复命令。如何通过看图，让学生找出正确的答案？我指导学生，当看到一幅图有重复的内容时要从三个方面考虑：(1) 图形中看到的重复次数是多少？(2) 图形中每次的重复内容是什么？(3) 做完一次重复内容后，在做下一次重复内容前，要做哪些准备工作？如画"米"字，让学生用眼睛观察，得出结论：(1) 重复次数是 8 次。(2) 重复内容是一条边，即 FD 60。(3) 为画下一条边做的准备工作是 BK 60 RT 45。将这三条套进重复命令中，即：REPEAT 重复次数［重复内容＋准备工作］，图形就画好了。通过这有序的思考，学生掌握起来就容易多了。

学习简单的程序设计语言不仅有助于培养学生的逻辑思维能力，同时也为他们今后学习其他高级程序铺设了道路。

五、教学中渗透对学生的德育教育

信息技术既是一个独立的学科分支，又是其他学科发展的基础。信息技术课程以培养和提升学生的信息素养为根本目的。信息技术课程不仅要使学生掌握基本的信息技术技能，形成个性化发展，还要使学生明确信息社会公民的权利与义务、伦理与法规，形成与信息社会相适应的价值观与责任感，为适应未来学习型社会提供必要保证。信息技术课程为实现人的全面发展而设置，既体现科学精神，又强化人文精神。

在信息技术课中，教师要有意识地给学生树立科学精神，培养协作意识。教育学生抵制不良信息、养成良好的行为习惯，遵守与信息活动相关的法律法规，尊重他人知识产权。不利用信息技术做危害社会或损害他人利益的事，并积极主动地运用所掌握的有关信息技术的知识技能服务于社会。让学生理解与信息活动相关的道德规范，负责任地、健康地使用信息技术，为他人提供方便；恪守诚信原则，杜绝欺骗行为；合乎规范地使用网络等媒介发布信息、表达思想；文明上网，拒绝发布垃圾信息。

　　对刚开始上计算机课的学生，要进行机房上课的教育，不在机房打闹，爱护机房设备等，培养学生一个良好的机房上课的习惯、爱护公共设施的一种美德。从画笔学习开始，学生的作业，我都要求交到教师指定的网络目录中，此时每个班共用一个目录，要求学生的作业以自己的学号＋姓名存盘，由于共用目录，所以我一开始就要求学生只动用自己的文件，而不去打开或删除别人的文件，学生对动别人的文件，不会认为是大事，但当我说到就像我们不能随便动别人的东西一样，他们都会认真起来，并自觉按要求做。在讲授上网时，教授学生能够分清对错，从网络中找到有用的内容，并应负责任地使用这些信息。

　　从教学实践中，我意识到，信息技术教育中也包含了其他学科的知识，这要求我们信息技术教师除了掌握本学科的知识外，还要掌握更多的学科知识，综合运用，才能在教学实践中把更多、更深奥的多种知识融入到信息技术的教学中，让学生们学到更广泛的知识，而不局限在单一的学习中。信息技术的发展是没有止境的，在信息社会中运用信息技术的基本技能已成为和读、写、算一样重要的新的终生有用的基础能力，这就要求信息技术教育也要不断提高。信息技术学科还是一门新兴的学科，教师在教学中应很好地运用教材，并根据自己的实际，不断改进教学内容、教学方法，认真实践，及时总结，才会有创新，才能提高学生学习信息技术的兴趣，使学生主动地学习，也才更能为培养21世纪实用人才奠定良好的基础。

在生活中学习社会

高 颖

一、教改课题工作的基本情况

2000年9月至今,我校与人民教育出版社联合进行了小学社会综合课程课题的实验与研究。这一课程是我校和人教社共同开发的校本课程,它综合了原来分开的品德、社会两门课程的内容,并使之融会贯通。在整体实验过程中,我们本着一个观念,即让学生对社会课爱学又乐学,通过社会知识的学习和生动活泼的综合性实践活动使学生初步认识社会,为将来成为一个正直的、具有社会责任感的、善于参与社会实践的、具有自主性、创造性、合作性的公民打下基础。

社会综合课涵盖了自我认识、自我教育、祖国传统文化(如节日)、心理教育、思维训练、生活实践、社会自然与自我的整合等诸多方面的内容,具有综合性强的特点。实验对象是小学低年级学生。

二、实验工作的基本经验

几年来,在校领导的关心和指导下,在全组同志的通力配合下,我们圆满地完成了小学社会综合实验课的实验,实验给我们带来的最深的体会是:这项新课程的实验,不仅给学生带来了很多知识、能力方面的收益,更使我们教师更新了教育观念,突破了传统的教育教学模式,提高了自身的业务水平和素质,是教师和学生双方的共同提高,因此很好地体现了教育的"以人为本"的思想。总结起来,有以下几点基本经验。

（一）"我悲伤、我快乐、我游戏、我歌唱"——让学生在一定情境中学习的巨大作用

教育家毫斯顿在《教育可能的人类》一书中曾说："如果孩子们跳舞、品尝、触摸、听闻、观看和感觉信息，他们几乎能学一切东西。"在社会课的实验过程中，我们便尝试了这种"情景学习法"，为学生创造一个轻松、自然、积极、高效的实践环境，让孩子们在快乐中、在潜移默化的实践活动中获得知识，受到启迪，从而明白做人的道理。于是，我们开始在教学的实践中挖掘每一节课所蕴涵着的丰富内涵、实践资源、感官资源，用有利于教学的多种形式进行教学。

1. 创设适当的状态。

适当的状态包括和谐的环境、教师与学生积极的情绪、学生目标的设定，即"我在其中要学什么"、教师目标的设定、把错误看作反馈、在环境中张贴图画、不轻易向孩子发脾气等。创设这种学习状态十分重要，正如瑞典一位杰出的教师科里斯特所说：从你的学生进入教室起，就让他们感到欢迎的气氛，因为大脑无法注意每一件事，所以索然无味、令人厌烦或者单调沉闷的课将完全不能被记住。因此，我们便在社会课上让孩子们在尽可能多的音乐、舞蹈、游戏、触摸、见闻中学习，这样便能够牢牢抓住他们的心。

2. 调动所有感官的授课方式——既轻松有趣、丰富多彩，又是快速而令人激动的。

一节好课应该能适合所有个体的学习特点，而在社会课上足够的口头鼓励、足够的形象、音乐，足够的行为、参与及活动使学生从中获得了大量的信息。

例如在讲解祖国传统节日中秋节时，我们设计了"快乐中秋"联欢会，老师、同学在教室中张贴嫦娥奔月的图画，把桌椅拼成小茶桌，摆上月饼，通过各小组讲解的中秋节的种种好听的故事、传说以及诗歌表演、品尝月饼等方式来体味团圆之意，从而领会中华民族传统节日的意蕴所在。在上《学习使用服务》这一课时，教师通过创设多种疑难情境来让学生自己寻找各种

服务标志……这种集所看、所听、所尝、所触、所想、所做为一体的调动学生所有感官的教学情境必定会使学生有身临其境之感,教育效果也自然就是"随风潜入夜,润物细无声"了。

同时,在探讨一个问题时采用讨论、辩论等方式,在学习一项技能时采用比赛、竞赛等方式,在体验一种情感时用模拟表演、角色转换、配音等方式都充分地调动了孩子的感官,激活了他们的脑力,使知识的学习变得轻松、活泼而且有效。

3. 鼓励创造性思维、反向思维和想象思维。

"创新是一个民族的灵魂",因此,培养学生的创造力是至关重要的。成人眼中的世界和孩子眼中的世界是不一样的。如果我们教育者总是用自己的感觉、自己的观念去指导孩子,那么他就会失去独立性,缺乏创造性。所以,在教学过程中,我们力求做到以下两点:(1) 不把自己的观点强加给孩子;(2) 不用自己的见解作为判断是非的标准。每当孩子们有不同的答案或超乎寻常的见解时我们都会充分鼓励他们,在此基础上再引导他们进行理性思考,让他们的思维更全面。通过实践,我们体会到:一个创造力很强的人,必须是独立性非常强的个性完善的人,必须是一个有百折不挠之毅力的人,同时又是一个具有很强的记忆力、丰富的想象力、敏锐的观察力、深刻的思考力、清晰的判断力的人,而我们要想培养出这样的人,就必须鼓励孩子们的创造性思维、反向思维和想象思维。

4. 用游戏、小品、表演、配音等方式来"激活"脑力,用角色扮演创设情境,进行实践,加强学习。这个问题在后面另有论述。

5. 切忌简单说教,而要与孩子的心理相契合,以情感人,用情感拨动孩子心灵的琴弦。

在"学会与人相处"这个单元中,我们通过让学生体会"世界上只有一个我"、"每个人有不同的角色"、"不同的想法",还会有情绪上的变化,这种变化就像一个小小的"心情气象站",同时教给学生怎样处理不愉快的情绪,向别人恰当地表达自己的想法等,这些内容与他们的心理需要相契合,是一种心理健康教育。

6. 为每一个孩子庆祝成功，庆祝孩子们的每一个成功，提高孩子们学习的使命感、责任感和胜任感。

特殊的情境创设还包括因地制宜，就地取材。比如我们讲《在学校工作的人们》一课时就请到了学校图书馆的老师和孩子们举行座谈，讲《我们的学校》时组织参观校园，讲社区的类型时恰逢年级到小汤山春游，在车上看着一望无际的麦田，我们会马上告诉他们这就是乡村型社区。这些特殊情境的创设都起到了很好的教育效果。总之，社会课的"情境教育资源"取之不尽，用之不竭，是我们推进素质教育的良好的教学手段和方式。

（二）"模拟购物"——让学生作为主角进行表演，进行自我教育能最大限度挖掘学生的潜能

彼得克莱恩曾说："当孩子们在帮助下自己去发现那些基本规则时，他们学得最好。"也就是说，孩子是他们自己最好的教育者，我们应该充分相信他们，并为他们提供自我教育的环境和空间。因此，以下几条经验就显得十分重要了：

1. 协调各种"无意识"的方法。

学生大部分的学习都是"下意识"的，教室的环境、老师的身体语言、说话的语气和积极、热情的态度都是学生学习过程中的重要部分。因此，在每次课前，我们都会结合当天所学的内容让孩子们在黑板上尽情地画画，讲家庭就画爸爸妈妈；讲社区就画楼房、会所和花园……这样，每次的社会课都能让孩子进入到一种"无意识"的思考过程中来，他们在画画的过程中得到全身心的放松，同时会主动地思考今天老师会讲些什么内容，今天我想学些什么。它不仅是一种现成的"教具"，同时也是一种很好的课前预习剂。

2. 走出演讲的角色。

要想让学生作为学习的主角，我们教师应该首先走出传统的"注入式"和形式上的"启发式"教学模式，走出演讲的角色，而变为激励者、促进者、指导者、辅助者和协调者，这样才会让主体动起来。

3. 充分的"角色扮演"和"个人认同"。

接下来,用角色扮演创设情境,进行实践、加强学习就显得更为有效了。

游戏:孩子们的工作就是游戏,他们从他们所做的每一件事中获得学习。因此,游戏作为儿童最感兴趣、最喜闻乐见的形式之一,在角色体验中十分重要。一个最简单的游戏都可以让儿童在其中获得体验。例如在讲《谁在管理社区中的事》一课中,为了让孩子们认识到社区中的生活经常会受到种种问题的干扰,我们特意设计了"不让你进来"这个游戏:选几名儿童分别扮演小偷、流感病毒、超载卡车,象征"威胁",其余学生分成三组,手拉手围成三个圆圈分别对付这三种威胁,扮演"威胁"的学生则要想办法闯进圆圈内。通过游戏,老师再引导同学们进行思考:威胁如果闯入了我们生活的社区会有什么后果?还有哪些事情会威胁我们的居住环境?我们要怎样做才能防范这些威胁?这样,在他们游戏、思考的同时也潜移默化体会到了社区生活需要不同的人来进行管理。

小品:在社会课中含有大量的品德内涵,因此就有了对是非善恶的对比与评判。在这个时候,小品这种方式就会发挥出它特有的作用。在学习某个内容前,如果能在课前先编排好一段小品,上课作为导入就是一个比较好的情境创设。

角色扮演:这是能让孩子作为主角进行体验、进行自我教育的最直接的方式。在学习《花钱有计划》一课时,我们举行了"商品展销会"。引导学生通过模拟购物体验花钱应该有计划。在学习《恰当表达自己的看法》一课时,我事先创设了"如果做值日时发现有其他班同学把垃圾倒在了你们班门口以后"、"被别人冤枉时"、"与别人有不同的看法时"等几个情境,让同学们用自己认为最合适的解决方式表演出来,进行角色体验,相互交流,这样不仅引导他们发现了合适的处理方法,还锻炼了他们的合作能力。

此外,"文具认领会"、"心情气象站"等多种角色体验的教学法充分证明:角色扮演有利于充分发挥学生的主体性,让主体充分地"动"起来,从而使他们成了学习的主人，成了自己的老师，在这一过程中达到了自我教育的目的。

三、"我的第一篇论文"——让学生体验并融入社会

事实证明，学校本身相对社会上其他的机构来说比较封闭。国际教育中心主任达吉特博士曾说："我们的孩子们生活的世界正在以比我们的学校快四倍的速度变化着"；"学校是过去五十年来始终没有太大改变的地方之一"。那么为了让学生更好地了解、认识真实的社会，我们必须努力做到尽量让我们的社会教育内容多与时代接轨。在两年的社会课教学过程中，我们指导学生通过参观、访问、实际参与、探究等活动去了解社会现象，了解自己在社会中的角色与定位，体会自己与社会、与他人的关系，养成关注社会、服务社会的意识，发展服务社会的能力。

例如在学习《我家的花费》一课时，我们引导孩子进行了家庭支出小调查，孩子们通过采访家长，了解了家庭中每天的日常开销，并从水电费、医疗保健费、休闲娱乐费等方面列出了详尽的表格。结合《绿色消费》一课，学生对家庭中的浪费和不环保的生活方式做了调查，并为自己的家庭提出了改进建议：如外出时少用一次性餐具，少开车出门，买菜自备菜兜，使用再生纸，等等。

学习《储蓄的好处》一课时，我们引导孩子自己完成了一篇以《我与储蓄》为题的论文。在论文辅导课上，我告诉了他们论文的框架，要写清楚的几个问题：（1）什么是储蓄；（2）我家和储蓄相关的事例；（3）储蓄的作用；（4）我的储蓄计划。并提了一些格式上的要求：手写，自拟标题，可以有与内容相关的插图，还可以有其他形式和内容上的创编。刚上二年级的孩子们的论文写得好极了。他们"创办"了以自己名字命名的出版社，制定了目录，绘制了漂亮的插图，甚至从银行找来了各种各样的储蓄凭单粘贴在论文中间向读者介绍每一种储蓄的功用，还想象了当自己储蓄了一大笔钱之后的幸福生活。这堂论文课不仅证明了中国的孩子也可以搞研究，也能够自己

学习、独立动手，更让我们和我们的学生明白了这样一个道理："给我一条鱼，我今天将全吃掉它；教我钓鱼，我将受益终生。"

"社会"课，顾名思义，我们应该尽力挖掘社会上的广阔资源，"也许学校不再像学校，也许我们将把整个社区作为学习环境"的观念应该加强，我们教育者应该思考怎样利用这门时代感较强的课程给孩子们提供更多的接触社会的机会。我甚至在想象着一个完整的微型社会的出现：一个有自己的银行、货币、商店、商人、律师、理发厅和报业机构的学校。

结语：几年的实验结束后，收获是满盈盈的。它让我们认识到：把儿童情感和社会性的发展作为将来学校教育的基础来抓是至关重要的。学校课程检测表中显示，我们的社会课已成为学生最喜爱的课程之一，这无疑是最值得我们欣慰的地方。同时，它激励着我们继续挺立在教改实验的潮头，并坚定着我们这样一个信念：

我们的目标，仍然是使我们的学校成为最好的——

这是一所没有失败的学校。在这里，所有的孩子离开学校时都已经确定了一项才能、一种技能、一种智力。通过这些，他们能够成为他们想成为的任何人。

小班教学让学生快乐着，学习着

于立燕　宫效宁　闫卫

教学改革是景山学校的办学特色。在"三个面向"精神的指导下，科学课的改革走在了教学改革的前列。它改变了以往大班授课的教学模式，以小班授课的形式，取得了良好的教学效果。

一、小班授课优势凸显

一二年级科学综合实验课是采用小班授课。一个教师面对现实 24 名学生，学生 4 人分成一组，这样的方式在我们来说是一种尝试，而在西方发达国家，已经成为一种较为成功的教学模式。比四五十人的大班授课，其启发性教学优势突出。师生互动、生生互动效果明显。

首先，给每一个孩子充分思维交流和展示自我的机会。

在课堂上老师的教学可以完全是启发引导式的，各种自然现象、科学趣闻在孩子们心中激起无限的想象，他们有非常多的话要讲，很多的问题要问，教师不必因为担心超课时教学而只让少数人说出他们的想法，可以先让他们在小组里交流，充分发表自己的意见和见解，再把各组里有代表性的见解拿到全班同学面前来展示，而且这种机会可以针对不同的问题，提供给绝大多数孩子。

例如在讲《植物吃什么?》这一章节的时候，教师根据前面讲的人和动物的食物，再针对植物的特点来启发孩子，让孩子们互相交流讨论一下植物吃什么？然后由各小组发表见解，各组意见综合起来就形成了一个近乎完美的答案。当孩子们从教师那里得知是他们自己发现了一个"新事物"，兴奋的情绪溢于言表。学习的兴趣更浓了。

其次，小班式教学给以每个孩子充分动手实践的机会。

在科学试验的教材中，有大量的试验和观察项目要学生完成，如果是在大班里要求一二年级的小同学来动手操作，教师辅导的难度可想而知。现在不同了，教师可以在课前进行充分准备的前提下，对课堂上24名学生给予足够的机会和时间来动手操作。针对问题，教师可以细致的辅导。教师不必因为时间问题而急躁，也不会因为学生的误操作而不耐烦，师生之间的交流更加亲密，课堂气氛越显融洽。

在教孩子如何"织布"的过程中，有些孩子因为能力问题始终不能较好地完成，教师就一个个地手把手地教他们。把关键步骤在他面前演示的一清二楚，再看着他们按照正确的方法做下去，目的是让每一个孩子都体验到成功的乐趣。这种成功是他自己努力得来的，意义非同一般。而大班授课那些能力差的孩子容易被老师忽略，他们一次次地带着失意离开课堂，这种情绪的积累对孩子幼小的心灵来说是一种莫大的伤害，因此他们厌学也就不难理解了。

在人数多的情况下，问题发生的面就相对集中，教师组织教学的难度就大，情绪难免受影响，治理手段也较为严厉，容易造成孩子的逆反心理。而小班教学分散了问题的多发点，教师可以保持一种较为松弛的心态来处理一些个别问题，给予孩子宽容、和善的温暖。因为他们毕竟才一二年级，出现问题是难免的。而问题在小班里不至于大面积扩散，教师可以把更多的精力放在教学上，师生之间可以说是情意浓浓。

最后，教师的诱导方式和教学方法可以最大限价的发挥创造性。

教师能够即兴讲出来的东西，往往比他经过备课备出来的东西更精彩。

因为小班教学能够提供以上良好的先决条件，教师所迸发的创造火花，其机会就能大大增加。科学课上教师就曾经在电脑上即兴制作动画来进行教学，而且让表现好的孩子上前来操作演示动画。为了能得到这样的机会，孩子们都争先恐后地表现，使得教学进行得异常顺利，那堂课也给孩子们留下了深刻的印象。

我们常说兴趣是最好的老师。它可以充分体现学生的主动性。在这一点上，小学科学综合试验课在教学内容上进行了大胆的实验和改革，而在教学方式上的变革更使它优势明显，效果突出。小班授课方式可以使课堂成为孩子求知的乐园，教师成为孩子在未知世界面前的启蒙人，赋予传统意义上的师生关系以崭新的意义。

二、"游于艺"是低年级学生乐于接受的教学方式与教学方法

怎样把这套比较先进的教材，转变为我们的教学实践，使同学们在课堂的教学实践中去接触知识，探究知识，最后能去主动的爱学、好学，这正是我们教师花费精力最大，准备工作最多的地方。我们从教学实践中逐步认识到了，要根据教材的内容，结合我校目前的实际，必须采取多种多样的学生所喜欢的教学形式，把知识与活动融入丰富多彩的教学实践中，使学生能在高高兴兴、欢欢乐乐的活动中获取知识，增长本领和培养好习惯。让学生亲自动手，每个学生都要动手是我们两年来在课堂教学上一直坚持不懈的方法。"种豆子"教师设法为每一个学生准备一套学具，每个人种一些豆子，连续两个星期观察豆子的萌发、成长的过程，并用绘图，照相的方法，把豆子的生长过程全记录下来，有的同学在家长的帮助下还制作成光盘，这在学生的脑海里留下了深刻的印象。

"游戏"是一二年级孩子的天性。在游戏中学习，在学习中游戏也是科学课深受学生喜爱的原因之一。几年下来，一定有很多游戏的场面深深地印在了孩子们的脑海里。

在"吹泡泡"的游戏中，孩子们想尽办法，吹出大小不同，形状不同的泡泡。他们的想象力得到了充分的发挥。

"影子游戏"更使他们着迷，操场上相互追逐踩影子的游戏，把孩子们天真活泼的天性尽显无遗。教室内在强光下用手组成各种动物的影子，更让他们欢呼雀跃。

根据教材内容，在课堂上创设一定的特殊情境，使孩子们的注意力更加集中，并积极主动的去研究、探索，获取新知。

"观察鱼"、"观察兔"，每个小组的桌上都放着鱼缸，笼子当中有活泼可爱的小白兔，这些都为他们观察，研究这些小动物提供了良好的环境。

上"各种各样的果实"时正赶上在金秋十月。在课堂上，同学们自己带来的、教师特意准备的各种水果琳琅满目。一进教室，果实的芬芳，香气扑面而来，犹如置身于硕果累累的大果园之中。不同果实的颜色、气味、味道、形状的差异一览无遗。在这样的气氛中再探讨果实的共同特征，同学们兴致异常高涨。"榨果汁"使课堂气氛达到了高潮，当同学们把自己带来的水果榨成鲜果汁相互品尝时，生生互动使他们对果实的认识又近了一步。

通过教改实验，使我们认识到科学综合课要根据教材的不同内容，要根据孩子的年龄特点，必须想尽方法采取多种多样的教学形式，把知识融于各种各样的活动之中，让孩子们快乐着，并学习着。

浅谈如何有效开展小学歌唱教学

杨向玲

歌唱教学的全过程应是一种自觉的审美过程,应在长期的、多次的美感发生和发展中来影响学生的情感状态和意向,形成审美情操,从而完善人格的发展。歌唱教学有着其自身的特点,对提高学生的全面素质更具有其特殊性。

一、歌唱教学在音乐教育中的重要地位

（一）歌唱教学是中小学阶段普及音乐教育的有效途径

1. 歌唱教学才能做到音乐教育的全面性、普及性。我国现阶段的中小学音乐教育大纲中体现了歌唱教学的重要性："唱歌是学生进行艺术实践,表现音乐的重要手段,是音乐教学的重要内容"。

2. 歌唱教学是音乐教学中最有效的手段,富有表情的歌唱,形象鲜明、内容丰富、旋律优美的歌曲,最能感染教育少年儿童。因此,唱歌在音乐教学中应占有重要的地位。

3. 西方一些国家也大力推崇歌唱教学在中小学音乐教育中的基础地位。著名音乐教育家柯达伊指出：歌唱是音乐之根。而德国早在几百年前就对歌唱教学给予了高度重视。"德国如果不是在几百年间系统地在学校推进歌唱教学,他们的音乐文化不会发展到现在水平。"

（二）歌唱教学是提高音乐素质的重要手段

歌唱教学是全面学习音乐的基础,歌唱活动直接与情感关联,与心灵沟

通。歌唱是对歌曲的二度创作,让学生通过歌唱把歌曲的思想内容充分表现出来,传递给受众。是对学生的音乐能力及创作能力的培养和提高。柯达伊认为,深入的音乐文化只能在歌唱的基础上发展起来,音乐之根在于歌唱,歌唱是学习音乐的基础,它是培养学生音乐素质、提高学生音乐修养的重要途径。

(三)歌唱教学在中小学德育、美育等方面的作用

在我国中小学音乐课本上采用了大量的优秀歌曲,对于教育学生热爱生活,热爱大自然等及道德、情操、性格等方面的发展有潜移默化的影响,并对激发学生情感,拓展知识,发展想象力和创作力,促进身心健康发展有着显著作用。歌唱给予学生的美也是多方面的,首先它具备了旋律、节奏、和声等音乐之美。更重要的是,歌唱能使学生体验音乐之美,并参与到创造音乐之美的活动中去,使学生在实践中获得音乐美感。歌唱在学校美育中的地位和作用是其他形式所无法替代的。

二、小学歌唱教学中存在的常见问题

(一)演唱方法的问题

在唱歌教学中常会发现学生气息浅,演唱吃力,不讲究歌唱的科学方法。有的学生模仿成人的歌唱方法,造成发音位置低,歌唱时挤、卡、压,音准节奏不准确;有的学生演唱跟不上伴奏等现象。由此可见,歌唱教学要求学生必须掌握歌唱的基本知识和基本技能。

(二)咬字吐字的问题

咬字吐字是唱好每一首歌的关键。但在不少的学生中因为咬字吐字的方法不正确,使歌曲演唱为之逊色。如有些学生分不清翘舌音和平舌音、前鼻音和后弃音等。有的学生歌唱咬字的喷吐能力差,歌唱咬字时字缺乏字头,严重影响了歌词内容和歌曲情感的表达。

(三)歌谱表达的问题

歌谱是作者表达思想感情、创造音乐形象美的语言,是演唱者再创造的

根据。能否正确按照歌谱唱歌是直接关系到演唱的质量和准确反映作品原貌的问题。可是有的学生却对歌谱的重要性缺乏足够的认识。有的音符、休止实质唱得不准确，有的对换气记号、表情记号根本不作处理等。这样做极大的降低了歌曲的表现力。

（四）曲目选择的问题

教学安排不根据学生具体年龄和实际能力，布置难的、高的、大的歌曲，学生之间也互相攀比，谁唱的曲目难，谁就水平高。必须正确认识到，"好"的标准是看歌曲演唱的是否打动每一位听众的心。如果孩子们大多数都吃力的忙于应付歌唱技巧，怎么能做到在一种轻松愉快的状态下学习歌唱？最后的结果是放弃学习歌唱。可见，只有制定合理的教学目标，才能逐步提高孩子的审美意识和歌唱水平。

三、小学歌唱教学中的基本技能训练

歌唱教学的任务是培养学生具有唱歌的基本知识和能力，并通过歌曲的艺术形象感染和教育学生。为了提高学生表现歌曲的能力，进行唱歌的基本技能训练是必不可少的。但同时又要注意学生的年龄特点和接受能力。唱歌技能训练应遵照教学大纲的要求循序渐近，不能操之过急，否则就会欲速则不达。

（一）良好的歌唱姿势

首先，要结合歌唱教学实践活动，给学生做示范，使学生能够区分正确的和不正确的歌唱姿势。正确的歌唱姿势，要求是站立垂直，两脚略微分开站稳，头正、目平视、两肩稍向后移、胸自然挺起张开，腹部顺其自然收缩，下颏收回，感觉到仿佛由小腹到两肩之间形成了一条直线。

其次，要求学生精神饱满，有从容之感。坐式唱歌，要求上身自然垂直，端正，两腿弯曲分开，两手平放在大腿上。看课本唱歌时，要求两手拿课本视唱，划拍时，左手持书，右手用小动作轻轻划拍。

指导原则是姿势正确、自然、美观，有利于歌唱和身心正常发育。教师应及时指出学生在学习中出现的不正确姿势，如仰头、挺胸过高、腹部过于

凹进，肌肉和精神过于紧张。这样既不美观，又影响呼吸和发声器官的正常活动与声音的流畅，不利于歌唱和学生的正常发育。

（二）歌唱的呼吸方法

1. 要使学生懂得呼吸在歌唱中是非常重要的，应掌握好缓吸缓呼、缓吸快呼、快吸缓呼、快吸快呼的基本歌唱呼吸练习法。

2. 教师在教学时用正确的呼吸方法示范，指导学生进行练习。

3. 正确的呼吸方法是胸腹联合呼吸法，吸气时空气由口鼻、气管吸入肺中，胸腔随之自然挺起，有向上伸展的感觉。这是由于膈肌下降，加压于腹部器官，所以腰腹部也相应地扩张，但不要过于突起腹部，而要自然适当，颈部肌肉要自然放松，不要紧张，也不要抬肩，吸气要根据需要而决定气量大小，从而控制和运用气息。

4. 结合实际例子进行歌唱呼吸功能的训练，例如：教唱内蒙民歌《牧歌》时，教师就应当按歌曲乐句要求，指导学生练习和掌握比较平稳深沉地缓吸缓呼的歌唱呼吸方法。又如教唱《游击队歌》，就可以按歌曲的要求，指导学生练习快吸缓呼的歌唱呼吸方法。

5. 注意小学生年龄特征和生理特点，对正处于身体发育时期的少年，不应按成人或专业训练要求进行训练，要注意教室内的卫生和身体保健教育，保护好少年呼吸系统器官。

除上述之外，还应注意学生经常发生的毛病，常见有些学生发音时总是唱不够拍，唱高音时吃力，唱不准，喉头负担也比较重等。这些都是因为气息不足，缺少气息的支持，不会控制和运用歌唱呼吸方法的缘故。因此，必须掌握好科学的呼吸方法。

（三）歌唱的发声方法

歌唱和说话的重要工具是人的发声器官，教师应根据具体情况，指导学生正确发声和掌握歌唱技能与技巧。

1. 发声器官及其功能

（1）呼吸器官：鼻、咽喉、气管、支气管、肺、胸腹肌、横隔膜。

（2）发声器官：喉头、声带等。

（3）声音调节器官：咽腔、口腔、鼻腔等共鸣腔。

（4）咬字、吐字器官：唇、齿、舌、上腭、下腭等。

上述所说的各发声器官，都有各自的功能，而且又是互相联系的。它们是互相密切配合、协同工作的有机发声器官系统。在歌唱时，如能正确地控制和运用这些发声器官，声音就会清晰、动听、悦耳。

2. 小学生的音域及声区

小学生能演唱的声音，从最低到最高音之间的距离称之为小学生的音域，其总音域一般是从小学 1 组的 a 到小学 2 组的 c。

小学生的声区是指他们的总音域。按不同共鸣腔发声，音色特点分成高、中、低三个声区，中声区也叫混合声区，是小学生原来有的自然基础音。从小学 1 组 d 到小学 1 组的 a，这几个音容易发出比较优美动听的声音，因此也称为自然声区。因为在低高两个音区中间，具有混合音色，故被称为混声区，低声区是从小学组 a 到小学 1 组的 d，高声区则从小学 1 组的 a 到小学 2 组的 c。教师在选择歌曲时要尽量适于小学生的音域及声区，发声练习时更应如此。

3. 发声练习的要求和方法

发声练习是获得最佳声音的基础，必须要有计划、有目的地制定练习曲。小学发声练习一般都要排在每节课的开头时间，不宜过长，而且要注意科学性，系统性，要少而精。要及时指出学生出现的喉音、鼻音、颤抖音、漏气、白声等毛病，不断给予引导及纠正，并加以讲解示范。

（四）歌唱的吐字、咬字方法

咬字就是按规范化的发音方法，找准声母的发音部位。吐字就是找准韵母的主要母音，按照"小声"的口形加以延长并注意归韵。总之，要按字的字头、字腹、字尾的发音方法去咬字、吐字。这样才能把歌词唱得清清楚楚，一点儿也不能含混。要注意那些常有的地方口音，教师应给于纠正，加强标准话的练习及推广。

教师在教学中可运用个别示范和集体训练相结合的方法练习。根据学生的特点和上述学习方法，使学生运用所学过的知识，通过自己的能力表现出来，这样才算完成了学习的全过程。

四、歌唱教学的有效策略

（一）低年级唱歌教学——"趣"

兴趣是最好的老师。兴趣使人对有趣的事物给予优先注意，积极地探索，并产生情绪色彩和向往的心情，是在需要的基础上发生和发展的。针对低年级学生注意力容易分散、好动、好奇、好模仿的特点，在音乐唱歌教学中能设计一些趣味的导入，趣味的活动，趣味的情境来进行教学，则能把单一的学唱和枯燥的技能训练形象化、具体化，使学生能通过自身的活动把听、唱、演、跳等结合起来，在轻松愉快的气氛中歌唱，从而获得音乐知识与技能。

1. 创设趣味的导入

一堂课中一个好的导入无疑是一个精彩的前奏。它为引导学生积极、投入地参与到音乐活动中去起到了较好的引导作用。针对低年级学生的心理特点，在进行唱歌教学这一环节时，可适当地引用一些趣味的节奏或故事、猜谜、律动游戏等方式来导入。

节奏是音乐的骨架。新的《音乐课程标准》中明确指出，要通过各种音乐实践活动，让学生感知音乐节奏，并能初步辨别节拍的不同，从而培养学生良好的音乐节奏感。但在音乐实践教学中，往往会出现节奏训练与实践活动两分离的现象，从而使音乐课中节奏训练显得枯燥难学，学生兴趣不高。但如果教师能根据内容创设一定的学习情境，让学生在玩中学，在乐中学，效果则会截然不同。

只要教师用心巧设情境，让单调的节奏训练变得生动有趣，学生定会乐学、爱学，并不时闪耀出创造的火花。结合低年级学生喜爱小动物的心理特点，通过故事运用动物的叫声为学习歌曲作铺垫，也能较好地激发学生的学习兴趣。

2. 创设趣味的情境

情境是一个人的内在感觉与外部因素交互作用所形成的音乐教学所特有的情感境界。在音乐课堂上，教师可以创设一种让学生听、视、感、触的环境、氛围，以激发、感染、陶冶、诱导学生的情感。学生和教师同是情境的创设者和被情境感染、陶醉、启迪与激励的情感主体，师生共同分享着音乐本身所蕴涵的情感世界，一个好的情境导入可以使唱歌教学达到事半功倍的效果。

有时利用逼真的配乐、声源的探索表现来创设情境也能收到较好的效果。例如在教学《小雨沙沙沙》一课时，可以配放一些春雨沙沙，春苗发芽的景色或动漫片段，并把歌曲作为背景音乐以创设一些逼真形象的教学情境。也可以请学生用摇沙球或捏报纸等来表现由远而近听到的小雨沙沙声，这样后面的唱歌教学中再让学生模仿并唱出力度强弱就不费力了。

3. 创设趣味的活动

低年级学生好模仿，在模仿中学习的乐趣远胜于单一枯燥的模唱。例如在教学《理发师》一课时，可以在让学生初步完整地感受歌曲旋律之后，让学生再次欣赏歌曲。同时有肢体语言来模仿理发、剪发、梳发、喷水的动作和节奏。之前，先请同学将代表这四种动作的四种节奏读熟。如第一组

剪刀 2/4 　咔嚓　咔嚓 | 咔嚓　咔嚓 |
梳子 2/4 　唰　唰 | 唰　唰 |
吹风机 2/4 　呜　— | 呜　— |
喷水 2/4 　沙　沙沙 | 沙　沙沙 |

学生在听赏、模唱的过程中可以自由选择自己喜欢的节奏加上动作模仿。对于节奏感强和有较好合作能力的班级来说，教师还可以有意将四条节奏分别请四个小组逐一加入进行拍奏，形成多声部的节奏练习。这样练习的目的是通过多种游戏手段，让学生参与音乐活动，并贯穿于课堂的教唱教学之中。同时通过特有的节奏进行伴奏，起到了训练学生节奏感和提高协调合作能力的作用。

（二）中年级唱歌教学——"实"

中年级的唱歌教学要体现一个"实"字。所谓"实"，是指不仅要运用听唱、模唱、接口唱、轮唱、合唱等方法完整地学会演唱歌曲，而且要能认唱、接唱简单的旋律，还要通过一系列的学习对节奏、旋律、简单和声、力度、速度等音乐要素有一定的理解，并通过音乐的方式表现出来。在具体的唱歌教学中，"实"字要体现在学唱、处理和表现歌曲三个方面。

1. 学唱歌曲要实

在中年级唱歌教学中可以采用先欣赏歌曲——直接唱歌词——再学唱曲谱的教学模式。欣赏歌曲时，可以把曲谱、歌词都演示出来，带着学生边听边看。这样，有曲谱，有歌词，有录音伴奏的良好效果，又有老师声情并茂的示范，学生对歌曲的感受是直接的、全面的、立体的、生动的，也是全神贯注而有效的。他们很快就能把握住歌曲的旋律特点和情绪，直接唱词也没什么障碍，两三遍就基本上会唱了。不仅使学唱速度加快了，也增强了学生的学习兴趣。更可喜的是，返回来再进行曲谱练唱时，畏难的人减少了。这样的教唱方法发挥了学生的主动性，提高了学习的积极性。我们用节省下来的时间对音乐作品进行反复地体会和演唱，还可以提高学生的审美意识和演唱技巧。一堂课下来，无论是学生的学还是唱都显得很扎实。这种教唱形式在中年级普遍适用。

有时，单一的模唱也会让学生感到枯燥，那就要求教师仔细钻研教材，在每一遍演唱、听赏中提出不同要求。既要让学生由浅入深地逐步理解、感受、演唱出歌曲之美，又不感到乏味。

2. 处理歌曲要实

歌曲的处理如果能做到细腻、确切、扎实而又形式多样，那么学生在学唱歌的过程中就能更好地挖掘其存在的内涵，从而更好地理解歌曲之美。

例如在课堂教学中可以设计这几个问题：

（1）请大家仔细地欣赏一遍歌曲，在色卡中选择一种与歌曲情绪相应的颜色。

（2）这首歌中哪一句是高潮部分，把它唱一唱。

（3）这首歌是几拍子？应该用怎样的情绪来演唱？

（4）你能试着把这首歌变一种速度，变一个节拍唱一唱吗？

（5）两种速度与节拍的演唱你更喜欢哪一种，为什么？

通过这样一系列的处理，既让学生熟悉、巩固了歌曲，又加深了他们对乐曲的理解。

3. 表现歌曲要实

表现是实践性很强的音乐学习领域，是培养学生音乐表现力和审美能力的重要途径。教学中应注意培养学生自信的演唱、演奏能力及综合性艺术表演能力，发展学生的表演潜能及创造性潜能，使学生能用音乐的形式表达个人的情感并与他人沟通，在音乐学习活动中享受美。这就要求广大的音乐教师要在扎扎实实地教唱和处理歌曲的基础上再让学生进行表现，而表现的内容和过程都要始终围绕并突出音乐性。这样才能实实在在地提高学生的音乐表现能力。而我们在实施新课标的过程中出现的一些歌还没学会就让学生用绘画、舞蹈、朗诵、表演等形式来表现歌曲的现象就显得华而不实，有如昙花一现，很难真正地提高学生的表现、审美能力。

总之，在表现的过程中应始终围绕着歌曲进行了各种创编和演唱，使学生的审美能力和表现能力得到提高。

（三）高年级唱歌教学——"深而有度"

高年级的唱歌教学无论从演唱形式还是演唱方法、学习内容都加深了难度。教师如果在唱歌教学中既能深刻细致地挖掘教材，创新教法，又能适宜地进行教唱、拓展，做到张弛有度，那高年级的唱歌教学就能做到深而有度了。

1. 讨论合作要深而有度

新课标强调学生在音乐学习过程中的合作与交流，给音乐教学带来了清新的空气，师生间、学生间的合作与交流变得更加频繁了。但不可否认的是，一些小学音乐教师把构建新的学习方式理解成外在的东西，即把关注的焦点放在学生的具体表现形式上，认为把音乐课堂弄得热闹起来，让学生更多地合作、讨论、交流，就是体现了新课程理念。需提示学生们注意的是，讨论、合作始终要围绕着主题进行。

2. 创编创新要深而有度

对音乐的各种表现和展示，体现了学生的创新意识。学生都有自我表达和表现的愿望，教师应启迪和引导他们以自己喜欢的方式学习和表现音乐，展现自己的才华。

在教学过程中，要坚持注重培养学生的实践能力，提高学生的实践能力，把教室变为舞台，让他们在这小小的天地里展现自己的愿望。音乐课的教学过程就是音乐艺术的实践过程，创造性活动的过程。通过艺术实践与探究，增强学生音乐表现的自信心，培养他们良好的合作意识和团队精神。

3. 拓宽延伸要深而有度

随着新课改的推进，音乐教学中出现了"拓展热"现象。拓展，是思维活动的扩张。如增强思维深度，扩大思维广度，才是扎扎实实的拓展。而绝非形式上的花样增多，内容上的简单堆砌。

高年级学生的知识面较广，所以在歌曲的教学中进行适当的拓宽或延伸能更好地帮助其理解歌曲之内涵。有时，让学生欣赏一些健康、积极向上的流行音乐也是拓宽的方式之一。以往音乐教育总是把流行音乐拒之门外，但现在学生所处的时代大众媒体迅猛发展，这些媒体已成为学生接触音乐的第二课堂，甚至超过了第一课堂——学校音乐教育。

泰戈尔在《我的学校》中写道："教育的目标是心灵的自由，这只能通过自由的途径才能达到，尽管自由就像生活本身一样是有危险和责任的。"当孩子们长大成人，能够懂得鉴赏与审美，能够积极地面对生活、热爱音乐的时候，普及音乐教育的目的便已达到了。

4. 教师还应科学地指导学生养成保护嗓子的良好习惯

高年级部分学生已进入变声期阶段，教师应科学地指导学生养成良好的发声习惯。教会孩子们正确使用嗓音的方法，即用呼吸支持的说话和歌唱。启发学生采用弱声和轻声的方法歌唱，让学生恬静地、柔和地进行歌唱，养成"轻轻地唱,静静地听",避免音域过宽,避免长时间歌唱。要求学生注意平常说话的音量,不要声嘶力竭地大声喊叫。提示学生做好日常生活中的保健。即:

  注意口腔卫生,预防感冒;避免在寒冷的空气中唱歌;注意少吃刺激的食品;切忌盲目模仿成人歌曲,导致声带疲劳;避免饭后和激烈运动后唱歌,注意变声期的嗓音保护;等等。

五、通过有效策略的实践与研究小学歌唱教学效果的分析

  我校是九年一贯制学校,小学阶段为五年。经过一轮的教学实践,通过对唱歌教学中问题的研究,及对学生进行有效的歌唱基本技能训练,各年龄段的学生能够表现出以下歌唱能力:

年级	歌唱能力	教学策略
一二年级	1. 能用自然的声音按照节奏和旋律有表情地独唱或参与齐唱。 2. 理解并模仿演唱的正确姿势。 3. 能用不同的速度、力度表现歌曲的情绪。 4. 能参与游戏、模仿、表演等音乐教学活动。	以节奏的听辨和表现为重点,发展音乐表现鉴赏能力。初步音准、节奏及发声训练,学会单声部歌曲。
三四年级	1. 乐于参与各种演唱活动。 2. 能在唱歌实践中逐步掌握和运用演唱的正确姿势及呼吸方法。 3. 能用自然的声音、准确的节奏和音调有表情独唱或参与齐唱、轮唱、合唱。	以旋律的听辨和表现为重点,发展音乐表现鉴赏能力。 进一步发展歌唱能力,学会简单的二声部歌曲。
五年级	1. 能主动参与各种演唱活动,养成良好的唱歌习惯。 2. 能自信地、有表情地演唱歌曲。积极参与齐唱、轮唱、合唱。 3. 能简单分析歌曲的特点与风格,表现歌曲的音乐情绪和意境。	以听辨和表现音程以及和声为重点,发展音乐表现鉴赏能力。 形成良好的歌唱习惯,能有感情地演唱二声部歌曲,声音和谐统一,优美流畅,富有感染力。

总之，有效地进行歌唱教学不仅仅是知识、技能的传授，更重要的是提高学生审美水平和音乐素质。教学中应注重人的身心健康发展和创新精神的培养，使学生树立终身学习的愿望。新课标提出的教育理念为我们提供了改革创新的空间。在当今教育改革的新形势下，我们应不断更新教育观念，学习新的教育理念，大胆创新，努力为学生塑造一个全新而更具吸引力的音乐课堂！

热爱生活，感受美
——我对艺术创意课的设计

袁 萌

景山学校很重视对学生的艺术教育，在小学开设了艺术创意课。我承担了小学一、四年级艺术创意课的教学工作。艺术创意课没有教学大纲，没有教材，完全由老师自己设计、编排教学内容，这就对老师提出了很高的要求，为此我投入了很多的精力，开动脑筋，从日常生活中、书本中获取信息和灵感，不但努力要把艺术创意课上好，还要争取教得精彩些。

创意课紧紧围绕艺术教学原则来展开。艺术教学本是一门最具艺术性的课程，我们只有尊重艺术特征，才可能获得教学的艺术效果。艺术教学如果在内容、手段、方法等各个方面都摒弃单调而遵循融合的原则，把各种艺术形式巧妙地融合在一起，把同一种艺术形式的各个方面充分地融合在一起，把教学内容与教学环境、教学气氛有机地融合在一起，那么，它将极大地丰富教学内容，拓展学生的艺术审美空间，增强教学活动的艺术趣味，激发学生的艺术学习兴趣，全面提高学生的艺术修养。

一、创造宽松的学习环境

英国哲学家约翰·米尔说过："天才只能在自由的空气里自由自在的呼吸。"要培育创造性思维必须营造宽松的学习环境，这就要求教师充分尊重学生的人格和自由意识；教师要深挖教材的情、趣、理，发挥教学艺术的魅力；同时，倡导学生自主学习和自主探索；另外，师生关系要民主，要心理相同，平等交流。

二、开阔眼界、处理好"教"和"悟"的关系

搜集大量的有关艺术的最新资讯、图片，充分利用多媒体教学，我在生活中很留意知识或素材的积累，下载很多视频和图片，并编辑成PPT，供学生参考，以开阔眼界，开拓想象力和创造力。让学生的五种器官全部打开，通过听、看、嗅、动、触，接受多种媒体信息，激发求知欲，以利于对事物的全面了解。对事物进行综合立体加工，有助于右脑的配合，从而产生灵感，开展创造性的思维。教师在教育教学工作中，还有培养学生从制作中发现问题并解决问题的能力。培养学生的开放意识。所谓见多才能识广，思维才能活跃起来。在教学方法上也要有新意，最主要的是处理好"教"与"悟"的关系。"教"是指教学，从教师的讲解入手，以教师为主体，学生随从老师。而"悟"则是发挥学生的主体性。教师的作用是诱导学生领悟，使学生潜在的能力得以充分的发挥。切忌理性的灌输和太多的条框，要留有一点空白处，留待学生去琢磨、开发和领悟，深挖学生的潜能。

三、明确教学思路，破除思维的局限性

最初，我把创意课定为材料的幻想课，即将生活中的废旧物品——易拉罐、果冻壳、包装纸盒等变废为宝，而且还对写生进行了环保教育。曾经作过一次研究课，老师根据一张平面的图片，然后动脑筋，自己反复琢磨出了立体纸龙的制作方法，所用材料也多是废旧物品。由此我又开发出一节新课，"一张纸的无穷变化"，学生们兴致盎然地把手中的一张旧纸条经过折、剪、粘等方法变成了很多造型各异的形状。艺术的特点就是创造性，个体的特质和感受不一样，视觉符号的表现也不一样。艺术活动是创造性活动，不是技能模仿课。在教学中教思路、学思路注重学生能够的思维方式训练。教师要十分注意各种层次学生的思路，肯定其思路的合理性，赞扬思路的创造性，引导学生解决思路的障碍和错误，培养良好的思维品质。教师要做到有

意、有序、有度、有效。最终明确真正的创意课有别于手工制作课，应该将主动权交与学生，老师在告诉学生制作方法后，应让学生大胆想象，做出的龙应该是千姿百态的、夸张怪异的。看到来创意课的关键点是"创意"二字，围绕这两个字展开。将其定位在——"培养儿童的创造力、想象力"的基础上，在进行废旧材料利用方面进行大胆的想象，向美丽丰富的大自然要灵感，只有这样才能称之为名副其实的创意课。

四、激发学生的动机和兴趣，培养学生的想象力和创造力

教师在教学的全过程中要善于引导和帮助学生激发学习动机。黑格尔说："说到本领，我认为最重要的艺术本领就是想象。"创意课的任务就是激发和引导孩子们的想象力和创造力。孩子们最大的乐趣在于幻想，每一个孩子的心都是一个神奇的世界。教师的教学应着眼于童心的释放，鼓励学生好奇心的张扬，所以乐趣是做好一切的基础，我理解的"乐趣"是快乐和兴趣。玩是孩子的天性，孩子们在玩的过程中，可以保持快乐的情绪，有助于积极情感的发展。那么就让孩子们以玩得心态来上好创意课吧，思想在玩中创新，双手在玩中创造！奇怪的相框，艺术纸杯，顽皮的动物，奇花异草，买不到的鞋，自然之美……一个又一个创意作品在孩子手中诞生。他们的热情感动着我，我为他们有聪慧的头脑和灵巧的双手而骄傲。

五、爱心，耐心，鼓励和适当的赞美，分层次指导教学

首先要求教师了解每个学生，指出每个学生的特点和差异，在此基础上进行分层指导，分层评价，因材施教；另一方面，要注意发现学生的"闪光点"，及时表扬、鼓励，帮助其树立自信心。孩子的能力是有很大差异的。创意课的目的，不只限于学生制作出了多少精美的作品，重要的是在创意过程中，学生内心的体验和动脑创造的快乐，是综合素质逐渐积累和提高的过程。比如有的孩子的创意作品很简单，但他尽力了，他很快乐。我会及时给予鼓励，给予他信心，绝不能轻易伤害他们的自尊。学生们各自的条件不

同，个性不同，眼界和对事物的理解程度不同，表现出来的东西也各不相同。也许孩子们的不同之处恰恰是他们别具特色之处，教师的责任是发现并保护孩子的与众不同之处。

六、提高自身素质，要更好地实施创新教学

创意课没有教学大纲，没有教材，完全由老师自己设计、编排教学内容，这就对老师提出了很高的要求，为此老师投入了很多的精力，开动脑筋，从日常生活中、书本中获取信息和灵感，师生共同努力不但要把创意课上好，还要争取精彩。

这就要求老师不断地学习和提高。还要具备一些当代的自然科学知识与人文基础知识，教育科学与教育科研知识，熟练掌握专业学科的知识和技能，扎实的基本功和运用能力；而且必须具有创新型教师的素质，必须有创新的教育观念；在工作中富有责任心和开拓意识；热爱学生，注重师生的双向交流；反应敏捷；同时，还要有创造性的教学技巧。作为教师必须不断学习新知识、新的教学方法，更新陈旧的教学观念和教学方式，教学相长。

七、热爱生活，树立自信，热爱大自然，培养环保意识

创意课所用材料，主要是生活中的可利用、可回收的废旧材料。团结协作、资源共享，互助友爱，培养出跨世纪的高素质的人才是我们这一代教师的职责。最重要的是帮助学生建立彼此之间的包容，求大同存小异，和谐共处的良好人际关系。希望每一位学生，面对自己时，会勇敢地说：我是与众不同的，我是有创造力的！面对他人时，能给予鼓励和微笑，为别人喝彩。

让创意课能成为学生们轻松自由地陶冶性情的地方，享受美的地方，展示自我的地方，让孩子们在这里树立起信心。让他们在感受美的同时，更加热爱生活，更加彼此相爱，更加拥有热情和创造力。

让美育开启学生智慧，塑造美好心灵。

附：我们喜欢艺术创意课

栾轩（三年级2班）

我们三年级设立了艺术创意课，它非常有趣。教课的是袁老师，她和蔼可亲，总能启发我们作出各式各样的作品，深受同学们喜爱。

有一次，袁老师教我们制作"小猪头"。用的材料有一次性塑料碗、废毛线和彩纸等物品。在我们的裁剪下，不一会儿，塑料碗变成了小猪的脸，彩纸变成了小猪可爱的小耳朵、大鼻子和圆溜溜的小眼睛，五颜六色的毛线被编成美丽的"王冠"戴在小猪头上，可神气了。

我们的艺术创意课，内容可丰富了。不仅做过小猪、龙头，还做过纸花、布头儿画、艺术图片框等。废布头儿、易拉罐、塑料瓶在袁老师和我们手中都变成了"艺术品"，看着它们，大家心里美滋滋的。

梁华天（三年级2班）

我很喜欢上艺术创意课，因为它能充分发挥我们的想象力，能培养我们的创新能力。比如，用冰激凌盒做的龙头，惟妙惟肖。它的眼睛使用果冻盒盖制成的，炯炯有神；用黄纸做成胡须，用红纸做成下唇，用橙色的纸做成龙角和鼻子。哈，做成了！龙嘴一张一合，像对我说："谢谢你，让我来到人间。"

艺术创意课上我们用彩纸做成的水果，大菠萝、小樱桃、绿苹果、黄鸭梨、橙色的橘子、粉色的水蜜桃，放在蓝色的果盘中，鲜艳生动，让人口水欲滴。

还有碎花布做成的风景，用牙膏盒做成的飞机，用纸巾盒、铁丝和易拉罐做成的压路机，用彩纸和布头做成的小人，等等，各有各的特色，都那么有趣、可爱。

艺术创意课让我的想法自由翱翔，使我的世界多姿多彩。它好像是调味剂，让我的学习生活更加丰富、美好。

"团队沙龙"
——九年一贯制学校团队衔接的新模式

高 颖

"每个人都要经过两次伟大过渡。第一次从胎儿过渡到婴儿；第二次从少年过渡到青年。所以称之为'伟大'，不仅是因为其中的许多奥秘尚未被全部认识，有待去探索，还因为这两个过渡非同小可，关系到一个人今后的变化，关系到人的一生。尤其是第二个过渡变化最大，最不可捉摸，人称第二次出生。人的第一次过渡，无法自主、无法选择；而第二次过渡则决定于诸多主客观因素。无论是心理、品格、智力、体力，这是一个发展最佳期。错过了好时机，许多损失无法弥补。"以上一番话是老教育家吕型伟同志在某次少先队工作会议上讲的，这再明白不过地阐述了团队衔接的重要性。为此，我校借用了九年一贯制的整体教育优势，通过开设"团队沙龙"，探索出了一条衔接学校团队的新路。

"沙龙"，是一种新兴的组织形式，可以引申为一些兴趣小组和小型俱乐部的活动。它有很强的自主性和针对性。"团队沙龙"，顾名思义，即由共青团和少先队组织联合开展的以学习某个知识点或某项技能为目的的系列活动组织，活动是在不同的阵地上开展起来的，其内容涉及科学、艺术、文艺、体育等各个领域。活动按"队为主体，团为核心"的原则，建立"团队一体化"的行为方式。它的建立有以下几点依据：

1. 共青团有一个基本任务，就是"全团带队"，共青团员肩负着团结带领全体少先队员共同进步的责任。

2. 队是团的源头，强队才能强团。离开强队基础和强队目的，独立片面地抓推优入团，团也强不了。强了队，团自有活水来。这一点对于中学少先队组织又是重中之重。

3. 少先队有优秀共青团员全程带，才能更好地加强建设。少先队员的年龄是7～14岁，这一阶段的榜样教育对他们来说尤为重要。队员们会从与他们朝夕相处的共青团员身上寻求到榜样的力量，找到自己前进的方向，有利于他们正确的人生观和价值观的形成。

4. "沙龙"活动形式贴近时代，活泼多样，魅力十足，符合少年儿童求新、求变的年龄特点，对于他们有着很强的吸引力。

基于以上考虑，我们创设了景山学校"团队沙龙"。"团队沙龙"的组织形式颇具特色：

组织形式：首先，以少先队员的兴趣爱好为基础，针对队员的实际需要，结合队员的生理、心理特点，成立如篮球沙龙、茶艺沙龙、四驱车沙龙、环保沙龙、钢琴沙龙等丰富多彩的小小沙龙，每个沙龙由有某方面特长的少先队员担任龙长，自定活动时间和内容，自主地开展活动。其次，少先队与共青团组织联手，聘请共青团员担任团队沙龙的小辅导员，有针对性、有计划地指导少先队员开展活动。

辅导机制："团队沙龙"采用"多重辅导"机制。某个沙龙成立后，少先队大队部不是对其自由放任，而是组织它和一个团支部建立起相对应的"团队沙龙"，该团支部要选派几名品学兼优共青团员担任沙龙的常务辅导员。为了帮助共青团员担当起辅导的重任，由少先队大队辅导员和团委书记担任整个"团队沙龙"的总辅导员。而"团队沙龙"的所有活动都在少先队大队和共青团支部的领导下进行。

开展活动："团队沙龙"的活动分为常规活动和随意性活动。常规活动是每周沙龙自定的活动时间，共青团员或团支部在大队辅导员和团委书记的引导下，带领少先队员开展活动。随意性活动一般指闲暇时间，共青团员或团支部根据沙龙内少先队员的具体情况开展活动。

在"团队沙龙"里,活动是少先队员和共青团员共同的实践,它有如下特性:

1. 活动自主化。沙龙活动做到了充分让少先队员当家作主,以江泽民同志"五自"题词(自学、自理、自护、自强、自律)为目标,引导队员"自己的活动自己搞、自己的事情自己管、自己的伙伴自己帮、自己的进步自己争",提高了队活动的自主化。同时作为沙龙辅导者身份的共青团员和团支部也积极行动了起来,自豪地走入到低年级少先队员之中,了解他们的情况,发现他们的兴趣爱好,自主自动地设计教案、开展活动,同样提高了共青团活动的自主化。比如他们曾在组织开展"环保沙龙"的活动后自发建立起了"研究菖蒲河的水质"的小课题的研究,某年暑期还大手拉小手,共同采访了东城区文化委员会,顺利而圆满地完成了少工委发起的"东城,我为你骄傲"主题实践活动。

2. 形式少年化。中小学生处于形象思维居主导地位的阶段,他们渴望获得需求的满足和成功的激励,需要主体的参与和积极的身心体验。通过体验,思维才能产生飞跃,所获思想才能深刻,才能加速他们的社会化进程,早日成为社会的有用人才。"团队沙龙"正符合这一特点。共青团员与少先队员年龄相仿,彼此的兴趣爱好接近,思想与感情容易沟通,他们自然地相识、相融,能发挥教师所不能替代的作用。在设计和开展沙龙活动中,共青团员在辅导员的指导下充分发挥自身潜能,按照少年期的年龄特点及其成长发展规律设计活动形式,从少先队员的实际需要出发,带领少先队员广泛开展了具有生动情趣和时代气息的各种体验活动,引导他们接触社会、接触生产、接触科技、接触自然。从家庭生活、学校生活、社会生活和自然生活等各个方面,帮助少年儿童寻找一个岗位,扮演一个角色,学习一种本领,体验一种感受,明白一个道理,形成一种品质,养成一种习惯,从而有效地避免了团队活动形式化、成人化、儿童化倾向。例如钢琴沙龙的辅导员会定期给少先队员做琴技指导,引导他们正确地学习钢琴,感受艺术,还定期组织队员们进行音乐作品赏析和琴艺交流会;环保沙龙的队员在共青团员的辅导下,经常组织开展环保知识讲座、环保论坛,他们做再生纸等环保小实验、放生动物、饲养蚯蚓、参观污水处理厂……丰富多彩、形式多样的活动让少先队员和共青团员都受益匪浅。

3. 管理民主化。树立了以少先队员、少先队集体和共青团员、团支部为主体的观念,充分地尊重少年、相信少年、依靠少年、服务少年。比如民主选举龙长、民主制定"沙龙"活动主题及内容、形式、时间、地点,民主聘任小辅导员等。

4. 目标统一化。少先队和共青团不仅在活动上紧密结合,同时做到重点相结合,难点求突破,针对当今青少年共同出现的一些思想问题进行了有的放矢地研究,设计出了很多有针对性的沙龙活动。在进行活动的同时实现了少先队和共青团育人目标的统一。

经过实践,我们初步认识到,"团队沙龙"作为衔接团队的纽带,有着重要的作用和意义:

1. 提高了少先队员的整体素质。"团队沙龙"的建立,拓宽了少先队员的知识面,提高了少先队员的实际工作能力,使少先队员"我是小主人"的意识逐渐形成;他们通过一起活动、一起学习、一起实践,培养了团结协作、自主自立的意识,也学会了关心与互助;通过与共青团员们的交往,他们找到了自己的榜样,队员们特别佩服共青团员哥哥、姐姐们丰富的知识、乐观向上的团队精神,早日戴上闪闪发光的团徽成了他们最大的心愿。

2. 提高了共青团员的整体素质。"团队沙龙"为共青团员提供了锻炼的机会和施展才华的舞台:其一,共青团员真正担负起了少先队的领导责任,角色转变,带来了共青团员的光荣感、自豪感和责任感;其二,在沙龙活动中,培养了共青团员的独立工作能力,包括组织管理、口头表达、活动交往的能力;其三,培养了共青团员的创造能力。沙龙活动是丰富多彩的,而且必须符合少先队员的特点,这就要求共青团员在组织活动中要不断创新。

3. 强化了团和队的组织作用,真正实现了"全团带队"、"团队一体"。"团队沙龙"仿佛一根纽带,紧紧地把共青团和少先队连在了一起,为共青团输送着合格的、高素质的共青团员，同时也为少先队注入了新的辅导生机、辅导艺术和活力。

  实践证明，"团队沙龙"这一特殊的组织形式得到了少先队员、辅导员、教师、家长的拥护和支持。它已基本改变了团队思想教育脱节、活动脱节的现象，紧密了团队组织全程衔接，促进了团队活动系统化，保持了团队教育的连续性。众所周知，团队衔接是振兴共青团和少先队事业的必由之路。而通过实践，我们可以说，"团队沙龙"就是衔接团队的一架伟岸的桥梁。

关于培养小学生创造思维能力的思考

孙洁晶

一

小学语文教学要大力培养学生的创造思维能力。

《中国教育改革和发展纲要》中明确提出:"基础教育是提高民族素质的奠基工程,必须大力加强。""中小学要由'应试教育'转向全面提高国民素质的轨道。"这是基础教育领域一场深刻的变革,它关系到中华民族整体素质的提高,关系到新世纪人才的培养,也关系到未来社会每个成员的文明程度。江泽民同志也指出:"创新意识对我们21世纪的发展至关重要。"这无疑为教育如何适应新时代的需要提出了最明确的要求。

现在,我们教育的最大弊端就在于不重视学生创新能力的培养。在我们的许多课堂上,往往是老师唱独角戏,学生不善于、甚至不会提出问题,更不会创造性地解决问题,只会机械地按照老师设计的方案和思路去回答。这种划一型的教学模式,培养的都是"不敢越雷池一步"的乖孩子,严重抑制了少年儿童的创造性思维能力的发展,以致错过了创造性思维发展训练的最佳期。所以,我们的语文教学要把培养小学生的创新意识和创造思维能力作为主要目标。在语文课堂上,应当留给学生充足的时间、充分的自由度和思维空间,让他们展开想象的翅膀,打开创造性思维的闸门,从而一步一步地提高其创造思维能力。

二

创造性是无法教的，要在培养上下工夫。培养创造性，需要宽松和宽容。

先看一个例子。美国某小学三年级上"蚯蚓"课。教师拿一盒活蚯蚓分发给学生。蚯蚓到处乱爬，于是学生满教室抓蚯蚓。随后教师让学生观察蚯蚓，并组织讨论。一个孩子说："我发现蚯蚓没有脚，可是能爬。"

教师说："好。"

一个孩子说："那不是爬，是蠕动。"

教师说："你说得更好。"

一个孩子说："我发现蚯蚓身上是一环一环的。"

教师说："你观察得很仔细。"

一个孩子说："我尝了尝，蚯蚓是咸的。"

教师说："我不如你，你很勇敢。"

一个孩子说："我拴一根线，把蚯蚓吞了下去，又拉出来，我发现它还活着，说明它的生命力很强。"

教师站起来严肃地说："你真了不起，我应该向你学习，勇于为科学献身。"

这样的课堂在我国很少见。这位教师并没有像我们的老师一样，拿一张挂图，总结出关于蚯蚓的知识点让学生死背、记住，他注意的是孩子的观察能力、研究能力和创造思维能力。我们看到的是，在一个宽松、宽容的环境里，一个充满创造激情的老师带领一群充满创造激情的孩子，在享受学习的乐趣和研究的乐趣，在不知不觉中培养了孩子们的创造思维能力。

可见，要培养孩子进行创造性思维，就必须为他们创造一个民主、和谐、宽松的学习环境，鼓励学生提出有价值的问题。创造性思维往往就是从提出问题开始的。叶圣陶先生说："教师之为教，不在全盘授予，而在相机诱导。"由此，教师可设计各种有启发性的问题，将教学过程变成引导学生主动、积极探索的过程，以培养其创造精神和创造思维能力。下面这位老师就很好地做到了这一点。

在教授小学语文第一册《蒲公英的种子》一课时，文中有一句话："飞呀，飞呀，飞到哪儿哪儿就是我的家。"为帮助学生更好地理解这句话，老师设计了这样一个教学过程：

问：同学们想一想，蒲公英的种子会飞到哪儿去呢？

一生答：蒲公英的种子飞到了高山上。

又问：蒲公英的种子飞到了高山上后会怎样呢？

一生答：蒲公英的种子就在高山上生根、发芽、开花。

再问：同学们，蒲公英的种子还会飞到哪儿去呢？

一生答：蒲公英的种子还会飞到河边，在那里生根、发芽、开花。

小结：蒲公英的种子就把河边当做自己的家。（让学生朗读那句话）

然后问：蒲公英的种子还会飞到哪儿去呢？

学生们回答说：草地上，马路上，花坛里……等等，有泥土的地方学生们都想到了。

这时有个学生站起来说："蒲公英的种子飞到了我家里。"这下课堂热闹了。有的说，蒲公英的种子不会飞到家里来，家里没有泥土，蒲公英的种子会枯死；有的说，蒲公英的种子会飞到家里来，可以把它种在花盆里，它也能生根、发芽、开花。这时同学们的思维已经非常活跃了，也跳出了平常的思维定式，自觉地进行着创造性思维。

随后教师继续引导，发掘孩子们的深层思维。

通过上面的例子我们可以看出，低年级学生的身上蕴藏着巨大的创造思维潜能。因此，我们的语文课堂一定要培养学生独立思考，勇于创造的精神，时时处处注意培养学生积极创新的意识，有计划地培养学生的创造思维能力。

三

俗话说：冰冻三尺非一日之寒。培养学生创造思维能力也非一日之功，而是一个长期的、循序渐进的过程。教师要将这一目标渗透到小学语文教学的各个教学环节和各个教学阶段。

识字教学是贯穿于整个小学语文的一个系列教学内容。认识和书写汉字的同时，不仅会接受这些汉字所带来的信息，也会接受这些汉字所虚构的概念，以及造就这些汉字时抽象、概括、联想等思维过程的暗示。

比如，识写"木"，"林"，"森"三个字。首先，让学生在识写"木"的过程中有意无意地接受"木"原本是树木象形的暗示，并画出一幅有一棵树木的挂图，把抽象的符号与比较具体的形象挂起钩来。其次，在识写"林"和"森"的时候结合挂图，学生们就会用两个紧挨着或三个叠加着的"木"这两组具体的图像，形成"森林"这一概念。然后进一步引发学生深层思维，使学生通过两个"木"紧挨着的是"林"这一判断和三个"木"叠加着的是"森"这一判断，引发出"森林"就是指数量很多、大片的树木这一新的判断。实现由一个或几个判断推导出另一个判断的推理思维过程。可见，识写汉字的训练对发展学生创造性思维能力有着极为重要的意义。

听说教学在小学阶段充分地体现了以学生为主体的特点，能较好地培养学生独立思考，大胆探索的个性特点。教师应充分尊重学生，引导他们乐于说出自己的想法，激励他们敢于表达自己的见解，在民主平等的气氛中使学生自觉地融入教学活动，主动参与教学全过程，从而增加学生的语言积累，提高学生的语言素养，促进学生创造思维能力的发展。

对课文的阅读理解是小学语文教学的一个重要内容，也是培养学生创造思维能力的重要环节。

如一位老师教《赤壁之战》一课时，为了让学生充分领略到火攻曹营这一计策的巧妙、周密，让学生自读课文后设计了这样一个情境：由学生扮演黄盖，而教师则扮演黄盖手下的一员将领，在火攻曹营的路上，不断向"黄盖"请教问题。根据课文内容，教师提出了以下五个问题：①今天东南风这么急，江上波浪这么大，为什么要等到风平浪静之时再去曹营呢？②我们去诈降，一下子去二十条船，这么多，岂不容易引起曹操的怀疑？③火攻靠的是大船，这些小船拴在船尾有何用处，岂不多余？④周都督率领大队兵船跟在后面又为何故？若引起曹操怀疑如何是好？⑤现在距敌营还有将近二里，黄将军为何偏偏在此时点着芦苇？因为学生担当的是"黄盖"这一重要角色，自然不愿被"手下"问倒。于是他们反复阅读课文，快速开动脑筋，积极思维。这样一来，极大地激发了学生的学习兴趣，而且使学生仿佛身临其境，产生真切感，从而更好地理解了课文内容，也在潜移默化中提高了其创造思维能力。

作文教学为培养学生的创造思维能力提供了更为广阔的天地。这是因为，写作是充满创造性的心智活动，它只能依循个人的主体思维意识去活动、去创造。然而，多年以来，作文教学忽视了思维能力的培养，造成学生作文因思维的简单僵化而导致结构公式化，语言模式化。春天写"春"，秋天写"秋"，暑期写"暑假见闻"，寒假写"寒假记事"，而且总是老程式，老套路。用某些老师的话说，这样训练稳当，考试丢不了分。然而，他们没想过，这样训练的学生写出的作文，就像一个模子里烧出的砖瓦，千篇一律，千人一面，毫无新意，加深了学生思维僵化的程度。

怎样才能打破僵化的思维定式，让学生真正运用自己的创造思维写出有新意的东西呢？首先可以在作文训练中引导学生进行发散思维。比如写秋，可以写秋天是收获的季节而去赞美农民；可以写秋天到了，寒来暑往，时光飞逝，要珍惜光阴；还可以写秋风、秋雨、秋天的独特景色等。比如有位老师上作文课时，拿了一把鲜花放在讲台上，启发学生想象这把花从哪儿来的？有何意义？有学生说是老师从自家花园采来装饰办公室的；有的说是某位同学献给老师的；有的说是老师要去看望病人而准备的；有的说是去给烈士扫墓用的⋯⋯于是老师让学生根据自己的想象，写一篇内容与这束花有关的作文。这就从发散思维的角度培养了学生的创造思维能力。

其次，可以在作文训练中引导学生进行求异思维。辩证法告诉我们，任何事物都是矛盾的对立统一，但事实上人们总习惯于认识事物的一面，而忽视其另一面。因此，若能引导学生从另一面去探究、去思考，往往会有新颖独到的发现。比如写老师，一般都是写老师辛勤教书，关心爱护同学等。而一位同学从老师过于严厉的管教，只让写作业而不让打乒乓球，从没让同学们开心地玩过这一面却也写出了新意。这样的求异作文法不断提高了学生的写作水平，更有效地提高了学生的创造思维能力。

综上所述，语文教学中对学生创造思维能力的培养贯穿在语文教学的每个环节和每个阶段。只要我们始终朝着这一目标努力，学生的创造思维能力就一定会提高。

四

爱因斯坦说过："提出一个问题，比解决一个问题更重要。"大家都知道，儿童的思维是相当敏捷的，要鼓励他们多提问题。哪怕是一些幼稚的甚至不正确的看法，我们也不能认为是对教学的干扰，更不能奚落和斥责。否则，学生的创造性火花就会被熄灭。我们要改变阻碍学生创造性思维能力发展的传统观念，将以讲解教材、传授知识为主的传统教学方式转变到以发展智力、培养能力为主的现代教学方法上来。将传统的、严格遵守常规的"我讲你听"式的课堂气氛，变为民主协商，主动探索的生动活泼的课堂气氛。充分发挥学生的主观能动性，充分尊重学生个性，鼓励学生大胆质疑和创新，鼓励他们创造性地学习，最大限度地促进所有学生创造力的发展。

创造性思维是一种高级的思维方式。创造思维能力的培养必须在平时的教学中有目的、有计划地进行。教师应积极主动地给学生更多的机会，让小学生在掌握语文知识的同时，创造思维能力也可以得到充分地发展和迅速地提高。

体育教学如何渗透思想品德教育

治雪梅

体育教学是整个学校教育的重要组成部分。体育活动不仅能使学生增强体质，提高运动技巧和技能，而且还能使学生发展智力，陶冶情操，锻炼意志，培养集体主义精神，增强组织性、纪律性。但它的后几种功能往往被人们所忽视，认为智育是硬任务，为了抓智育而可以不管或少管体育教学。可是，我们应该知道，体育教学除了锻炼学生的体魄外，还能发展学生的智力，促进学生良好的思想品德的形成。下面我就肤浅地谈谈体育教学在思想品德教育方面的几种做法。

一、教师应做学生的楷模

身教重于言教。教师的一言一行对学生都有深刻的影响。在体育教学中，教师首先必须严格要求自己，注意自己的仪表和教态，穿戴要朴素、大众化，上课要穿干净、整齐的运动服装；精神要饱满，表情要庄重不俗，文雅大方。使学生既感到严肃、又感到可亲。口令要清晰有力，使学生一听，就能做到令行禁止。举止要大方，教态要自然，语言要文明，品行要端正。平时多与学生沟通，了解他们喜欢与讨厌的事情，站在学生的立场去理解他们的所作所为，让学生觉得老师是他们的良师益友，愿意把心里话说出来。总之，凡是要求学生做到的，教师自己必须首先做到，这样才能成为学生的表率。

二、根据教材教法特点进行思想品德教育

体育课的思想品德教育不仅限于教师的说教,在体育教材中亦有许多内容具有明显的思想性。教师要善于通过教材本身的思想性向学生进行教育。一般来说,田径、体操、球类、武术等教材,都能培养学生的勇敢、顽强、刻苦、机智、灵活、果断等品质。但是由于各项教材的练习形式不同,在培养学生品质等方面,也有所侧重。因此,教师在备课时,应当深入钻研教材,充分挖掘教材的思想性,结合学生的实际情况,明确思想品德教育的任务,提出相应措施,以确保教学任务的完成。例如,在操场上一定要强调全局观念,强调集体力量,强调互相配合,团结协作的精神。良好的教法是进行思想品德教育的最佳途径,合理地选择和运作教法,不仅是传授知识、技能、技术和发展学生体力与智力的需要,而且也是对学生进行思想品德教育的需要。在选择和运用教法时要根据教材的特点,即知识、技能、技术教学和增强学生体质的实际需要,针对学生思想实际,估计效果的可信程度。比如,在耐力跑教学中,采用比赛法,寓竞赛于教学之中,形成竞争对抗,这就意味着学生不仅要坚持跑完全程,而且要有一定的速度,使长跑教学实际变成一场意志力的较量,从而培养学生吃苦耐劳的精神。正确的示范可以造成一种跃跃欲试的心理气氛,引发学生的学习兴趣。兴趣是使人对某种事物有一种特殊的欲求倾向,并力求积极参与该事物的心理特点。正确的示范可以使学生在体验到体育动作的形体美、力度美、娴熟美和健康美的同时,获得一种满意的心理感受,并由此而产生学习体育技术动作的极大兴趣。

教师的示范动作要过硬,应该是动作的典范。一般要力求做到准确、熟练、轻快、优美、大方,使学生在学习活动一开始,就能受到教师示范动作的感染,在欣赏示范动作的同时受到一种力的鼓舞、美的熏陶。在教师正确的动作示范的影响下,使学生油然产生一种跃跃欲试的心理气氛,从而提高学习动作技能的积极性,以保证教学任务的完成。

三、严格开展队列练习

队列和体操队形不仅是对学生身体姿势和空间知觉的基本训练，同时也是一项严格的集体活动。它要求学生在共同的口令下完成协调的动作，从而培养严格的组织纪律性和朝气蓬勃的集体主义精神，发展反应迅速、动作准确和协调一致的应变能力，逐步形成正确的身体姿势和良好习惯。这不仅有利于提高学生的注意力、观察力、自制力和动作思维能力，而且也有利于发展学生自我表现和群体交往的合作意识。

四、耐心进行思想教育

体育课的特点是以身体活动为基本特征。由于学生各自的身体素质、体能和意志不同，往往在练习过程中，有的学生存在着畏难的情绪，如怕苦、怕摔、胆怯等一些现象，特别是在做技巧、单杠动作等难度较大的练习中更加突出。出现这种情况之后，应针对学生各种不利于练习的心理，进行有的放矢的教育。在练习中，要以热情的态度关心帮助学生完成动作，使学生减小畏怕的情绪。通过不断反复的练习，使学生终于有了克服困难的信心，然后进一步培养学生坚韧不拔、吃苦耐劳和勇于克服困难的思想意志品质，使学生真正体会到了"世上无难事，只怕用心人"的含义。

五、精心设计体育游戏

体育游戏是学生们最喜爱的一项综合性的体育活动。如做"立定跳远比赛"游戏，不仅培养了学生对双脚跳跃游戏的活动兴趣，更使学生能主动地、积极地、愉快地参与游戏活动，发展灵敏、协调素质。培养学生团结协作的精神和积极进取的良好品质。例如，做"折返触物跑"游戏，则能培养学生快速奔跑能力，提高动作节奏感和判断力。培养克服困难、坚持到底的意志品质。但由于各种游戏的手段不同，其所受到的思想教育要求也不同。

六、关心器材收拾

课前整理场地、领取器材和课后收拾器材，是引导学生热爱劳动、爱护公物的重要契机。例如，在上课之前，老师叫学生们搬运器械（如垫子）时，要求学生不许拖、拉。领取的器材（如篮球、排球、羽毛球拍、乒乓球拍），不许用脚踢、不能扔等，发现有不爱护公物的现象应及时制止、教育，对于那些热心协助老师整理场地的同学应给予当众表扬。这样，不仅对保护学校体育器材有好处，而且使学生们养成了热爱劳动和爱护公物的良好习惯。总之，体育教学是德、智、体、美、劳全面发展教育的重要组成部分。我们必须支持它和推动它，使它在学校教育中有更大的作用。

在体育课中进行思想品德教育还应注意以下问题：

在体育课中对学生进行思想品德教育，主要采取说服教育的方法。要产生良好效果，必须实事求是，以理服人，循循诱导，启发自觉，因为只有真实的东西才令人信服，使人产生真实感，作为教师要善于捕捉真、积累真、利用真。在进行说理教育时，要用真实的事例材料和数据向学生讲述观点，阐明道理。在进行榜样教育时，所确立或选取的典型应真实可信，让他们感到可亲可敬，激励和引导他们向榜样学习，培养良好的道德品质。在进行理性教育时，应从学生发展的实际需求出发。引导他们树立正确的理想，并自觉为实现自己的理想而努力。在表扬和鼓励时，应指出他们的不足；在批评时，也要肯定他们的成绩，这样才能收到较好的效果。

教师教育作用的关键取决于对学生的态度。因此，教师要做到"二严"和"四心"。"二严"是教师要严于律己，以身作则。用自身高尚的道德情操来感染他们，注意身教，为人师表，用自己的模范行为教育学生。对学生严格要求，大胆管理，严格按照教学计划教学。对不遵守纪律，不认真完成教学任务，又屡犯不改的学生要大胆管理，决不迁就姑息。"四心"是对学生要诚心诚意，要尊重学生。在批评时，不夸大，不讽刺，不挖苦，以平等和蔼的态度指出其错误所在，讲事实，摆道理，以理服人。在教学中，教师要处处关心学生，把困难留给自己。比如集合整队，夏天不能迎着太阳站，讲解示范尽可能让学生站在阴凉处，课内的运动量要适当。思想品德教育是一项长期细致的工作，要有耐心。学生的某些缺点，可能改了又犯，有些思想水平和接受能力较低的学生不顾老师的一再提醒，一意孤行，有的还甚至和老师"顶牛"！为此，教师必须要有耐心，不能急躁，不能以势压人，要晓之以理，动之以情，更不能打骂、体罚学生。要努力提高教育艺术水平。

对学生要热心，不摆架子。对出现的各方面问题不能置之不理，放任不理，放任自流，而积极、主动、热情地去帮助解决问题。

我深深地体会到：思想品德教育是一项长期细致的工作。只要我们教师思想上重视起来，在实践中摸索经验，有计划地采取积极有效的措施，做到管教管导，持之以恒，定能收到良好的效果，出色地完成体育教学工作。

第三编

初中教育科研论文

北京景山学校综合实践活动课程校本化的实践

邱悦　毛敏

国家《基础教育课程改革纲要》规定，从小学中高年级起至高中新设置综合实践活动课程。综合实践活动课程是基于学生的直接经验、密切联系学生自身生活和社会生活、体现对知识的综合运用的实践性课程。北京景山学校作为一所改革试验学校，从1960年建校起，就在学校教育中落实了劳动技术教育，并开展了学农、学军、学工、学商等社会实践活动；20世纪70年代末，学校也开始了信息技术教育的探索；90年代，学校就已经与北大、清华、中科院等二十多所高等院校和科研单位签定了友好合作协议，开展了研究性学习。在新课程标准实施以来，我校认真学习北京市教育委员会颁布的《关于加强中小学综合实践活动课程的实施意见》，又投入了大量精力从理论到实践对综合实践活动课程开展了积极的探索和研究，形成了现阶段形式多样、内容丰富、资源充足、学段衔接的课程体系。对综合实践活动课程的资源开发，有效实施策略、评价方式等方面进行了更加系统、深入的探索与实践。

一、高度重视，认识到位

为了保证综合实践活动课程能科学、规范、扎实、有效、顺利地开展起来，学校将综合实践活动课程作为学校整体教育教学工作中的重要组成部分。校长在行政会议和教师大会上多次进行了课程实施动员，并在全校教师大会上宣讲，引起广大教师的思想重视。

学校还成立了以校长为组长，分管副校长为副组长，教导处人员、教科所人员、教研组长为成员的领导小组。校长室负责全员的宣传发动，并提供必要的经济保证，副组长全面负责课程的开展和实施工作，教科所负责对老师进行理论支持和综合实践活动课程的研究工作，并定期和任课教师进行课程开展情况的研讨。可以说，领导小组的成立为课程的正常开展打下了基础，提供了保障。

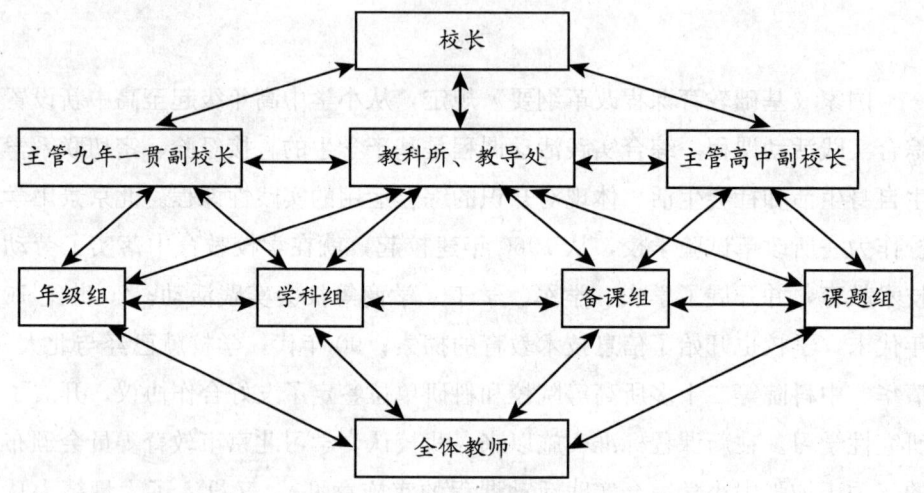

二、认真组织，有效实施

（一）认真调研、科学决策

综合实践活动课程没有现成的经验和资料可以直接引用、参考和借鉴，因此需要充分发挥学校主管部门、一线教师和学生的集体智慧，自主开发，在探索中不断积累和完善课程资源。

我们认为，综合实践活动课程资源开发必须基于学校、从学校实际出发、从学生的实际需要出发，选择和开发课程资源；为了选择适合教师和学生实际的综合实践活动课程，我们进行了认真调研，做到了科学决策。

学校首先下发了调查问卷，就课程设置、课程实施、课程评价等方面了解广大教师的意见和建议。学校在2007~2008学年度又召开了四个座谈会，分别听取班主任、年级组长、各学科老师的意见和建议。在听取各方面意见基础上，确立综合实践活动课程的内容。

（二）严格课程管理

在课程实施之初，因为没有现成的教材体系和指导体系，教师们感到还是无从下手，不好确定较为详细、可行的活动计划，活动内容较为凌乱。在活动的时间，具体的组织开展方面随意性较大。对此，领导小组经过讨论研究，首先是统一了备课方案，明确了一定的内容及格式。其次是根据各年级的不同情况，组织教师讨论，制定不同年级的工作计划，讨论活动选题和方案，这样就使各年级能针对各自特点灵活多样地开展活动，一方面降低了活动开展的难度，有一定的弹性；另一方面确保了各年级的活动能有序实效进行。

（三）综合实践活动课程的系列化、规范化

综合实践活动课程是《基础教育课程改革纲要（试行）》规定的义务教育阶段的一门必修课。它不仅有强烈的现实基础，也有深厚的历史基础。我校在长期的办学过程中形成了自己的教学特色。尤其是在20世纪80年代初开设活动课程以来，开展了艺术、体育、德育、国防教育、环保节能、手工编织、模型制作等系列活动，形成了艺术节、科技节、少年军校等一大批传统活动，积累了大量的开发、实施和管理活动课程的经验。如何将活动课程升级为综合实践活动课程呢？我们将活动课程进行了系列整合，从制定活动目标、加强过程管理、实行发展性评价等方面着手，继承、发展、规范活动课程，使之真正升级为综合实践活动课程。综合实践活动课程的内容全部安排进入课表和学期工作计划当中。

1. 信息技术教育

景山学校的信息技术教育起源于1979年。在1979年拥有了全国中小学的第一台计算机，开展了计算机教育。1984年提出了从景山学校毕业的学生都要接受计算机普及教育的目标，在20多年的发展中，我校信息技术教育已经由单纯的计算机教育，逐步发展到信息技术与课程、教学有机整合的阶段。

景山学校在信息技术课中率先增设了以智能机器人为教学平台的智能机器人的课程。

2000年，景山学校老师和学生参与编写了教育部《信息技术课程指导纲要》发布后的第一套中小学信息技术教材：《高中信息技术教育基础教材》，《初中信息技术教育基础教材》和《小学信息技术教育基础教材》。中学生参与信息技术教材编写，在全国尚属首家。

信息技术教育学期安排一览表

课程（活动）内容	年级	课时
英文打字、画图软件的使用	三年级	18课时/学期
文字处理软件Word对文章的编辑处理、版面设计	四年级	18课时/学期
电脑绘画软件Smooth draw软件的学习以及电脑绘画活动实践	五年级	18课时/学期
Flash制作　视频制作	六年级	18课时/学期
VB程序设计　视频处理	七年级	18课时/学期
几何画板	八年级	18课时/学期
人工智能、多媒体应用等	高一	36课时/学期

2. 社区与实践活动

开展社会实践活动是学校一直坚持的传统和特色。20年来，我校始终坚持组织五年级、七年级以及高一学生进行军训、八年级参加社区公益劳动并排入课表。这些实践活动，增加了学生接触社会、了解生活的机会，丰富了他们的社会经验，在活动中培养了学生的社会责任感、独立自主的意识和团结协作的精神。

景山学校于2006年2月成立了"景山奥运志愿者服务队"。利用每周五中午的时间和寒暑假期间，到学校所在的灯市口社区开展志愿服务工作：主要包括清洁社区环境、慰问孤寡老人、宣传文明礼仪、普及奥运知识等，至今已累计达1 200人次。同学们牺牲休息时间，坚持开展社区志愿服务的行动，得到了社区领导和广大居民的高度赞扬。

社区与实践活动学期安排一览表

课程（活动）内容	参与年级	课时
同心奥运	1～5年级	2课时/学期
才艺展示	1～5年级	1课时/学期
我是地球村的一员	1年级	1课时/学期
感受绿色北京	1～5年级	6课时/学期
"圣火传递"	1～5年级	4课时/学期
"唱响奥运"	1～5年级	2课时/学期
自主实践活动	1～9年级	3课时/学期
阶段性评价	1～9年级	2课时/学期
书店调查	6～7年级	3课时/学期
景山公园（生物）	6年级	3课时/学期
古今中外钱币展（科学）	6～7年级	3课时/学期
航天博物馆（科学）	6～7年级	3课时/学期
首钢（地理、思品）	6～7年级	3课时/学期
孔庙（历史）	6年级	3课时/学期
励志电影	6～7年级	3课时/学期
美术馆敦煌艺术展参观	6～7年级	3课时/学期
中美文化交流	6～7年级	3课时/学期
北海生活中的几何图形，学生在公园中寻找几何图形素材	6～7年级	3课时/学期
黄城根遗址公园，春天的北京	6～7年级	3课时/学期
区科技馆科技小制作，在科技馆老师带领下体验科学知识	6～7年级	3课时/学期
国家大剧院（参观、听讲座）	6～7年级	3课时/学期

续表

课程（活动）内容	参与年级	课时
北海公园	7年级	3课时/学期
语文（"恒源祥"杯作文竞赛颁奖）	7年级	3课时/学期
假期社会实践活动	6年级至高二年级	2天/学期
学农	8年级、高二年级	8年级（4天） 高二（5天）/学年
学军	6年级、7年级、高一年级	6年级（3天） 7年级（5天）、 高一年级（八天）/学年
社区劳动	6年级至高二年级	9次/学期

3. 劳动技术教育

劳动技术教育是我校多年来经久不衰的特色课程。目前已发展到包括机械维修、制图、摄影、木工、手工编织、汽车基本常识等在内的较为全面合理的教学内容体系。在教学中，提高学生实践能力，培养学生的创新意识。目前，学校正在考虑对原有劳动技术教育课程进行调整和改革。

景山学校劳动技术教育一览表

课程（活动）内容	参与年级	课时
纸工、泥工、小种植、手工缝纫	3年级	18课时/学期
纸工、编制、小种植、手工缝纫	4年级	18课时/学期
编制、家庭烹饪、小木工、小金工	5年级	18课时/学期
编织	6年级	36课时/学期
木工	7年级	36课时/学期
通用技术	高二年级	36课时/学期

4. 研究性学习

学校小学部以研究小组的方式开设了科学就在我身边、生活中的团结协作、奇妙的模型世界、心理健康在学习生活中的应用等研究性学习的内容。

初中学生在社会实践活动中开展专题调查，如在书店调查、在公园寻找生活中的几何图形等。

另外，从1997年开始，我校就着手开展了中学生研究性学习活动，同学们走进了国家重点实验室，在专家教授的指导下进行研究。几年来，已有400余名同学自报课题，课题涉及生物、医学、计算机等学科。80多名同学参加了中国科学院植物研究所、中国科学院计算机研究所、中国协和医科大学基础医学院等20多个国家重点实验室的活动。同学们在"走进国家实验室"这一活动中获得了许多中学生科技奖项的最高荣誉。

高中实施新课程改革以来，我校依据教育部《普通高中"研究性学习"实施指南（试行）》、《北京市普通高中课程改革实验工作方案》、《东城区普通高中课程改革实验工作方案》认真落实该项工作。

在每周周五下午第三、四节课，采用校内、外学习相结合的方式开展。研究性学习的过程主要包括三个阶段：

1. 进入问题情境阶段：师生共创问题情境，诱发学生探究动机，提出核心问题，确定研究范围和研究题目。

2. 实践体验阶段：学生进入具体解决问题的过程，通过实践、体验，形成一定的观念、态度，掌握一定的方法。

3. 表达和交流阶段：学生将取得的收获进行归纳整理，形成书面材料（论文、实验报告、调查报告、活动设计、展板、刊物）等。

在研究性学习课题的认定上，充分发挥学生的自主性：主要体现为学生选题自主性、研究合作自主性。学生自己寻找感兴趣的问题，将文献资料和现实生活中的"活"资料结合起来，确定自己最想研究解决的课题。学生自愿组成研究小组开展研究性学习活动。2007~2008年第一课题选题共计54项，呈现出选题灵活、涉及面宽、关注范围广、研究实用价值较高等特点。

4. 将综合实践活动课程内容整合于校本选修、学校传统活动及社团活动之中。

初中和高中开设了生物、动画制作、软陶、木工、天文、奥运知识、音乐欣赏等校本选修课程。

我校注重社团活动课程的设置，学校组建了管乐、小记者站、文学社、航模小组、计算机爱好者协会、科学实践组、摄影、生物、手拉手地球村、环保沙龙等一系列社团和兴趣小组，为学生个性发展搭建了成长舞台。

学校举办的各届科学节上，我们充分将信息技术教育、研究性学习等课程进行有机整合。在学校第二十二届科学节上学校组织了电脑动画比赛、科学幻想画比赛、科技英语创意大赛、天文比赛、科技小发明、电脑打字比赛、航模比赛，还组织了金鹏科技论坛等各项活动。还邀请著名专家来学校作报告，扩展学生视野。

这些活动的开展激发了青少年学生的创新精神、培养了实践能力，提高了组织素质。这是学校开展综合实践活动课程的重要的部分。

（四）制定综合实践活动课程评价方案

1. 评价方式

综合实践活动课程的评价主要是通过师生在活动过程中的摄影摄像、绘画作品、活动记录（档案）、报告、实物展览、手工制作、讨论交流、成果展示等形式，以及调查报告、书面总结、活动心得的书面汇报、活动作品展示、墙壁板报、活动过程的个案展示、实践技能考核、观察记录等方式进行，以全方位展示师生活动过程的全貌和学生的综合素质。

2. 评价方法

教师评价学生主要运用观察、记录、查阅档案等方式方法，教师根据活动记录，以激励为主，提倡"激励式评价"。在学期末给每位参与的学生以恰如其分的肯定和鼓励。

3. 评价内容

对学生进行"综合实践活动课程"评价分析,不仅关注学习活动的结果,更关注学习沿途的"风景",也就是说需要看学生在活动中获得了些什么。还应看他们对活动开展在知识、技能、方法、材料、工具以及心理意识等方面的准备状况,在活动展开过程中所表现出来的兴趣、爱好、特长、所投入的精力以及探索创造欲望等。

北京景山学校"综合实践活动课程"学生评价表

班级　　　　　　　　　　　　　　　　　　　姓名

活动内容	活动时间	最终评价	
评价目标	评价等级		
	自评	小组	教师
了解本次实践活动的具体方法,并认真地做好活动之前的准备工作。			
根据收集到的信息,初步制定自己的活动计划和方案。			
活动中,能遵守学校和相关单位的规章制度。			
遇到困难时能主动与同伴、教师进行交流,共同寻找解决问题的对策,倾听并采纳同伴或老师的合理建议。			
整理完整的活动资料,包括访问或观察提纲、访问或观察记录、体验、活动总结、活动过程的音像资料,并将资料放入综合实践活动成长档案袋。			
完成老师布置的报告、填写问卷、观后感等。			

说明:(1)"评价等级"分为ABCD四级,A优秀,B优良,C合格,D不合格。
　　　(2)最终评价是以自评、小组评价及教师评价的均衡评价为结果。

（五）安全教育始终渗透于"综合实践活动课程"的各项活动之中

安全问题是综合实践活动课程实施过中必须考虑、必须解决的现实问题。基于学生学习的场所从校内转到校外，很容易引发安全事故。因此我们必须在每项活动中渗透安全教育，而且绝不能是简单的说教。如何在各项活动中渗透安全教育呢？我们可以让学生自己根据本组的活动内容和活动环境制定活动安全公约的方式进行。

附：北京景山学校学生活动安全公约

一、活动准备阶段

1. 准时到达集中地点，路远的同学由家长护送；
2. 步行要走人行道，过马路要走人行横道，过十字路口要看清红绿灯；
3. 自己的财物自己保管好。

二、活动实施过程中

1. 所有组员要到指定活动地点活动，不能擅自离开"工作岗位"；
2. 严格遵守活动场所的各项规章制度；
3. 不与同学发生冲突，若有矛盾，妥善解决；
4. 不能大声喧哗，不能追逐奔跑；
5. 保护环境，不乱扔垃圾；
6. 雨天路滑，小心行动。

三、活动结束后

准时到指定地点集合，由家长接送回家。

四、突发事件应急措施

1. 遇到同学或陪同家长未准时到指定集中地点，组长要及时用电话联系，联系不到要及时请示活动指导教师，再作处理；
2. 遇到大雨、大风等恶劣天气，取消预期活动，并及时通知所有组员和陪同家长，活动时间另定；
3. 在活动中遇到大雨、大风等恶劣天气立即停止活动，及时找安全的地方避风避雨，不要在树下、电线杆下躲避，避免遭到雷击；
4. 在活动中如有身体不适，立即通知活动指导教师；
5. 在活动中发生安全事故，立即停止活动，及时通知活动指导教师。

三、收获与思考

（一）收获

1. 开展综合实践活动教育是景山学校改革的重要内容。

注重综合实践活动教育是景山学校全面、自觉贯彻教育方针的具体体现，是学生成长过程中不可缺少的一项课程，是景山学校始终坚持的重要原因。

2. 综合实践活动课改变了学生的学习方法，提高了学生学习的兴趣。

在教师的带动下，学生积极主动地参与综合实践活动。通过综合实践活动，使学生进一步认识到知识的价值和应用的重要，体会到运用知识解决日常生活实际问题的快感，促进学生学习兴趣的提高和学习方法的提高。每次实践活动后学生都将自己的收获和体会进行分享和交流。在对综合实践活动课程的问卷调查结果显示，有超过92％的学生很喜欢这门课，有87％的学生反映"有综合实践活动课程"这天，心情都会很好。

杨兰淑仪同学说："这门课大家都很喜欢，通过这门课可以开阔眼界，增长才干，可以学到自己感兴趣的知识。"

六（1）班秦君然同学的家长在给学校的信中写道："通过这些活动，使原来一直是两点一线之间活动的学生，以恰当的方式接触社会，培养和锻炼了他们独立自主分析、解决问题的能力，而这些恰恰是无法从书本中得到的。"

七年级语文老师王海兴说："开设这门课后，许多同学的写作水平都有了提高，同学觉得有的可写了，材料丰富了。"

3. 综合实践活动课程的实施提高了学生理论联系实际的能力，以及发现问题和解决问题的能力，培养了学生的创造精神和能力。

近几年学科、科技类获奖情况统计表

	学科			科技			
	全国	全市	全区	国际	全国	全市	全区
2004	17	122	71	金牌4 银牌8	8 (金牌2块)	33	80
2005	18	55	0	3	12	107	131
2006	21	131	0		11	18	44
2007	0	100	0	4	2	26	87

中学生奖项统计表

奖项	北京市金、银帆奖	金鹏科技奖	金牌	银牌	中学生十佳	市长奖	国际竞赛金牌	国际竞赛银牌
奖数	21块	12块	12块	11块	4人	2人	7人	12人

学校也被评为北京市首批"金鹏科技团"、"北京市中小学生科技示范校"、"奥林匹克示范校"。

4. 社会实践活动课程增加了学生接触社会、了解生活的机会，丰富了他们的社会经验，在活动中培养了他们的社会责任感、服务意识、独立自主的意识和团结协作的精神。家长问卷调查中，有83％的家长支持社会综合实践活动课程的开设，并且有88％家长认为学校很重视在活动中培养学生的团队精神。

（二）思考

1. 综合实践活动课程是学校教育不可缺少的一部分，其实施必须从学生实际出发，注重实效性。

在实施中，我们深深体会到，要开好、上好综合实践活动课并不是一件容易的事，决不是通过办几次专题讲座或几次观摩、培训、外出活动就能做好的。要转变传统的教育观念，实现新课程实施的目的，不能仅局限于转变

学校领导和教师思想观念，还应考虑到学生、家长和社会环境等。特别是通过亲身体验实践过程，在实践活动中逐渐转变教育教学思想、教学方法和手段。在课程实施过程中不断完善管理策略和评价体系；逐步规范实施办法，进一步提高中小学综合实践活动课程实施的实际效益。

2. 综合实践活动课程应充分开发校外教育资源，发展壮大校外指导教师队伍。

由于"综合实践活动课程"的综合性和实践性，其涉及的内容领域广、活动范围大，有的活动主题涉及某一行业、某一专业，具有较强的专业性，现有的学校教师无法满足活动指导的需要。因此，学校因地制宜扩充指导教师队伍，聘请学生家长、社会热心人士和社会资源单位专业人员来满足学生的发展需要。

3. 综合实践活动课程应充分挖掘德育功能。

在综合实践活动课程的实施过程中，应该充分、有效地发挥活动的教育功能和德育因素，这样，可以使学生在综合实践活动课程中不仅掌握了知识，提高了兴趣，还自觉地接受了教育。

综合实践活动课程内容不是单一的学科知识体系，而是一项教育课程，是个人、社会、自然的综合，体现了科学、艺术、道德的内在综合；学生学习的内容是在教师的指导下，在社会和自然中，发现问题、提出问题、积极寻求解决问题的方法，探求结论的自主学习过程。它为学习者发挥个性特点和才能提供了广阔的空间，也为学习者提供了一个自我教育的空间。我们将在以后的工作中继续对其进行深入的研究与探索，从而为学生的全面发展奠定基础，真正实现我校"全面发展打基础，发展个性育人才"的办学理念。

数学好"玩"
——记一堂别开生面的数学活动课

郝立萍

一提起数学,有些学生不禁皱起眉头。那么,如何提高学生学习数学的兴趣呢?难道数学真的枯燥无味吗?其实不然。《数学课程标准》指出:"数学是人类的一种文化","数学学习应该是现实的","学生的数学学习活动应当是生动、活泼的、主动的和富有个性的"。为了培养学生浓厚的学习数学的兴趣,为了进一步开阔学生的数学视野,从而提高学生的数学素养,我校进行了有益的尝试——在六年级开设了"数学活动课"。在数学活动课的教学中,我十分重视挖掘生活中与学生密切相关的数学题材,使学生体会到数学来源于生活又回归于生活的怀抱。同时还注重体现数学中的人文因素,使学生在学习数学过程中陶冶情操。在教学实践中,我体会到学生非常喜欢这样的教学活动。如在《拼板活动》一节的教学中,同学们用智力七巧板、益智图(15块拼板,与七巧板类似)进行拼图活动。学生的拼图活动分以下几个层次进行:

第一层次 利用智力七巧板根据所提供的图样照样拼搭(此层次的目的是让学生熟悉七巧板拼搭规则:不重复,无缝隙)。

第二层次 利用智力七巧板根据只有轮廓线的图形拼搭(在此层次中,学生要首先通过观察,分析出用哪几块七巧板拼图)。

第三层次 无命题的自由拼图(学生利用七巧板,通过自己的想象拼出图形,并与其他同学交流自己的设想)。

此时，有的同学拼出正在跳舞的少女，有的同学拼出烛台，还有的同学拼出新式武器……同学们都展开想象的翅膀，充分发挥手中的七巧板，进行自主拼图。每当学生拼出新颖的图案时，其他同学都会发出"啧啧"的赞叹声，有时还情不自禁地爆发出阵阵掌声。被夸赞的同学更是无比自豪，这不正是培养学生自信心、敢于创新的大好时机吗？学生在此层次的活动中，发挥了自己的主动性，展现了自己的个性。

第四层次　有命题的自由拼图。

在前面三个层次的基础上，学生基本上熟悉了拼图的技巧，并对拼图产生了浓厚的兴趣。这时，教室里播放起配乐诗朗诵《枫桥夜泊》。

月落乌啼霜满天，
江枫渔火对愁眠。
姑苏城外寒山寺，
夜半钟声到客船。

伴随着悠扬的乐曲，学生进入了诗中的意境。接着请学生用语言描述出诗中的景色。然后，学生以四人为一组，利用益智图拼出诗中的意境。每组的四个同学先讨论拼图的设想，大家你一言、我一语，积极参与。当设计好拼图的意图后，又开始利用15块拼板构造图形。待同学们拼好之后，各组请一名代表向全班汇报本组拼图的意图并展示作品。只见，有的组拼出了《枫桥夜泊》一诗中所描写的残月西沉，有的拼出诗中的山寺钟声，还有的拼出诗中静静的客船……之后，再请同学们对图吟诗，此时的诗情画意令人陶醉，课堂气氛达到了高潮。

最后，请学生进行小结，谈谈今天的收获。有的学生谈到："图形可以组合与分解。"有的同学谈到："图形太好玩了。"还有的同学说到："数学课上还可以和古诗联系起来，数学还挺有意思的。"等等。通过学生的言谈，我发现学生们非常喜欢这样的教学形式和内容。他们在动手实践的过程中，体会到了数学的好"玩"之处，由此对数学产生了兴趣。"兴趣是最好的老师。"学生对数学产生了兴趣，也会将此带到今后的数学学习中。此外，将古诗词与几何图形相结合，使学生领略到知识间的内在联系及数学知识的奥妙无穷。

整节课中，学生一直处于愉悦的氛围之中。他们主动参与教学活动，不知不觉在"玩"的过程中，提高了对图形的观察能力。更重要的是，学生通过拼板活动，领略到了通过几何图形的拆分可拼出千姿百态、各式各样的图形，提高了学生对图形的感性认识，从而为今后上升到理性认识打下了基础。

通过本节课的教学，使我深深地体会到，教学中要培养学生的创新意识，首先教师要具有创新精神，要敢于在教学中改变传统的教学内容和模式，在课堂上给予学生更多的学习自主权，让学生拥有更多的思考探索的空间。

建构初中语文探究式活动课程的实践与思考

周 群

一

《校本课程资源开发指南》中指出:"学校要根据国家的教育方针、课程管理政策和课程设置要求,针对学生的兴趣和需要,结合学校的传统和优势,充分利用学校和社区的课程资源,开发校本课程。要着眼于发展学生的兴趣、需要和特长,关注学生的个性发展,充分体现师生的自主性和创造性,使其具有鲜明的学校特色。"

我认为,校本课程的资源开发,归根结底,是"人"的"资源"开发,其中蕴含着以人为本的科学发展观。而课程开发者所有工作指向的核心是受教育者,即学生。

2001~2002学年度第二学期,我进行了建构初中语文探究式活动课程的尝试,自行开发了"关注北京传统文化"的校本课程,并完成了第一轮的试教实验。2003~2004学年度第一学期,我进行了第二轮的试教实验。2005~2006学年度第二学期的第三轮试教实验,则是以东城区"蓝天工程"提供的区域文化资源为依托,开展学生的探究式活动。2001~2002学年度第二学期,我进行了建构初中语文探究式活动课程的尝试,开发了"关注北京传统文化"的校本课程。

该课程具有如下特征:

第一，有明确的目标体系和内容体系。

以第一轮试教实验为例：

该课程面向我校八年级 5 班的全体学生开设。在"关注北京传统文化"的总课题下面，按照学生需求分为"老字号"、"老北京的小吃"、"京剧在青少年生活中的地位"、"北京的胡同"、"北京的四合院"、"老北京的玩艺"、"老北京建筑的门和窗框"、"门墩儿"八个子课题。学生按照不同兴趣结成活动小组，开展探究式学习。

第二，有活动的计划、活动的师资、活动的时间、活动的空间等措施保证。

活动的计划——教师制定总课题研究计划，各活动小组根据总计划和本组活动内容的具体特点，制定子课题研究计划。

活动的师资——由任课语文教师、教科所专家、北京幽燕文化工作室（研究老北京文化的民间团体）专家（第二、三轮试教实验均由北京史研究会专家指导）以及班主任组成。

活动的时间——全学期共进行 17 个教学周，每周两课时。

活动的空间——课内与课外、校内与校外、现实的社会生活与虚拟的网络平台。

第三，以"活动"为中心设计课程，以"活动"为载体实施课程，充分体现了综合性与实践性。

不论是全班的总课题，还是学生分组的子课题，均以活动为主要的实施形式。如举办专家系列讲座，开展问卷调查，进行人物专访、实地勘察，进行资料搜集、查询、整理，在网上互动交流，参观民俗展、博物馆、社区文化展，办专题讲座，制作网页或展板以展示成果，完成子课题报告，分阶段进行开题报告会、中期汇报会、结题报告会，等等。活动中突出学生的主体性，尊重学生在学习过程中的独特体验，强调在大量的语文活动实践中使学生掌握运用语文的规律。

总之，我借鉴了研究性课程的具体实施方法，让探究式学习方法贯彻了课程选题、开题、实施、结题的全过程。

二

(一) 应不应该建构这样的课程

顾名思义，初中语文探究式活动课程就是以语文实践活动为基本形式，组织学生围绕相关语文的内容进行探究式学习的一门课程。那么，在初中阶段，究竟应不应该建构这样的课程呢？答案是"理所应当"。

《全日制义务教育语文课程标准》（以下简称《语文课程标准》）对九年一贯制语文课程的性质、地位与课程的基本理念均有极为深刻的表述。《语文课程标准》强调工具性与人文性的统一是语文课程的基本特点，认为"语文课程应致力于学生语文素养的形成与发展"。挖掘"语文课程丰富的人文内涵"，"重视语文的熏陶感染作用"，"尊重学生在学习过程中的独特体验"。认为学生的实践能力应当在大量的语文实践中得到培养，在语文课程的学习过程中应当"积极倡导自主、合作、探究的学习方式"。

这样美好而理想的境界，没有课程建设作为支撑是不可能达到的。《语文课程标准》对语文课程建设作了进一步描述："语文课程应植根于现实，面向世界，面向未来。应拓宽语文学习和运用的领域，注重跨学科的学习和现代化科技手段的运用，使学生在不同内容和方法的相互交叉、渗透和整合中开阔视野，提高学习效率，初步获得现代社会所需要的语文实践能力。""语文课程应该是开放而富有创新活力的，应尽可能满足不同地区、不同学校、不同学生的需求，并能够根据社会的需要不断自我调节、更新发展。应当密切关注当代社会信息化的进程，推动语言语课程的变革和发展。"

建构"初中语文探究式活动课程"的理论依据基本上由此可寻。若是展开论述，还可以延伸到学习心理学、校本课程的开发原理等层面。针对当前基础课程改革实践中的实际问题，我们应当有如下认识：

1. 初中语文探究式活动课程有别于语文学科课程。

语文学科课程与语文探究式活动课程同属于语文课程,但具体而微地加以比较就能得知,二者的课程功能、目标指向、教学内容体系、教学组织形式等指标均有差异。

与语文学科课程中的活动教学相比,语文探究式活动课程更能体现大语文观,具有跨学科性和综合性;在目标和内容方面,语文探究式活动课程也比学科活动教学更广泛。语文学科课程虽然也提倡个性化学习,但是毕竟受客观存在的统一性的制约。而在语文探究式活动课程中,学生个体从兴趣出发选择探究对象,对学生的发展水平也允许有较大差异,这样就能够满足学生个性化学习的需求。语文学科课程中开展探究式活动学习,短则在一堂课内完成相关的探究式练习,长则至多为持续几周的语文综合活动,探究式活动更多的是一种辅助手段,且受时间和空间的局限,因此,对问题的探究,从广度与深度上看均显得单薄。而初中语文探究式活动课程则是把培养学生掌握探究式学习方法放在显著的位置,学生主体的探究活动始终占据主导地位,并贯穿于整个学习过程。

以"关注老北京"语文探究活动课程为例,我们从其课程体系中不难感知其跨学科性和综合性,它涉及历史、地理、艺术、文化、民俗、美学、建筑、环境等学科,对老北京文化现象的探究甚至具备人类社会学研究的雏形。从其目标体系中我们能够感知其目标与内容的广泛性,不仅要了解老北京文化的相关知识,而且还要学会关切,培养人文情怀……这样的探究式学习活动在语文学科课程中是很难实现的。

总之,与语文学科课程相比,语文探究式活动课程拓宽了学习的领域,加深了探究问题的深度,有利于发挥学生的学习积极性和自主性,能有效地促进学生的语文综合能力和综合素养。

2. 初中语文探究式活动课程与初中语文课外活动及语文选修课之间有本质的区别,不能互相取代。

初中语文探究式活动课程是被纳入语文课程体系中的一种课程形态,隶属于语文活动课程,它有相对完善的目标、实施原则、内容、方法以及评价管理办法。有别于初中语文课外活动和语文选修课，初中语文探究式活动课程是面向全体学生的必修课程，不带有选拔性质，要求所有学生都要参加学习，并使其能力在原来的基础上有所提高。以"关注老北京"语文探究活动课程为例，实验班全体学生必修此课程，以若干研究小组的形式全员参与。以同年级选修课作比照，学校同时开设数学提高、英语口语、古代建筑、游泳、篮球等选修课。语文选修课则以"戏剧文学欣赏"为课程内容。学生可根据自己的兴趣自由选择选修哪一门课程。而在课外活动中，我校组织的朗诵社团则带有一定的选拔性，目的是要发展某些学生的朗诵特长。由此可见，在初中基础教育阶段，语文（探究式）活动课程与语文选修课、语文课外活动都有存在的必要。而初中语文探究式活动课程被正式纳入学校课程体系，使课程实施处于行政部门有效的监控之下，客观上起到了减少教学中方方面面的任意性。

结论一：应该在初中语文阶段建立"初中语文探究式活动课程"。

（二）能不能建构这样的课程

在解决了"应不应该建构这样的课程"问题之后，我们又面临新的困惑——能不能建构这样的课程？

这样的困惑首先表现在当前初高中的语文学科课程教学实践中。一些人对初中语文教材中出现的探究式练习、带有探究性质的语文综合实践活动，以及高中阶段的研究性课程等感觉束手无策，认为探究式学习、研究性学习的理念虽好，但是在教学中不易贯彻、落实。带着这样的心态，面对建构初中语文探究活动课程的话题，也很容易心生疑虑，感觉建构此类新课程更是难上加难。在实际教学中，语文学科的研究性课程往往流于形式，收不到实效。

"关注北京传统文化"校本课程的开设已经证明：建构此类活动课程是完全可行的。我以语文教师的身份建构课程，除了学习必要的理论外，考虑得最多的就是：什么样的课程内容能够将探究式学习方式与语文实践活动有机地结合起来？我认为，建构此类活动课程的关键是要建立大语文观。如果忽略了语文活动课程的综合性，不打破学科本位的壁垒，至多是能够开发出使语文单一学科的知识体系得以拓展的课程，不能够建构真正有意义的语文活动课程。建立大语文观可以帮助我们将视线投向广袤的社会生活空间，为语文探究式活动课程寻找恰当的文化载体。有了大语文观，就能够深入理解《语文课程标准》的文字内容。除了前文所引用的关于课程建设的思想，《课标·课程资源的开发与利用》还为我们提供了挖掘语文教学资源的思路。"关注北京传统文化"这一课程做到了《语文课程标准》所提倡的开发社会、人文方面的本地资源，将工具书、其他图书、图书馆、博物馆以及"文物古迹、风俗民情、地方的重要事件"等都作为教学资源。

以"关注北京传统文化"探究式活动课程为例，我们可以将此类课程设计的流程制作成模板——要素之一的探究式学习是有规律可寻的。如果借鉴研究性课程的做法，就更是可以形成流程。要素之二的其语文实践活动方案也是可以被策划执行的。我们先用探究式学习的方式和语文实践活动这两个要素，将初中语文探究式活动课程的框架建构起来，这就好比大厦有了钢筋的屋架。那么，语文教学资源，就好比是建筑物的基石与砖瓦。我们要做的就是寻找精良的材质，将大厦建得富丽堂皇。

结论二：完全能够在初中语文阶段建立"初中语文探究式活动课程"。

（三）应当为这样的课程确定什么样的高度

各地方初中语文活动课程的开发前后已经历不少年月，但是从发展的眼光来看，做得依然不够，特别是当前初中语文活动课程中探究式学习的部分多数都属于"短、平、快项目"，对语文活动课程的目标从高度上难免冲击得不够。在此情况下，我通过"关注北京传统文化"这一课程的实践，建构了初中语文探究式活动课程，连续三轮开展试教实验，使这一课程从四个方面作了高度上的冲击。

1. 试图具备一定文化内涵的高度，以"关切"为课程的精神内核，传递人文情怀。

2. 试图拓开初中探究式学习的新路，使探究式学习方式从在语文学科课程中的配合地位提升到语文活动课程中的主要地位。

3. 将专用网络平台作为新课程类型的有机组成部分，以及语文探究式活动课程实现互动交流的平台。

4. 在挖掘课程资源的同时，重视人力资源的开发与利用，试图建构语文课程互动关系新模型。

课程实践证明：上述目标是可以达到的（如何达到这个高度以及效果的描述详见下文）。对课程目标进行高度方面的冲击其意义有二：一是对初中该年龄段学生的综合能力和语文素养有了评估的机会；二是反过头来，对语文学科课程中的探究式学习、语文综合活动的开展具有指导作用。

（四）如何达到所确定的高度

1. 选好基石——开发具备丰富人文内涵的课程资源。

初中语文探究式活动课程作为语文课程的一种类型，应当具备丰富的人文内涵。这种人文内涵需要课程内容作为载体。如果说前文将课程内容比喻为大厦的基石尚算贴切的话，那么，丰富的人文内涵就好比材质所具有的精良特性，绝非点缀之物。丰富的人文内涵能够使受教育者——学生受到潜移默化的影响，在人格、道德、价值观、世界观等方面受益终身。

《语文课程标准》提供了开发课程资源的思路，但是寻找合适的文化载体行为本身是需要课程开发者的思想觉悟、自身文化素养作品质保证的。以"关注老北京"活动课程为例，追寻人文情怀传递的来龙去脉，相信可以对此类课程开发建设的思路有指导作用。

作为一名语文教师，我自信有强烈的人文情怀，也相信这种人文情怀是可以通过某种形式被传递给下一代的。但是将"关切"作为课程的精神内核确定下来是经历过一番变化的。"起初，面对着高楼林立、钢筋水泥土建构的这个都市，我常常惊叹老北京消亡的速度之快，消亡的面积之大。我想，再过百年，甚至更短的时间，北京这个古老都城将面目皆非。痛心疾首之余，我萌生了带着我的学生用各种方式'记录消失中的老北京'的念头。应当说，带领学生开展这样的语文实践，教师要充当的不仅仅是'导师'的角色，更多的是要跟学生们一起扮演历史见证人的角色，并在这个过程中将人文情怀传递给学生。学生们呢？也决不是仅仅意味着被动地接受老师的教导，更多的是见证历史，并将人文情怀承载下去。"——这段文字摘自《"记录消失中的老北京"语文活动课的初步设想》，真实地记载了启动阶段我有意识地融入人文情怀的想法。这不是贴标签式的想法，而是我发自内心的反思。

在接下来的课程实践中，人文情怀更是被有意识地强调、放大。学生通过具体的活动逐渐地学会以"关切"的心态去"关注"身边的老北京文化。不仅仅是关注，还有反思。第一轮试教实验中，门墩组的同学们会为精美的门墩遭到破坏而叹息；小吃组的赵忆慈在课程进行了半学期的时候，在论坛里跟帖，感慨悟出来的一个道理："这门课程并不在意最终的结果，而是要教我们在将来也能关注这些现象。"京剧组做了大量有关京剧在青少年中地位的问卷调查后开始思考，分析"作为国粹的京剧艺术正在远离青少年人群"这一现象产生的原因。第二轮试教实验中，中国书店出版社总编马建农先生的专题讲座从北京史的角度，缕清了北京传统文化与未来新北京文化的关系。他积极倡导构筑适应时代发展的新北京的首都文化体系，对学生们的思想产生了不小的影响……这些都说明人文情怀通过鲜活而富有生命力的课程内容传递给了学生。应当强调的是：在选定课程内容的时候，要争取使内容贴近生活，并且富含历史文化沉淀的精华，能够经得起反复推敲研究，有深入挖掘与思考的价值。

2. 授之以渔——教会学生探究式学习的方法。

由于语文探究式活动课程对学生来说是一门全新的课程，加之又借鉴了研究性学习的具体实施办法，因此，教师要扮演好"引路人"的角色，教会学生完成这门课程所必须的一些方法，引导整个课程按照正轨的流程不断推进。"关注北京传统文化"第一轮试教实验课程一开始，我就请教科所的袁老师为同学们讲解探究式活动课程的特点、课题开题报告的格式与要求等，力求课程一开设就进入正轨。在学生分小组制定了子课题计划之后，我邀请教科所专家和学校领导参加，召开课题申报的答辩会，由专家、领导和学生共同质疑，帮助各小组修正自己的探究式活动方案，让学生在严谨而热烈的研究氛围中受到科学精神的影响。当中期阶段"北京幽燕文化工作室"的成员介入课题之后，马上召开中期汇报会，纠正前一阶段探究式活动课程出现的问题，并由首都图书馆北京地方文献部主任王炜老师给学生讲解如何进行资料积累。结题阶段我利用网络平台辅导学生完成课题报告，不仅推荐有关研究性学习的网站和相关资料，还会同所聘请的专家在网上共同对学生结题阶段的问题予以指导。

在这个过程中，教师不仅要教学生关于探究式学习有形的方法，更要注意引导学生在实践中实践探究式学习的方法，感知发现问题、分析问题、解决问题这一过程中的探究精神。当学生遇到困难时，不急于给出解决问题的答案，而是提供解决问题的思路。如京剧小组的成员在统计完相关调查的数字后，对如何归纳、得出结论产生困惑。这时教师给他们提供的帮助就是指点应当向哪些部门或人群请教。结果学生韦美仪将统计结果发表在网上的中国京剧论坛、北京风物网等论坛上，得到了戏迷和"北京幽燕文化工作室"的大力支持，形成互动的讨论交流，最终很好地对统计结果进行了分析归纳，完成了一份高水平的调查报告。这个事例展示了在此类语文活动课程中，学生探究式学习的方法与探究精神的是如何形成的。

3. 搭建桥梁——以网络为沟通的媒介，实现资源共享与互动交流。

开设"关注北京传统文化"语文探究式活动课程的教学班本身就是"计算机与学科整合"课题的实验班，学生利用网络完成信息检索、实现资源共享的技能早已不在话下。在此次语文探究式课程的实践中，网络平台被视为新课程类型的有机组成部分。在大语文观下，如何利用网络开展互动交流呢？我认为，教师的责任之一就是为学生开展探究式学习的实践提供性能指标良好的网络平台（BBS）。

应当指出的是，能够作为探究式语文活动使用的网络平台（BBS），其性能指标应当包括三个参数：一是技术指标，包括网络环境下平台所能实现的功能、平台维护的水平等；二是论坛的风格与水平，特别是论坛的水平，受参与论坛活动的成员的综合能力、知识水平与文化修养的制约；三是论坛与探究式语文活动的亲和力。这里需要展开分析：如果是单独为学生活动建制网络平台，就要考虑是否能保证吸引人气，保证学生能够与外界沟通顺畅，而不把互动交流仅仅局限在参与语文探究式活动课程的师生之间。如果是利用网络上已有的相关论坛，则要考虑学生的实践活动与论坛原有的风格是否能够协调，既能够开展有效的互动交流，又不致使学生在茫茫网络中淹没了自己的声音。

"关注北京传统文化"语文探究式活动课程采用的是后一种做法——利用北京风物网已有的BBS作为学生实现资源共享与互动交流的平台。论坛的功能虽略显单一，但是这里有良好的人文环境："北京幽燕文化工作室"的主要成员经常在这里交流信息，展开对老北京文化的研究。最为有利的一点就是，由于"北京幽燕文化工作室"的成员被聘为学生活动小组的专业导师，直接参与了"关注北京传统文化"的课程建设，他们对学生的加入非常欢迎，并在互动交流中扮演着极为重要的角色。学生以"北京风物网"论坛为网上活动的大本营，论坛不仅发布各活动小组的课题进程记录，小组（含个人）与导师之间、学生与教师之间、小组与小组之间、小组与课程外其他人员、导师与教师之间、其他人员与教师之间等均展开互动交流，活动具备了相当的质量和水平。

由此可见，网络平台应当成为初中语文探究式活动课程的有机组成部分。

4. 甘为人梯——准确定位师生关系，大力挖掘社会人力资源。

关于在研究性学习中的教师角色变化问题已经有充足的讨论，认为教师是学生学习的参与者、指导者、组织者和促进者、共同指导学生学习的合作者、校内外教育教学资源的开拓者等。从课程开发的角度看，教师还是校本课程的开发者。这些问题均已成定论，不再一一展开论述。"关注北京传统文化"课程的开设使师生关系得以重构，反过来又带动了语文课堂教学的面貌的改观。除此之外,"关注北京传统文化"课程还有一个很突出的特点,就是实现了社会人力资源的深度开发,具有一定专业知识的人士被吸纳到语文实践活动中来。第一轮试教实验中,"北京幽燕文化工作室"的成员有:首都图书馆北京地方文献部副主任、首都博物馆专家龙啸天、首都师范大学历史系学生以及北京电视台节目编辑、北京民俗学会会员等,他们喜爱老北京,愿意为传播老北京文化做点实在的事情,志愿作为"关注北京传统文化"课程的专业支持。他们一(人)对一(组)地完成对学生的相对专业指导。幽燕文化工作室的加入促使"关注北京传统文化"语文探究式活动课程对问题探究深化,活动的整体水平有了较大提高。而第二、三轮试教实验更为规范,从课题的开题答辩,到系列专题讲座、课题报告的修改与答辩,课题的导师全部由北京史研究会的专家担任,其中包括中国书店出版社的总编辑、北京社科院历史研究所所长、研究员、北京地方志办公室主任等。另外,学生们"走出去"的做法还得到兄弟学校的大力支持,我校分部、北京育英中学、北京第166中的老师和学生都给活动小组的调查以充分支持。在走出校门的参观访问活动中,接待单位热情诚恳的态度也让我认识到社会的有识之士对"北京传统文化"传承的高度重视。这其中蕴涵的人力资源需要花大力气进行整合。在第三轮试教试验中,东城区"蓝天工程"各个资源单位的主管领导、北京史研究会的专家、北京市档案馆的专家,均参与到"关注北京传统文化"课程的实际教学工作中。他们从不同的视角对学生开展北京传统文化的普及工作,对学生的教育既感性,又非常深入。

　　学生家长也应被视为人力资源的一部分。因为校本课程的开设离不了家长的大力支持,想办法取得家长的理解是必须的。我的做法是:在开课前印发家长信,向家长通报即将开设的课程其性质、意义、内容与所需的物质与时间条件等情况。强调通过这门校本课程的学习,"学生亲身参与实践活动,关注北京传统文化的方方面面,使他们对北京传统文化有了全新的认识。这样的实践活动影响了这些青少年将来对人文、地域文化的认识,是培养复合型人才的重要方法"。这样宣讲的结果是,家长不仅支持孩子参与校本课程组织的各种活动,而且还主动为教师提供新的教学资源。比如2003年第一轮试教实验中,学生刘澈的家长主动为我们联系了老字号"全聚德",请党委书记为孩子们讲"全聚德"的历史。

由此可见,在建构初中语文探究式活动课程的过程中,应当高度重视挖掘社会人力资源,使之发挥强有力的专业支持作用。一方面,教师以及学校相关部门应当加大活动课程的宣传力度,通过课程的人文内涵吸引人力资源;另一方面,这些人力资源辐射开去,将带动更多的力量加入到课程建设中来,最终形成强大的专业支持力量。而教师自身要有甘为人梯的精神,与学校、家长、社会人力资源等配合协调形成合力,为学生开展语文探究式活动创造条件。

另外,课程开发者与教学实践者还应当注意两个问题:一要重视为学生提供知识支持,建立相应的文本资源库,并随时进行补充;二要重视积累——充分利用教学实时产生的动态教学资源。这两点也是准确定位语文探究式活动课程中的师生关系,教师要"甘为人梯"这一理念内涵的重要组成部分。

学生在课程学习实践中,需要得到强有力的知识支持。校本课程的开发者和教学的实践者不一定在知识方面全知全能。因此课程开发者务必要为学生建立相应的文本资源库。我先后投资几千元,陆续购置北京传统文化方面的书籍百余册,知识方面能覆盖学生的各种子课题,方便学生借阅查找资料。

在教学实践中会产生大量的动态教学资源,教师应当高度重视这些资源的积累与利用。比如,"关注北京传统文化"校本课程的试教实验中,学生完成了许多高质量的调研报告,写了大量的活动记录。一方面,教师要自觉地及时利用这些不断产生的动态教学资源,使学生之间积极展开交流互动;另一方面,教师还要有目的地积累这些鲜活的教学资源,为长期的教学实践作准备。我的第二、三轮试教实验中,就为学生提供了大量的前一轮试教积累的子课题活动样本,效果事半功倍。当然,这些动态教学资源不仅以文本的方式存在,还应当包括音频、视频、图片等各种形式的资料。这些动态资源的意义不仅仅针对课程本身，更是学生自我教育的最佳素材。

综上所述，"关注北京传统文化"语文活动课程的实践证明：在基础教育阶段开设"初中语文探究式活动课程"是必要的，同时具备可行性。"关注北京传统文化"课程实践特别对语文活动课程的目标从高度上进行了冲击，课程具有丰富的人文内涵，探究学习做得比较扎实，课程实践活动形式多样，学生在实践中提高。今后，将以"关注北京传统文化"课程为基点，对建构初中语文探究式活动课程继续进行尝试，力求形成相当规模的"初中语文探究式活动课程"类型的校本课程。

新课标指导下的诗歌、文言文教学方法新探

王海兴

一、实验背景

《语文课程标准》提出:"学生是学习和发展的主体。语文课程必须根据学生身心发展和语文学习的特点,关注学生的个体差异和不同的学习需求,爱护学生的好奇心、求知欲,充分激发学生的主动意识和进取精神,倡导自主、合作、探究的学习方式。教学内容的确定,教学方法的选择,评价方式的设计,都应有助于这种学习方式的形成。语文综合性学习有利于学生在感兴趣的自主活动中全面提高语文素养,是培养学生主动探究、团结合作、勇于创新精神的重要途径,应该积极提倡。"

不难看出,修订后的《课程标准》避免了以往过分强调思想性或文学性的倾向,明确提出要培养学生的语文能力。其中,有两点最为突出:一是实现教学上的主体性;二是发展学生的个性特长。语文教学要坚持知识传授、技能训练和智力开发的整体教育;要坚持学用结合,知行统一,实现知识能力的不断迁移。

正是在《课程标准》的指导下,我校自编第十三册《语文》课本对本学期教学提出了新的要求:(1)加大指导团结合作、自主自学的力度。(2)指导学生认真阅读课文,重视自主学习方法的培养。与第十一、十二册相比,本册把培养学生自学语文的基本习惯和初步能力放在了首位。

在这种方针的指导下,并结合本册书的授课内容,我主要进行了以下实验。

二、实验内容

（一）古典诗词赏读基本能力培养

本册第二单元是："赏读中华古诗词"，目的是让学生通过诵读、品味古人诗词，享受古诗词语言的美妙，提高朗读的兴趣和朗读的表现力。

众所周知，诗歌是一种高度凝练的语言艺术，尤其是中国诗歌，更讲究语言的含蓄内敛，作者的内心感情，往往隐藏于其精心选择营造的意象之后。对于七年级学生而言，机械式的背诵不成问题，难就难在如何透过表象去把握诗人寄托于其中的感情。作为教师，应该传授给学生一些具有相对普遍性的诗歌解读方法，让大家有章可循，有法可依。

为了达到这个目的，结合小学至六年级背诵过的八十首左右的诗歌，我首先从写作内容出发，对中国古代诗歌的分类进行了讲解。具体如下：

1. 边塞诗：A：戍边报国　B：渴望安定　C：思念故乡
2. 山水田园：A：赞美河山　B：热爱生活　C：闲适安逸　D：超脱避世
3. 咏史诗：A：借古讽今　B：评价史实
4. 羁旅赠答：A：互勉自慰　B：漂泊感伤　C：思念亲人
5. 写景咏物：A：借景抒情　B：托物言志

以上分类虽然略有交叉，但大致看来，还是基本能够反映我国诗歌内容上的特点的。类别梳理完后，我留了一个作业，让大家预习本单元诗词（假期中已经要求背诵），并依据刚刚学过的知识，从写作内容角度对这些诗歌进行简单分类。作业交上来后，我发现结果比我预料的要好，多数同学比较成功的完成了作业，他们把诗歌分成以下几类：

1. 边塞诗：A：《使至塞上》、《白雪歌送武判官归京》、《雁门太守行》、《从军行七首（其四）》
2. 山水田园诗：B：《过故人庄》
　　　　　　　C：《题破山寺后禅院》
　　　　　　　D：《归园田居》
3. 咏史诗：A：《泊秦淮》

4. 羁旅赠答：A：《酬乐天扬州初逢席上见赠》

B：《黄鹤楼》

C：《渡荆门送别》

5. 写景咏物：A：《钱塘湖春行》、《早春呈水部张十八员外》

B：《过零丁洋》、《望岳》、《登飞来峰》、《己亥杂诗》

　　类别既明，接下来就可以进行方法讲解了。中国诗歌自古有"赋、比、兴"的说法：锺嵘认为："文已尽而意有余，兴也；因物喻志，比也；直书其事，寓言写物，赋也。"（《诗品》）李仲蒙认为："叙物以言情谓之赋，情物尽者也；索物以托情谓之比，情附物者也；触物以起情谓之兴，物动情者也。"（胡寅《斐然集·与李叔易书》引）二人所言，不尽相同，但其中都涉及了"物"在这三种手法中的重要作用。

　　那么，"物"是什么呢？在诗歌中，它又以什么样的方式出现呢？其实很简单，"物"就是景。在诗歌中，体现为作者对于景物的选取与营造。但写景并非是创作目的，而是以景衬情，以景显情。所以，清初的王夫之曾说："情景名为二，而实不可离。神于诗者，妙会无垠。巧者则有情中景，景中情。"（《斋诗话》）

　　所以，要想让学生学会鉴赏诗歌的方法，明白"景情"的关系应该是第一步。以《枫桥夜泊》为主要分析对象，并结合其他一些学生熟知的诗歌，我把"景情"二者的关系向学生进行了讲解。在此基础上，顺势推出诗歌赏析的纲领性方法——"披景以入情"，并要求每个学生熟记。

　　大的方向有了，接下来就涉及细节问题了。对于变幻多姿的意象——景物，我们应该从哪些角度进行分析鉴赏呢？对此，我给学生设定了几个赏析步骤，并随时辅以相应的练习。具体如下：

　　1. 看选景：先看诗人写了哪些景物？

　　练一练：下列诗歌分别写了哪些景物？这些景物分别有何特点？

清晨入古寺

初日照高林

> 曲径通幽处
> 禅房花木深
> ……

通过教师引导，同学们很快就可以找到，就本诗而言，分别写了寺庙、太阳、小径、禅房、花木等景物。至于其特点，就采用"抠字"的方式，注意每种景物的修饰语，然后思考作者为什么会选取这个字？突出了景物什么特点？对突出全文清幽的意境有何作用？以"花木深"中一字"深"为例，可知，此禅房所处之幽僻，为其幽僻，少有人来，方得花木茂盛如斯，而唯草木茂盛，人迹罕至，方显房中人之情趣雅洁，故"深"字实是"字少意厚"，耐人咀嚼。

2. 看角度：诗人是从哪些角度对景物进行观察描写的？

A. 以感官分：听觉、嗅觉、味觉、触觉等

B. 以诗人观察位置分：仰望、俯视、远观、近看等

C. 动与静

练一练：
> 几处早莺争暖树，谁家新燕啄春泥。
> 乱花渐欲迷人眼，浅草才能没马蹄。

诗人为了突出所写之景，往往会调动多种感官，从多个角度对景物进行描写。以此诗为例，有声（听觉）有色（视觉），有仰视有俯视，有远观有近看，其乱花浅草、早莺新燕，写出了西湖多层次、多种类的美景，这就有力地突出了西湖春景之美的主题。

3. 整体与局部（看大小，知多少）

A：景物描写可大处落笔，可小处勾勒；可由面到点，可由点到面。

B：景物描写可"以局部代整体"、"以少代多"，"以小见大"，"以微知著"。

练一练：说说你的观点：
> 几处早莺争暖树，谁家新燕啄春泥。
> 处处早莺争暖树，家家新燕啄春泥。

这两句诗，有人认为不如改为"处处早莺争暖树，家家新燕啄春泥"。殊不知，诗歌中正是以"以小见大"、"以微知著"取胜，因为写的是早晨，故唯"几处"，方显其早，贴切主题。如改成处处则离题万里，且无由得见诗人惊喜之意了。

4. 看虚实：诗人所写之景是虚景还是实景，是实录写真还是奇诞夸幻。

说一说：下面哪些是实写，哪些是虚写。

    天街小雨润如酥，草色遥看近却无。
    最是一年春好处，绝胜烟柳满皇都。

写景，可用衬托对比。景有虚实，实景衬托固然精彩，而虚景则更添无限想象空间，有一种"言有尽而意无穷"的感觉。韩愈此诗，前句为实，后句为虚，写实为主，写虚为辅，众人皆知烟柳满皇都之美，殊不知早春小雨之后，草色若有若无时更见风致，借此衬托，则早春之美，固不待言矣。

5. 看炼字：寻找一首诗中以及某一句中关键的字眼。

说一说：下面哪两个字用得好。

    绿树村边合，青山郭外斜

这两句前为近景，后为远景，景物描写极富层次感。除此之外，上句"合"字写出了绿树环抱的样子，显得村庄自成一统，别有天地；下句"斜"字，写出了郭外的青山依依相伴的样子，让村庄不显得孤独，并展示了一片开阔的远景。

6. 看修辞：修辞在于意象营造中的作用。

说说："烟笼寒水月笼沙，夜泊秦淮近酒家"中运用的修辞手法。并分析其妙处。

第一句采用了互文的修辞手法，互文有同句互文、异句互文，本句采用的是同句互文，更好地写出了当时水边夜色迷蒙冷寂的气氛。

经过以上讲解与练习，多数学生已经初步了解了赏析诗歌的基本步骤。接下来，就要随着课程的推进，进行具体的训练了。为了易于操作，也为了对同类诗歌体裁鉴赏练习的集中，我在授课中打乱了课本原有的编排顺序，而是按照写景咏物类——山水田园类——羁旅赠答类——边塞类——咏史类这样一条线索进行的讲解。在具体写作中为了让学生规范写作,我设定了"总(先说诗体)——分(逐联分析)——总(最后联系情感,小结全诗)"的写作模式。

实验效果:

经过几次训练、修改,很多同学在面对一首陌生的诗歌时,不再是无话可说,相反,他们开始学会从各个角度对诗歌进行解读。多数同学变得"出手不凡",写出了具有相当水平的诗歌鉴赏文字。

例文一:山水田园类

赏析《过故人庄》
——王旭阳

《过故人庄》是一首五言律诗。诗中记叙了孟浩然应朋友之约去做客,受到了好友热情款待的事情,诗句中透漏出对于乡村生活的自然与和谐的喜爱与感叹,更能体现出诗人与好友间深厚的情谊,语言简单、清新且很朴实。

首联:故人具鸡黍,邀我至田家。写了朋友准备好了丰盛的饭菜,邀请我去做客。写出了乡村生活的自然和朋友之间的情谊,开篇点题,简单又很明了。

颔联:绿树村边合,青山郭外斜。写了诗人在去朋友家的路上村外所见,描绘出了一幅优美而安静的风景画:近景描写了村外有高大的绿树环绕,远景则是有苍翠的青山陪衬,搭配和谐、美好。诗人用巧妙的"合"、"斜"二字写出了绿树和青山与众不同的美丽,从诗人描写出的优美的自然景观,可以看出诗人期待这次做客舒畅放松的心情和对山村景色的喜爱。

颈联:开轩面场圃,把酒话桑麻。写了诗人和朋友饮酒聊天的悠闲场面,点明了饮酒地点和谈话内容。"开轩"巧妙的将视线扩大,不只局限在房间里,也将窗外的景物:打谷场一笔带过,让人回味无穷。这句也可以让人感受到诗人和好朋友感情很深,虽然只是闲聊农事,但诗人仍然很快乐,写出了乡村生活的悠哉和快乐，也体现了人情之美。

尾联："待到重阳日，还来就菊花。"可以看出，诗人受到了好朋友的盛情款待，十分快乐，和朋友之间即将分开的不舍，还有诗人对于宁静的乡村生活的留恋，于是两人约定在重阳日再相聚饮酒聊天。表达了诗人对于这个小村庄的喜爱之情和与朋友的友谊，毫不矫揉造作。

整首诗给人以舒适温馨、悠闲的感觉，语言平淡但回味无穷，间接地写出了诗人生活中悠闲的生活美。

教师点评：总体掌握了教师讲授的鉴赏方法，点评比较全面，尤其是能读出孟诗语言平淡但回味无穷的特点（前人评孟诗曰其能"寄至味于淡泊"），让老师深感惊喜。

例文二：羁旅赠答类

《酬乐天扬州初逢席上见赠》鉴赏
——孙雨熙

这是一首七言律诗。

首联写出诗人悲愤的心情。"巴山楚水"写出作者被贬官所到的地方，凄凉地写出诗人被流放到的地方的荒凉，同时也写出诗人的难过的心情。诗人被流放的时间也是如此之长——二十三年。这么长的时间也为诗人心中那种凄惨、伤心之感增添了一笔不可磨灭的痕迹。让我们更加能够感受到诗人难过的情感。

颔联写到诗人想念自己的老朋友，表达出诗人孤独的心境。在句中诗人运用到两个典故："闻笛赋"和"烂柯人"。这两个典故都是在描写诗人自己；二十三年过去了，诗人好不容易回来了，思念自己的老朋友，但却不敢联系他们，怕会连累他们。二十三年之后，世事全非，自己认识的人不在了，一切都改变了，都是那么陌生。这里也能体现出作者悲愤、沉郁的心情。

这么凄惨、痛苦的遭遇，如果发生在我们身上，恐怕早已经把我们压得透不过气来了。但是这些，对于乐观的刘禹锡来说，还算不了什么。在颈联的描写中,他依旧保持乐观的心态待人处事。"一艘船沉了,但还有更多的船会经过它旁边;一棵病树前,还会有无限的春天在它前面。"虽然自己老了,但还会有更多的新人接替自己。这句话将诗人乐观的心态展现得淋漓尽致。

尾联写作者对自己的理想还抱有希望,虽然目前遭遇悲惨,但他依旧怀有信心。这句也能体现出诗人的乐观心态。

总体来看,诗人运用了"先抑后扬"的写作手法。

教师点评:这篇点评是本次作业中表现并不突出的作品。之所以选它,是因为其虽然在细节上不无可商榷之处,但基本框架,以及对作者思乡情韵的把握却比较准确。一首诗歌,其表达技巧鉴赏固然重要,但"神",也就是作者表达出的感情才更应该为我们所把握。一般同学如能在这一方面有所感悟,则这首诗歌的学习任务也算是基本完成了。

由此可见,通过多次练习,同学们已经基本养成了从景物入手,分析诗人所言之志、所抒之情的习惯。当然,这种鉴赏还是比较肤浅的,至于结构、句式、平仄等问题,在以后的学习中还需要他们予以掌握。但是,"合抱之木,起于毫末",只要方法得当,相信在以后的学习当中,同学们还将为我们奉献出更好的鉴赏文章来。

(二)文言文自学探究方法

本册第四单元是文言文单元,为激发学生阅读兴趣,本单元所选文章都是一些寓意深刻、语言隽永、颇有情致的作品。然而,由于语言文字的障碍,多数同学都对文言文有些畏难情绪。那么,作为教师,应该如何有效激发学生的阅读兴趣,如何让大家扎实掌握本阶段的教学内容就成了必须要面对的问题了。

在这种指导方针的指导下,我自己设计了一条"文言文自学探究"的路径,具体如下:

第一步:"读书须质疑"——文言文学习首先要积累常用多义实词,这已经成为一条共识。但是,对于如何"明句词",不同的人有不同做法。结合我校校本教材的特点，学生已经在六年级接触了相当数量的文言文，可以说，已经具有了一定数量的文言实、虚词垫底，所以，这个"自查字词"的工作完全可以交给他们自己完成。我是这样做的：

提前把一篇即将学习的课文布置下去，要求头一天进行预习，主要是依靠《古汉语字典》，把一些自己不能解决或者留有疑惑的字词句写在"课堂笔记本"上，等到课堂上解决。

第二步："疑义相与析"——对于学生不懂的字词，教师不要急着去解决，而是在课堂上发动学生互相提问，互相质疑。也就是说，你可以在全班任意挑选一人回答你的问题（注意是自己指定），如果你选定的人回答不上，那么他就可以向全班求援了。

事实证明，这种方法既能激发学生的学习兴趣，又能基本上解决文章当中的字词疑问，真可谓是一举两得。

第三步："奇文共欣赏"——在教师指导下，学生搜集阅读资料，探究文章写作手法和寓意的妙处。

古人文章言简意赅，讲究"咫尺之中，蕴万里河山"。中间之起承转合，衔接照应，情意抒发，如不细细加以品味，实在是难以把握。但是，如果这些知识由教师讲解，学生往往会觉得枯燥乏味。基于此，我只推荐对解读本文有帮助的文章（包括一些传记资料、学者文章、批评鉴赏等），并提示一些需要注意的问题，带领大家去阅读。让大家在老师提供资料的基础上，分析比较，从而对文本解读提出自己的见解。

事实证明，以上方法的作用还是很明显的。一方面激发了学生探究的兴趣，同时也锻炼了分析阅读，乃至搜集资料的能力。下面就以《马说》为例，谈谈学生对于资料的选择和利用。

《马说》自学探究活动

自学流程及提示问题：

一、借助《古汉语字典》读懂文义——要求字字句句落实。

二、结合千里马的遭遇，思考文章的表面寓意。

三、阅读创作背景资料，谈谈韩愈创作这篇文章的本意究竟是什么？

四、创作手法分析：文章是通过什么手法来表现作者意图的？

五、撰写研究结论，课堂展示汇报，评选"最佳研究者奖"。

补充资料：《马说》创作背景

韩愈（768—824），字退之，河阳（今河南孟县）人，自称郡望昌黎，出身于一个小官僚家庭。他的曾祖父韩泰，做过曹州司马；祖父韩睿素，做过朝散大夫、桂州都督府长史；父亲韩仲卿，做过好些地方的县令。韩愈有三个叔父，其中以韩云卿为最能文章，做过监察御史。

韩愈三岁时父亲去世，抚育他的是他的长兄韩会。柳宗元《先君石表阴先友记》说韩会"善清言，有文章，名最高"。

大历十二年（777），韩会因受宰相元载被诛一案牵连，由起居舍人被贬为韶州刺史；韩愈当时十岁，随着也到了韶州（今广东韶关）。两三年后韩会去世，韩愈的嫂嫂郑氏单独负起了教养他的责任。郑氏率全家回到故乡；不久藩镇李希烈、朱滔、王武俊谋叛，中原爆发战争，全家又避难到宣州（今安徽宣城）。在宣州的几年，韩愈苦学，为他日后的文学活动作了充分的准备。

贞元二年（786），韩愈十九岁。离别家庭去长安参加进士科考试。从此时到贞元八年（792），韩愈一共考了四次，才得登第。嗣后韩愈又去应吏部的博学宏词试，但三次都遭到失败，因而也就没有求得官职。韩愈这一段应举求官的经历是非常困苦的。当时，韩愈曾上书宰相，渴望得到重用。他在《后廿九日复上宰相书》中说："三月十六日，前乡贡进士韩愈，谨再拜言相公阁下。……愈之待命，四十余日矣。书再上，而志不得通。足三及门，而阍人辞焉。……惟其昏愚，不知逃遁……亦惟少垂察焉！渎冒威尊，惶恐无已。愈再拜。"经此挫折后，他不得不到汴州依附宣武节度使董晋。董死后又去依附武宁节度使张建封。就是在这种遭遇下，他大约于贞元十一年至十六年（795~800年）间写出了《马说》。

后来已经身处高位的他在《与李翱书》中沉痛地回忆说："仆在京城八

九年，无所取资，日求于人，以度时月。当时行之不觉也；今而思之，如痛定之人，思当痛之时不知何能自处也。"

在上述问题的指领下，结合老师补充的资料，学生们开展了轰轰烈烈的质疑、讨论、辩驳活动。两节课下来，几乎所有同学都在教师设计的活动中完成了字词掌握、文章背诵、意蕴理解的任务。更重要的是，自始自终学生们都是一副兴趣盎然的样子，可以说，他们是在"不知不觉"中完成了本节课的学习任务的。这不禁让我感到由衷的高兴。

实验效果：

学生研究结论
——郭劭婕

这篇"说"带有寓言的色彩。文章的首句"世有伯乐，然后有千里马"是全文的中心。这个中心是从古代伯乐和千里马的故事中产生的，却又表现了作者的独特见解。

但本文绝对不是仅仅要为千里马鸣不平，而是以千里马比喻有才能的人。以伯乐比喻圣明的君王，借千里马的被埋没揭露封建统治者埋没人才的现象，也表达了作者怀才不遇的愤意。这种说法在《后廿九日复上宰相书》中可以得到证实。文章说："三月十六日，前乡贡进士韩愈，谨再拜言相公阁下。……愈之待命，四十余日矣。书再上，而志不得通。足三及门，而阍人辞焉。……惟其昏愚，不知逃遁……亦惟少垂察焉！渎冒威尊，惶恐无已。愈再拜。"从文章中我们可以读出一代文豪韩愈早年郁郁不得志的遭遇。这种遭遇和《马说》当中被埋没"祗辱于奴隶人之手"的千里马的遭遇何其相似！

作为著名的"唐宋八大家"的领军人物，作者的写作手法也很值得我们学习。本文采用的是"托物寓意"的写法。文章论述的是识别人才的问题，但通篇却没有一句话直接提到人才。他对当时社会中人才埋没原因的揭示，是通过对千里马的"食不饱，力不足，才美不外见"的境遇的描述表现出来的。对封建社会中统治者有眼不识英雄和人才埋没的现象，则分别用"策之不以其道,食之不能尽其材,鸣之而不能通其意"和"祇辱于奴隶人之手,骈死于槽枥之间"作了形象的概括,寄寓了作者很深的感慨。

这种感慨是如此之深,以至于作者在自己的文章中不只一次表露出来。比如,他在《与李翱书》中曾沉痛地回忆说:"仆在京城八九年,无所取资,日求于人,以度时月。当时行之不觉也;今而思之,如痛定之人,思当痛之时不知何能自处也。"想一想,我真为作者早年悲惨的遭遇而心生感伤。

可以说,本文篇幅虽短,中心却十分突出。全文围绕着"不知马"这个中心,反复进行论述。文字生动活泼,富有感染力和说服力。

可见,通过正确的引导,学生完全有能力读懂文章。在以后的学习中,我还分别在《黔之驴》、《陋室铭》、《爱莲说》等篇目中实践了这种方法,效果都还不错。

本文小结:

通过以上实验,我自己感觉我的语文教学有了较大变化。具体表现在以下几方面:

1. 师生角色有了转变。

过去的教师既是导演也是演员,越俎代庖,包办一切。老师讲得眉飞色舞,学生听得昏昏欲睡。而现在学生成了教学主体和学习主体,他们利用现在发达的信息资源,学会了自己搜集、比较、分析资料,品尝到了自主学习和获得结论带来的巨大乐趣。

2. 课堂教学形式有了转变。

以前的课堂教学往往呈现单一化的特点——一言堂、满堂问的现象比比皆是。现在,在新课程理念的指导下,我们的课堂开始变得活跃生动,"模拟答辩"、"实话实说"、"激扬文字"等活动层出不穷,学生学习语文的兴趣,发现问题、解决问题的能力都有了很大提高。

3. 学生创新能力显著增强。

原来的学生,在学习上往往是"被动接受,枯燥记忆,无奈考试",根本谈不上什么自己见解。而今，学生们不再甘愿充当教师传声筒的角色，而是敢于结合资料，提出新问题、新观点。这无疑是一个可喜的进步。

总之，通过对《课程标准》的认真研读，通过和同事们的切磋琢磨，通过对一些前辈们宝贵经验的积极吸取，我或多或少有了一些个人经验的积累。但是我深知，学无止境，希望能得到专家学者的批评指正，让我的教学水平更上一个台阶。

运用多元智能理论转化英语学困生的研究

曹 蕾

一、问题的提出

据报道:"我国现有的3亿学生中,被老师和家长列入"差生"行列的学生达5 000万人,每6个学生中就有一个差生。"(刘经华,2006)这个触目惊心的数字让我深感不安。每一位英语教师都曾面临这样的局面:随着知识难度和灵活度的增加,班上就会有部分学生不能跟上学习的步伐,成绩逐渐下落,自信心也逐渐丧失,甚至最后放弃学习。作为教师,看到这样的情况都很痛心,也曾用各种办法去努力帮助他们,但是由于种种原因都收效不大,而最终无法改变学困生的命运。

对于学困生的问题,存在这样的现象:

1. 有些教师不负责任地把学困生看做无可救药之人,把工作的重心完全放在优秀生的培养上,因为优秀生容易出成绩,从而放弃了学困生。

2. 教师在分析学困生的情况时只分析表面的现象。如:学生学习态度不端正、不刻苦,对学习没有兴趣,不配合老师,等等;而忽略了其背后的实质。

3. 学困生在班级中受到的大部分是批评,根本没有机会承担班级的工作,也会受到其他同学的歧视,因此心理受到压抑,要么沉默寡言在班里抬不起头,要么用极端叛逆的态度对待周围的人。

本人的教学工作是从六年级至九年级的教学,在此过程中我观察到学困生是逐步形成的;在学习任务比较简单的起始阶段,学困生也曾有过积极健康的学习心理状态，和高年级时的精神面貌相比截然不同。我一直在思考：怎样能在教学过程中有效地防止学困生的产生和找到有效转化学困生的方法。美国发展心理学家霍华德·加德纳教授（Harvard Gardner）的多元智能理论给了我很大的启发，他使我们从一个全新的角度来看待学困生的问题。

二、理论依据

多元智能理论一出现，就受到教育界的广泛关注。在我国提倡教育改革和素质教育的今天，它对教育教学领域正产生着深刻的影响。多元智能理论完全打破了传统的智商理论，而是提出智力是"在特定文化环境的标准之下，个体用以解决问题和生产创造所需的能力"。在1983年出版的《智力的结构：多元智能理论》（Frames of Mind：The Theory of Multiple Intelligences）一书中指出每个人至少有八种智能：

1. 语言智能（linguistic intelligence），即有效地利用口头书面语言的才能。语言智能发达的人擅长表达和交流，对词义特别敏感。作家、诗人、记者等都显示出高度的语言智能。

2. 逻辑—数学智能（logical-mathematical intelligence），即有效利用数字和逻辑推理的才能。这种智能发达的人对数字非常敏感。科学家、数学家、会计师、工程师等都显示出很强的逻辑—数学智能。

3. 空间智能（spatial intelligence），即准确感知视觉空间世界的才能。空间智力特别发达的人对线条、形状、色彩等特别敏感，而且空间想象力丰富。建筑师、摄影师、航海家都显示出很强的空间智能。

4. 身体—运动智能（bodily-kinesthetic intelligence），即善于动用身体来表达内心感受的才能。他们动作敏捷、身体灵巧、平衡、协调。运动员、舞蹈家等显示出很强的身体—运动智能。

5. 音乐智能（musical intelligence），即感知、欣赏和创作音乐的才能。任何人都具有音乐智能，只是程度不同。作曲家、指挥家、乐师、音乐评论家等都显示出很强的音乐智能。

6. 人际关系智能（interpersonal intelligence），即察觉并区分他人的情绪、意图、动机的才能，具备与人交往的能力。外交家、社会工作者、政治家、心理咨询专家具备较强的处理人际关系的能力。

7. 自我认识智能（intrapersonal intelligence），也叫自省的能力。是指接近自己内在生活情感的才能，是对人的内心世界的认知。神学家、哲学家和对自己内心世界有深刻感知的人具备较强的自我认识智能。

8. 自然观察者智能（naturalist intelligence）即洞察自然的才能。学有专长的自然观察者包括农夫、植物学家、猎人、生态学家和庭园设计师。

加德纳认为：每个人都与生俱来拥有这八种智能，由于遗传和环境的因素，每人发展的程度会有所不同，每人的潜能只有在适当的情境中才能发挥出来，因此环境和教育对于人们潜能的发展和培育起着重要的作用。作为教师的职责就是为学生创设这样的环境和平台，帮助学生充分发展他们的各项智能。

三、可行性

《英语新课程标准》指出：英语课程面向全体学生，注重素质教育；特别强调要关注每个学生的情感，激发他们学习英语的兴趣，帮助他们建立学习的成就感和自信心。按照英语课程标准的理念，英语教学也应面向全体学生，尤其对于学困生，更需要老师的关心和教育，每一位老师应该不要轻言"放弃"。这一目标与多元智能理论的教育目标不谋而合。阿姆斯特朗（Thomas Armstrong）教授指出："多元智能是一个更多崇尚培养，也崇尚天性的模式。"多元智能在尊重学生个体差异的同时，强调后天环境和教育对学生的影响。教育者的任务就是，认识并接受每个人智能不均衡发展的事实，帮助每一位学生在发挥他们的优势智能的同时，挖掘他们自身的潜能，达到全面发展的目的。

四、具体操作

（一）对学困生的情况作调查

对班级中的英语学困生作细致的调查研究是采取针对性措施的基础和前提。我们不仅对学困生的学习动机、习惯和家庭状况等基本情况进行调查，同时根据多元智能理论，我们更应该对他们的学习方式，通过加德纳多元智能量表对学生进行检测，把学生测试的选项键入量表，通过网络统计每一位被试者各种智能的得分数据，得分偏高的智能者被视为该智能倾向较强的学生。通过这项调查，找出每位学困生在八项智能中相对较强的智能，并记录下来。结合观察其在学校生活中的表现来验证其在多元智能量表的结果。例如：李同学在英语课上总是画画，不听讲；赵同学在课上动作很多，听到或看到什么就模仿什么，被老师们批评多动；这些表现都不同程度地反映出该生的智能强项。通过调查证明，李同学果然具有较高的空间智能；赵同学身体—运动智能比较强。对于学生不同智能发展的现状我们应该及时做好记录，并且按照其智能强项分类；以前我们只把学习困难程度和心理特征等作为分类的标准来分析学困生，而按照其智能的分类会更有利于老师发现每一个学生的天赋和优势，从而找到教育的切入点。学生不是一成不变的，我们也应该随时观察各项智能的发展，寻找他们其他弱项智能的潜能，为我们的教育教学提供依据，使他们的弱势智能发展到最高点。

通过调查我发现，学困生中有身体—运动智能、或空间智能、或音乐智能、或自然观察者智能比较强的学生，而语言智能往往比较弱。

（二）教师如何看待学困生

教师在打算帮助学困生之前必须首先建立正确的教育观，改变教育观念。多元智能理论认为，人的智能只有倾向不同和强弱的差别，而没有传统的智商测试论所谓的智商高低之分；谁都不应该因为学生某几项智能的暂时迟缓发展，就给这个学生定性为差生，给予他们不公正的待遇或者放弃对他们的帮助。我们的现行教育制度对学生的语言智能和逻辑—数学智能都给予了相当的重视，但是对其他智能的关注明显不足。在英语学科中，语言智能是占主导地位的,英语学科的学困生大部分语言智能不如其他智能发达。英语老师要有宽广的胸怀,充分尊重学生在智能发展上的差异,对每一位学生都抱以积极、乐观的态度,对他们寄予热切的期望,并乐于从多个角度来评价、观察、接纳他们。相信每一位学生都可以得到全面发展,只要我们能结合多元智能理论为他们创设恰当的时机。认识到这一点,老师就不会再以传统的唯一标准看待所有学生,而是主动挖掘每一位学生的优势潜能,给予充分的欣赏和肯定,树立学生的自尊和自信,大大减少了学困生在英语学习中的挫败感。大部分学困生最后放弃学习的原因就是丧失了学习的信心,老师给予他们真实的欣赏和肯定会帮助他们克服自卑感,树立重新学习的信心。只有老师的教育观转变了,才能促使学困生在学习观念上的转变。

(三)教师如何采用多元智能的课堂教学模式

英语学习是语言的学习,是和语言智能紧密相连的。但是语言的学习并不仅仅依赖于语言智能,它与音乐、运动、人际交往智能也是紧密相连的。例如:英语单词中的重音和句子中的语调都和音乐智能有关;语言中的肢体语言、手势语也属运动智能范畴;语言作为社会交往的工具,也涵盖了人际交往智能。

八种智能之间同样可以互相促进,互相影响。例如:课堂教学活动中的说唱或英文歌曲,它们不仅帮助音乐智能比较强的学生巩固了他们的优势智能,同时把他们对音乐的兴趣迁移到语言的学习中,他们会以积极的心态投入英语学习,从而发展他们的语言智能。同样,课堂活动中的很多游戏都受到学生的喜爱,主要原因是游戏与身体—运动智能密切相关。尤其是这方面智能强的学困生,会从平时不参与学习的状态中变得对游戏异常投入;在游戏过程中,他们会意识到自身语言智能的弱势阻碍了他们在游戏中的参与,这会成为他们语言学习的动机,从而促进他们对语言学习的兴趣,帮助他们把优势领域的特点迁移到弱势领域中。

因此,在教学设计中,教师不但要备课本,还要备学生,尤其心中要装着学困生。在教学中,学生活动要避免单一性,应以多元的方式来呈现知识,尽量与多种智能相结合。尤其是对于学困生的优势智能活动,优先把展示机会让给他们,为他们提供取得成功的体验,并对他们的进步及时给予赞赏,让他们感受到成功的乐趣。

在进行教学设计的过程中,要把智能因素放在重要的位置,针对不同的智能提供可能的学习机会。课堂设计要融合更多的智能活动,调动学生的智能兴奋点,发展优势智能,带动其弱势智能。对智能活动有详细的计划,如一节课中融入二至三种适合教学目标的智能活动;一周或一个月的课堂设计融入七或八种适当的智能活动。在呈现新知识的时候,侧重学困生的强项智能,在复习和强化知识的时候,锻炼其弱项智能,促进他们智能的均衡发展。这样的计划会增强教师多元化教学模式的意识,对整个班级,特别是学困生的学习会有很大的帮助。以下是"Happy Birthday!"一课的课堂教学案例,是我在课堂教学中结合多元智能的尝试:

1. 导入:以英文生日歌曲导入课堂的主题:庆祝生日!(音乐智能)

2. 讨论:What special food do people eat on their birthday?(人际关系智能、自我认识智能、语言智能)

3. 用多媒体和实物相结合学习生日话题的词汇。(视觉—空间智能、语言智能)

4. 观看学生庆祝生日的录像片,并结合录像片回答问题。(视觉—空间智能、语言智能,另外身体—运动智能的学生观看戏剧表演时也会找到共鸣)

5. 小组表演录像中的片段,并要求小组之间作出评价。(身体—运动智能、语言智能,及对他人进行评价时,也会发展自我认识智能)

6. 快速阅读各国生日习俗,小组讨论并回答问题。(人际交往智能、语言智能,回答深层次问题时,如:Which custom do you like best? Why? 用到自我认识智能)

7. 通过有互动效果的 flash 课件——"生日聚会"掀起最后的高潮。学生通过电脑亲自操作课件,真正体验了点蜡烛、放餐具、吃蛋糕、唱生日歌

曲的整个过程。(视觉—空间智能、语言智能、身体—运动智能)

这节课受到所有学生的欢迎,特别是班里的学困生在课堂上积极参与各种活动,学到了英语知识,同时几种智能都在潜移默化中得到了发展。

(四)教师如何帮助学困生设计学习方案

1. 制定个人学习和成长计划,发展自我认识智能。

学困生大部分对自己都没有信心,没有理想,没有生活目标,不能正确认识自己,他们的自我认识智能很弱。如果教师能通过适当的方法指导他们发展自我认识智能,会对他们一生的学习都有益。首先调查和了解他们的兴趣爱好。(〔美〕琳达·坎贝尔著,王成全译:《多元智能教与学的策略:发现每一个孩子的天赋》,中国轻工业出版社2001年版。)

兴趣爱好调查表
你如何用三个字描述自己?
你课余喜欢做的事情是什么?
在英语方面你想学得更多的是什么?
怎样的学习你觉得有趣?
如果你在学校可以做想做的事,你要做什么?
你喜欢因为什么事情得到表扬?你想得到谁的表扬?
什么事情使你感到疑惑?
什么事情使你感到担心?
在什么情况下你学得最好?
对你构成挑战的是什么?
你对自己的认识是怎样的?

帮助学生在了解自己的基础上制定符合自身习惯的个人学习成长计划。包括短期计划,如:一天的学习计划;中期计划,如一个月的计划;长期计划,如一学期或一学年的计划。计划中首先是制定目标,目标除了学习成绩之外,也可以采用行为上的目标,如上课回答问题;完成读书任务等。学困

生应以书面的形式制定学习的目标,并且写明采用什么学习策略达到目标,和可能面临的挑战,以及如何管理时间;之后,还要和学生一起总结计划完成的情况,指导他们总结此次计划的成功与不足。指导学生制定个人成长计划,是为了帮助学生学会认识自我,正确地评价自我,在成长过程中调整自己的学习策略,达到逐步完善自我的目的。

2. 针对智能特点寻求最佳学习方法。

教师应该针对学困生的智能特点和学习中的困难环节进行方法指导。有很多学困生对英语词汇学习感到非常困难,我会鼓励他们充分发挥其智能优势,寻找记忆词汇的最佳方法。例如:王同学视觉—空间智能较强,我和她一起分析和寻找适合的方法,最后决定采用制作个人词典的方法,把重点词汇写在本上,并配上插图或图标,使记忆单词成为她的乐趣。张同学人际交往智能很强,我帮他找到了小组记忆单词的方式,在小组中互相帮助,使他的词汇学习不再乏味。

当学生遇到学习困难时,老师应该用他们的爱心和多元智能的知识来帮助他们解决困难,为他们指明前进的道路。

3. 提供多元化的评价方式。

教师在设计评价活动时,应该打破传统的评价体系,提供多元的方式,如小剧表演、小组展示、制作海报、自编歌曲等多种形式。

根据学困生的特点,引导学生选择适合他们的评价活动,打开他们通向成功之门。例如,课后的写作任务难度大,李同学语言基础差无法完成任务,他的优势智能是视觉—空间智能,我鼓励他与其他同学合作,共同以海报的形式完成这次写作任务。在此过程中,他的优势智能得到了发挥——给海报设计了图片,但是在设计之前他需要和其他语言智能较强的同学共同探讨文字内容,强化了他的人际交往智能;他设计了版面,并且因为他的书法好,主动承担了书写海报的任务,不知不觉中他的弱势智能——语言智能也得到了提高;更重要的是他在学习中的自我价值得到了体现。提供灵活多样的评价方式使学困生不再认为语言的学习高不可攀。他们能依照自身的优势智能特点，选择适当的方式完成任务，还会主动加深与其他同学间的交往，互相取长补短。在发展优势智能的同时，语言智能也得到了更大的发展。

五、结语

加德纳的多元智能理论改变了传统的教育观念，使教育者以全新的视角看待每一位学生。学生各自智能发展程度不同，只是语言智能和逻辑—数学智能发达的学生会在学校中容易得到赏识，而其他智能强的学生却往往会被忽略；因此我们对英语学困生的态度，也应该从过去的盲目指责中走出来，以积极乐观的态度接受每一个孩子的独特性。我们相信人的智能高低关键在于教育者的开发，老师的职责就是通过科学的方法了解孩子，发现他们身上的闪光点，即他们的优势智能。以此为教育的切入点，在课堂教学中为他们提供多种智能活动，让他们也有施展的舞台，拥有成功的体验；并且帮助他们制定适合他们智能特点的学习方案，走出适合自己的学习道路。学困生的转化是长期的，它要求每一位教育者要用爱心和耐心去完成。本文是我运用多元智能理论帮助学困生的一种尝试，希望能对其他教育者有所帮助。

在角色换位中培养创造性思维和艺术想象力
——小说教学中的换位策略初探

汪 羿

一、问题的提出

长期以来，小说教学中存在着程式化、教条化的倾向。教学中的程式化、教条化与文学鉴赏中客观存在的审美多元化的矛盾，严重束缚了学生的创造性思维和艺术想象力。

小说教学的程式化、教条化反映在课堂教学中，往往是以分析人物形象为中心，以分析人物描写为切入点，进而分析人物的性格特征，即所谓的给人物"贴标签"。

"贴标签"本身无可厚非，但如果把教材选入的诸多文质兼美的小说作品千篇一律地用这种方法去处理，不仅学生会感到乏味，甚至连教师自己都被禁锢，也更谈不上带动学生进行鉴赏活动了。这样做的结果往往是用教师自己对作品的解读代替学生的解读；由教师自己在想象和感情激励中产生的"再造形象"代替应由学生通过语言感受形象、理解形象后而产生出的自己心目中的形象；用教师对作品中人物所生发的情感代替应是经过学生自己在深入解读作品中所生发的喜怒哀乐。

这样的做法与阅读、鉴赏的基本规律相抵触，也与接受美学中的"介入与参与"的基本原理相抵触。长此以往，不仅学生的艺术鉴赏力很难提高，更谈不上培养学生的创造性思维和艺术想象力了。

从阅读的过程看，小说教学属阅读教学。阅读的过程必须是读者主动、亲身经历的过程。在这个过程中，阅读者总是要有读、有思的，鉴赏小说同样要遵从阅读过程的这一规律。由于每个读者的生活经历、审美心理、智力结构、立场观点、价值取向、情感取向等各不相同，在鉴赏中必然存在多元化。

按照接受美学的观点，文本只有通过读者的解读才能充分获得自身的存在，文本只有通过解读才能在读者的主观意识中作为审美客体而存在。因而读者解读的重要性丝毫不亚于作者的创作。

在审美过程中，教师作为审美中介，引导学生鉴赏小说就要给作为审美主体的学生以充分的自由，努力开启审美主体审视客体的多元多向思维空间，进而培养学生的创造性思维和艺术想象力。

总之，教师只有打破程式化、教条化的倾向，打破对学生的束缚，真正开启审美主体审视客体的多元多向思维空间，还文学鉴赏以本来面目，才有可能调动学生深入作品。使每个学生在感知形象的基础上对艺术形象进行独立的分析与思考，进而培养学生创造性思维和艺术想象力。

二、角色换位策略的尝试

中学时期，学生创造性思维发展迅速，创造想象逐渐趋于现实化，这就为他们进一步展开创造性思维奠定了思维基础。同时，他们在这个时期开始广泛接触、阅读文学作品。在各种文学作品中，小说善用精练简洁而又生动活泼的语言描写广阔多彩的现实生活、人生画卷，因而最受中学生欢迎。更有一些中学生对文学写作产生了浓厚的兴趣。他们尝试用自己的文字特别是小说来反映自身的生活，表现自己的思想感情。这在他们的日记、练笔甚至作文中都有所反映。这种创作的欲望和动机为进一步展开创造性思维过程提供了前提条件。

在教学实践中，我依据中学生思维发展的特点，尊重阅读鉴赏的基本规律和接受美学中的"介入与参与"的基本原理，尝试通过使学生由原来单一的阅读者换位为作品的创作者（续写者、再创作者）、由作品的创作者换位为作品（学生创作和原作）的评价者，进而激发学生与作品对话的兴趣，引导学生深入解读作品。在这种角色换位中，阅读与写作相结合，写作与评价鉴赏相结合，使学生把握文学创作及鉴赏的一般规律，进而提高文学鉴赏力，培养学生的创造性思维和艺术想象力。

换位策略的尝试分别在高二年级和初中八年级进行，作品分别为《警察与赞美诗》和《我的叔叔于勒》。

（一）《警察与赞美诗》

课前，我把没有作品题目、作者以及故事高潮和结局的《警察与赞美诗》的片段发给学生，要求他们先查工具书，扫清文字障碍以后，熟悉作品片段的故事情节，深入研读，依照作品片段所反映的主题，展开合理的联想想象，续写故事情节。要求续写后故事情节完整，符合人物性格及情节发展，主题更加鲜明突出，字数不少于100个字，尽量生动具体。

为了不束缚学生，不给学生增加过多的负担，给他们充分的想象、创造空间，不对续写提出更多、更高的要求。

要求虽然不高，但在课前续写作品情节及结尾，学生就必然要深入到作品之中，先对作品进行形象感受，接受艺术感染，把握作品主题，并在潜移默化中体会、把握情节设置与人物塑造、深化主题之间的关系；然后将这种体会、把握反映在自己续写的情节之中。在这种体会、把握过程中，学生进行角色换位，即由原来单一的阅读者换位为作品的创作者，在角色换位中完成从阅读、鉴赏到模仿创作手法、进而表现主题的一系列思维过程。

实践证明，大多数学生能够在从阅读者到作品的创作者的角色转换中把握作品的情节特点及其作用，不自觉地完成了文学鉴赏思维活动中从感性认识到理性认识的转变。他们根据自己的思想情感、生活经验以及对作品形象的理解，丰富、充实了作品里形象的内涵，把自己对主人公的情感融于续写的情节之中，完成了一次对"我心中的苏比"的再创造。不少学生体会到片段里每个情节设置的出人意料的特点，并试图去模仿这种创作手法。

下面是摘录的部分学生的续写：

苏比无意中捡到一枚50元的硬币，想拿着钱去赌城赌个精光，而后大闹一场，实现去"仙岛"的愿望。可它不仅没输，还赢了上万元。他猛然意识到，再也不用去那仙岛了，唯一要做的是如何打发这些钱。

——张拓

苏比又想到用偷书的办法去"仙岛"，不料老眼昏花的店主没有发现，计划又一次失败。苏比无聊地翻看偷来的书，被书中描写的一个浪子回头的故事所感动，于是自己也想重新做人，自食其力。但当他走到一个路口转弯处，被一辆飞驰而来的汽车结束了生命。

——刘媛媛

在阵阵寒风中苏比懊丧地走着，这时他看到一个中年妇女正向自己走来，手里拿着一个昂贵的皮包，而不远处就有一个手拿警棍的警察。苏比一把抢过皮包就跑，但终于被警察追了上来，最终实现了"上岛"的梦想。

——陶陶

苏比绝望地走过几个街口，一个小孩舔着刚从商店里买来的棒棒糖走过来。苏比想，如果去抢，必然会招来孩子的哭声，只要自己再略施小计，就能踏上通往"仙岛"的路了。苏比跑了过去，但他伸出的手却温柔地抚摸了一下那孩子的头，并冲孩子挤了个比哭还丑的微笑。苏比又躺到他的长凳上，祈祷着明天能有个好福气。

——戴维

苏比来到了富尔顿街，这里聚集着各地与钱大爷最有缘分的人们。一个更保险的念头闪入苏比的脑海。夜深了，他翻入一个豪宅，在黑暗中他抱起个值钱的东西并故意发出声响。"谁呀？是我的儿子吗？亨利！"一个妇人的声音在黑暗中呻吟着。"主啊，……救救我吧！"苏比隐约看到床上蜷缩着一个抽搐的老妇人，她正捂住胸口，挣扎着去拉床头的抽屉。不知什么力量使苏比开开了灯，拉开抽屉把药瓶里的药放入老人嘴里。见老人的脸色已经好转，并露出一丝微笑，苏比转身蹲出房去。第二天，当他在广场的长凳上睁开双眼，只见昨晚的那个老妇人和一个穿着考究的绅士正微笑地站在自己的面前，苏比的眼睛湿润了。

——周天行

苏比茫然地在街上走着，忽然想起要找个地方暖暖身子。当他透过一家店铺的玻璃看到一簇簇鲜红的玫瑰时，他像被什么刺了一下，像个被唤醒的婴儿。他发疯似的冲到了火车站，用复活节攒下的钱买了张探望母亲的车票。苏比坐在车厢门口，虽然寒风透过没有关严的车门吹到苏比的脸上，但苏比心中暖暖的，是的，他要重新开始。这时一双黑亮的皮靴走到苏比眼前，"验票！"苏比翻遍了所有的衣兜，车票和找回的零钱像泡沫一样消失了。这回，苏比终于回到了布莱克威尔岛。"喂，你知道那个叫苏比的可怜虫吗？"岛上的老伙伴说着，"这回他来这儿不知怎的，成天不言不语的，呆呆地愣神，像个白痴……"

——钱宇堃

我在课堂上利用多媒体引导学生熟悉片段情节之后，请学生朗读自己续写的故事情节，并说说各自情节设置的目的。主要从作品主人公的命运、创作手法上谈结尾情节设置的动机。

张拓说："苏比太穷了，我想让他幸福些，情节又要有意外，所以设计了他赌钱赢了的情节。"

刘媛媛说："我为了把那个社会反映得更深刻些，编出了他想重新做人，最终逃脱不了悲惨命运的结局。"

陶陶说："苏比努力了那么多次都没成功，我想让他实现梦想，所以安排了这个结局。"

戴维说："苏比是个好人，我觉得他善良，所以这么写。"

周天行说："苏比够可怜的了，我想找个好人帮他。"

钱宇堃说："作品反映社会非常深刻，每个情节都很意外，为了与上文一致，我想了这个结局。"

在请学生朗读自己续写的故事情节，并说说各自情节设置的目的之后，我把作品的高潮和结局发给学生，师生一起分析作品的情节特点、创作方法,并让学生用自己续写的"作品"与原作的结尾相比较,进而明确欧·亨利设置情节的方法:通过设置意外、巧合,使读者的期待落空,进而又使读者产生新的悬念,急于了解下文。结尾陡然加大情节变化幅度,来了个急转弯,结尾给读者制造的期待落空、出乎意料的心情比前面哪一次都要强烈,作品在出乎意料中结束。

在朗读自己续写的"作品"时,有不少学生跃跃欲试,非常想在课堂上展示自己续写的"作品"。由于时间关系,我安排他们把大家的续写都打印出来在教室展示。学生们兴致很高,很快就展示了出来,还在"作品"的旁边配了幅漫画,写上了"苏比爱我们"。

(二)《我的叔叔于勒》

《我的叔叔于勒》的作者莫泊桑与欧·亨利一样,在短篇小说上有很深的造诣,他的作品重视情节结构的设置与安排,行文波澜起伏引人入胜,故事情节巧妙真实,结局出人意料,又在情理之中;同时善于用简练的笔墨揭示人物内心世界,塑造了很多鲜明生动的人物形象。

我在第一课时为了使学生深入作品把握作品内容,我给学生提了以下几个问题,让学生分组讨论,并按组汇报讨论成果:

(1) 于勒是个怎样的人?

(2) 菲利普夫妇是好人吗?

(3) "我"是个怎样的人?

(4) 情节的开端、发展、高潮和结局分别是什么?

(5) 莫泊桑想通过作品告诉读者什么?

为了让学生畅所欲言,我没有发表看法和意见,但学生讨论得非常深入,比如在分析"菲利普夫妇是好人吗"时,学生说"菲利普夫妇连骨肉关系也要以金钱来衡量,看出他们很庸俗,而且爱慕虚荣……";当说到"于勒有没有良心"、"菲利普夫妇躲开于勒是不是在情理之中"时,大家讨论非常热烈,甚至发展成了辩论。

课下,我要求学生深入研读,依照作品所刻画的人物形象、表现的主题，展开合理的联想、想象，以《躲开于勒叔叔以后……》为题，续写故事情节。要求续写情节完整，符合人物性格及情节发展，主题更加鲜明突出。这样就实现了从单纯的作品阅读者到作品创作者（续写者）的转换。

第二、三课时，我请学生一起来欣赏自己的作品，并请续写的学生与其他学生交流。续写的学生可以谈谈"创作动机"，其他学生可以对续写的作品进行评价与讨论，实现从作品的创作者（续写者）换位为作品（学生创作和原作）的评价者。

实践证明，一旦打破对学生的束缚、给他们以"释放"、施展的空间，真正开启审美主体审视客体的多元多向思维空间，学生的创造性思维和艺术想象力的独特与丰富超出了教师的想象。比如：

学生都很关注作品中不同人物的命运，特别是于勒的命运，一些学生把于勒刻画成了有钱人：

我和一家人走在圣马洛船的甲板上。忽然，一只有力的手拍在我的肩膀上，而且那只手上还戴着一块金光灿灿的金表。我回头正要开口，只听见父母惊叫道："于……于勒！"只见那个西服革履的人点了点头，我迫不及待地抱住了他，泪水不觉地流了下来。父母满脸堆笑，问长问短，好像在"特快号"上什么都没有发生一样……

几天后的一个早晨，家中桌子上多了一封信和一沓钱，信上写着："菲利普，我又要走了，不知什么时候才能回来。不过我可能还会装扮成别的样子，看看你有没有这份兄弟之情。"

——方昕

后来，我们过了几年平静的生活，直到有一天的中午响起了敲门声——

我赶忙跑去开门，门前站着一个衣衫褴褛、狼狈不堪的人，当认出是于勒叔叔时，我惊呆了。"若瑟夫，是谁呀？"父亲闻声走了过来，当父亲认出是于勒叔叔之后，就破口大骂："你这个败家子！自己在外面混不下去了吧？又回来找我们，你一点也不惭愧吗？"说完就把门"砰"的一声关上了。

过了一会儿，门又被敲响。父亲怒气冲冲地打开门，正要把最难听的话说出来，结果没想到是一位西服革履的绅士，"竟是于勒叔叔！"我在心里嚷道。于勒叔叔微笑着对父亲说："刚才我只是做个试验。这是我欠你的钱，从此咱们也不再是兄弟了！若瑟夫，来，这是叔叔给你的！"说着递给我一个信封，我打开一看，竟是一张五千法郎的支票！

——徐雅倩

但在有些学生的笔下，于勒最终没有改变悲惨的命运：

没想到在从哲尔赛岛回来的第三天，于勒果然找上门来。

当时只有我和姐夫在家，姐夫开的门。只听到姐夫说道："你找谁？""我来找菲利普，我是他的弟弟……""什么？你……你就是那个信上说发了财的于勒吗？""对，达尔芒司·于勒，先生您是……"姐夫脸上现出奇怪的神情，然后说："进来吧！"

晚上，除了让于勒睡的房间以外，其他房间都一直亮着灯。

第二天，姐夫怒气冲冲地冲出了家门。

第三天，父亲在母亲的责骂声中把于勒叔叔推出了家门。

——李一然

回到哈佛尔以后，父母就像什么都没发生一样，全家仍旧每个星期日衣冠整齐地到海边栈桥散步。

又是一个周日，虽然风大，我们仍旧来到海边。无意中我望见海面上有个东西飘了过来，父亲也看到了，他指着对母亲说："你看那是什么，克拉丽丝？"东西渐渐飘近了，原来是一件破衣服，不知为何我觉得有些眼熟。母亲又对父亲努了努嘴，我这才发现衣服周围还飘着几个牡蛎。父母对视了一下，母亲的嘴角稍稍向上翘了翘。随即她对我们说："我们一起去吃牡蛎怎么样？"

——朱理

有的学生不仅关注于勒的命运，还设想了菲利普的结局：

回来以后我们再也没有去过海边栈桥散步，也不再拿出于勒叔叔的信给别人看了。只是两个姐姐特别是姐夫还常提起于勒叔叔，每当这个时候，母亲总会微笑着跟他们说大概生意做大了、太忙。

只有我还经常去码头，心中企盼着"特快号"的影子。

几个月后，母亲说父亲病了，并告诉我们父亲不愿见人，全由母亲一个人照顾。只是一个偶然的机会我从门缝中看到父亲躺在床上，两眼呆呆地望着天花板，嘴里不停地喃喃道："于勒，我的弟弟……我的弟弟，于勒……"

直到有一天，母亲说父亲要见于勒一眼，我们才又来到码头。谁知"特快号"的船长告诉我们："一个月前，于勒已经病死了。"

——李鹿鸣

我们乘坐的圣马洛船缓缓驶离了哲尔赛岛。天色越来越暗，海面上风却越来越大。不知过了多久，只听到一声巨大的撞击声，我们全摔倒在地，船舱中一片漆黑，周围是一片"触礁了"、"救命"的呼喊声。黑暗中我游出了已经歪斜的船舱，还好被救生艇上的水手揪了上来。父亲、两个姐姐和姐夫都在救生艇上，我们紧紧地拥抱在一起。

突然，父亲发疯了似的跪在了一个水手面前："先生，行行好，我的妻子还没有上来，她不会游泳……"那个水手只是茫然地摇了摇头。

一家人回到家里，父亲和两个姐姐已经哭肿了双眼。这时突然听到门外传来"菲利普、菲利普"的喊声。父亲愣了一下，一下子站起，从餐桌上抄起餐刀就冲了出去，门外只听见"哥哥……"就再也没有了声息，于勒叔叔已经倒下了。这时突然母亲出现在眼前，她抱起于勒叔叔嚎啕大哭："菲利普，是他救了我！"听到这话，父亲呆呆地愣住了，接着突然扭身狂奔起来，边跑边喊："哈哈哈！我杀死了于勒，哈哈哈！我杀死了弟弟！哈哈哈……"

——王格非

有学生在续写中设想了二姐的命运：

从哲尔赛岛回来以后，父亲的脾气越来越坏，母亲也总是愁眉紧锁，嘴里还常常神经质地叨唠着一些谁也听不清的话。那封曾经带给我们无数憧憬的"福音书"也不知被丢到了哪里。

不久，姐夫突然提出了离婚，原因是"二姐不懂爱情"。父亲气得对姐夫大打出手，挨了打的姐夫怒气冲冲地走出家门后，就再也没有露面。后来的日子，母亲和二姐天天以泪洗面。

从那以后，大家对"于勒"二字只字不提，直到有一次大姐因为爱情而不停地哭泣，母亲才从牙缝中挤出几个字："这个于勒，骗得我们好苦！"但我却在心里想："这都能怨于勒叔叔吗？"

——贾可昂

有的学生还在自己的"作品"中回答了原作没有交代的悬念：美洲"买卖很好"的于勒是怎样一下子沦为狼狈不堪的水手的：

当我们再提起于勒已经是十年以后的事了。

这十年里大姐出嫁了，尽管大姐夫是一个比大姐大十六岁的小糟老头，但母亲很愿意，因为据说这个老头很有钱。二姐夫也升职了，我也因此得到了一份体面而且收入不错的差事。

那是一个雨天，只见一个衣衫褴褛的人站在我家门前。当我走近一看，立即愣住了，当我正要叫出："于勒叔叔！"他赶紧捂上了我的嘴，然后把一个袋子放到我的手上，轻声说："孩子，交给菲利普，谢谢！"

"若瑟夫，是谁呀？"母亲在屋里喊道。"于勒叔叔……""什么？于勒！我就知道这个流氓早晚会回来吃咱们的！"母亲边说边走了出来。我一扭身，于勒叔叔已经不见了。我把那个口袋交给了母亲，并说："这是他给父亲的。"

当父亲看完口袋中的一封信后，他的两手不停地颤抖着。信上写着："亲爱的菲利普，这是我卖牡蛎挣来的一千法郎，希望能够赔偿一些你的损失……哥哥，人生真的很难说，我想说我以前并没有欺骗你们，只是我在美洲挣的钱都让我爱上的第一个女人骗走了，对不起，菲利普……"

——刘家饴

还有个学生把因果报应的思想反映到了自己的再创作"作品"之中：

从哲尔赛岛回来后的几个月里，父母似乎总被一个阴影笼罩着。当姐姐、姐夫不在家的时候，他们总会吵吵嚷嚷，而母亲也多了句口头禅："菲利普，你这倒霉催的！你怎么就有了这么个弟弟？"

　　转眼十多年过去了。母亲因病去世了；二姐离婚了；我虽然干过几个差事，但也就仅够糊口。而父亲也不知得了什么病整天躺在床上。除了天天骂于勒，还成天叨唠我没出息，没钱不能治好他的病。哼！凭什么让我养活你？你又是怎么对待你的亲弟弟的？想到这里，我决定离开这个倒霉的家，去寻找自己的快活生活。

——黎骁

　　学生在谈各自的"创作动机"时，或从自身对人物的情感出发，或从自己对于作品的主题的理解出发。如设想于勒成为有钱人的学生，觉得于勒太可怜了，"潦倒成那个样子，可亲哥哥却不认他"；而设想于勒最终没有改变悲惨命运的学生在评价"于勒变成有钱人"的续写作品时，就认为于勒改变命运的可能很小，"在于勒生活的社会，不仅仅是于勒，社会就是那样，于勒那样的人很难改变自己的命运"。

　　设想"二姐"被"二姐夫抛弃"的学生在谈"创作动机"时说："二姐夫爱的是于勒的钱，他得不到于勒的钱，能对二姐好吗？"

　　在续写中回答了原作没有交代于勒潦倒原因的学生，谈到自己的"作品"时说："于勒不是个说瞎话骗哥哥的人，我想他一下子潦倒的最大的可能就是被女人骗了！"他的说法立即引起其他学生激烈的争论，一些学生认为这样的"作品"很合理，符合原作的主题；而另一些学生则从社会尔虞我诈的角度，指出这样的设想只是无数可能中的一种。

　　年老的菲利普被若瑟夫抛弃的设想则获得了所有学生的好评。认为这个结局既深化了原作对社会现实的反映，又符合人们"善有善报，恶有恶报"的善良愿望。

　　也有一些"作品"被学生质疑、否定。认为这样的结尾不合情理，不符合原作中人物的性格。例如有学生这样写：

　　从哲尔赛岛回来以后，我们再也不到海边散步，也不再给别人看"福音书"了，大家似乎已对于勒叔叔淡忘了。

一天，父亲边低头喝酒边叹气说："唉！就当我没有这个弟弟吧！"母亲放下手中的针线，愤怒地说："说得容易！咱们的损失呢？……再说，那个该死的于勒，说不定哪天还会回来吃咱们！"

没想到，这番话被不知什么时候回来的女婿听到了。他怒气冲冲地闯了进来，大声喊道："我真是瞎了眼了！"母亲先是一愣，然后对父亲嚷道："我才是瞎了眼呢！"女婿怂怂地说："我是说不想与你们这些只用金钱衡量人的冷血动物生活在一起！"然后便头也不回地走了。

欣赏这一段段精彩的"作品"，我一方面为他们的妙笔而赞叹；另一方面也深刻地感到学生已经深入到作品之中，他们已经能够在感知形象的基础上对艺术形象进行独立的分析与思考；他们不仅把握了原作的人物、主题，而且作品中鲜活的人物形象在他们心中已经融入了自身的情感；他们不仅在自己的头脑中完成了"再创作"，而且还能根据自己对作品人物、主题的理解对别人的作品进行评价。

课上到这里，我觉得换位策略的目的已经基本达到了，学生从原来的"被动的读者、机械的接受者"换位到"作者"、"评论者"的位置；学生由原来被动地"吸收"、"接纳"教师的思维成果，转换为在经历了从形象感知到情感体验之后，进入"介入"、"释放"的阶段，达到了文学鉴赏的最高阶段，即理性升华阶段。

三、角色换位策略的效果

角色转换策略能够充分激活审美主体，培养学生形象思维，帮助其理性思考，有助于逻辑思维的养成，全面实现学生、文本和教师的多重对话，进而培养创造性思维、提高的艺术想象力和艺术鉴赏水平。

通过让学生续写，使学生改变了原来一贯处于被动地接受作品、被动地接受教师对作品的诠释的地位，学生对小说这种文学作品的兴趣、对文学创作这种对他们来说新鲜而又富有挑战性的"创作欲"被一下子激发出来。他们非常欢迎这种由读者到所谓的作者的角色转换，作为审美主体的学生被激活了。

由读者到作者的角色转换，又给予被激活的审美主体以充分的自由与展示自我的空间。当然，这种展示是富有"挑战性"的。要迎接这种"创作"的挑战，就必然要先深入作品，与文本进行多角度、深层次的"对话"。在这种"对话"过程中，学生不仅要读懂情节、认识人物，更要在形象感知的基础上对艺术形象进行独立的分析与思考，对作品主题、艺术手法进行深入的理性审视。只有经历这一系列过程之后，才能把阅读的成果"整合"为自己的作品，并把自己"再创作"的成果展示在自己的"作品"之中。

课堂上的"作品"展示、作者（续写者）谈自己的"创作动机"以及引导、鼓励学生评价别人的"作品"，又为学生实现了第二次角色转换——由阅读者、作者（续写者）到作品评价者——提供了条件。已经经历了从读者到作者角色转换的学生，不仅乐于介绍自己的"创作动机"，同样也乐于谈论、评价别人的作品。他们在评价甚至争论别人的作品时，更加深了对艺术形象、作品主题、艺术手法的思考。

可以说，运用"角色转换策略"指导学生进行小说鉴赏，符合"义务教育阶段新课标"中所提到的"欣赏文学作品，能有自己的情感体验，初步领悟作品的内涵，从中获得对自然、社会、人生的有益的启示。对作品的思想感情的倾向，能联系文化背景作出自己的评价；对作品中感人的情景和形象，能说出自己的体验；品味作品中富于表现力的语言"的要求，符合"义务教育阶段新课标"所倡导的"自主、合作、探究"的基本理念。同时，这种"角色转换策略"也符合了"普通高中新课标"对于"课程目标"中在"感受、鉴赏"方面中提到的"阅读优秀作品，感受其思想、艺术魅力，发展想象力和审美力"的要求，符合"普通高中新课标"对于"必修课程"中"阅读与鉴赏"的要求："对文本能作出自己的分析判断……具有积极的鉴赏态度，注重审美体验……有自己的情感体验和思考。"

四、结语

由于小说这种文学样式对中学生所特有的艺术魅力、小说创作和鉴赏中所存在的思维规律以及中学时期学生创造性思维发展的特点，可以说，小说是中学语文教学中培养学生创造性思维和艺术想象力的理想的载体。

如何更有效的借助小说这一培养创造性思维和艺术想象力的理想的载体、更好地达到新课标的要求，是摆在语文教师面前值得深入探讨的课题。我想，对于如何借助小说培养学生的创造性思维和艺术想象力的教学策略，一定会有许多，也一定会有更好的。这里只是做了一些初步的尝试而已。但不论是何种策略都不能违背中学生思维发展的基本特点，不能违背阅读的基本规律、文学鉴赏的基本规律，尤其是要遵从审美多元化的客观规律。教师在指导学生进行文学鉴赏时，确实要尊重并呵护每个对文学殿堂具有浓厚的兴趣、甚至怀着向往、神秘、神圣之情的小读者，帮助他们在各自的心中生发出自己的"哈姆雷特"。

初中几何教学初探

欧丽 王宁

一、图形变换的教育价值分析

随着数学基础教育改革的进行，新的教学大纲和教材相继推出。比较《九年义务教育全日制初级中学数学教学大纲》[①]（以下简称《大纲》）和《义务教育数学课程标准（实验稿）》[②]（以下简称《标准》）中关于初中平面几何的安排后发现，变化最大的地方之一是《大纲》中主要运用逻辑证明和扩大公理化的方法呈现有关平面图形的性质，强调对学生进行逻辑推理方面的训练；而《标准》则突出采用观察、操作、变换、坐标和推理等多种方式处理几何问题，强调空间观念、几何直觉、推理论证并重。这里的推理不再局限于逻辑推理，还包括合情推理和一定的说理。推理的范围也不再局限于几何内容，而是体现在数学学习的各个领域。几何证明的难度降低了，数量减少了。新增加了"图形与变换"的内容，而且占有很大比重。"图形与变换"作为增加的内容，《标准》强调注重联系生活实际，学习平移、旋转、对称等图形变换的基本性质，欣赏并体验变换在现实生活中的广泛应用。分析《标准》对这部分内容的要求，可以看出，《标准》并不要求从严格的几何变换角度去研究变换的性质和图形的性质，而只要求"通过实例认识变

[①] 中华人民共和国教育部制订：《九年义务教育全日制初级中学数学教学大纲（试用修订版）》，人民教育出版社 2000 年版。

[②] 中华人民共和国教育部制定：《全日制义务教育数学课程标准（实验稿）》，北京师范大学出版社 2001 年版。

换"，借助图形直观地探索变换的基本性质，应用变换研究一些基本图形的性质，并能利用图形变换设计、欣赏图案。

图形变换的教育价值主要体现在以下四个方面：

（一）有利于发展学生的空间观念

空间观念主要表现在：能由实物的形状想象出几何图形，由几何图形想象出实物的形状，进行几何体与其三视图、展开图之间的转化；能根据条件做出立体模型或画出图形；能从较复杂的图形中分解出基本的图形，并能分析其中的基本元素及其关系；能描述实物或几何图形的运动和变化；能采用适当的方式描述物体间的位置关系；能运用图形形象地描述问题，利用直观来进行思考。图形与变换这部分内容强调从现实情境出发，学习图形变换的基本性质，欣赏和体验图形变换在现实生活中的广泛应用。在这一过程中，学生经历了观察、操作、探索和设计的过程。在这一过程中，学生经历了一个从具体物体到抽象图形的转换，这是空间观念的一种表现。

（二）有利于发展学生的几何直觉，增进对数学的理解，促进创造力的形成

几何直觉是具有意识的人脑对于数学对象、结构以及规律性的敏锐的空间想象和迅速的判断，是想象和判断的有机结合。变换使得几何由静态转向动态，几何不再仅仅是对静止图形的观察、思考和论证，图形与变换的对象是可以操作的，例如轴对称和折纸等，从平面到立体的几何直观，以及由此带来的直觉，能增进学生对数学的理解，激发他们的创造力。

（三）图形变换是研究几何问题的有效工具

变换是学生认识图形性质的工具，通过轴对称、旋转对称、中心对称以及相似、位似等变换，可以对矩形、正三角形、等腰三角形、平行四边形、菱形等常见图形有更深刻的认识。通过将图形的平移、旋转、折叠等活动，使图形动起来，有助于发现图形的几何性质，从变换的角度来思考问题，可能使很多几何问题一下子就豁然开朗，因此图形的变换是研究几何问题的有效的工具。

（四）图形变换可以作为论证的基础

《标准》中加进图形与变换内容，一方面是因为现实生活中充满了图形与变换；另一方面就是要体现图形与变换的动态意义。

三角形的全等是用合同变换来实现的，尺规作图是将已知的线段和角度进行移动，在论证时也带来很多方便。例如等腰三角形的性质用对称很容易说明。再如，圆外一点向定圆作两条切线，彼此一定相等，这是可以用圆的对称性加以说明的。在研究图形性质的时候，可以把变换作为演绎的基础，从变换出发去证明图形的性质。

二、图形变换在教科书中出现的问题

利用图形变换的思想学习初中几何，可以让学生更直观地感觉图形、体会图形，使几何证明从严谨的推理过渡到形象的感知。但在实际教学中，如何更好地贯彻课标的精神却受到了教材体系安排的制约。

从知识的逻辑关联来看，现行教科书的编排线索是：平移→三角形→全等→轴对称→等腰三角形→平行四边形→旋转→相似。前后跨越 5 个学期，33.5 课时。这样安排的问题体现在两个方面：

（一）内容体系零散

教科书将图形与变换内容与图形的认识、图形与坐标、图形与证明糅合在一起。例如，在第五章"相交线与平行线"的最后部分，初步介绍了平移；在学习了第六章"平面直角坐标系"之后，又进一步从坐标的角度对平移变换作了描述；在后面第二十三章中的"课题学习：图案设计"中，再将平移与其他几何变换结合，进行综合性应用的讨论。

（二）图形变换思想体现得不够彻底

教科书对轴对称变换的处理采用了如下的方式：首先安排了用坐标表示轴对称的内容，从数的角度来刻画轴对称内容；将等腰三角形的相关内容安排在轴对称之后，利用轴对称研究三角形的有关性质，并进一步利用三角形的全等证明这些性质。这样安排将对等腰三角形的直观感受与严谨推理进行了结合，学生便于掌握。但是，在平移变换与旋转变换的处理方式上，教科书并没有延续上述对轴对称变换的处理方法，大部分的几何知识仍基于公式化的推理，在学生们对一些图形已形成基本认知后再用变换的思想来重新审视，这对培养学生图形变换的思想进而从本质上把握图形的特征没有太大的帮助。

三、图形变换在教学过程中的尝试

为了体现学生在图形变换思想下对几何知识掌握的特点，在学习符号推理之前，让学生通过直观感知、操作确认、归纳类比等方式认识几何图形的特征与性质，学会识别方法，将几种基本的图形变换——平移、轴对称、旋转介绍给学生，使他们对这几种变换有了直观的感受。在实际教学中，我们在依据课标的精神，将教科书中图形变换的相关内容作了适当的调整，按照感知图形变换（平移变换、轴对称变换、旋转变换）→三角形→平行四边形→相似→完善图形变换的线索展开教学，并分两个过程实施。

（一）介绍与简单应用图形变换

我们尝试把平移变换、轴对称变换、旋转变换的基础知识在七上"图形的认识"一章中介绍给学生，对此我们从三个维度对实际教学进行把握。

1. 感知

通过生活中一些生动的图片使学生对平移、轴对称及旋转有直观的感觉。培养学生对几何的兴趣，激发学生对几何学习的愿望。

例如，传送带上的货物及上下运行的电梯可使学生感受平移；

蝴蝶、风筝、五环等图案可使学生感受轴对称；

钟表表针及荡起的秋千可使学生感受旋转。我们只需要学生对这三种变换有最直接的认识即可，并能够体会这三种变换最基本的性质：不改变图形的形状和大小。

2. 了解

在学生对三种变换已有直观感觉的基础上，为了使学生对图形有更直观的感知，可给出常见的全等图形，让学生发现图形中蕴涵的图形变换，进一步使学生体会三种变换中的不变量。在教学过程中，除了要求学生能体会出图形中蕴涵的变换外，还要注意引导学生发现变换前后对应的的线段和角。如：

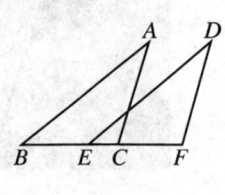 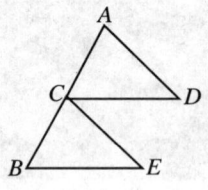

图一　　　　　　　　　　图二

图一与图二中两三角形之间体现了平移变换。

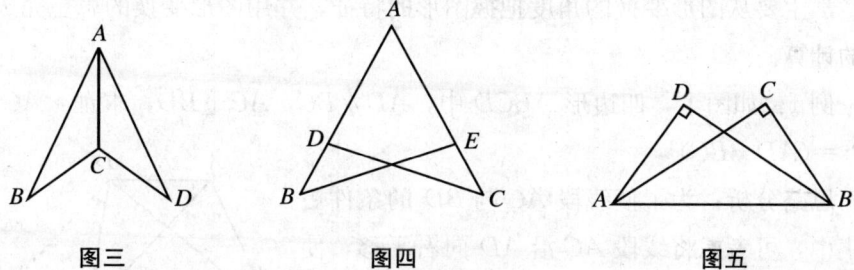

图三　　　　　　　图四　　　　　　　图五

图三至图五体现了两三角形之间的对称变换。

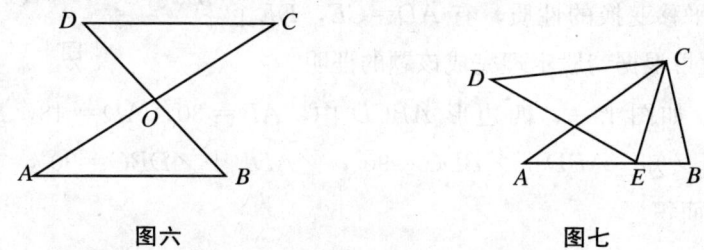

图六　　　　　　　　　　图七

图六与图七体现了两个三角形之间的旋转变换。

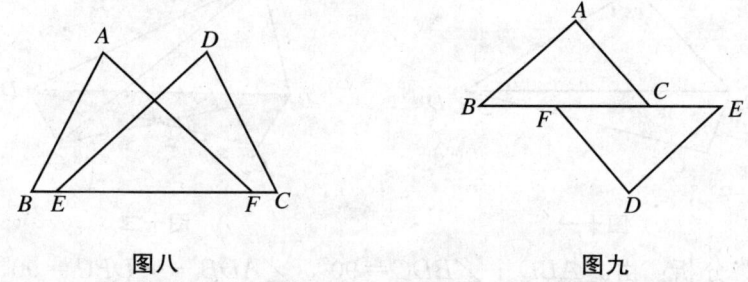

图八　　　　　　　　　　图九

图八体现了对称变换与平移变换，图九体现了旋转变换与平移变换。

这样安排既可以使学生体会到三种图形变换在具体几何图形中的体现，又可以培养学生对图形的准确感觉，为将来的几何证明打下一个良好的基础。

四、简单应用

学生要从图形变换的角度把握图形的特征,并用图形变换的思想完成简单的计算。

例1:如图十,四边形 $ABCD$ 中,$AD /\!/ BC$,$AC \perp BD$,求证:$AC^2 + BD^2 = (AD+BC)^2$

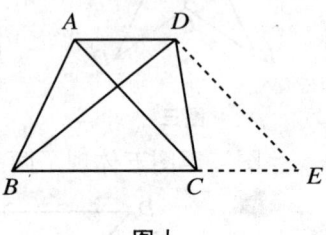

图十

思路分析:为了使线段 AC 与 BD 的条件更加集中,可考虑将线段 AC 沿 AD 向右平移,使平移后的 A 点与 D 点重合,C 点向右平移至 E 点,根据平移变换的性质,有 $AD=CE$,$DE \perp BD$,由此可根据勾股定理完成该题的证明。

例2:如图十一,四边形 $ABCD$ 中,$AB=30$,$AD=48$,$BC=14$,$CD=40$,又知 $\angle ABD + \angle BDC = 90°$,$\angle ADB + \angle DBC = 90°$,求四边形 $ABCD$ 的面积。

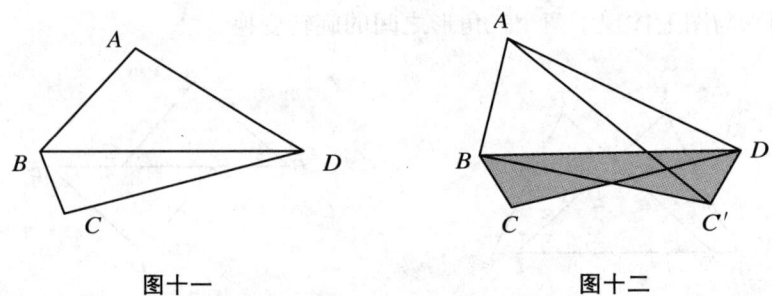

图十一　　　　　　　图十二

思路分析:由 $\angle ABD + \angle BDC = 90°$,$\angle ADB + \angle DBC = 90°$,可将 △$BDC$ 通过适当的变换,使变换后的 B 点与原图中 D 点的位置重合,变换后的 D 点与原图中 B 点的位置重合,这样原四边形就被分割成两个直角三角形:三角形 ABC' 与三角形 ADC'(如图十二所示)。事实上,变换后的三角形 BDC' 与原三角形 BDC 关于 BD 的垂直平分线对称。

例3:如图十三所示,直角三角形 ABC,四边形 $DECF$ 为该三角形的内接正方形,已知 $AD=10$,$BD=12$,求三角形 AED 与三角形 DFB 的面积之和。

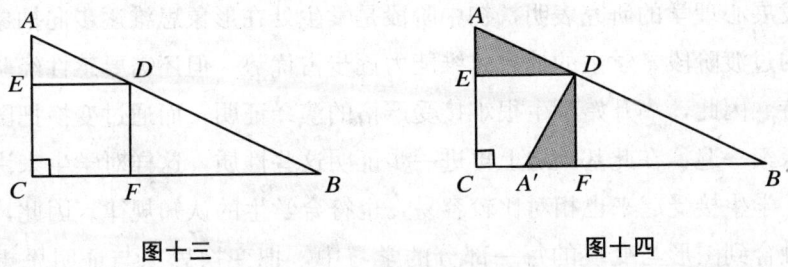

图十三　　　　　　　图十四

思路分析：可将三角形 AED 到三角形 $DA'F$ 的位置（如图十四所示），这样原题就转化为求直角三角形 $DA'B$ 的面积。

为了体现两种教学安排下学生几何学习的差异性，我们抽取了两个班的学生进行了测评（测评题目见附录），其中 A 班学生是按照教科书的编排顺序开展几何教学，B 班学生是按照调整后的顺序开展几何教学。参加测评的 A 班学生 45 人，B 班学生 47 人。

测评结果表明 A、B 班的学生在解决测试中的两个问题上呈现出极大的差异性。第一题是利用旋转的思想构造辅助线的问题，A 班仅有 11 名同学完整地给出了正确的解答过程，占参加测评人数的 24.4%；B 班有 28 人得到了正确的结果，占参加测评人数的 59.6。另一方面，从答题过程上分析，A 班学生的思维更严谨，证明的逻辑性明显优于 B 班；B 班对图形的感觉好于 A 班，但是证明的严谨性稍差，在得到正确答案的 28 名学生中，有 15 名忽略了三点共线的证明。

第二题是利用对称思想构造辅助线。A 班仅有一名学生利用将在高中学到的两角和的内切公式得到了答案，占参加测评人数的 2.2%；而 B 班有 10 名学生正确解出此题，占参加测评人数的 21.3%。

以两个班的学生为研究对象经过对比发现，严格按照教材进行教授的学生对几何证明的格式化掌握较好，但对图形的感觉较为迟钝；按照调整顺序后的教材进行教授的学生，对几何证明的格式化掌握明显弱于前者，但是对图形感觉敏锐，敢于对图形进行变换尝试，在几何学习上有更强的探索精神。

发展心理学的研究表明，初中阶段是学生处在形象思维逐步向抽象思维转变的过渡阶段，学生的抽象思维能力逐步占优势，但还需要感性经验的直接支持。因此，一开始学生很难接受严格的演绎证明，而通过变换把图形的性质探索一遍，在此基础之上再进一步证明这些性质，这样对学生来讲比较直观，学生接受起来也相对比较容易，也符合学生的认知规律。因此，要把证明融合到图形与变换的每一部分的学习中，把变换思想与证明思想结合起来。

附录

1. 如图，在四边形 $ABCD$ 中，$\angle ADC = \angle ABC = 90°$，$AD = DC$，$AP \perp AB$ 于 P，若 $PD = 3\sqrt{2}$，求四边形 $ABCD$ 的面积。

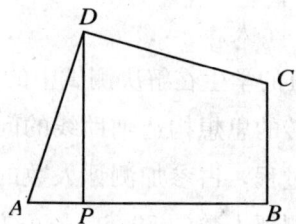

2. 在 $\triangle ABC$ 中，$AD \perp BC$ 于 D，$\angle A = 45°$，$BD = 3$，$DC = 2$，求 $\triangle ABC$ 的面积。

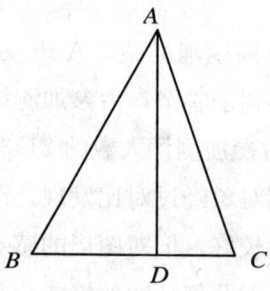

以"问题"为纽带的科学教育
——"问题驱动"生物教学模式概述

邱 悦

一、教学背景

科学教育是培养学生创新精神和实践能力的重要渠道。要培养和发展学生的创新精神,首先要培养和发展学生的问题意识,进行问题性教学。问题意识,问题能力可以说是创新精神的基础。对比中、美两国的科学教育,在如何对待"问题"上,有着明显的差异。中国衡量科学教育成功的标准是:将有问题的学生教育得没问题,"全都懂了","全都会了",即成功了。所以中国的学生年龄越大,年级越高,问题越少,这可以称为"去问题教育"。而美国衡量科学教育成功的标准是:将没有问题的学生教育得有问题。如果学生提出的问题教师都回答不了,那是非常成功的。所以美国学生年级越高,越富有创意,越会突发奇想,这就是以问题为纽带的科学教育。它以激发学生产生问题始,以产生新的问题终。在这样的过程中,培养学生的问题意识,帮助学生发展解决问题的知识、程序、方法,培养学生的首创精神和质疑精神。这样,科学教育的过程就不再是追求现成知识和标准答案的过程,而是培养学生富有个性的科学素养的过程,是促进学生全面发展的过程。

"问题驱动"生物教学模式就是一种以问题为纽带的科学教育。

二、"问题驱动"生物教学模式的流程与案例

(一)"问题驱动"生物教学模式的流程

创设情境——确定问题——提出假设——查找资料——设计实验——操

作实验——数据统计——结果分析——得出结论——产生新问题。

这里关键的一步是产生一个真实的问题。所谓真实的问题，就是学生自己产生的问题，而不是教材规定的问题，不是教师主观的问题，更不是为了提问题而提出的问题。真实问题的确定，是激发学生学习兴趣、启动学生思维活动、引导学生主动参与探究过程的关键，是这一生物教学模式的核心。"问题"质量的高低，直接影响到实际教学效果的好坏。

（二）"问题驱动"生物教学模式的案例

在我校七年级第一学期的生物课教学中，讲到"蚯蚓"这部分知识时，按照"问题驱动"生物教学模式的理念和流程，作了如下教学设计：

[创设情境] 教师首先让学生观察事先采集到的蚯蚓，并教育学生在实验中要注意保护蚯蚓。教师与学生进行讨论，蚯蚓生活在土壤中，自然界中有哪些因素，会对蚯蚓的生活造成影响呢？这时，学生通过发散思维，会提出光、温度、食物、土壤性质、水等，这样就创设了一种适于探究的学习情境。

[确定问题] 教师与学生根据现有的实验条件，由学生提出，师生共同确定今天的问题是"探究光对蚯蚓活动的影响"。

[提出假设] 教师引导学生对问题进行分析，结合蚯蚓在土壤中穴居生活的特点，请学生对问题作出假设，学生比较容易作出假设，"蚯蚓怕光，喜欢黑暗"。并且使学生了解到假设必须有一定的依据，不能凭空给出。

[查找资料] 假设提出来了，怎样验证假设呢？这时要求学生结合成学习小组，到互联网上查找资料，怎样通过科学探究实验来验证假设，通过查找资料，学生了解到要设计一个对照实验来验证假设，要有实验组和对照组，并且实验组和对照组的初始条件应完全相同，实验中也只能有一个实验条件不同，其他条件应完全相同，即所谓"单因子差异"，而且，实验中会有误差产生，重复多次实验取平均值，是减少误差的一种方法。通过查找资料，学生对科学研究的一般过程和方法有了大概的了解。

[设计实验] 学生开始设计探究实验。"光"的对照因素是"暗"。因此，

学生考虑用"光"与"暗"作为一组对照条件。设计方案大致为：取一容器，左半部用报纸遮住，造成"黑暗"，右半部用手电筒照光，造成"光亮"。起始时将8条大小、长短相似的蚯蚓放在容器中间，以3分钟为一次实验，统计8条蚯蚓中有几条爬到"暗处"，有几条爬到"亮处"，记录数据，并且重复实验3次。

[操作实验] 按照实验设计方案，每个实验小组认真操作，小组成员各有分工，共同配合，完成好实验。特别注意保持安静，避免对蚯蚓造成不良刺激。

[结果分析] 通过每个小组实验结果的分析、统计全班的实验数据，发现有86.7%的蚯蚓爬向暗处，远大于50%的随机概率，证明假设成立。

[结论] 通过探究实验，问题得到了解决。结论是：光对蚯蚓的活动有影响，蚯蚓怕光，喜欢黑暗的环境。

[课外作业] 要求学生在课下，将蚯蚓放归它的生活环境，并按照今天的探究过程，再设计一个实验，探究其他的自然因素对蚯蚓活动的影响。

通过以上基于问题的学习实例，我们可以发现其中的一条主线是如何解决问题，而学生始终处于主动探究的中心地位，充分体现了学生的主体性。

三、关于"问题驱动"教学模式的思考

（一）建构灵活的知识基础

学生在解决实际问题过程中建构起来的知识将是灵活的知识，主要有以下三条原因。

1. 学生建构知识是出于实际问题的需要，是根据对问题的分析讨论而产生学习议题后而学习的。如此，知识与一定的实际情境联系起来，有一定的缘起，知识因此获得了其重要意义。比对传统课堂上，学生所学的知识常常是"横空出世"，由老师生硬地提出来。学生的思维并没有做好进入学习状况的准备，学习动机不够充分。

如中学生物课中有一个"鉴定骨的成分"的实验，学生进入实验室后，

就按照老师的要求对骨进行煅烧。但为什么要烧这块骨？煅烧后会出现什么结果？每种结果又意味着什么？这一系列问题学生并不清楚，只有教师清楚。可见，学生是在教师的思维框架中进行实验的。按照"问题驱动"的教学模式，可以将这一实验改为"探究骨的成分"。并作为一个问题，要求学生根据已有的知识，通过独立思考，小组配合来解决问题，学生已经具有有机物和无机物的知识，并且知道生命体的成分无外乎由有机物、无机物两大类物质组成，根据有机物能够燃烧，无机物不能燃烧的特性，可以通过煅烧的方法加以鉴定（特别注意，煅烧要让学生自己想出来，而不是教师告诉学生）。而且，学生可以作出假设，煅烧后只可能出现三种情况：①不能燃烧，说明骨完全由无机物组成；②能燃烧并全部烧完，说明骨完全由有机物组成；③能燃烧，但有剩余的灰烬，说明骨中既有有机物，又有无机物。到底是哪种情况？只有通过实验来探究了。这样学生不仅知道为什么要煅烧骨，而且了解煅烧后可能出现的情况，及每种情况所表示的生物学含义。这样，学生通过自己的独立思考，就解决了这一问题。而且在实验中，有一种预期（因为要验证自己提出的假设），可使学生更专注，认真地投入实验中，进行观察、思考。最终，学生不仅获得了骨既包含有机物，又包含无机物的知识。还获得了可以根据不同事物的不同性质对它们加以区分、鉴定的方法，而这种方法对学生今后解决其他实际问题具有重要意义。显然，这种基于问题探究的学习比学生机械地按教师的指示学习，更有利于发挥学生的主体性，培养学生的科学素养。

2. 学生为了解决问题而研究一定的学习议题，他们查找大量信息，从中抽取信息，组织信息，自己建构起知识的最终产品形式。因此，知识的意义是出自个人化的深层理解，是他们自己的知识。可见，每位学习者对于知识意义的最终建构，可以有不同的渠道、方法、途径，他们在学习过程中也会有不同的体验，这种学习是一种"个性化"的学习，符合当前"以人为本"的教育理念。

如在讲《古代爬行动物的繁盛与绝灭》一课时，学生都非常关注恐龙是如何灭绝的，教师可以以此为问题，请学生像"小生物学家"一样，来解释这个问题。这里很重要的一个观点，就是给学生机会，让他运用他所学过的知识，来解决问题。让他来展示他的思考结果，与伙伴分享。学生为解决这一问题，会作出假设，然后在互联网上查找大量的相关信息，并对这些信息进行加工处理，找出支持假设的有用信息，并在小组内通过合作、协商，确定本组的最终意见。最后让每个小组的代表把本组的意见向全班同学发布。

我发现学生除了提出一些"小行星碰撞说"、"火山爆发说"、"气候剧变说"等比较普通的看法外，还提出了一些颇为新颖的假设，如"微型黑洞撞击说"、"反物质碰撞说"等，充分体现了学生的首创精神。通过这节课，学生学习到了：A. 作为一种假说，必须有一定的科学依据，不能凭空产生；B. 关于恐龙灭绝的假说有很多，但现在还没有确定哪一种是正确的，说明科学是有局限性的。这样，对学生也是一种激励，使他产生一种内驱力，去探索科学的奥秘，将来解开一系列自然之谜。更重要的是学生获得了一种研究、探索的心理体验和科学方法，通过解决问题，获得一种成就感。这对学生来说，也许是比知识本身更宝贵的财富。

3. 当学生完成学习议题后，他们最终还要用所获得的知识来解决问题。这意味着，他们不仅通过自己的查找和思维等过程而获得了知识的内容，而且还亲自经历了知识是如何被使用的。这样的知识是他们自己的知识，是能够灵活加以迁移的知识。也就是说，学习者不仅掌握了知识的内容，还了解了获得知识的过程，以及如何用这些知识去解决实际问题，这样的知识才是完整的知识。

如在学习《激素调节》这一章时，我采用了"问题驱动"的教学模式，请学生自主探索生长素、甲状腺激素和胰岛素三种激素的作用及主要内分泌腺分泌不足和功能亢进时的病症。学生通过查找信息、小组讨论，得出结论。如何让学生运用这些知识呢？我组织学生进行了"角色扮演"。有的学生扮演病人，描述自己的症状；有的学生扮演医生，准确地给病人确诊；有的学生扮演病人的家属，描述应如何照顾好病人的饮食起居和配合治疗；有的学生扮演政府官员,讲述政府应采取什么措施预防这些疾病的发生;有的学生扮演生物学家,讲解人类如何通过生命科学的最新进展降服这些病魔。通过这些简单的角色扮演,学生做到了"活学活用"。丰富了学习中的体验,加深了对所学知识的理解,不再靠死记硬背,就能灵活地对知识进行意义建构。

(二)发展高层次思维能力

问题驱动的学习一个重要的目标就是发展学生的高层次思维能力。高层次思维是有意识的,围绕特定目标的,付出持续心理努力的,需要发散、研究、判断和反思等认知活动的复杂的思维。它包括问题解决、创造性思维、批判性思维以及自我反思等思维活动。基于问题驱动的学习的主线活动是解决问题,学生必须进行一系列的解决问题的思维活动,如界定问题、分析问题、提出假设、搜集资料以及验证假设等。由于问题是开放式的,没有现成的答案,需要进行创造性思维。例如思维尽可能发散,学生之间相互启发,各自提出不同的想法,并且,学生最终要彼此评论各自的工作和想法,因此学生需要进行自主而积极的批判性思维。最后,学生抽象出解决问题的策略和学习策略。因此,基于问题驱动的学习为学生提供了许多机会来发展并实践他们的高层次思维技能。应注意的是,高层次思维不是简单的感知、记忆、复述或应用,不是反应式的思维。不是教师问:"是不是?"学生答:"是。"教师问:"对不对?"学生答:"对"这样简单地应答教师的问题,不是顺着教师的思路作推理,高层次思维是经过思考,产生一个新想法,并研究、判定一个想法的有效性和价值。可以说,高层次思维是创新思维的基础,是学生极其重要的思维品质。

(三)成为自主的学习者

通过问题驱动的学习,学生需要自我激励、自我调节,设置学习目标,做独立的研究,进行自我引导的学习,将新建构的知识应用到复杂的问题解决之中,并且还要监控和反思解决问题的过程。当他们完成问题解决之后,他们就会成为独立的思考者和自主的学习者。

（四）成为有效的合作者

在问题驱动的学习中，学生为解决真实性的实际问题而学习。由于问题复杂，学生需要以小组为单位进行学习。在小组中，学生共享彼此的想法，共同处理所遇到的学习困难。在小组中，学生需要积极主动参与小组活动，与小组其他成员相互依赖，共同承担责任。进行积极的良性互动，相互交流信息，相互鼓励和沟通。最终使学习者成为一个愿意合作也善于合作的人。

（五）将三位一体的教学目标有机地结合在一起，最终实现学生的全面发展

在传统教学中，教师尽管制定了知识与技能、过程与方法和情感、态度、价值观三位一体的教学目标，但大多数情况，在课堂上仍然是以教师为中心。教师讲，学生听，学生是知识的被动接受者，重知识、轻能力，重结论、轻过程，重答案、轻方法的现象比较普遍。特别是情感、态度、价值观教育显得比较生硬、僵化，与教学内容有一种割裂感。而问题驱动的学习主线是学生解决问题，学生获得的知识是通过解决问题的过程而实现的。因此，在这一过程中就必然对学生的思维能力、观察能力、动手能力、探究能力、信息能力、合作能力等多种能力进行训练和培养。而且情感、态度、价值观教育也将潜移默化地渗透到解决问题的过程中，在这种特定的学习情境中，情感、态度、价值观更容易内化到学生的思想体系中，明显优于教师直接灌输的效果。

"问题驱动"教学模式是一种先进的教学理念，如果单纯从学生所获知识的数量上看，这种模式的效率也许并不高；但如果我们的教育价值取向不在于教给学生多少现成的知识，而是教给学生获得知识的方法，应用知识解决问题的能力，创造性思维能力和自主探究的能力，则实施问题驱动的教学和学习就是有价值、高效率的学习。

如何组织语文的综合性活动

王月华

《语文课程标准》中指出:"语文课程应植根于现实,面向世界,面向未来。应拓宽语文学习和运用的领域,注重跨学科的学习和现代化科技手段的运用,使学生在不同内容和方法的相互交叉、渗透和整合中开阔视野,提高学习效率,初步获得现代社会所需要的语文实践能力。""语文课程应该是开放而富有创新活力的。"我理解的语文的综合性活动就是把学生引进广阔无边、五光十色的生活中去,带领学生在生活的大课堂中学习语文本领、练就语文功夫、显示语文身手的活动。

一、组织语文的综合性活动的意义

组织语文的综合性活动的目的:1. 组织语文的综合性活动也是"大语文"观念的体现,生活中处处是语文的课堂,不仅要在"小课堂"中学习,还应走进社会"大课堂"。2. "语文是实践性很强的课程,应着重培养学生的语文实践能力,而培养这种能力的主要途径也应是语文实践。"组织语文的综合性活动,正是为学生提供一个实践的场地,提供一个实践的情境,提供一个实践的机会,让学生在这样一个"场地"、这样一个"情境"、这样一个"机会"中学习语文,提高能力。3. 组织语文的综合性活动可以开阔学生的眼界,打开思路,多角度、多方面地培养语文能力,提高语文的综合素养。4. 丰富多彩的语文综合性活动可以激发学生语文学习的兴趣,调动学生语文学习的积极性,发挥学生学习语文的主观能动性。5. 组织语文的综合性活动也可以让学生在相对集中的时间内相对集中地培养某种语文技能。

二、语文综合性活动的设计

1. 组织语文的综合性活动，要有整体的策划。策划往往是一种新尝试和创新。策划，一般均是从创意开始，经构思生发成主题，主题再繁衍出各类行动计划。最后，这一计划在参与者中得以推行，策划才算大功告成。策划，从想出创意、决定主题、生发构思到整理成策划方案，都需要进行周密的计划。整体的策划要求在活动之前，对活动的背景、主题、实施、总结等有一个完整的筹划，最好写出策划方案，以便于实施。

2. 语文综合性活动的设计，要以语文教育的目的、特点、要求为根据。语文教育的目的是使学生获得基本的语文素养，即培育学生热爱祖国语文的思想感情；指导学生正确地理解和运用祖国的语言文字，丰富语言的积累，培养语感，发展思维，使学生具有适应实际需要的识字写字能力、阅读能力、写作能力、口语交际能力；提高学生的品德修养和审美情趣，使学生形成良好的个性和健全的人格。语文教育的特点是丰富的人文内涵对人们精神领域的影响的深广、学生对语文材料的反应的多元化，使语文教育要重视熏陶感染的作用、价值取向和尊重学生的独特体验。语文教育的实践性强，决定着语文教育应让学生更多地、直接地接触语文材料，在大量的语文实践中掌握和运用语文的规律。语文教育还要考虑汉语言文字对识字、写字、阅读、写作、口语交际和学生思维发展等方面的影响，在教学中重视良好的语感和整体把握能力的培养。语文教育的要求，从内容上说，不同年级有不同的要求。在学习方式上，积极倡导自主、合作、探究的方式和综合性学习，努力建设开放而有活力的语文课堂。语文综合性活动的设计，要以这些为依据。以这些为依据，才符合语文教育的规律，才有意义，才有效果。

3. 语文综合性活动的设计，要以学生学习语文的具体情况为根据。学生学习语文的具体情况包括：学生在语文学习中的薄弱点，学生在语文学习中应该掌握的重点、难点，学生在语文学习中应该形成的能力点及学生在语文学习中的兴趣点。以学生学习语文的具体情况为根据，语文的综合性活动才会有实效。

4. 语文综合性活动的设计，要有明确的目的性，语文综合性活动是语文教师对学生进行语文教育的一种形式。它与其他教育活动一样，应有明确的目的性，这个目的性即是活动要达到的目标。活动的目标可以是单一的，也可以是综合的。

5. 语文综合性活动的设计，要合理、新颖，能吸引学生。合理，是指活动的形式能够确保活动目的的完成。新颖，是指区别于一般的语文课堂学习和一般的教育活动，有新意，有独到之处。能吸引学生，是指设计巧妙，有时代感，能引起学生的兴趣。

三、语文综合性活动的实施

语文综合性活动的实施包括四个要点。

1. 做好动员，全体参与。

组织语文综合性活动的目的是使全班每一个同学在活动中学习语文知识，提高语文素养和能力。每一个同学都参与进来才能达到这一目的。组织语文综合性活动还要调动起学生的积极性，这就要做好动员工作。怎样做好动员工作呢？教师要把活动的意图及方案逐层告诉学生，使教师的想法变为学生的意愿。具体做法为：教师在有了初步方案后，就将方案告诉同学，听取同学的意见，需改进的地方进行改进，使方案更完善，更符合学生的意愿。在活动正式开始时，将活动的目的、方案、做法、要求等统统告诉学生，并成立活动组。各活动组再在组长的带领下讨论具体做法，使方案落实到小组，落实到每个同学。

2. 不断指导，不断提高。

为了实现语文综合性活动的目的，在整个活动中，教师要不断给予学生相应的指导，如知识的补充、方法的指导、问题的解决等，以使学生的能力不断提高。

3. 经常交流，鼓励为主。

经常交流可以促进思考，促进相互学习。在整个语文综合性活动中，要视活动时间的长短，组织 2～4 次交流活动。在学生交流中，教师要善于发现学生的优点、长处和闪光点，多多鼓励学生。也可以让学生相互评价，对别人的优点、长处和闪光点要给予充分的肯定。活动的最后一次交流，是非常重要的。它是出成果、实现目的的重要手段，应特别重视。

4. 组织严密，完成计划。

在语文综合性活动中，教师要做到心中有数，活动的目的、计划、方式、方法、时间等方面都要装在心里，并且原则上不作改变。全班或小组活动时，要组织严密。遇到困难，要想办法克服。这样做的目的是顺利完成计划。

四、语文综合活动的总结

语文综合活动的最后阶段是总结。总结阶段，教师应指导学生写出书面总结，写的过程也就是学生整理自己认识的过程。学生要总结自己的收获和体会，收获体会应是多重的。教师也要对整个活动作出总结，总结优点，找出不足；还要对学生知识能力的提高和存在的问题加以总结，并根据情况进行今后的教学工作。

附一："学做小记者"语文综合活动方案

活动目的：

（一）通过调查、采访，使学生能够接触社会、了解社会、关注社会。

（二）培养学生观察生活的习惯，提高学生分析问题的能力和写作的能力。

实施方案：

（一）召集班干部讲明"学做小记者"系列活动的目的，并让班干部在广泛征求同学意见的基础上，提出采访、调查的专题。经老师及干部的研究确定专题（共确定 8 个专题：1. 中学生的理想；2. 中学生的课外阅读；3. 关于一次性筷子使用情况；4. 中学生吃零食现象及原因；5. 关于动物；6. 中学生的人际关系；7. 责任问题；8. 关于环保）。

（二）每个选题都确定一名组长，再由全班同学自愿选择有兴趣的专题，每人必选一题。共组成 8 个调查、采访专题小组。

（三）教师讲解相关知识。

第一讲：怎样进行采访

（一）确定选题后，怎样获取材料

1. 通过对现实生活的观察、调查获取材料。2. 通过对学校领导、教师、同学和家长或相关部门的采访获取材料。3. 到图书馆或上网查阅与选题有关的各种资料。

（二）怎样采访

第一，要确定采访目的和采访对象。第二，要制定采访提纲，设计出采访不同的人要问的问题，问题要多侧面、多层次，要根据目的而问。第三，要注意在采访中用多种方式提问，如开放式（例如，请您谈谈对某事的感想？）、闭合式（例如，你认为是成功了吗？）、诱导式（启发对方敞开胸怀）、激发式（反问或故意错问）、追问式（重要的追问下去）、揭示式（根据对方谈话中的漏洞，揭示问题，请求对方作出解释）。

（三）采访前，事物的准备

要准备好采访用品：如，笔记本、笔、录音机、磁带。要安排好采访时间。

（四）根据教师的讲解，由各组制定采访提纲，并分头进行采访。将采访内容作为练笔写在练笔本上，教师逐个批改、指导。小组根据老师的批改、指导意见共同修改和分头再进行采访，完善内容。

（五）教师讲解相关知识

第二讲：采访后怎样写成稿子

（一）确定主题

1. 主题的作用：主题是新闻的灵魂，它对新闻的写作起统帅作用。它决定了材料的选择和组织、结构的布局和语言的表达等。主题对新闻价值的发挥和表达起着重要作用。

2. 好主题的标准：

①有实际指导意义的主题：指对同学提高认识有帮助的主题。

②新颖的主题：能消除人们陈旧思维方式、观念的主题。

③深刻的主题：能揭示事物本质，有哲理的主题。

3. 怎样确定主题：

①用比较的方法确定主题：即从多个角度确定多一些的不同的主题，在经过思考、比较，最后确定最有利于挖掘事实中的新闻价值的一个主题。②提炼主题：在做了大量的调查、研究的基础上，进行一系列的分析，提炼出主题。

（二）选择材料

新闻材料：就是构成新闻事实的各种情况、表现、反映和记载的总称。选择材料的标准：第一，要选择真实的材料，包括人名、地名、时间、细节、数字、引语等必须真实；背景材料也必须有根有据；对事实的说明和解释，也应真实。第二，要选择有较大新闻价值的材料。新闻材料越新鲜、信息量越大，越具有普遍兴趣，新闻价值就越大。第三，要围绕新闻主题选材。第四，要选择新颖、生动、有特色的材料。

新闻报道的感染力要靠许多新颖、生动的或戏剧性情节（如果生活中存在的话，而不能编造）来体现。

（三）语言

新闻语言应以"准确"、"清晰"、"生动"作为主要特征。

1. 准确

①要注意词义差别。选词造句要恰到好处，词不达意就无法正确地反映客观现实，有时即使一字之差，也会造成被动。

②要推敲词语的感情色彩。

③要讲究"立言得体",即有"分寸感"。

2. 清晰

指叙事、状物要具体形象、简洁明了、通俗易懂。

(四) 结构方式

可以采用问答式的结构方式;也可以用通讯式的灵活的结构:如《北京立交桥》;还可以用调查报告式的结构:①调查、采访的目的;②调查、采访情况;③原因;④分析;⑤结论。

(五) 让学生根据老师讲解的知识,写好稿子。语文教师帮其修改,最后定稿。

(六) 全班交流会

(1) 内容:第一,学生读采访稿(可让每人读一个小专题、由几个小专题组成一篇稿子)。第二,模拟现场采访。第三,主持人采访同学,请同学讲参加此项活动的收获。

(2) 主持人:由语文教师或学生担当。

(3) 主持词:(略)。

(4) 观众席安排:排成U字形。

(5) 教室布置:教室前黑板写"学做小记者"系列活动交流会。教室后黑板写8个专题及小组成员名单和关于学做小记者的知识。

活动总结:

教师指导学生写出了书面总结,要求每一名同学要总结自己多方面的收获体会。教师对整个活动作出了总结。总结了活动的优点,找出了不足,并对学生知识能力的提高和存在的问题进行总结。

附二:"小作家观察、练笔打比拼"语文综合活动方案

活动目的:

(一) 提高学生观察生活、感悟生活、表现生活的能力,解决作文没有内容可写的问题。

（二）提高学生的写作兴趣，力图激活写作课堂。

活动口号：

用我们的感官观察生活，用我们的心灵感悟生活，用我们的头脑思考生活，用我们的妙笔反映生活。

实施方案：

（一）教师召集班长、学习委员和课代表等讲解关于这次活动的目的和方案，使他们理解教师的意图。

（二）教师在全班讲解关于这次活动的目的、方案、细则和要求，使同学了解教师的意图和方式。1. 本次活动的时间为三周，这三周时间不留课内学习的家庭作业，但每周必须至少写三篇观察日记或练笔。2. 全班分为六个小组，每组指定一名组长。小组活动有：确定观察或调查对象，一起去观察或调查、采访；小组内的练笔交流、互评及推荐；每小组向全班推荐三篇名家的好文章，在全班朗读并进行简评，以使同学有可借鉴。3. 三周时间内小组交流三次，全班交流三次，评出最佳练笔和优秀练笔。4. 活动结束后，每人至少有九篇练笔，出一本个人观察、练笔集；全班出最佳练笔和优秀练笔集。

（三）教师先用三节课讲解有关观察和练笔的知识。关于观察讲解：1. 定向观察和机遇观察。2. 深入观察的方法。3. 观察与体验。4. 观察与调查。5. 观察与阅读。6. 观察与联想。7. 观察与分析等。讲解中穿插进具体生动的实例，不仅给学生以知识，还让学生了解其运用。关于练笔讲解：1. 练笔的内容来自对生活的观察和感悟。2. 练笔的内容丰富多彩，可以写对生活的观察、感悟，也可以写对生活的思考；可以叙事，可以描写，也可以议论、抒情；可以写实，也可以想象、联想；可以写过去，可以写现在，也可以写将来；可以写自然，可以写科学，也可以写社会；等等。3. 练笔要写得生动感人，要给人以启发，引人思考。4. 练笔要有新意，要写自己的独有的东西，不重复别人的东西。我笔写我心。5. 练笔要用自己认为最好的、最恰当的方法来表达自己所要表达的内容。6. 写练笔要像上台阶一样，不能总是原地踏步，而应一级一级往上走。

（四）按计划执行。教师每周收一次练笔，进行检查及讲评。

（五）将选出的最佳练笔和优秀练笔出了一本集子，取名为《烂漫一季》，两个班同学人手一册。

活动总结：

教师要求学生写出了活动总结，教师对同学在活动中的表现、取得的成绩和存在的问题进行了总结。

在初中信息技术课程中开设几何画板的实践与研究

吴俊杰

初中信息技术教学的内容一直是以工具软件教学,例如 flash、绘声绘影、Photoshop 和程序设计教学(VB)为主。这两类课程实际上反映了信息技术学科的技术倾向与科学倾向。长期以来,信息技术科学很重视其技术倾向与工具软件的教学,这在客观上平衡了初中教学以科学化为主的倾向。程序教学是目前信息技术学科体现科学性的方式,具体体现在程序设计、算法设计上。信息技术的科学性还体现在应用信息技术解决科学问题上,例如用几何画板软件解决数学问题。2007 年,笔者在初二学生中开设了几何画板的必修课程。一年的教学实践表明,几何画板能够有效地提高学生的数学成绩,提高信息技术学科的科学性,并提高学生利用信息技术手段解决实际问题的能力。本文着力介绍几何画板作为初中信息技术教育的作用、几何画板课程建设的课程体系,还有具体的教学原则。

一、几何画板课程对于初中信息技术教育的补充作用

几何画板构成对初中信息技术教育的补充作用,主要体现在其对学科科学性的支持,对学生学习兴趣的促进和对综合课程的支持上。

(一)几何画板课程有助于提高信息技术教学的科学性

信息技术是一门综合性的科学,要想理解其科学性的意义,往往需要从算法的角度、从程序设计的角度讲解。信息技术的科学性还体现在其帮助解

决科学问题上，例如，flash 帮助理解抛弃运动，Photoshop 帮助理解坐标系的概念，但是这些软件都不能系统地帮助解决科学问题。几何画板作为一个数学软件，能够很好地模拟初中几何中的绝大部分问题在代数与几何领域均有很好的表现。因此，几何画板一直是中学数学教师最为青睐的教学辅助软件。因此有部分数学教师在数学教学中抽出部分课时将几何画板介绍给学生。但是由于初中数学课程本身课时很紧张，数学教师也不可能抽出很大的课时给学生开几何画板课程。几何画板课程所涉及的初中代数与几何信息技术，教师一般都可以掌握，此外作为一个软件的教学，需要机房环境作为支撑。信息技术教师熟悉机房环境，熟悉各种信息技术手段，因此几何画板课程的教学载体若为信息技术课程，必然会有更充足的课时、更合适的教学环境和更好的教学效果。几何画板课程利用信息技术的辅助手段，将数学知识与信息技术相结合，将会提高信息技术的科学性和信息技术学科的知识深度。

（二）几何画板课程有助于学生的数学学习

初中数学以平面几何和代数教学为主，已有的研究表明，部分数学教师将几何画板引入中学教学中，学生用几何画板解决数学问题，学生的数学学习兴趣和学习成绩均都有提高。我校在教学中将初二 5 个班编为实验组和对照组，几何画板教学半学期后，实验组的数学成绩较对照组的数学成绩高 3 分，且差异显著。在教学过程中，2 人利用几何画板撰写的科技创新论文在北京市东城区科技创新大赛中获二等奖（图1）。学生在学习过程中表现出对几何画板软件极大的兴趣，绝大部分学生自觉地在家中安装了几何画板软件。因此可以看出几何画板对于提高初中学生的数学成绩和数学兴趣具有很大的帮助。学生们在生活中使用几何画板，提高了对信息技术的应用水平，增强了学习信息技术的主动性，提高了信息素养。

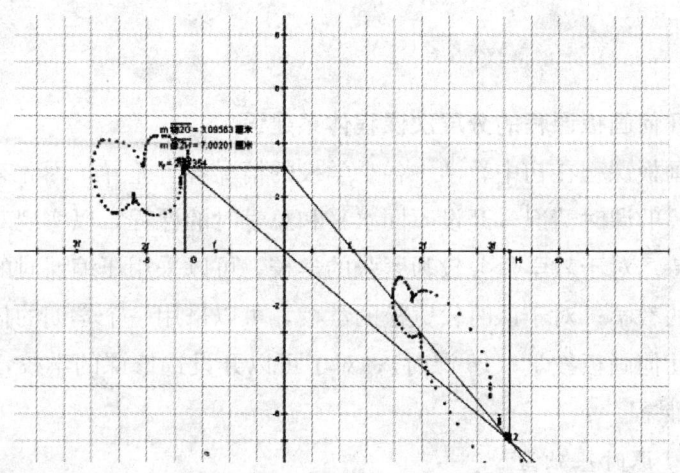

图1 研究凸透镜成像时物像不相似问题（获东城区科技创新大赛二等奖）

（三）几何画板有助于构建综合课程

几何画板课程较好地融合了信息技术与初中数学的学习内容。在新课程的要求下，要求有更多的学科交叉和综合性课程，几何画板课程可以说是这一类课程的一个很好的范例。

几何画板课程的综合性体现在：

1. 课程的内容的综合性：软件使用与数学知识习题相结合。

2. 课程教学方法的综合性：融合了信息技术学科与数学学科的教学方法。

3. 课程中学生学习方式的综合性：在学习几何画板课程中几何画板既是知识又是工具。作为知识，它丰富和充实了初中代数、几何知识的内涵；作为工具，有效地帮助解决了数学学习中的难点。

4. 学习效果的综合性：从目前的教学实验的结果来看，学习效果是多方面的。一方面促进了学生的数学学习；另一方面促进了学生解决实际问题的能力。很多学生通过几何画板，建立数学模型，已经取得了一些成绩，相信学生通过更多的学习，会取得更多的收获。

几何画板适合于综合课程的这一天然优势必然会在今后的教学中更显著

地体现出来。

二、几何画板课程的分层次课程体系建设

几何画板课程在初中教学中各个学校的情况各有差异,因此有必要针对不同的学校的课时情况,开设不同水平和总学时的课程,以实现对不同学校的区别对待。对于教学任务较为紧张的学校,可以采用压缩课时的方式,采用 4 课时的教学;对于课时较宽松的学校,可以采用一个学期的信息技术课时来进行几何画板教学(16 课时);对于可以开设选修课的学校,可以开设 32 课时的课程。

（一）4 课时基础型

课程要求：学生能够使用几何画板初中基础几何图形和函数：

1. 三角形、平行四边形、菱形、矩形、正方形；
2. 使用度量工具验证几何定理,使用函数绘制工具绘制函数；
3. 学会使用一次函数和二次函数的绘制；
4. 解决简单问题：应用题（图2）。

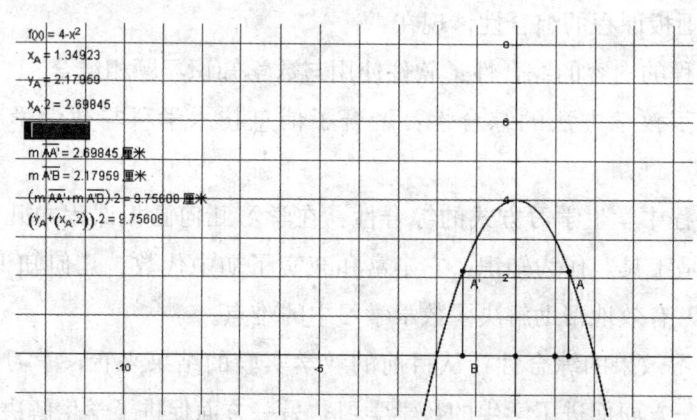

图 2　经过基础型教学后学生研究二次函数内接矩形周长的最大值问题

教学策略：学生水平高,可以采用一节讲授一节练习的方式,这样知识密度较大、效率较高,但应提醒学生记笔记。

（二）16课时普及型

课程要求：

1. 学生掌握基本几何图形的绘制；

2. 掌握平移、旋转、缩放、反射操作；

3. 学生能够熟练地掌握度量工具验证几何定理；

4. 学生能够绘制基本函数；

5. 学生能够运用几何画板解决物理和生活中的实际问题。

教学安排：本课程适合于抽出一学期信息技术课讲授几何画板的学校。也适开设每周一节选修课的学校。其中1.2.3.4为基础模块（12课时），5为高级模块（4课时）。

（三）32课时提高型

对于拟用一学年开设几何画板必修课的学校或开设周课时为2的选修课的学校可以采用高级型课程安排。

课程要求：在完成基础型教学的基础之上可以开设4个专题。

1. 几何变换的计算机模拟：重点在于平移、旋转、缩放、反射的计算机模拟。

2. 几何中的不变量：重点利用几何画板在几何变换中保持几何关系的不变性的特点，探究定值问题和极限问题。

3. 展现几何中的数学美：重点在于利用几何画板中的动画功能绘制优美的几何图形。如设计跳棋棋盘、设计地砖的图案（图3），及利用迭代功能绘制分形图形、化圆为方等几何问题，让学生在"玩数学"中感受数学的美。

4. 几何画板与科技创新：重点在于利用几何画板解决实际问题并有所创新，可以建立数学模型解决生活中的问题，例如路灯灯高和灯间距如何设计才能最节能，60度夹角平面镜成几个虚像等问题（图4）。像这类问题学生可以充分地发挥其创造力和想象力绽放几何画板的美。学生的学习从学习层面推向应用层面，从应用层面推向创造层面。

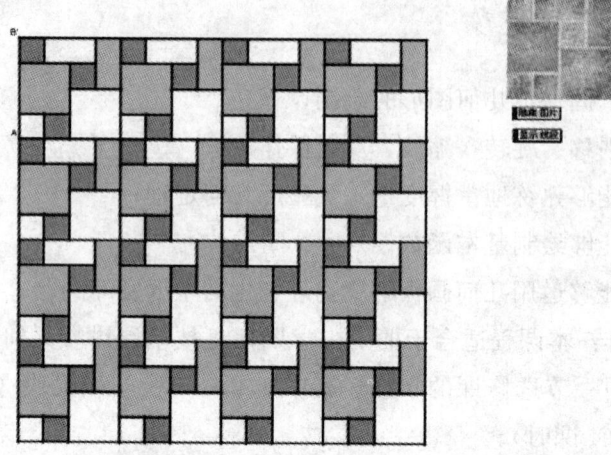

图3 普及型教学中学生利用对称性绘制的多彩的地砖

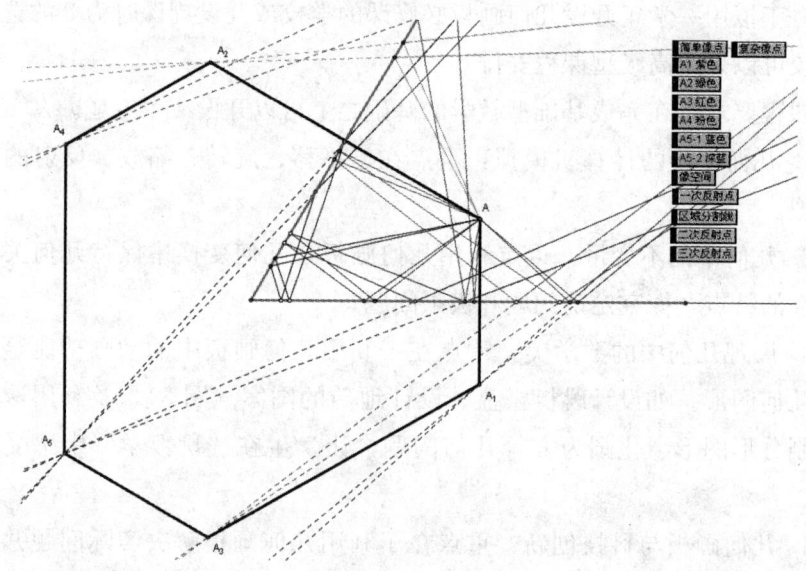

图4 学生通过探究解决了 **60 度夹角平面镜成 5 个虚像的问题**

教学安排：32 个学时可以分为基础模块和应用模块，各 16 学时。应用模块的 4 个主题可以按照每个主题 4 个学时安排。基础模块和应用模块中信息技术教师要重视基础模块，重视每个学生的基础知识和基本技能的学习，这是高级主题的基础。当教师辅导高级模块时，在支持上有些困难的教师可以借助网络资源来备课，教师在教学的过程中也可以将一些数学教师制作的课件制作教程对学生共享，这样学生可以根据这些资源自学，教师支起一个技术指导的作用。

这三种不同的课程适用于不同学时的学校，同样也适用于一位教师在教授几何画板的不同阶段。刚开始，采用4课时的方案。熟悉课程以后，可以采用16课时的方案。全面熟悉几何画板的课程之后，教师可以采用32课时的方案。这是一个教师学习的过程，也是一个教师专业发展的过程。

三、几何画板课程的教学原则和考评建议

几何画板课程的教学是一种以信息技术教学为主，体现数学特色的综合课程。在几何画板的教学中，教师在教学中要注意体现基础性原则、差异性原则和学科协作性原则。

（一）基础性原则

几何画板课程应当明确每次授课的最低目标。由于几何画板课程与数学学习相关，而一些学生的数学水平存在差异，所以几何画板课程的教学也存在着差异。基础性原则是确保学生掌握最基础的知识，以确保学生能够达标。例如在矩形的教学中应包含：绘制一定长、宽的矩形，绘制长、宽可以调节的矩形，绘制长宽比为黄金分割率的矩形。这三个教学内容前两个内容应要求全班同学都掌握，这体现了基础性原则。基础性原则应该成为教师备课、设计教学内容的重要原则。

（二）差异性原则

差异性原则是指对于不同水平的学生分层次教学。它是对基础性原则的一种延伸，侧重于对优秀学生给与高级任务，当然也包括对于学困生的个别指导。比如在基础性原则举例中的长宽比为黄金分割比的矩形，就是针对优秀学生的高级要求，高级要求任务具有开放性又与基础要求有所联系，例如该问题学生既可以绘制一个长为1厘米、宽度为0.618厘米的定常宽的矩

形，又可以绘制出宽长的比为 0.618 的矩形，学生还可以绘制一个宽长比为 $(\sqrt{5}-1)/2$ 的矩形，这样做提高了精度。在教学的过程中，这类开放的问题往往会引发不同的解法，可以让学生将解法展示出来，各显其能，这样做既活跃了课堂气氛，又提高了学生的学习兴趣。在笔者的教学实验中，有一个数学实验班，每次在教学中我都设定了一些开放性的题目，让学生探究，学生们每次都能给教师一些惊喜。在这个过程中，实现了师生的互动，实现了教师的专业成长。

（三）学科协作性原则

几何画板课程具有很强的学科交叉性，信息技术教师在教学过程中遇到的主要困难是对初中数学知识的不熟悉，因此在教学中与数学物理教师的密切协作是十分重要的。在笔者的教学实验中，初中信息技术教研室与初中数学教研室共同确定了"在初二开设几何画板必修课程对于初中数学教学的辅助作用"这一校本科研课题。课题的确立，促进了学科的协作，数学组提供了合适的教学资源，并给予技术支持，共同确立了"几何画板对初中数学几何变换教学的促进作用"、"几何画板对初中数学几何不变量的教学的促进作用"等研究课题，这些课题的确立，使的教学和科研有机地结合起来，促进了几何画板课程迅速地成熟化、科学化、体系化。

（四）几何画板课程的考评建议

建议教师采用学生作品与学生笔试相结合的考评方式。学生作品的任务选择应当体现几何画板课程的综合性的特点，例如几何画板模拟出透镜成像规律，用几何画板测量月球环形山的直径及分布情况，等等。几何画板的笔试是区别于其他信息技术课程的一个重要特点，这些题目要求用数学常规的方法可能解起来比较复杂，用几何画板解十分方便。比如，求一个三边长度为 5.2 厘米、6.4 厘米、7.2 厘米的三角形的面积。用数学方法求解该问题需要用到初二学生未学的海伦公式或余弦定理，且计算复杂，而用几何画板只需做 3 个圆，绘制出三角形，度量其面积即可，这种方法在工程上是非常可行的和有效的。像这类问题还有许多，在考试中教师只需查看结果是否正确即可。这样考试提高了考生的信度，将几何画板知识与数学知识有机结合，在笔者的实践中取得了很好的效果。这种考评方式还要求教师在平常的教学中注意教学内容与考试结合，使课程趋于体系化。

四、结束语

几何画板课程是中学信息技术课程体现其学术性、科学性的一个合适的载体，利用信息技术必修课的课时开设几何画板课程，将数学用做课堂演示的课件，转化为学生自主学习的学件，将几何画板这一原来显得神奇又神秘的软件请下神坛，将会同时改变中学信息技术与数学教学的样貌。当然，在具体操作中信息技术教师的培训和教材的编写都有很大的困难，但是既然该课程对学生的学习有显著的促进作用，该课程就一定有其自然的生命力。希望有更多的学校和信息技术教师投入到几何画板课程的建设当中来，这个对初中生学习和数学教师的数学教学大有裨益的课程必将会在初中信息技术课程改革中发挥更大的作用，取得更多的成果。

平面图形的镶嵌教学设计

韩莉梅

一、设计背景

本节课问题的实际背景是日常生活中的铺地砖问题。教材背景是学生刚学完的正多边形知识。教学的主题是把日常生活中的铺地砖问题抽象为数学中的平面图形的完全镶嵌问题。本节课设计的理论支撑点是建构主义的学习理论,这种理论认为学生的学习不是被动地接受,而是一种主动的探究与建构,认为各个个体对知识的理解随个人的经验、经历的不同而不同。根据这一理论,教师在教学设计中充分考虑到学生的差异,设计了开放性的问题,教学中采用合作学习的方式。

二、实施过程

本节课的教学目标是:

1. 经历探索多边形镶嵌条件的过程,进一步发展学生的合理推理能力、合作交流意识和一定的审美情趣,进一步体会平面图形在现实生活中的广泛应用。

2. 通过对日常生活中地砖的了解,了解用一种正多边形镶嵌只可能有三种情况,即只有正三角形、正方形或正六边形这三种正多边形可以完成平面图形的镶嵌。

3. 通过学生活动探索多边形镶嵌的条件,探究两种和多种正多边形可以镶嵌的种类。

4. 通过对平面图形镶嵌问题的探究与解决(当然不一定能完全解决)

的过程，加深对正多边形的有关概念、性质的理解。

5. 了解数学知识在实际生产生活中的应用，培养学生应用数学解决实际问题的意识和能力；优化思维品质，培养学生发散性思维能力及由特殊到一般的归纳能力。

在上课的前两天，布置给各个学习小组一个任务，用纸片做一些正多边形的图片，说是上课要用。各个学习小组的同学都相互合作，完成了老师布置的任务。

（一）创设情境　引入课题

出示图片，请你欣赏美丽的图案：壁砖、壁纸、地砖、图案；让学生观察并提问："这些美丽的图案是由哪些多边形组成的？各个多边形满足哪些要求？"

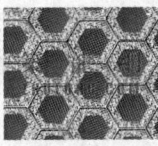

在探讨上述问题的基础上，接着提问："有些地砖的组合图案如图所示，它是用正方形的地砖铺成的，为什么用这样形状的地砖能铺成无缝隙的地板呢？"（板书课题：多边形镶嵌）

点评：多边形的镶嵌在日常生活中应用很广泛，家庭装修中出现这样图案很多，学生家中也有很多这样的图案，用这四幅图片来引入，学生既熟悉又亲切，使得知识衔接较为自然，并为下一步探索多边形的镶嵌创设了条件。

教师接着追问："那么，我们能否用其他正多边形来铺地面呢？要求没有空隙。这就是今天我们要研究的平面图形镶嵌问题。比如用正五边形，大家看行吗？"于是同学们分成小组，动手实践，用事先剪好的正五边形纸片进行试验，马上发现不行。教师又问，用正五边形不行，用正八边形行吗？学生通过实践发现也不行。教师问学生，那么我们今天要研究的平面图形镶嵌问题，应该研究什么问题啊？经过思考，一位学生说："我们应该研究用什么样的正多边形可以完成平面的镶嵌而不留空隙。"另一位学生接着说："我们还应该研究用两种以上的正多边形能不能完成平面的镶嵌。"教师对这两位学生进行了表扬,说:"我们就是要善于提出问题。好,我们今天就一起来研究这两个问题吧!"

(二)设置问题 动手操作 探索结论

问题一:你能用正三角形、正方形、正五边形、正六边形中的一种图形镶嵌成平面图形吗?请你想一想,拼一拼,你有什么发现?

操作活动:先让学生想一想,然后拿出准备好的正三角形、正方形、正五边形、正六边形纸片分小组开展拼图,在边实践、边思考的基础上,同学之间展开交流讨论。

探索结论:同学们通过亲身实践,发现了两个结论:(1)边长相等的正三角形、正方形、正六边形都能单独镶嵌,正五边形不能单独镶嵌;(2)当围绕一点拼在一起的几个多边形的内角加在一起恰好组成一个周角时,就能拼成一个平面图形。各小组将镶嵌的作品向同学们展示,教师边点评,边电脑演示以下几个图片。

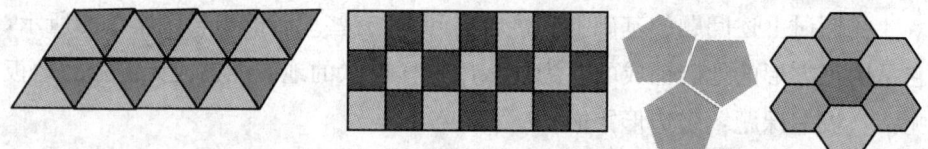

问题二:还有哪些正多边形能单独镶嵌?例如正七边形、正八边形、正九边形、正十边形、正十二边形能单独镶嵌吗?为什么?你有什么结论?

小组活动 探索结论:同学们通过计算,讨论、交流又发现:其他的正多边形都不能单独镶嵌。理由是:360°除以正多边形的一个内角的度数,若能整除可镶嵌,若不能整除不能镶嵌。

点评:改变教材直接拿出拼成的图形做法,围绕问题,让学生经历动手实践、观察思考、交流讨论、归纳总结等过程,得出相关结论。学生自觉地运用计算的途径得出一般结论,学生的认知从感性认识上升到理性的认识,这是学生认知中的一个飞跃。加深学生对问题的理解和方法的掌握。既培养了学生的实践能力,又培养了学生的探究精神;解决了正多边"镶嵌"的一般问题,顺利地突破教学中的难点。

(三) 延伸思考 拓广探究

问题三：你能用正三角形、正方形、正五边形、正六边形中的其中两种图形镶嵌成一个平面图案吗？请你试一试。此时同学们的学习热情很高，很想再试试。

操作活动 探索结论：四人合作边拼图、边计算、边讨论、边思考、争议激烈。最后四人达成共识。正三角形与正六边形、正三角形与正方形能镶嵌，而正方形与正六边形不能镶嵌。不同的组合可以得到不同的镶嵌效果。

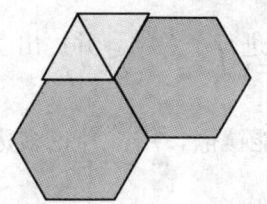 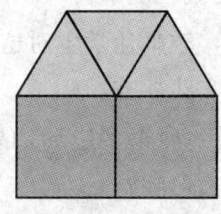 

意外发现：同学们通过计算，意外发现：1个正方形与4个正八边形、1个正三角形与3个正十二边形、2个正五边形与1个正十边形也能镶嵌。1个正三角形与2个正方形及1个正六边形这三种正多边形也能镶嵌。三种正多边形能镶嵌的还有：正三角形与正十边形与正十五边形；正六边形与正方形与正十二边形。

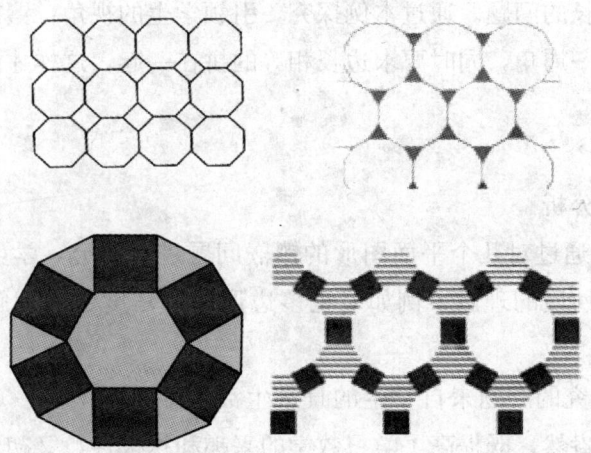

点评：多种多边形的镶嵌是较难的问题，思考时需要有丰富的想象力。本节课的教学让学生边动手，边计算，边讨论，边思考，让同学们争个够，争得明明白白，使问题突然明朗。只要几个正多边形的内角相加能达到360°，就能镶嵌。意外的发现也是让教师获得意外的惊喜。这是合理的教学设计与良好的学习平台所获。也是"独立思考、动手操作、合作交流、自主探索"新的教学模式所获。科学合理的探究方式能更好地培养学生的动手操作能力与探索思考的能力。

（四）运用新知 探究变式

这时，下课时间快到了，教师让学生对这节课进行了总结。并提出了三个问题让同学们课后去进行实践探究：

1. 你能否想出一个用同一种正多边形如果不能镶嵌，用三种正多边形能不能镶嵌呢？用四种正多边形呢？

2. 你能否想出一个用同一种多边形（非正多边形）的地砖铺地面的方案？把你想到的方案画成草图。

3. 能用若干个全等三角形镶嵌成一个平面图案吗？能用若干个全等的四边形能镶嵌成一个平面图形吗？

点评：问题3是从特殊到一般的探索过程，前面的探究过程只重视角的问题，忽视边长的问题。通过本例探究，引领学生的视角：镶嵌问题既要关注角能否拼成一周角，同时要求边长相等的拼在一起，这样才能镶嵌成一个平面图形。

三、案例分析

1. 本节课通过对几个平面图形的镶嵌问题进行研究，学生加深了对正多边形的有关性质的理解。例如对正多边形的内角度数的理解提高了一个层次。

2. 由于研究的问题来自学生的日常生活实际，同学们一点也不感到陌生，因此兴致盎然，既提高了学习数学的兴趣和积极性，又初步了解了数学在生产生活中有着广泛的应用。

3. 以问题为主线层层深入，通过对问题的探究解决，学生参与了知识的发生过程，初步改变了学生的学习方式，培养了学生的实践能力和探究精神。

四、对案例的反思

1. 我以《新课程目标》为指导构建的教学模式，"问题情境——实验探究——归纳总结——实践与应用"。

2. 本节课应用的是正多边形的知识，因此在用哪种正多边形可以完成平面图形的完全镶嵌这一个问题上可以进一步深化，可引导学生用数学的方法来证明只有正三角形、正方形、正六边形这三种正多边形能达到目的的正确性，从而进一步培养学生逻辑思维的严谨性。

3. 无空隙这一说法如何用数学语言来叙述？可引导学生归结为如下结论：拼接后各正多边形的顶点及边都是公共顶点与公共边。

4. 学生对本课主题很感兴趣，但教学手段略显单一。是否可以设计多媒体教学课件，在演示时会更直观。

5. 探究式课堂的学习方式，它能够给学生提供尝试建立数学模型的机会，让学生经历动手、操作、合作、交流、讨论等过程，得出数学结论，掌握数学方法，学会数学地思考问题。将自觉地运用数学方法把身边接触到的日常生活、生产等实际问题抽取出来，通过构建数学模型，化实际问题为数学问题，然后应用数学思想或方法来解决问题，培养学生解决实际问题的能力。能够给学生提供探究式课堂学习的平台，让学生通过主动探究、自主学习、亲身体验、合作交流，主动地获取数学知识。更为重要的是让学生经历获取知识的过程，学会如何获取知识的方法。帮助学生提高主体意识和创新意识，让学生数学学习的能力得到可持续发展。能够为学生创造更为开放的学习题材，让学生在问题解决的过程中，学会开放地思考问题，学会数学地交流，从而拓宽了学生的思维视野。可以培养学生思维的灵活性、发散性，因而也有利于培养学生的创新精神、创新意识。能够培养学生的学习兴趣，激发学生学习数学的热情，让数学课堂变得更加活泼、更加富有生机和活力。让学生在问题解决中享受数学之美，体验成功喜悦，从而逐步体验数学学习价值。

6. 留给学生课后研究的问题，应该具有思考性及可探究性，还可以留给学生：为什么平常用的地砖一般都是正方形的，而贴在墙上的墙砖却是长方形的，这种长方形墙砖的长与宽的比例是多少？为什么这样设计？让学生在探究过程中体验数学美在生活中的应用。

劳动技术课教学模式的研究与试验

张小军

一、构建劳技课教学模式的必要性

当前,整个社会都在强调加强对学生进行素质教育,劳动技术教育作为素质教育的主渠道之一应运而兴。近年来,劳动技术课在各地、各校纷纷上马,但是由于诸多原因导致在相当多的学校中,出现了劳动技术课开设科目七零八乱,劳技教师配备七拼八凑,劳技教师教法七手八脚,直至课程开设上的七上八下。尽管问题多多,但是劳技教师们普遍反映缺少一套既能充分体现劳技课教学特点,又切实可行便于操作的教学模式是当务之急。

我校劳技教师在多年的教学实践中逐步摸索并构建了"目标激励——主体实践"型劳动技术课教学模式,经过我们五年多的实施与教学试验,证明这套模式是行之有效的。下面,我们把这个教学模式和实践过程中的一些体会拿出来,与同行们商榷。

二、"目标激励—主体实践"型劳技课教学模式

(一)构建基本框架

"目标激励——主体实践型"教学模式,分为五个有机的单元,可以用如下流程表示:

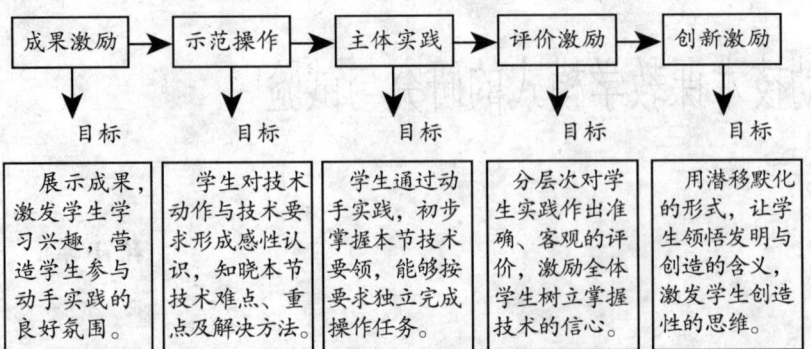

上述教学模式的关键是激励,中心环节是学生实践。它不但遵循了中学课堂教学的共同规律,更能体现初中学生操作技能形成的特殊规律。从实际出发,争取最大限度最有成效地引导、调动、辅导、评价、改善学生的劳动实践,在实践中使全体学生受益,在我们的课上全体学生都能动起来了,达到了教师的带动与学生的自动、互动、群动的和谐有序。

(二)"目标激励—主体实践"教学模式的三个理论依据

理论依据一:美国教育心理学家加涅的"连接——认知"的学习理论。依据加涅的学习理论,刺激→中枢→反应→标准反应,可构筑劳动知识与技能形成的基本模式。学生在劳技课上反复实践的过程,也就是学生自我调节与学习的过程,通过多次的实践与比较,学生的眼、脑、手的动作由不够协调逐渐达到协调统一。

理论依据二:马克思主义实践论、认识论。"实践—认识—再实践—再认识"循环往复,以至无穷,乃是人类认识运动的总规律,对于我们构筑劳动技术课教学模式具有实在的指导意义。劳动技术课最突出的特点是实践性。"目标激励—主体实践"教学模式以学生实践为中心,学生实践时间一般占总课时的三分之二以上,充分体现了实践在学生劳动技能、劳动知识形成过程中的决定作用。只有把在实践的基础上经过反复锤炼而获得的知识与技术要领,回到学生劳动实践中去指导学生实践,学生劳动技能才能达到再认识、再提高、再创造,才能发挥劳动技术与知识的作用。

理论依据之三:主体性教学理论。"主体论"的中心思想是要最大限度地体现受教育者（学生）在学习中的地位、作用、影响，最大限度地发挥学生的参与能力。"目标激励——主体实践"教学模式，能够体现课堂教学始终以学生为主体、教师为主导、主导为主体服务的宗旨。以学生学习劳动知识与掌握劳动技能为中心，把教与学统一于学生动手实践，提高实践能力，培养创新意识。

三、操作程序

"目标激励—主体实践"教学模式将复杂多样的劳动技术课课堂教学过程分解为较为容易操作的五个单元，即：成果激励、示范操作、主体实践、评价激励、创新激励。下面，结合初中劳动技术课作一阐述。

单元一：成果激励

这一阶段的教学目标是：展示本节课教学成果，激发学生对技术的兴趣，营造学生动手实践的氛围。

每教学单元开始，教师将精心准备的劳技作品（选择以往学生课上创作的精品）通过适当形式展示给全体学生。要学生明确"今天学什么？""为什么学？""我一定能学会。""我一定能比别人做得更好"。教师与学生一起赏析精美的劳技课作品，形成先声夺人之势，激发起学生学习本技术单元的浓厚兴趣，营造出学习技术情景和氛围。为做到这一步，教师课前必须做精心设计，并充分挑选准备好展品。这样，课上只需两三分钟时间，即可取得显著的效果。例如：初二编结课上，教师首先展示往届学生制作的精美的卡通布艺"小鲸鱼"钥匙链成品，可爱的小鲸鱼形象经常在卡通片、电视广告上出现，同学们非常喜欢，有的同学爱不释手，教师因势利导说："我们班的同学脑更灵、手更巧，一定能制作出更加生动可爱逼真的小宠物。"再如：初二摄影课讲洗印照片一课，教师将历年学生的优秀摄影作品（许多都在专业摄影刊物上发表过，或是曾在国内外获奖作品）发给学生传阅。教师用专业的语言进行精湛的影像艺术与摄影技术点评，把学生引入到美伦美奂的摄影艺术世界，学生们个个跃跃欲试，创造欲望高涨。这样，就为下面教学内容的展开，营造了理想的氛围。

单元二：教师示范操作

这一阶段的教学目标是：使学生对技术动作与要求形成感性认识，掌握解决技术难点、重点的方法。

教师示范操作是发挥主导作用的最重要环节。也是培养学生观察能力、模仿能力的阶段。为使教师的示范操作具有更强的针对性，教师在课前应做好学情调查，统计分析以往学生在本单元教学中的学习情况，特别是学生接受能力、动手能力、使用工具的能力。教师心中有数，在学生可能出现的技术难点上，有针对性地进行重点演示操作，以求达到事半功倍的效果。

例如：在电脑应用技术课上，由于现在学生的家庭条件、环境千差万别，学生现有的电脑技术水平参差不齐。在讲制作电子表格一课前，教师为摸清学生情况，对不同年级学生进行了对比统计，下面是学生运用"自动筛选与高级筛选"技术情况统计表。

学生独立完成情况统计（Excel简单筛选与高级筛选）

班级＼选项	能独立完成选作题	能完成简单条件的题目	需要帮助完成简单题目	参加统计学生人数
初一2、4班	6人	12人	10人	28人
初二2、4班	10人	16人	4人	30人
初三2、4班	18人	13人	1人	32人
百分比	37.8%	45.6%	16.6%	90人

统计表明，大多数学生在老师的提示下能基本完成任务，但是如果老师不作任何提示，往往只有少数几个同学能做出选作题。前两项学生人数相加，占总统计人数的83.4%。正对上述情况，老师的演示操作过程，只讲清使用哪个菜单，不展开讲解，减少不必要的示范操作和过多过细的讲解，提高了课堂教学效率。

再如：自行车维修课，在讲粘补内胎前，教师统计了前几年学生对本节关键技术即使用木锉技术掌握的情况。见下表：

学生使用工具情况统计

选项 年度	初二学生 总数	基本会使用 锉学生人数	未使用过 锉数	曾自己 粘补过内胎	未粘补过 内胎
1999年	220人	15人	205人	12人	208人
2000年	204人	9人	195人	4人	200人
2001年	210人	7人	203人	7人	203人
总计	634人	31人	603人	23人	611人
百分比	100%	4.9%	95.1%	3.6%	96.4%

上面统计数字表明，绝大多数初二学生是初次接触木锉，而正确、熟练地使用锉刀不但是粘补内胎的关键，且对学生后面学习木工、金工等劳动技术都将大有益处。教师做到了心中有数，将教学难点制定为：正确使用粘补工具（剪刀、锉），在示范操作过程中教师有的放矢，从而提高了示范操作的实效。

示范操作通常所采用的几种方法：

1. 实物示范：课前教师为每组学生提供三个层次的示范样品，它们分别是关键技术环节的样品、半成品、成品，这样学生独立操作进行到每一步，都有教师制作的标准样品供学生自己比较，找出差距和问题及时改进。

2. 教师操作示范：这是帮助学生抓住重点突破难点的关键环节，教师围绕技术点采取自问自答自演示的形式，依此提出问题，分别示范讲解，学生观察模仿，教师的示范操作动作要保证准确、协调、熟练、优美，教师的语言应通俗易懂、精炼，富于启发性。学生认真看、听、积极思维。教师示范操作有以下几种方法：（1）整体示范法：就是将全套技术动作按自然顺序作规范、熟练、完整的示范。使学生尽快了解操作技能的全过程。（2）分解示范法：把复杂的整体连续动作合理地分解为若干个局部动作，然后一一示范。（3）区分示范法：某些操作技术动作十分相似，如编织技术中左、右加针，左、右并针的编织方法，教师需要进行区别示范操作，提醒学生注意操作手法上的差异。

3. **影像示范**：劳技课上有些技术要领仅凭教师演示，学生还可能看不清、搞不懂，模仿有一定难度。使用录像（该录像内容是教师示范操作的剪辑）让学生从最佳观察角度模仿老师操作。录像画面内容要突出教师操作时两只手的动作，不要其他铺垫，避免分散学生注意力。有些技术难点可制成图表放在视频平台下展示（我校各劳动技术课专用教室已配备了现代化教学工具）。

在教师示范讲解过程中，教师特别要注意从有利于学生观察、模仿操作的角度出发，对每个可能影响学生实践结果的环节都做到心中有数。重要技术环节的一招一试都要向学生交代清楚。

单元三：主体实践

学生实践操作阶段是劳动技术课的中心环节，教师的主导作用与学生的主体地位将在这个环节得到最好的统一。这一阶段的教学目标是：通过学生反复动手实践，初步掌握本节技术的要领，并能够独立完成操作任务。我们在组织与指导学生操作时，一般采取下列几种方法。

1. **尝试性练习**

初中学生只有十几岁，他们生性好动，对陌生的事物有较强烈的新鲜感和尝试欲望。在教师做示范操作时，他们就可能动起手试着做了。如果教师再按部就班地往下示范讲解，这部分学生就跟不上了。怎么办？教师应及时调整教学节奏，因势利导带领全体学生进行尝试练习，待学生有了初步体验后再往下进行示范讲解。

例如：小制作课上，教师在讲解曲线锯的使用方法时，学生每每因为新鲜感而跃跃欲试，有些学生会情不自禁地动手锯起来。教师随机应变组织带领学生进行使用锯的尝试练习。在练习中，教师及时发现学生的错误动作及时纠正，并强调安全要领。

2. **根据学生动手能力进行分层次练习**

教师应针对学生动手能力的差异，分别提出实践操作的要求。对于动手能力较强的学生，在认真观察教师操作后，自己总结归纳出操作要领，然后进行提高性练习。对于动手能力一般的学生,要求他们跟着教师进行同步模仿练习,这样可以降低学习的难度,逐渐进入独立操作阶段。如果还有困难,可进行分部操作练习。对于动手能力较差的学生,教师给予重点帮助,要手把手地带领他们一步一步地进行操作练习,直至掌握技术要领。在实践中,上述三部分不同类型的学生将分别提高综合分析能力、观察与归纳能力、模仿能力。

如:编织课基本针法的教学中,在学生实践操作阶段,少部分学生接受能力较强,手也比较巧,教师鼓励他们参照教师的示范独立操作,创新针法搞花样翻新;大部分同学则须按部就班地按照教师提出的操作步骤实践;少数动手能力较差的同学则在教师手把手的指导下一针一线地操作。30分钟的练习后,学生都有了不同程度的收获。

3. 学生分组进行操作练习

学生实践操作应分组进行,这样有利于学生自我学习和相互学习。如何给学生分组,也很有讲究。过去,我们曾经让学生自由结合,但是实践证明从保障课堂纪律和保证学生实践效果上看都行不通。现在,由教师根据学生性别、动手能力、劳动态度等因素作统筹考虑后分组,一般每三人一组,组内动手能力较强的学生(已率先完成任务)可带着其他同学较顺利地完成操作。在共同劳动中,学生的协作精神和群体意识提高了。

单元四:评价激励

这一阶段的教学目标是:教师对学生实践作准确、客观、分层次的评价,激励全体学生树立掌握技术的信心。教师小结时,先统计并表扬已经按要求完成了实践任务的同学。指出他们在以后的实践中应进一步完善的地方。对课上尚不能完成任务的学生,教师不指责批评,但是要用最简洁明了的语言指出他们操作失败的主要原因。教师小结,重点是学生在劳动技能方面的收获,多肯定、不责备。教师的言语要中肯、和善,有激励性。比如:对完成操作较好的学生,教师说:"你已经做得很好了,只要你努力一定会做得更好。"对完成操作有困难的学生,教师说:"你已经努力了,只要你在某某方面再多注意一些，完全可以做好。"使用这样的语言，全体学生都能够看到自己在学习和掌握技能方面的希望，激励学生进一步学习、掌握、探索新的技能，从不会到学会最终到会学。

单元五：创新激励

这一阶段的教学目标是：用潜移默化的形式，让学生领悟发明与创造的的含义，激励学生创造性的思维。

对学生进行创新激励教育，教师自己先要力争对创新精神融会贯通。劳技课上，教师不能把创新激励教育作为一个孤立的模块，不能按照一个固定的僵化的模式进行，既不能东拉西扯、生吞活剥，也不能敷衍了事、一带而过。教师的真功夫在于捕捉时机和恰到好处。

下面谈谈在简单机械维修（以自行车维修为主要载体）课上，教师是如何渗透创造性思维教育的。起始课上，教师介绍自行车发展简史，自行车的前身是在中国和西欧都存在了几千年的玩具"木马"。两百多年前，西欧工匠尝试着在旋转木马下面装上了轮子，在以后的年代里，"木马"被安装上传动装置，又经过不断改进，终于创造出了今天这样便捷的代步机械。那么给"木马"安装轮子的动机是谁首先提出来的呢？是儿童。当他们不再满足于只能原地上下摇摆的木马时，他们提出要"木马"向前进了。这就是人类发明和不断改进自行车的原始动因。伟大的科学家爱因斯坦说："提出一个问题比解决一个问题更重要。……提出新问题，需要创造性的想象力，而且标志着科学的真正进步。"自行车的发明，启发学生要敢于联想、善于联想。

在讲粘补自行车内胎技术时，学生提出粘贴之前为什么要充分凉干胶水，这样既耽误时间又不方便，有没有简单的方法？问题提出后，教师并不直接把答案给学生，而是启发学生用自己所学的物理、化学知识加以解释，当学生感到所学的知识不够，应请教有关教师，或从书本中找答案，以此培养了学生严谨的科学精神。下课前，教师在做小结时提出："希望同学们中今后一定能有人发明出一种更加便捷、可靠的补胎胶水，解决这一实际问题。"这样就比较自然、灵活地把创新精神教育引入到本节的教学过程之中。

四、试验结果和特别说明

（一）试验结果

"实践是检验真理的唯一标准。"我组教师将"目标激励—主体实践"教学模式应用在各自的教学实践中，经过五年多的试验取得了明显的教学效果，学生的实践能力与教师的教学能力都明显提高了。目前，我校劳动技术课继续保持了在全市的领先地位，在全国也具有较高的知名度。

1. 学生掌握劳动技能的速度加快，效果提高。以下是几组统计说明（各项统计均是两课时内学生掌握劳动技能的效果）。

表一　自行车维修课学生掌握粘补内胎技术情况

（初二年级）统计时间：2001年4月3日至7日

班级	学生	熟练掌握人数	基本掌握人数	没有掌握
初二1班	50人	10人	38人	2人
初二2班	48人	13人	33人	2人
初二3班	46人	15人	29人	2人
初二4班	43人	15人	25人	3人
合计：	187人	53人	125人	9人
百分比：		28.3%	66.8%	4.9%

表二　编结课学生掌握倒回针操作方法情况

（初一年级）统计时间：2002年4月9日至15日

	学生总数	熟练掌握	初步掌握	尚未掌握
六年级1班	20	4	16	0
六年级2班	23	5	18	0
六年级3班	21	4	15	2
六年级4班	22	4	17	1
六年级5班	18	6	12	0
合计：	104	23	78	3
百分比：		22.2%	75%	2.8%

2. 通过劳动技术课的培养，我校学生中涌现出一批在动手实践操作方面的"能工巧匠"，五年来他们在市、区乃至全国的中学生各类劳动技能和创新能力比赛中获得了很好的成绩。有35人次在全国及市级相关比赛中获奖，获区级奖的学生多达数百人次。

3. 经过五年的教学实践，我校劳动技术教研组教师的整体教学水平和教科研水平普遍提高了，已经建成了一支具有较高专业水平的劳技教师队伍。五年来我组有多人次在全国、市、区劳技教师教学科研等方面的比赛中获奖。据不完全统计，其中包括：全国一等奖3人次；二等奖5人次。市级个人一等奖5人次；二等奖6人次。

（二）试验中我们的几点困惑

在取得初步试验成效的同时，在劳技教学实践中我们也遇到了一些值得进一步思考与探索的问题。

问题一：如何处理好学校设定的劳技课程与北京市劳技课会考课程的关系？

问题二：当某些劳技课程必然涉及到初中相关理科知识（如：物理、化学、数学）时，应如何恰到好处地处理？既不越俎代庖，也不漠然置之。

问题三：如何在充分发挥学校现有劳技教师业务特长的基础上，合理开发、利用好现有的劳动技术课教学的资金、场地、器械器材等硬件设施，做到教师、课程与开课设施的最佳组合？

这些问题有待于我们在教学实践中进一步探索。在此，我们恳请同行们指点。

（三）特别说明

应强调的是，我们的"目标激励——主体实践"教学模式只是为广大劳动技术教师提供一种供参考的教学模式。它只是众多的教学模式之一。它不是一个封闭的僵化的条块体系，更不是限制劳动技术教师教学主动性、积极性的死框框。它必须随着劳动技术教学的发展而不断调整与完善，它也必须与开设劳技课的学校、课程以及开课条件等具体实际相结合，才能取得最佳实效。

在劳技课教学中培养学生设计创作能力的尝试

黄冬梅

劳技课教学内容广泛，如何充分发挥劳技课在素质教育方面的优势，进行劳技课堂教学改革，加强培养学生创新精神和实践能力方面的研究尝试，是当前劳技课教学改革的方向。

在以往的教学中，我们注重的是对技术知识的了解和技能的掌握。老师教什么，学生学什么，老师怎么教，学生就怎么做。在教学模式上多采取的是讲解、示范、模仿、实践的教学程序。这种课堂教学模式忽视了学生的个性，培养出来的学生缺乏独立的思想与个性，缺乏与人合作的能力，缺乏想象力与创造力，更主要的是缺少一种开拓创新的胆识和意识。这样的人才如何面对飞速发展的社会？所以，这种教学模式已不利于培养学生的创新精神，不利于开发学生的创造潜能。随着教学改革的深入，我们越来越清楚地认识到，把传统教学中只重技术的传递与掌握，转化为注重技术设计与创作才是当前劳技课教学改革的重点。

"设计与创作"含义广泛。从广义上讲是指在某种目的的指导下，进行创造性的想象，把其设想具体地制作出来的一种活动。英国的布尔斯·阿查对设计下的定义是"有目的解决问题的行为"。从笔尖到摩天大楼，设计与创作的领域无所不在。设计的历史是人类创造物体的历史。随着科学技术的发展和物质生活水平的提高，人们开始追求生活的多样性，设计的理念已经深入到人们生活的方方面面，设计的思维方式成为社会发展与进步的象征，是当代人们所具备的根本素质之一。实施设计理念的教育在中学阶段是否可行？据最近资料记载，在基础教育比较发达的国家，都采取各种教育形式，培养学生的技术设计能力。美国号召学生通过参与一些既具有挑战性又适合他们发展水平的设计活动，来培养技术设计能力。俄罗斯教育部着重强调培养学生形成创造性思维，要求学生从2～11年级每学年独立完成一项设计制作。法国通过有关的技术综合作业来培养学生的设计能力和创新能力。日本的幼儿园不一定设有美术课，但都必须开设计课，以便尽早地在孩子的头脑中激发出创造的火花。因此，设计创作思维方式的培养是社会发展的需要，是教育发展的需要。在中学阶段，不但可行，而且十分必要。劳动技术课教学不但要使学生了解劳动技术知识，掌握一定的劳动技能，更重要的是要综合运用教学中所涉及的各方面知识，启发学生的想象力，引导和开发学生的创造潜能，培养学生的技术创新、设计、创作能力，最终使学生完成设计创作意图。这样的劳技课教学才能真正达到培养学生创新精神和实践能力的目的。为此，我在教学中进行了培养学生设计创作能力的尝试。

我在校任七年级编结课和八年级软陶课的教学，这种教学尝试始于2001年。这里我想着重谈一谈编结课的教学尝试与体会。首先，我从七年级学生的接受能力、兴趣爱好、男女生差异、课时量等特点出发，选择编结课的教学内容。再以教学内容为基础，在教学中进行培养学生设计创作能力的尝试，并逐步形成了如下的教学模式和评价标准。

一、采用新模式，分阶段教学

（一）新模式结构分为三个阶段、三个环节

第一阶段：1～6周

  教师：导入新课_____讲解图示并逐步示范_____个别辅导

  学生：作品赏析   理解图示并模仿操作   看图实践

  重点：学生掌握编结的基本技法，学会识图。

第二阶段：7～14周

  教师：导入新课_____讲解图示并强调变化规律_____个别辅导

学生：作品赏析　　　　　看懂图示并了解变化方法　　　　　看图实践

重点：学生掌握编结的变化方法，在实践中逐步加入设计的内容。

第三阶段：15~18周

教师：导入新课　　　　启发学生的设计性思维　　　　分别修改设计内容并指导操作

学生：作品赏析　　　　根据要求完成设计内容　　　　根据自己的设计完成创新作品

重点：学生以掌握的编结基本知识与技能为基础，自由设计、创新，完成创作。

（二）新模式下的教学有如下特点

1. 审美能力的培养，是提高设计水平的前题。

在三个阶段中，导入新课都采用对编结作品的赏析与评价，它不但可以激发学生的学习兴趣，而且可以使学生了解编结历史、美术等有关知识。把美育贯穿始终，培养学生的审美能力。

2. 基本技能与识图的掌握，是设计与创作的前题。

开始1~6周，教师采用讲解图示逐步示范，学生看图并模仿实践的教学模式，使学生准确地掌握编结的基本手法和技能，在逐步示范讲解编结方法的同时，让学生理解图示，并逐步看懂图示，为今后的自主学习、设计创作铺平道路。

3. 自主学习的模式培养了学生的自学能力。

随着教学的深入7~14周。教学的侧重点逐步从教师示范讲解—学生模仿学习过渡到教师讲解图示、强调难点—学生看图自主学习。学生在掌握了编结基本技法的基础上，通过教师讲解图示，学生理解编结方法。再针对学生的不同问题，分别辅导，促使学生自主学习，达到通过看图完成操作内容，有效地培养了学生的自学能力。

4. 掌握编结的规律，提高了课堂使用效率。

对多种类型编结图示的讲解与分析，使学生容易理解与掌握编结方法中存在的规律性内容，使学习效果达到举一反三。学生通过一张图示，可以编制这一类型的多种变化结形，从而提高了课堂使用效率。

5. 逐步加入设计内容，最终完成编结作品的创作。

随着学生对多种编结方法的掌握，教师加强引导和开发学生的想象力，肯定学生实用有效的想法，在编制作品过程中逐步加入学生的设计内容，编制出有特点的作品。

期末阶段15~18周，学生首先根据自己的喜好和编结基本技能的掌握水平，选择自己的创作内容，然后再进行设计。教师审评同意后，开始创作。在创作过程中，教师针对学生提出的各种问题，分别辅导解决，使学生顺利完成创作。

二、采用新标准，分阶段评价

评价成绩的标准，是引导学生掌握学习侧重点的关键。要想把学习的重点放在培养学生设计创作能力上，对评价的标准就一定要作相关的调整。为此我进行了分阶段、新标准的综合评价尝试。

综合评价表

七年级2班　　　　　　　　　　　　　　　　　　时间：2003~2004 第一学期

姓名	态度评价10%	学习评价 40%											创作评价50%	期末评价
		重8字结	平结	平结应用	钮扣结	盘长结	盘长结变化	装流苏	盘长结应用	双半套结	双半套结应用	鞭结	吉祥结	综合	
王潇	A	A	A	A	A	A	B	B	A	B	A	A	A	A	优

每项的评价标准如下：

（一）态度评价：占综合成绩的10%

包括学生的学习态度，对待学具、公物的爱护态度，卫生保洁、值日打扫的评比,以及是否遵守劳技课堂的纪律要求、安全要求,还包括学生的进步程度等。

(二)学习评价:占综合成绩40％

由12个结形的成绩组成,按掌握技能的程度,分A、B、C、D四个标准,由于各种结的难易程度不同,编结手法不同,学生在掌握上存在着一定的差异性,只要在12个成绩中有8个A,学习评价的总评就能达到A。这样在学习过程中,减轻了学生的学习压力,营造了一种宽松的学习环境。

(三)创作评价:占综合评价的50％

由一组创作作品组成,学生在7课时内完成。对作品的评价不单是量和质的要求,更重要的是要求学生要有自己的创新设计。作品中是否包含有自学新内容,是否有创新内容,色彩搭配是否协调,造型设计是否完整等。否则,编得再好也不能达到优的标准。这样有助于加强学生设计创作能力的培养。

三、研究成果

(一)自主学习的教学模式,增加了学生实践的时间

例如:采用示范、模仿的教学模式,教师的讲解时间,大约为总课时的三分之一。而识图、自主学习的教学模式,教师的讲解时间只需总课时的四分之一或五分之一,有效地增加了学生的实践时间。

(二)识图的教学方法,培养了学生的自学能力,提高了课堂使用效率

例如:"吉祥结"的教学,学生理解了图示,通过自主学习,一节课完成了3耳、4耳、5耳、6耳吉祥结的教学内容。而用示范、模仿的教学模式,完成这样的教学内容则需要两课时的时间。

(三)讲解编结方法的规律,提高了学生的应用能力,起到了举一反三的作用

例如:"盘长结"的教学,在讲解图示时,只讲两回盘长结的编结图示,同时把盘长结的变化规律讲透,使学生掌握了它的变化方法。在此基础上,

学生可参照两回图示，编制出三回或四回盘长结（会考的标准是两回盘长结，我们的学生大多数可以编制出三回、四回盘长结和有关盘长结的变化结式）。

（四）层层深入的学习，培养了学生的设计能力，使学生可以顺利完成创作

层层深入的学习，使学生掌握了设计的基本方法。对编结图示的理解与掌握，为学生自学新结打开了大门。在创作作品时，大多数学生都能设计创作出别具特色的作品。学生作品已连续两次在学校举办展览，其中有些作品还参加了国际、全国、市、区的展览与竞赛并获奖。这不但增强了学生的自信心，而且激发了学生的创作潜能，培养了学生的创新精神和实践能力，深受师生们的喜爱。

（五）编结课成为学生们非常喜爱的科目

新的教学模式，相对宽松的学习创作环境，使学生们非常喜欢上编结课。每学期学生在评教评学中的满意率都在90％以上。

培养学生的设计创作能力，是一项长期而复杂的研究工作，教学中还存在许多问题需进一步探讨与改进，需要我们不断的探索与尝试。

新课改下信息技术课报刊制作的教学探索
——《亲情专刊》教学案例

李 卓

在过去信息技术课的教学中，教师往往单纯重视传授给学生知识与技能，关注学生的接受知识、记住步骤和模仿操作的过程，注重学生能否按照教师要求做出课堂作业，用学生短时的知识、操作步骤的记忆来衡量学生是否学会了，这显然是不科学的。新课改主张教师应创设学生学习的情境，使学生主动参与到学习活动中来。学生在学习活动中相互交流、合作、探究问题，在这一过程中再发现新问题，再解决新问题，学习发现问题、分析问题、解决问题的方法，使学生成为学习的主人，从而达到培养人才的目的。

《初中信息技术课程目标》中指出，通过信息技术课的学习，学生能够比较广泛地理解信息技术的知识，初步具备独立进行信息收集、鉴别、筛选、整理、处理、传输、表达等技能和能力；学生开始善于总结信息技术工具在信息处理和支持学习中的用途和特点；对新的信息技术表现出兴趣，理解信息技术的发展变化以及对工作、学习和社会发展的影响。

《课程目标》中还指出，在他人的帮助下，学生应学会选择和使用合适的信息技术工具，支持学习以及解决较为复杂的真实、开放的问题，并能根据特定的目的，批判性地鉴别、分析和评价信息的准确性和可行性，创造性地筛选、处理、组织与表达信息；在工作和学习中，表现出积极的合作态度和一定的交流水平。

通过学习学生能认识到不正当使用信息和信息技术带来的后果和影响，

以及其中涉及的道德和法律责任；理解信息社会中世界公认的行为规范和道德准则，并能自学遵守。

根据《课程目标》的要求，我设计了"电子报刊设计制作"教学单元。

一、背景

（一）教学内容的分析

"电子报刊设计制作"的教学安排在我校六年级（初一）第二学期，本单元设有六节课，教学内容安排如下：第一节，确定报刊主题、熟悉制作软件；第二节，选择刊物文章、确定适合栏目；第三节，对各页进行排版设计；第四节，修改"亲情专刊"；第五节，完成目录；第六节，"亲情专刊"的展示、交流与点评。

本节课是其中的第四节课，通过修改"亲情专刊"，了解制作电子报刊的注意事项。

（二）学生情况的分析

学生目前已确定刊物主题，并已选择了刊物刊登的文章。技术上，熟悉办公软件的基本操作，了解 Publisher 软件的简单用法。

（三）教学目标

根据教学内容的分析和学生的实际情况，本节课的教学目标定为：

知识与技能：

1. 使学生体会电子报刊的评价标准。
2. 使学生了解制作电子报刊的过程。
3. 提高学生对电子报刊的欣赏、鉴别及再创作的能力。
4. 培养学生的创新能力，提高学生的沟通能力。

过程与方法：

1. 使学生体会并了解制作一份刊物的过程。
2. 使学生体会互相之间提出意见、接受意见、筛选意见并采纳有用意见的过程。

情感态度价值观：

1. 通过制作"亲情专刊"，使学生关注亲情，激发学生对父母亲的感激之情。

2. 通过互相帮助、互相评价，培养学生团队合作精神。

本课的教学重点为：通过修改"亲情专刊"，使学生了解制作电子报刊的注意事项。

本课的教学难点为：理解制作电子报刊的注意事项，并应用于实际。

二、教学过程

（一）创设情境

每位同学都已制作了一份亲情专刊，我们的刊物到底还需进行哪些修改呢？老师拿了一位同学的作品专程请交了一份杂志的编辑，他给我们的同学提出了几点修改意见，今天我们就帮这位同学分析一下作品，并对照自己的作品，修改自己的作品。

（教师展示作品）

（二）修饰"亲情专刊"（实践操作）

1. 修改封面

展示学生作品的封面，如图1。

师：请同学们说一说，你认为这个封面有哪些不妥，该怎样修改？

学生踊跃发言，教师总结，并转达编辑的修改意见：

①请修改刊名。②色调最好选择暖色。

③图片不能为主题服务。④最好加上内容提要或导读。

师：请同学们对照修改自己的封面。

经过五分钟修改后，教师展示同学们的封面，并简单点评。

2. 修改卷首语

展示同学作品的卷首语，如图2。

师：编辑对这篇"卷首语"的修改意见是："文字要简练"。请同学们对照自己的"卷首语",加以修改。

图 1

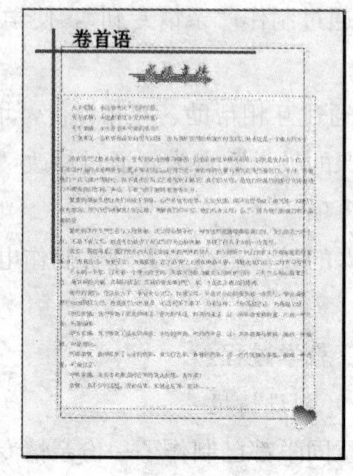

图 2

3. 修改内容页

教师展示作品,转达编辑的意见,学生听讲。

展示第 4 页,如图 3(a),修改意见:版式应再活泼些。

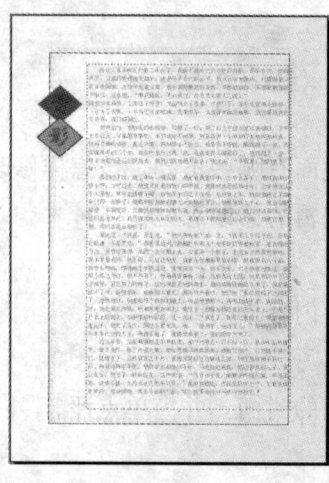

(a)

(b)

(c)

图 3

展示第 5 页，如图 3（b），修改意见：①背景颜色应清淡些。②边框不宜太花。

展示第 6 页，如图 3（c），修改意见：标题应再醒目一些。

师：请同学们根据以上意见修改自己的"亲情专刊"。

教师展示第 7 页，如图 4 所示。

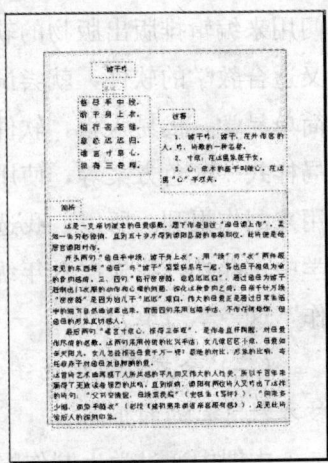

师：本页的修改意见缺失，请同学们说一说修改意见。

生1：版式应活泼些。

生2：应注明作者或出处。

生3：背景颜色应淡一些。

生4：边框应适当。

生5：标题应再醒目一点。

师：同学们说得很好，咱们看一看在座的同学中较好的版面设计（展示优秀学生作业）。

图 4

（三）同学之间互相评价"亲情专刊"（共享交流）

相邻同学组成小组，两人一组。

师：请根据你们说的修改意见和老师给出的报刊评价标准，小组讨论一下同组同学的作品，帮助他们找到优缺点，并为他们提出修改意见。

师：一定要注意版权，注明作者和出处。

（四）修改自己的"亲情专刊"（再次提升）

根据老师给出的报刊评价标准，参考同学提出的修改意见，修改自己的"亲情专刊"。

师：希望同学们的《亲情专刊》能传递亲情。

（以一曲《听妈妈的话》结束本课）

三、课后反思

（一）尝试新软件，给信息技术课带来新活力

本课的教学内容灵感来自"中小学生全国电脑作品大赛"，其中小学和初中有一个项目为"电子报刊"。在电脑作品大赛的获奖作品中，电子刊物的制作软件多为PPT，而PPT本身是用来制作演示文稿的软件，并不是专门用来编辑排版出版物的软件。我想探索一下有没有其他既适合制作报刊、又适合教学的软件，就尝试了office自带的publisher。事实证明，publisher简单易学，极易入手，软件本身就是为出版服务的，内置了大量的出版物布局样式、配色方案等，使用起来非常方便，非常适合小学、初中学生学习使用来制作报刊。所以，我选择使用publisher软件来用于电子报刊制作的教学中。此外，我根据六年级的学生能力和特点专门为他们设计了"报刊制作"这一学习单元。

（二）全方位地提高学生处理信息的能力，培养学生的创造性，是信息技术教育目的的根本

本课中通过学生制作报刊，学生就要搜集有关亲情方面的文章，通过学生的阅读，辨别文章是否真正符合自己的要求，决定是否选择此篇文章为己

所用。这样学生经历了收集信息、筛选甄别信息、加工处理信息及展示信息的过程,提高了学生对信息综合处理的能力。学生把筛选出来的文章经过节选、布局、色调搭配、标题设计等美工编辑,制作出一篇篇美观的页面,进一步提高了学生加工处理展示信息的能力,从而提高了学生的信息素养。同时通过亲情专刊中亲情文章的阅读、筛选,使学生更加关注亲情,丰富学生人文关怀,增加学生的感恩意识。

当学生把一篇篇文章在他们的手中变成了一份份电子刊物的同时,增加了学生的成就感,为学生增加了许多自信心,从而增强了学生学习的积极性,以形成良性循环。

学生设计封面、布局页面时,需要学生具有创造性的设计,搭配色彩、盘面设计,也会使学生的审美、鉴赏能力有一定的提升。总之,在本课我尽量全方位地提高学生处理信息的能力,尽可能地培养学生的创造性,不失时机地帮助学生树立良好的情感态度价值观。

(三)创设良好的学习情境,设计合理的教学环节,是上好一节课的前提

本课通过教师转达一位资深编辑对身边同学的作品的修改意见,使学生学习到制作报刊的注意事项等知识。学生听到这个消息,往往认为资深编辑的说法比较权威,学生比较感兴趣,也很信任这些说法,学生更愿意参与本课的教学活动,更容易接受本课的教学内容。

在分步向学生交代修改意见的同时,教师也不断地让学生说说自己的见解。当学生发现资深编辑的意见有很多都和自己的想法接近或一致时,学生也会增加不少自信心,从而有胆量、有信心地更好地完成自己的报刊。

当版面设计的问题差不多讨论完了以后,我设计了集多种错误于一页的版面,让学生总结修改意见,达到巩固本节知识的目的。

在本课中学生的学习效果很好,以下是几位学生在本课结束前提交的作业。

 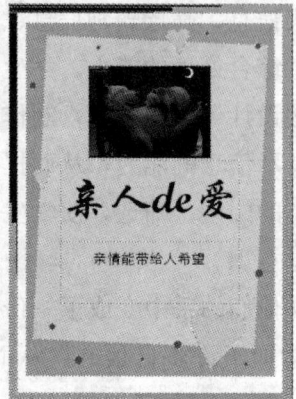 
 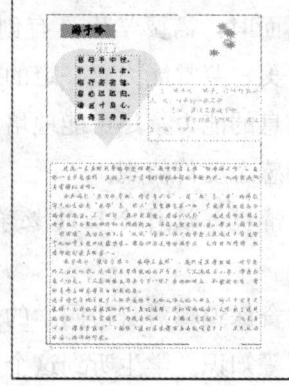 

以教师的教学情感激发学生的学习情感
——在初中思想政治课教学中的体会和思考

王春辉

教学情感，是指教学过程中的精神状态、情绪、意志、情操和美感。依据现代教育理论，认为教学中存在两条主线：一条是"知识对流"的主线；另一条是"情感对流"的主线。教学活动正是在知识与情感两条主线相互交织、相互作用、相互影响下完成的。正如黄希庭在他的《心理学导论》（人民教育出版社出版）中写道：脑科学越来越多的成果表明：情感在人类学习中起着不可低估的作用。情感与认识并不是对立的两个过程，而应当理解为两个并行的过程。它们以特殊的方式联系在一起，都是脑神经整体功能的体现。

就初中思想政治课而言，其教学内容相对于小学的思想品德课程内容更加抽象，逻辑性、哲理性又较强。因此，它需要采用和风细雨、情感渗透的原则和方法，教师以自己的激情，去点燃学生情感的火焰，激发学生的学习兴趣，学生在教师引导下产生思想上的融合、情感上的共鸣，更重要的是把教材的知识内化为学生自己的品行，达到教书育人的目的。

一、以教师的真情融洽师生情感关系

在课堂教学中，我们经常发现这样一种现象：在同一个班，有的教师一进教室，学生就冷淡沉闷，而有的教师一进教室，学生就情绪高涨。这说明，课堂气氛不仅和教师当堂课的教学有关，更和师生间的关系有联系。良

好的师生关系是创设良好的课堂气氛的基础，并对教育的过程、教育的效果能产生重要的作用。

建立融洽的师生情感关系，教师要先行。因为，在师生关系中教师是主导，学生是主体，教师是主动的，学生是被动的。教师只有主动地接触、关心学生，才会赢得学生对自己的尊重和信赖，从而在师生之间形成亲切、友好的双向交流。作为思想政治课教师首先要了解学生，了解愈深，爱之愈烈。对学生来说，教师的关怀、关注意味着了解、重视、喜爱。每个学生都希望得到老师的关怀、体贴、信任与热情关注，他们对教师有一种特殊的信赖、依恋心理。学生对教师的关注看得非常珍惜。学生做了好事、取得了进步希望得到老师的表扬，遇到委屈、痛苦、不幸时，教师的同情和开导能使他们得到更大的安慰。犯了错误以后，教师公正的评判和真诚的帮助能使他们感到获得了最大程度的谅解。对学生正确的回答，积极的、富有创造性的举动，用热情洋溢、发自肺腑的话语加以肯定和赞赏，将会激励学生探求知识、奋发向上的热情。即使在对学生的批评语言中，也应饱含深情。教师的一言一行、一举一动，甚至是一个鼓励的眼神、见面与学生打一个招呼、幽默的几句话，都能发挥出巨大的作用，促进师生关系的转化，以此形成一种学生尊重老师、老师关爱学生的新型师生关系。这种关系的确立，促使教师用自己的生命去扶助一个正在成长的生命，与学生交往中的任何困惑都可以克服。在课堂教学活动中，师生关系融洽，相互信任和理解就为形成积极、生动活泼的课堂气氛打下了基础；相反，不融洽、不默契的师生关系，必然为冷淡、沉闷的课堂气氛埋下祸根。心理学研究表明，在人与人之间的关系问题上有一种移情体验。师生间一旦发生移情，则会产生爱屋及乌的效果。一方面教师情感影响着学生对教师及其所教学科的态度；另一方面学生所表现出的情感会进一步诱发教师的爱。由于对老师的热爱喜欢，学生会喜欢老师所教的学科，愿意听讲，愿意完成老师布置的作业、任务；愿意向老师道出心中的秘密。反之，如果教师对学生缺乏感情，学生就会对教师产生一种疏远、不信赖的态度，甚至产生逆反心理或敌意。并把这种情绪转移到教师所教学科上，造成学生积极性不高。这种情况就不利于产生良好的教育、教学效果。理顺了师生间的关系，达到情感上的沟通、融洽，师生处于积极和谐的情感关系之中，就会收到相应的教育、教学效果。

二、以教师的情感色彩调动学生学习情绪

学生的学习之门是情绪。一旦情绪与认知牢牢结合起来，其对记忆的深刻程度和提取的速度将大大提高。美国的丹尼尔·戈尔曼说："所有的选择都不可能完全有纯理性决定，都要求自我的内在的情感感受参与评估，要求情感智慧搜寻过去的经验。"思想政治课教学效果的优劣，在很大程度上取决于教师的情感色彩。因此，教师在教学中充分发挥情感因素作用，调动学生学习情绪，促进学生情感共鸣，是提高教学质量的一项重要措施。学生是学习的主体，只有激活学生，才能调动学生学习的内驱力，增强学生学习思想政治课的情感。因为爱学才能会学，想学才能学会。对此，教学中教师要注意以自己的教学情感调控学生的情绪，促进他们产生朝气蓬勃、思维活跃、想象丰富、乐于表达的良好心理状态。

在课堂教学过程中，教师情感的作用实质上是教师通过运用自身情感去激发学生的积极情感体验，充分挖掘刺激学生心理的情感源泉，有意识地以个人良好的情感体验去感染学生，以达到师生间的情感共鸣，从而形成良好的课堂气氛。好的思想政治课教师注意在备课中挖掘教材中的情感因素，因为教师的情感必须与教材的情感认同一致，才能为上好课奠定基础。因而，教师在备课时应仔细推敲情感触动的最深处，把握教学内容与学生思想情感的结合点，并找出教材中使人动情的原因，唤起学生浓厚的学习兴趣，激发学生美好的情感，使学生的心理处于兴奋、高昂的状态，这样才能给学生情感再创造提供条件。在此基础上，教师在课堂教学中还要注意课堂气氛的营造与调控，尽量使学生在主动愉快中形成与课堂学习内容相应的兴奋、和谐的情感氛围，从而吸引广大学生喜爱思想政治课，学好思想政治课。而这种主导作用发挥的如何，正是教师驾驭学生水平高低的尺度。苏霍姆林斯基指

出:"如果教师不想办法使学生产生情绪高昂和智力振奋的内心状态,就急于传授知识,那么这种知识只能使人产生冷漠的态度,而使不动感情的脑力劳动产生疲劳。"激起学生情感波澜的方法很多,但是最要紧的莫过于教师本人的情感色彩,以情感人。只要学生有了兴趣感,心理处于一种引而待发的状态,教师才能很容易地把学生引入所设置的教学气氛之中。一个好的教师在课堂教学中,要时刻注意把自己内心的情感融进相应的教学内容和教学过程中,在讲课中充分体现教师鲜明的感情色彩,在课堂上富有强烈的激情,用真实的富于感染力的情感表现来激发学生的情感体验,激起他们的兴奋点和引起他们愉悦的感受,把教育作用的触角深入到学生的心灵深处,实现心与心自然的交流、共鸣、撞击,以艺术的魅力寓情于理,寓教于乐。教师带着积极的情感教,可以使教者心情舒畅,充分发挥教育者的聪明才智,激发出智慧的火花;学生带着积极的情感学,可使学者精神振奋,激励学习热忱和探索欲望,使注意力集中,思维活动处于最佳状态,获得知识快,保持记忆久。积极的情感往往成为教与学双方最好的原动力和催化剂。学生带着一种高涨的、激动的情绪从事学习和思考,对面前展示的真理感到惊奇,甚至震惊,学生在学习中感受到自己的智慧力量,体验到创造的快乐,为人的智慧和意志的伟大而感到骄傲,达到最优化的教学效果。

三、以充满情感的语言感染学生

教学过程是师生情感双向交流的过程。要使课堂充满情感色彩,首要的一点就是教师要有情,正所谓"真情所至、金石为开"。常言道:"意美以感心,言美以感耳。"教学语言是课堂教学中师生间交流思想情感的工具。美的教学语言对于提高学生分析问题、解决问题的能力具有重要作用。在情感教学中,教师通过充满情感与感召力的语言,以情施教,发挥情感的感染功能,让学生获得积极的道德感的情绪体验,并在与学生取得共识中推进教学内容。语言的情感美在教学活动中具有以下功效:审美的感染功能,教育的诱导功能,爱好的形成功能。教师的言语表达应当充满情感的色彩,用形象的话来说，就是"在知识的活的身体里，要有情感的血液在畅流"。（苏霍姆林斯基《给教师的建议》）只有这样，才能拨动学生的心弦，引起他们内心世界的共鸣，激发他们对知识的不断探求。没有情感的语言是苍白无力的，更谈不上感染学生。不善于运用语言表达情感的人永远不能成为一名出色的教师，哪怕他知识非常渊博。

教师的情感不仅影响着自己教学思想和语言的表达，更为主要的是影响着学生的感知、思维、记忆、想象等认识活动以及学习动机、兴趣、态度等。富有情感的生动讲解，会激起学生相应的、积极的情绪体验，使学生受到鼓舞、感染，产生情感上的共鸣。课堂教学语言的平淡，往往给人昏昏欲睡的感觉，教思想政治课更是如此。灌输、填鸭式的教学方法，势必造成学生心理的负担。因此，在教学中经常穿插一些生动的比喻、幽默的语句，来调节学生疲倦的大脑，引起学生猛烈的情感状态，即产生了激情，课堂的气氛是可想而知的。与此同时，教学的重点、难点也迎刃而解了。教师在教学中，首先应善于选择和运用那些感情色彩鲜明的词语和句子来增强语言的表情效果。例如，在教《友情建立的基础》一课的结束语中，可以这样设计："好朋友是青山，一派尊严；好朋友是绿水，一脉智慧；好朋友是绿荫，厚爱绵绵。当你寻找尊严、智慧和爱的时候，一定能找到可以与你并肩，可以与你靠背，可以与你同甘苦、共患难的朋友，并结下真挚的友情。"这发自内心的、充满感情的语调徐徐入情，句句扣心，使教材中蕴涵的情感，表现得淋漓尽致，更使学生深受感染。教师满怀深情地用语言将教材中的"情"和自己的"感"如水乳交融在一起，撒向学生心田。

思想政治课教师一定要努力提高语言的艺术修养，要锤炼教学语言，不仅准确、鲜明、生动、凝炼，富有逻辑性，而且要幽默诙谐，通过创造课堂教学的语言美，以引起学生思想上的共振、情感上的感染，才有利于激发学生的热情，陶冶其乐观健康的情绪。

总之，在思想政治课教学中，许多学生对政治老师，对政治课本，对政治课的学习都感到乏味，这期间缺少的就是情。"感人心者，莫先乎情。"因而重视教学情感因素的发挥,达到师生情感的共振,就能使学生对认识的需要多方面表现出来,变被动接受为主动求知,达到提高教育教学效果的目的。

中学生厌学问题的案例与研究

张智文

一、课题的提出

新课程改革全面深入的实施给无数师生带来了福音。然而，我们在为素质教育大声喝彩的时候，同时也为不少青少年忧虑。在工作中我发现有一部分学生缺乏学习的动力，没有明确的学习目的，抱着"玩玩混混"、"看看瞧瞧"的态度，甚而对一向视做"宝"的分数也不再看重。对此，教师也在犯难，"这书怎么越来越难教了？""学生精力为什么老是集中不起来？"不难看出，"厌学"已成了制约教育教学工作的瓶颈之一。

二、实际案例

刘×，男，初二年级学生，上课不是趴在桌子上睡觉，就是走神，或者大声乱插嘴，或做小动作，或者搞恶作剧，干扰课堂。课后不愿意做作业，练习、作业抄袭或者偷工减料，少做、漏做、字迹潦草，甚至干脆不做。对考试、测验无所谓，只做几道选择题应付了事。提醒、批评、警告等均收效甚微。由于该同学经常遭到批评，其他同学与之交往极少，他只与其他班个别学生成为好友，一起痴迷于电脑游戏。

为此，笔者与他进行了交谈。现将主要内容整理如下：

笔者：你喜欢学习吗？

刘：不喜欢。

笔者：那你为什么会产生这种想法呢？

刘：上学，要做很多作业，还要考试，很累，很没劲，不如游戏好。

笔者：你认为造成今天这种情形的主要原因是什么？

刘：老师。我们每天要上八节课，主要是主科课。而且每天就是考考考，烦死了。

笔者：你觉得中国现在的教育体制有弊端吗？

刘：有啊！"千军万马过独木桥"，"读书越多，收入越少"，"文凭越高，待遇越低"。我爸爸早就给我想好出路了，我又何必再去费劲呢？！

笔者：那你将来想上大学吗？

刘：想，当然想啦！我想去哈佛、耶鲁，……听说美国的学校几乎没有作业这一负担。

笔者：感谢你和我交流。

此外，我还与另外几位同学和老师进行了交流，从中总结出了几点中学生厌学的原因，列举于此。

三、中学生厌学形成的原因

学生的厌学，有内在的因素，也有外在的因素。不是简单的某个或某几个因素相加的结果，而是内外因素交互作用的结果。外因是变化的条件，内因是变化的根据。而其中最根本的原因，还是学生内在的心理因素起决定作用。

（一）外因

1. 社会文化环境

庸俗文化的传播。由于中学生的年龄特征决定了他们活泼好动，易接受新鲜事物，易受外界影响，而又缺乏较高的是非分辨能力。因此，社会中流行的时髦的表层文化思想和行为方式对学校教育产生了强大的冲击。当学生盲目地对其进行模仿和追求时，必然会放松对学习的追求和兴趣。有人说："读书越多，收入越少"，"文凭越高，待遇越低"。这种错误的认识对相当一部分学生产生了不良影响，是厌学情绪产生的主要社会文化因素之一。

2. 家庭教育环境

(1) 家长压力过大

父母的"过度期待"增加了学生的压力。中学生学习生活的独特性、丰富性得不到充分的尊重和发扬。为了让孩子提高成绩，放学后学生除了完成学校的作业外，还要完成家长布置的额外的学习任务。在假期更是要参加各种辅导班，学生每天都要做课外辅导作业，没有自己的空间。这些学生除了承受学校的学习压力之外还承受着来自家庭的学习压力，沦为了"学习的机器"。长期的机械性学习，使学生丧失了学习兴趣，表现出对学习的厌倦，进而形成一种与家长、老师对着干的逆反心理。

(2) 家庭教育方式不当

父母"望子成龙"、"望女成凤"心切。对待孩子的学习和成长采取的教育方式易走极端，或过于严厉要求，或放任不管，过度溺爱，这都会对学生的学习心态产生不良影响。

(3) 父母的不良榜样

有的家长把主要精力都花在赚钱，花在吃、喝、玩、乐上，并流露和表现出"有钱能使鬼推磨"的态度。孩子在这种生活富有，居住住宅条件、交通、通讯工具等现代化，外加独生子女或富二孩家境的优越等情形，从小就养成了一种"衣来伸手，饭来张口"的习惯。因此对学习知识技能的劳心劳力且枯燥单调的生活自然就有了一种畏惧感。

3. 学校教育环境

由于各种原因的影响，现在的教育把学生紧紧地捆绑在"应试教育"、"升学教育"等的教育体制和教育行为之中，迫使教师和学生去"适应"种种不合理的生存状态。教师在课堂教学过程中只求学生死记硬背，又缺乏与学生交流，采用"满堂灌"、"填鸭式"的教学方法，使学生感到课堂教学枯燥无味，从而导致使学生讨厌教师，也同样讨厌学习。教师只重知识传授的结果，不顾知识传授的过程，对于一些学生难以理解的知识只是单一的讲解，缺乏和学生的互动。有的学校只看重学生的学习成绩，对于"优等生"

进行重点培养，而学习成绩不好的学生则采取置之不理的态度，缺乏对这些学生的关心，使得原本就不爱学习的学生感受不到教师的关爱和重视。无形中就会伤害学生的自尊心，伤害到他们的学习热情，产生对学习的厌烦情绪。

（二）内因

1. 学习方法不当。很多同学由此导致基础知识差，学习跟不上。他们上课时根本不知道老师在讲什么或听得一知半解。课后对老师布置的作业更是无从下手。长期如此，他们就会对学习毫无兴趣，因而产生厌学情绪。

2. 错误的学习观念。如"读书无用论"，还有些同学在学习上已经付出了较大努力，并且牺牲了自己所有的课余时间，可每次考试成绩还是不理想。此时这些同学就会认为自己不是学习的料，甚至开始厌倦学习。

3. 不良的意志品质，如意志力薄弱、兴趣广泛而不专一、注意稳定性差，学习目的不明确，缺乏内在学习动力等，都易使学生失去学习兴趣。

4. 心智活动能力差。有厌学行为倾向的学生，在上课听讲时注意力容易分散。课后的学习活动中完全处于消极、被动的状态。具体表现为常常听课不专心，作业完成不用心，预习、复习无恒心。学科知识难以系统化。今天学，明天忘，知识掌握不牢固，导致学习成绩提高困难，慢慢地对学习失去兴趣。

5. 自我认识偏差。由于学习成绩较差，自尊心受挫，容易产生自卑心理。为了体现自我价值，树立自我形象，于是千方百计地通过一些"出风头"的方式吸引别人对自己的注意力，满足其虚荣心，维护其"自尊心"。

四、解决中学生厌学问题的几点建议

1. 加大整治营业性舞厅、网吧、网络、音像制品等力度。为创造一个有利于青少年健康成长的社会环境，对营业性舞厅，任何时候都不应允许未成年人进入；对营业性的网吧，不能向中小学生开放；对网络和音像制品应开展整查活动，清除那些宣扬色情、凶杀、恐怖等不健康的东西，并依法严惩制造者和传播者。

2. 国家和学校应建立新的评价制度。不能光看学生的学习成绩来评价老师的工作业绩。要采取过程性评价与终结性评价相结合，综合评价学生，切实做到提高学生的学习兴趣。另外，个别学生如果年龄小，基础没打好，只要控制在一定比例内，还是可以留级的初中生应该能合理规划自己的未来，不一定要走高考"独木桥"。

3. 教师要挖掘学科知识中的兴趣点，改进教育方法，给学生以平等的关怀。教师转变教育观念，要以人为本，关注每个学生的发展，要承认学生只有差异，没有差生。初中是义务教育阶段，不是精英教育，而是大众教育。

4. 家长要转变家庭教育观念，尊重孩子的兴趣和选择，经常检查督促孩子养成好的学习习惯，课外学习适可而止，多点鼓励，少点压力。

5. 学生要树立远大理想，增强学习信心，主动与老师和同学进行交流，建立和谐的人际关系；参加课外活动，激发学习动机；还要从小养成良好的学习习惯。叶圣陶先生说过，教育即习惯。可见学生养成良好的学习习惯的重要性。

只要家长更新观念，教师改进教法，学生讲究学法，就一定能提高学习成绩，学生的学习成绩提高了，学习就有劲，也就不会厌学了。

综上所述，当前中学生厌学心理的成因是错综复杂的。解决厌学心理问题的途径也是多种多样、相互渗透的。需要我们在实践中积极探索，合理选择或综合运用，需要学生自身的努力，学校、家庭、社会相互配合，才能真正使课程改革的目标得以落实。

构建和谐师生关系
——浅谈班主任与学生沟通技巧

郝立萍

和谐社会的建立离不开和谐校园的建立，而在校园内师生关系的和谐又尤为重要。建立和谐师生关系离不开师生间进行有效的沟通。沟通是指人与人之间的信息传递与交流，即人与人之间交流意见、观点、情感或感情的过程。在新生入校的第一天，师生之间的沟通就开始了。沟通技巧是指一些能促进沟通顺利进行以及增加相互了解的沟通技术。我结合教育实践经验，谈谈自己的做法与体会。

一、个别谈话的技巧

个别谈话是班主任常用的教育方式，也是师生间互相交流、沟通情感的有效途径。成功的谈话应给学生以恰当的点拨、真诚的教诲，为其创造自我教育的机会。怎样使谈话取得满意的效果？我认为在谈话时机的把握，谈话的方式及谈话时师生双方的位置等几方面都会影响谈话的效果。

（一）谈话时机的把握

教师与学生谈话要准备好谈话的主题，同时还要选择好谈话的时机。谈话时机的选择对谈话的效果起着重要的作用。如班里的学生摔伤了，由于没有和家长联系上，我亲自带他跑了三家医院去看病。事后学生非常感激，还对家长说："老师那天连孩子都没有接成。"我知道情况后，觉得学生已理解了老师的工作，并对老师产生了亲近之情。于是我便抓住这个时机，利用中午吃饭的时间就上课说话问题与其展开了谈话，效果十分明显。此外在学生当众受批评之后，也要进一步进行个别谈话，以达成师生间的理解，并巩固教育的效果。

（二）谈话地点的选择

多数谈话是在办公室进行的。而适当地换个环境，如教室、餐厅或操场上某个休息的地方。这样，学生会消除紧张情绪，使谈话更具实效性。

（三）谈话中师生之间的位置

1. 近一点

教师和学生谈话时应保持近距离。这种近距离交谈，首先使学生准确地获得教师发出的信息，有利于缩短师生之间的心理距离，使学生产生愉快、亲近的体验和积极态度，发挥"亲其师、信其道"的效应。其次有利于教师掌握学生的情感，捕捉反馈信息。另外还有利于点燃学生自尊的火花，使学生感到老师的亲近呵护，从而树立起自信，产生自省的动力，让学生对老师产生思想上的认同感、情感上的温暖感和心理上的归属感，从而欣然地接受老师的教导，使谈话达到理想的效果。

2. 矮一点

教师和学生谈话时应注意保持适宜的高度。如学生坐着教师站着，给人以居高临下的感觉。我们不妨弯下腰、蹲下身，与学生处于同一高度。谈话时还可以摸摸他的头，拉拉他的手。谈话过程中要更多的去倾听，用孩子的语言与他们交流，而不是家长式的训话，使学生在愉悦的气氛中接受教育，在宽松和谐的情境中领悟道理，在情感交流中获得心理平衡。

3. 亲一点

教师与学生谈话时要讲究合理的坐向。师生谈话若采用面对面的坐法便容易形成紧张对立的情绪。我们可以尝试横向或斜向坐。如果谈话的目的是帮助他分析失败的原因，并增强他战胜困难的信心，那就坐在他旁边，给他关心温暖的亲切感受。英国教育家洛克说："儿童一旦懂得尊重的意义，尊重对于他的心理便是一种最有力的刺激。"而师生谈话时注意位置的合理性也充分证实了这一点。

二、倾听的技巧

倾听不只是简单地聆听学生所要说的词句，而是要注意对方的声音、语调、面部表情、身体姿势、手势、眼神等非语言行为，收集说者整个人的全部信息。班主任要做一个有效的倾听者，首先要与学生保持合适的人际距离。其次要注意自身的形象，让学生觉得轻松自在，有受尊重感。再次要经常保持与交谈者的目光接触。最后，要避免做一些分散注意力的动作，那样会让学生产生老师工作忙、无耐心、无兴趣等的感觉，影响交谈的效果。

三、解决违纪问题的技巧

（一）保持克制的态度

现在的学生大多数是独生子女，自尊心较强，部分学生从小养成了唯我独尊的个性。遇到学生犯错误时，如一味地指责，不但会挫伤学生的自尊心，达不到教育的目的，还会使师生间的沟通亮起了红灯。此时，不妨采取克制、退让的态度，暂时先搁置此事，待学生心情稳定的时候，再细心、耐心地劝导。如我班有名班干部，对工作十分的认真负责，但有时在工作方法上较急躁。一次他让英语课代表检查他背书，正好这次此事不由这个课代表负责，于是二人发生了矛盾。这名干部还将人家的桌子搬到了讲台上。我一进班，看到了讲台上的桌子，简单询问了一下情况，此时我看到那名干部还气哼哼地不肯承认错误，我便采取了"冷处理"。第二天等他的心情平静下来后，我们又将问题进行了分析，他也认识到了自己的错误，并向对方道歉。

（二）学会宽容和谅解

沟通是师生间增进了解和信任的双向活动，教师在这一活动中起着主导作用。由于学生认识、判断是非的水平较差，他们面对老师的批评、教育，有时会有不满情绪。此时老师要学会宽容和谅解，宽容是师生发生矛盾的有效降温剂。如在春游之前，学生分组时，班里有一名学生没有组，我找了一名班干部让他们组加上这名同学，他欣然同意了。可到了班里，组里的另一名同学说："老师说的也不行，老师算个屁。"当我进班时，学生将此话告诉了我，而我没有发脾气，而是笑了笑说："我怎么没听见。"那名学生赶快向我来承认错误，我依旧笑了笑，原谅了他。

四、其他沟通技巧

1. 书面的沟通。（1）作业本里的只言片语　我经常在作业本里写上对学生的期望、鼓励及提醒。通过这种方式，缩短了师生间的距离。也达到了师生间的沟通。（2）信件交流　学生有时会将自己的问题、困惑写出来，夹在作业本里，对此，我都非常认真的加以回覆，以达到与学生的交流。

2. 电话交流。有时学生会将电话打到家中，询问学习的方法等，我也会耐心细致地予以解答。或者以电话的形式询问学生的病情等。

3. 沉默。如学生犯了错误，教师可先采取冷处理的方法。先让其自己去反思，教师保持沉默。这时可达到"此处无声胜有声"的效果，一段时间之后再来沟通。

4. 电子邮件等现代化沟通方式。随着现代化成分的提高，沟通的方式也越来越多。通过电子邮件等形式和学生进行沟通也是一种常见的方式，但是，和学生面对面的沟通更有益于师生情感的交流。

总之，我认为，教师与学生进行有效的沟通，这也是教育的催化剂。

新课程改革中发展性评价的实践与探索

毛 敏

发展性评价是落实新课标，推进新课改的强大动力。要建立促进学生全面发展的评价体系，评价不仅要关注学生的学业成绩，而且要挖掘和发展学生多方面的潜能，要了解学生发展的需求。发挥评价的教育功能，帮助学生认识自我，建立自信，促进学生在原有水平上的发展。

我校在新课程改革下对发展性评价方式进行了一系列的研究与实践。在评价的过程中，坚持过程性评价与终结性评价相结合，定性评价与定量评价相结合，运用多种评价方式，将评价贯穿于整个学习过程。改变对学生评价过分强调甄别与选拔的做法，把评价定位于促进学生的全面发展，发挥评价的激励、诊断和发展的功能。

一、我校确定发展性评价的目标和原则

（一）评价改革的目标

发展性评价的终极目标是促进学生的自主发展。在本次课程改革中，学生在教育教学中的主体作用被进一步明晰。发展性评价应该以培养学生的自我评价能力为基本原则，以激发学生的自我约束、自我规划和自主发展能力为最终目标。

（二）评价原则

1. 坚持以学生、教师、家长三者进行评价的多主体以人为本的评价。

对学生进行多方面综合评价：包括学生自评、小组评价、家长评价、教师评价。通过多主体评价，使被评价者及时把握自己的发展状态，看到自己的进步、潜能、长处及不足，从评价中认识自我、发展自我。

2. 坚持对被评价者进行全面评价，包括成绩、态度、情感等内容。

3. 坚持个性化评价原则。评价标准既要体现对被评价者的基础要求，也要尊重、关注被评价的个体差异、处境及发展的不同要求。

4. 多激励性评价原则：在评价中能客观描述学生的学习和表现，尽量从正面加以引导。

二、我校开展发展性评价的实践与探索

（一）不用"一把尺子"衡量学生——多角度评价学生

每个学生都具有不同于他人的素质和生活环境，都有自己的爱好、长处和不足。学生的差异不仅指考试成绩的差异，还包括生理特点、心理特征、兴趣爱好等各个方面的不同特点。这使得每一个学生发展的速度和轨迹不同，发展的目标也具有个性。发展性评价要依据学生的不同背景和特点，正确地判断每个学生的不同特点及其发展潜力，为每一个学生提出适合其发展的具体的、有针对性的建议。让每一个学生都看到自己的"成就"，并在自己的跑道上前进。有的学生口头表达能力强，有的学生观察能力强，有的思维比较深刻，有的敢于大胆提出新问题，等等，这些都需要及时予以肯定和引导。我们在评价中应做到尊重学生的个体差异。

我校在原有评价特优生、优秀生、三好生、优秀学生干部的基础上，增设了下列奖项：遵守纪律之星；文明礼仪之星；热爱劳动之星；助人为乐之星；环保小卫士以及时事小灵通。这些奖项的设置使得学生们也明白了不能用同一尺度去衡量人。要善于发现他人的优点和值得表扬的地方，也只有这样才能让学习成绩落后的学生找到自信，继续前进。

（二）既评价学生的学习结果，同时也评价学生的学习过程

发展性评价是注重过程的。学生的发展是一个过程，促进学生的发展同样要经历一个过程。以发展的眼光看待学生，就应该着眼于学生的学习过

程，鼓励他们刻苦勤奋的学习精神，养成良好的学习习惯。这些远比暂时的考试成绩对学生的发展更具意义。

新课程需要的教学评价既要关心结果，更要关心过程；评价注重的是学生学习的主动性、创造性和积极性。评价可以是多角度的，评价关注的是学生在学习过程中的表现，包括他们的使命感、责任感、自信心、进取心、意志、毅力、气质等方面的自我认识和自我发展。评价学生的学习不再仅仅依靠成绩测验，还包括了对和学生学习有关的态度、兴趣、行为等等的考查。

在平时的教育教学工作中，学校和老师对在某一方面（思想品德、文化学习、身体素质等）有突出进步或变后进为先进的学生给予奖励和好评。

班主任老师在期末表扬时要增大表扬突出进步这一项。看成绩单的时候，先从后面看起，对比一下他以前的成绩，稍有进步都要列进突出进步奖项。并且，对这些学生的表扬力度与对成绩优秀的学生的表扬力度是一样的。连颁发的奖品都是一样的。学习成绩有所不足的学生第一次感到了殊遇，并且找到了前进的动力。

（三）倡导多元主体参与评价

在教师和学生评价的同时，发动同学互评，班主任、其他教师、家长等人士参与评价。对学生的发展状况建立共识，形成合力，共同来关心、促进学生的成长和进步。让学生进行自我评价，目的是培养学生自我评价、自我反省与自我监控的能力；让学生参与对他人的评价过程，则是一种学习与交流的过程，不仅能够更清楚地认识到自己的优势与不足，还可以提高学生的批判性思维，让学生学会交流、合作与分享，而让家长参与评价能够让父母清楚地了解孩子的学习情况与成长过程，从而更为有针对性地对孩子进行教育，形成学校与家庭教育之间的整合。这种评价主体的多元化，使自评与他评相互有机结合在一起，真正发挥评价的教育功能。

（四）运用成长记录袋评价，促进学生发展

发展性评价强调收集并保存表明学生发展状况的关键资料，对这些资料的呈现和分析能够形成对学生发展变化的认识。在此基础上针对学生的优势和不足给予激励或具体的、有针对性的提出改进建议。"学生成长记录袋"的评价方法，是新课程改革背景下推进的教育评价改革，这种评价方法能够充分发挥教育评价的导向、诊断、调节、激励、反思等功能，建立促进学生全面发展评价体系的具体举措。"学生成长记录袋"是一种质的评价，是一种发展性评价，也是一种以学生为主体的评价。

成长记录袋内容

认识一下我哦！
姓　　名
班　　级
爱　　好
特　　长
其　　他
我的家庭
我的爸爸
我的妈妈
我的学校

我将从这里起航

现在的我：
我的学习态度和学习方法：
我各门学科目前的状况：
我的性格和个性品质：
我的愿望（个人目标）：
　　学习：
　　生活：
　　兴趣爱好：
　　等（根据个人情况具体制定）
爸爸妈妈的期望：

老师寄语：

语文学科评价：评价分为 A（学习优秀的）、B（学习良好的）、C（进一步努力将成为良好的）、D（需加倍努力、改进学习方法赶上大多数同学的）四类：

内容	项目	评价			学习中最大的收获？
		学生	教师	家长	
	学习态度				
	学习方法				
个性品质	认识自己				
	意志				
	合作				
语文知识	识记、理解词汇				
	识记文学常识				
	阅读理解				
	写作知识				
能力	口语表达、交际能力				
	朗读能力				
	阅读能力				
	写作能力				

（除语文外，数学、外语、地理、生物等学科均从学习方法、学习态度、个性品质、知识与能力多方面对学生进行评价，在此因篇幅所限，其他科目省略。）

成长的足迹

我最（不）满意的作品（可以将作业、试卷、作品直接放入成长记录袋中）：

回顾过去：

我做到了：

我还需努力：

下一步目标：

爸爸妈妈的期望

教师寄语

对成长记录袋评价的说明：

1. 每位学生根据评价内容设计自己的成长记录袋，内容要求必须包括以上各项内容，但形式可以多种多样的，如自我介绍部分，可以用语言、自我画像或照片来向别人介绍自己。

2. 关于学科评价表部分，每学年或每学期各学科教师根据本学年或学期的教育内容作适当的调整。

3. 学科评价部分，学生必须做成活页，以便在以后学习和进行补充以及供各科教师进行评价。

4. 成长的足迹：我最（不）满意的作品部分，学生可以将自己的作业、试卷等内容直接放入档案袋中。

5. 档案袋保存：由学生自己保存；在期中、期末将各科评价表部分交各科教师进行评价；每学期末教师对学生档案袋进行评价，可以选出优秀的档案袋经学生个人同意后进行展览。

6. 如任课教师或新任教师需要对学生进行全面了解，可以向学生收取档案袋进行查阅。

7. 目前，只在一个班级进行实验，经过完善后，在全校推广和试验。

8. 评价时间：每学期两次

成长记录袋评价对改变教师的学生观、提高教师的教学质量、培养学生的自信心、促进学生发展等各方面具有重要作用。

1. 成长记录袋评价鼓励学生进行个体学习

在成长记录袋中，能进入记录袋的资料是由学生挑选出能代表自己学习成绩的作业,这样既鼓励了学生的个体学习,又极大地激励他们适度的超前学习。在学生各自的档案袋中记录了学生自己学习和思考的过程,并没有固定的统一标准。它为学生的个性化发展创造了良好的基础,真正实现了尊重差异的教育。

2. 记录和展示学生的学习成果、可以反馈学生的进步状况

由于学生的成长袋记录了学生取得的进步和成绩,因此可以用来展示学生的学习成果。

3. 成长记录袋鼓励了学生自我反思

成长记录袋要求学生在建立学习档案后,以学习者的身份进行自我评价,更好地了解自己的努力程度、学习成果等。

4. 从学生成长记录袋中,不断调整教师的教学计划

在成长记录袋评价中,学生在"还有什么问题需要老师帮助"这一项目中,提出自己的困惑和意见。教师可以根据学生的反馈,在下一阶段的教学中确定合适的教学目标、选择恰当的教学策略,不断提高教学水平。

三、实施发展性评价的思考

(一)发展性评价是新型师生关系的建构

一方面,发展性评价注重评价过程中被评价者对评价信息的建构,鼓励被评价者参与评价,提倡自我评价与他人评价相结合。另一方面,发展性评价是师生双方的参与和互动过程。实质上就是人际间沟通的过程。这种沟通是师生双方积极地相互影响的过程。

(二)发展性评价并不是一味的肯定与表扬

发展性评价的多样性确实改变了传统评价拒人千里之外的严肃面孔。但是任何一种评价活动不论其形式如何活泼,都不能失去评价的本真——价值判断。有教师认为"促进学生发展"就是"哄孩子高兴",于是走入了一味表扬肯定的误区。这种评价没有起到激励与促进学生发展的作用,相反却阻碍了学生的发展。

(三）发展性评价不是多种评价方式、评价主体的简单相加

多元评价不是评价方法的简单堆砌，而是多种评价方法在互相取长补短的前提下，根据评价内容和目的进行的有机结合。在实践中，应根据评价活动，选择相适应的一种评价方法。

语感阅读法与学生书面表达能力的发展研究

曾 雯　付永庆

一、引言

作为英语的四项基本语言技能之一，英语阅读和写作已成为语言学习或教学过程中不可忽视的一部分。而《英语课程标准》指出：基础教育阶段英语课程的任务是使学生掌握一定的英语技能，并形成一定的"综合语言运用能力"，并要求能培养学生的思维能力。为此我校进行了"语感阅读与学生书面表达能力的发展研究"。本研究旨在通过将语感阅读方法引入日常的英语教学，从而去探讨语感阅读法对于学生书面表达能力发展的作用。

二、理论背景

（一）语感阅读

英语阅读是语言的输入过程。Krashen（1993）认为，语言学习者读得越多，阅读就能做得越好。通过阅读，语言学习者可以掌握大量的单词，提高理解能力，能逐渐掌握复杂的语法结构，建立好的写作风格，甚至能提高他们的拼写能力。从学习规律看，在非英语的语境中学习英语，阅读依然是多数人吸收语言素材的最主要渠道。通过阅读，学习者有意识地掌握语言规则和形式，这不仅有助于语言知识的积累，还能在很大程度上为语言应用能力的提高起到有力的促进作用。因此，阅读应是语言技能练习之首。没有阅读，语言学习者就不可能发展提高其他的语言技能。

语感阅读是一种崭新的英语教学和学习理念。提出英语教学应以培养学生的语感为首要目标，合理、有效地利用教学时间，以读带动学生语言运用能力和思维能力的全面提高，让学生在读的同时接受文化教育，扩大知识面。语感阅读课题的开展，为学生提供了大量的阅读材料。大量的阅读为写作提供了范文、内容和范例，是吸收语言材料、写作技巧的重要手段，更是开启思维的一种有效方式。大量的、广泛的阅读能扩展学生视野，加强学生理解和吸收书面信息的能力，巩固和扩大学生词汇量。更重要的是有助于培养学生的语感，并使其逐步养成用英语思考的习惯。

（二）英语写作

英语写作作为另一项基本技能是语言的输出过程。英语写作是人们运用从阅读中学习的语言知识和写作技巧把自己的思想表达出来的书面交际形式。英语课程标准对初中生的英语书面表达能力提出了明确的要求：A. 能根据写作要求，收集、准备素材；B. 能独立起草短文、短信等，并在教师的指导下进行修改；C. 能使用常见的连接词表示顺序和逻辑关系；D. 能简单描述人物或事件；E. 能根据所给的图示或表格写出简单的段落或操作说明。因此，写作在语言学习过程中也是极其重要的。叶圣陶先生说："阅读是吸收，写作是倾吐，倾吐能否合乎于法度，显然与吸收有密切的联系。"可见阅读与写作之间有着密不可分的关系。

（三）语感阅读与写作的关系

第一，阅读和写作是两项相互依赖、相辅相成的技能。随着心理语言学的深入研究和发展，认知语言学家和心理语言学家提出，阅读的过程不是一个单纯地被动接受的过程，而是一种创造意义的过程。他们发现阅读和写作几乎是两个相同的过程，共同拥有关键性的认知机制。司托茨基（Stotsky）在综合了有关阅读与写作关系的调查后发现：写作活动对提高阅读理解非常有用。反之，通过阅读来提高写作的方法也证明是很有效的。第二，阅读是一种写作行为。从事多年ESL教学研究的Zamel（1992）认为，如果阅读是积极投入的构建意义的活动，那么读者就必须多渠道地赋予文本意义，与文本进行意义、情感上的联系和交流。写作正可以提供这样独一无二的机会，让读者去"发现和探索赋予文本之意义及存在于读者和文本之间的联系"，因为写作促使读者与文本对话从而寻找理解文本的独特途径。因此，Zamel 指出，阅读是一种写作过程。第三，写作能有效地促进语言知识内化。写作能扩大学习者所用语言的范围，有助于提高学习者运用语言的准确性，提高他们用英语自由表达思想的能力。在学习者自身的写作实践活动中，他们不仅复习了已有的知识，还会将新知识和已有的知识相结合，进而达到提高英语写作的实践能力和水平。

三、实验设计

参与人员：景山学校初中六、七、八三个年级以及高一年级，共 900 人参与了本研究。

研究持续时间：2007.9 至 2009.7

由于本研究侧重于探讨语感阅读法对学生书面表达能力发展的作用，我们从阅读和书面表达两方面对于本实验设计进行介绍。

（一）阅读实验设计

时间安排：2007 年课题启动起，参加年级每周开设一节实验英语课，每节课 40 分钟。

内容安排：老师根据不同的年级，选择不同的阅读教材。

实施步骤：①在课堂阅读教学中，教师事先让学生明确每一节课的阅读内容。②就内容教师让学生进行分角色朗读。③然后学生进行小组讨论。讨论的问题可以是教师自己设计的，也可以是教材后面所设计的问题。讨论之后，以小组为单位向全班展示对阅读书籍的理解和感想。④教师对学生在活动中的表现给予相应的评价。

此外，在课外，要求学生每天阅读 20 分钟，并要求家长对学生的阅读任务进行记录和监督。阅读试验设计的主要目的，就是通过在课堂和课外的大量阅读，培养学生对英语的感知和感受能力，进而转化成实际的写作能力。

同时需要指出的是，课内阅读和课后阅读是互相补充的关系，课内阅读给学生提供了一个阅读的方法和方向。课后阅读则是将课堂学到的方法进行一个实践。只有将两者结合，才能培养学生对英语语言的语感。

（二）书面表达能力试验设计

作为对阅读的延伸，写作提供了学生使用英语表达自己思想感情的机会。学生可以把在阅读之后积累的对语言的感觉在写作中进行应用。考虑到年龄和认知水平的差异性，不同年级的学生有不同的写作任务。

六七年级以积累好词好句为主，学生自主选择想学的好词好句。在教师的指导下，自主学习单词、词组的意思和用法，并根据自己学习的结果造句。在实验课上，教师以小组或全班的形式让学生分享各自的学习所得，互相介绍自己积累的词句。

八年级和高一学生已经有一定的语言表达能力。因此书面表达的任务主要形式就是写读书报告。读书报告包括四个内容：①每次阅读后至少积累十个单词和词组，并造句；②阅读后选出至少五个优美的句子；③为所读读本写概要，要求用自己的语言概述故事内容；④自己选择一个角度为读本写评论。

以高一年级所读的《Jane Eyre》为例，介绍一下具体的实际操作步骤。在阅读课上，让学生分角色扮演 Jane、Mr. Rochester、Mrs. Reed 进行朗读。要求学生在朗读过程中要注意表情和语气。阅读完让学生分组讨论他们分别对这个人物的看法。然后学生可以对小组讨论的结果作一个口头汇报。在接下来的写作过程中，学生可以把小组讨论的结果以书面的形式体现出来。或者也可以就教材后面所附的问题表达自己的看法。如：1) Mr Rochester is much older than Jane. Does a big difference in age between husband and wife matter in a marriage? 2) You are St John Rivers. You have not forgotten Jane. Write her a letter from India, repeating your offer of marriage? 3) If you were Jane, which one would you choose, Mr. Rochester or St John Rivers? 这些开放性的问题，可以开拓学生的思路，激发他们的

创作热情。从而确保了在写作过程中言之有物，确保了写作的质量。

（三）评价

评价是教学活动中不可缺少的一个环节。实时的、积极的反馈会给学生正面的鼓励。语感阅读课题的实施过程统一采用形成性评价方式。形成性评价作为教学和学习的有机组成部分，是一种信息收集、整合和解释的过程，目的是在学习发生的同时促进学习，评价以发展为目的，而不是以划分等级为目的。形成性评价能够更好地测量学生的实际操作能力，更加尊重学生的主体性和创造性。具体而言，语感阅读过程共采用了三种评价方式，分别是自评、互评和教师评。

第一，学生在阅读的过程中，针对自己在课堂和课下的表现情况，利用下面的表格给自己一个较为客观的评价。

	差	中	好	不清楚
大声流利地朗读				
理解文章大意				
理解文章深层含义				
能用自己的话概况大意				
能用自己的话对文章进行评价				

第二，在学生写完读书报告后，教师将作出一定的评论，主要是口头点评和书面评语两种形式。由于语感阅读目的是为了提高学生的语感，提升学生的综合语言素养，因此教师不需对学生文章中的语法错误一一纠正，应将点评重点放在学生读书报告的内容上，对学生进行写作技巧的指导，如选题角度、论证逻辑等。

第三，教师点评后，学生利用投影将自己的文章与班里其他同学分享，这是一个相互评价的过程。学生在课堂上互相指出文章的利弊，提出修改意见。在这个过程中，教师在旁边进行引导。

可以说，评价的过程也是一个新的学习过程。学生通过自己的反思、老师的点评和同学之间的讨论，能更加深刻地理解阅读材料，增强思辨能力，从而促进写作水平的提高。

四、结论及思考

在实验进行过程中，课题组成员不断搜集老师和学生的反馈信息。通过访谈指导教师、参与的学生以及对比平时考试中的书面表达答题情况，课题组发现：在系统的阅读和写作练习的帮助下，我校参与课题的班级英语语言素质有较大提高。

第一，学生不再拘泥于某些句型和语法，而将阅读重点放在了整个故事，真正体现了 reading for meaning，而不是 reading for knowledge，这样就避免了学生"只看到树木，看不到森林"的情况。而学生将注意力放在森林的同时，学生对语言的感悟能力，对语篇的理解能力得到了提高。具体来说，低年级学生通过自主学习积累词句，养成了阅读记笔记和摘抄的习惯。从基础开始，为以后的学习奠定了良好的基础。

第二，高年级学生通过书评的练习和写作，他们的写作技巧以及思维能力都有了一定提高。

第三，通过这一阶段的实验，学生的自主能力得到了增强。能够在课下积极主动的阅读，有的同学甚至开始读原版的小说。这些无疑都有助于学生的语感的培养，有利于他们的长远发展。

在实验过程中，我们也发现了一些问题。根据习得理论，作为语言输入的媒介，听和读在语言习得过程中发挥着重要的作用。因此我们认为语感的培养应该不止局限于阅读手段，还可以通过听力。但是目前缺乏和读物相配套的听力材料。同时，简写过的材料，失去了原著的风采，不利于让学生了解和感受最真实的英语。另外，每套书都是关于文学的，不能兼顾到每个同学的兴趣和爱好。因此希望可以开发一些原汁原味的，体裁广泛的阅读材料。

第四编

高中教育科研论文

为学生未来的发展奠定坚实的基础
——北京景山学校高中办学特色与经验

王京梅 袁立新

北京景山学校是因教改而诞生的一所专门进行基础教育改革的试验学校,其使命就是要探索出一条适合我国国情的基础教育改革之路。1983年,邓小平同志为景山学校题词"教育要面向现代化,面向世界,面向未来"。此后,景山人就一直在探索一个问题,如何按照"三个面向"的思想改革中小学教育,形成特色办学,努力构建社会满意的优质教育。

一、以先进的教育理念引领学校发展方向

教育是民族振兴的基石,国家要富强,民族要振兴,归根到底,有赖于人才的培养。景山学校在邓小平同志"三个面向"的教育思想的指导下,确立了"全面发展打基础,发展个性育人才"的办学理念,树立了"以学生全面健康发展为本,为学生一生发展和终身学习奠定坚实的基础,深化教育改革,全面推进素质教育,以提高学生的素质为根本宗旨,以培养学生的创新精神和实践能力为重点"的教育目标,把景山学校建成了热爱科学的摇篮、文学艺术的花园、身心健康的乐园。

我校把"以学生发展为本"的理念确立为自己的立校之源,不断推进教育改革,着眼于同学们的知识水平、科学素养、人文精神和个性品质的全面发展。我校提出景山学校培养的学生,除了应达到国家基础教育课程要求的各项标准,更应从素质和能力上具备以下特色:1. 关心国家和人类的命运,有远大的抱负与情怀,有一颗拳拳的赤子之心;2. 有务实、求新的思维方法,有丰富的创造力和想象力;3. 有传统文化的素养,有艺术鉴赏能力或艺术特长,掌握现代生活所需的各项基本技能;4. 有扎实的外语基础;5. 有独立的自学能力,有广泛的阅读、求知的兴趣;6. 有强健的体魄,熟悉一两项适合自身条件的体育运动项目。我校认为,只有素质全面发展、个性充分发扬的人才,才是能够真正适应未来社会需求与挑战的人才,才是真正满足"三个面向"要求的人才。

二、以十条原则指导学校教育教学改革与发展

经过长期的教改实践,我校逐渐摸索、总结出了具有自己特色的教育教学基本原则,用这些原则来指导我校的教育教学改革与发展。

1. 德智体全面发展的统一要求与发展学生个性特长的多样性相结合。这既是基础教育与英才教育的辩证统一,也是促进每个学生个性化发展的科学手段。

2. 牢固掌握基础知识、严格训练基本技能与发展智力、培养能力相结合。

3. 提高智能与发展非智力因素相结合。二者相辅相成,共同达到提高学生能力的目标。

4. 发挥教师主导作用与培养学生独立学习的主动精神相结合。

5. 教学中循序渐进的训练方式与集中时间、重点突破、适度跃进的训练方式相结合。

6. 量力性与一定的难度相结合。

7. 常规教学与研究性学习相结合。

8. 班级教学与分类指导相结合。

9. 基础文化教育与劳动技能教育相结合,科学精神与人文精神的教育相结合,传统教学媒体与现代教学媒体相结合。

10. 课内与课外、校内与校外的教育工作相结合。

三、面向现代化，科技教育已成特色

在科学技术迅猛发展的今天，青少年对科技教育的需求也越来越高。为培养走向现代化、走向世界、走向未来的21世纪高素质人才，"提高科技素质、培养创新精神"已成为学校义不容辞的责任。

科技教育一直是景山学校的办学特色，我校也一直在积极探索一条路子，如何才能为培养科技人才，尤其是为培养拔尖科技人才打好基础呢？

1. 我校将大众教育与英才教育相结合，在普遍施教的前提下，承认个性差异，尊重特长与爱好，积极探索基础教育阶段多出人才、快出人才、出好人才的规律。我校与北大、清华、人大等十所重点大学签署了校际合作协议，根据优秀学生的兴趣、特长和志向，按照相关大学、相关专业的要求来培养优秀毕业生，以实现重点大学名牌专业与高中教育的早期结合。

2. 构建多层次、多样化的科技教育体系，一方面通过一年一度的科学节，集中展示科技活动的成果，进行各种科技比赛；一方面通过必修课程的渗透和校本选修课程的开展，使全体学生热爱科学、亲近科学，相信科学、崇尚科学，具备基本的科学素养，形成对科学、技术、社会的正确理解；对于部分学有余力且爱好科技的学生，我校积极创造条件，开展各种丰富多彩的社团活动和课外活动，使他们能参加较高层次的科普交流和实践活动，拓展见识，使他们能更深刻地理解科学，了解科学技术发展的过程；对于少部分较早地显露强烈的科学热情和禀赋的学生，我校积极创造条件，开展了"走进国家重点实验室"的活动，使学生能够进入更高层次的学术环境中，去接受初级的系统的科学研究训练，使其有可能发展成为未来的优秀科技人才。

3. 积极开展走进国家重点实验室的活动。从1997年开始，我校开展了较高层次的走进国家重点实验室的研究性学习活动，十年来，有400多名学生自报研究课题，课题涉及生物、医学、计算机、化学等多个学科。60多名学生参加了中国科学院植物研究所、中国科学院计算机研究所、中国协和医科大学基础医学院、中国医学研究院基础医学研究所、北大物理实验室、

北师大生物实验室等 20 多个国家重点实验室的活动,在刘德培院士、何维教授等 40 多位著名专家学者的指导下进行研究活动。在活动过程中,他们到我国香港特别行政区进行科技考察、到内蒙古自治区中国科学院生态系统定位研究站进行草原生态的实地测量、到怀柔太阳观测站进行测量与研究。在这些活动中,同学们不仅学到了专家身上的科学探究精神,培养了科研意识,而且还开阔了视野,扩充了知识面。在研究性学习的过程中,学生不仅从专家身上学到了科学精神、科研意识,而且丰富了自身知识,拓展了学习的视野,为今后升入高一级院校培养了进行科学研究探索的能力。正像我校全国青少年科技创新大赛一等奖、市长奖获得者,在北大一年级就被美国耶鲁大学提前录取的杨歌同学所说的那样:"我走进的不仅是实验室的大门,我开启的是一段旅程,进入的是一个课堂。对我来说,走进实验室不仅仅是一项科技活动,它拉近了我和梦想的距离,使我在科学之路上又向前迈进了一步。"

同学们在"走进国家实验室"这一活动中不仅得到了锻炼,提高了能力,也获得了许多中学生科技奖项的最高荣誉。

近几年科技类获奖情况统计表

	国际	全国	全市	全区
2004	12	8	33	80
2005	3	12	107	131
2006	5	11	18	44
2007	4	2	26	87

中学生奖项统计表

奖项	市金、银帆奖	金鹏科技奖	金牌	银牌	中学生十佳	市长奖	国际竞赛金牌	国际竞赛银牌
奖数	21块	12块	12块	11块	4人	2人	7人	12人

四、面向世界，使教育更具开放性

我校遵循"教育要面向世界"的思想，融古今中外百家之长，坚持"走出去，请进来"的模式，加强与世界各国的交往与交流，积极扩大对外的影响。

我校是教育部首批确定的联合国教科文组织"亚洲教育发展革新计划"的联系中心之一。1984年我校就和美国（波士顿）牛顿城公立高中建立起友好校际关系，定期交换师生。此后相继与法国、日本、泰国、新加坡、韩国以及我国香港特别行政区、台湾省等国家和地区的学校建立了友好校际关系；聘请优秀外籍教师来我校任教；学校先后派出教师231人次、学生513人次赴国外考察、交流、学习；同时，学校也接待世界各地的政府要人、教育界同人和教育团体的参观访问，成为展示中国基础教育成就的一个窗口。联合国前秘书长安南夫人、巴基斯坦前总统夫人、日本前首相海部俊树、美国教育部前部长理查德·赖利都先后来我校访问。

我们积极鼓励和组织学生参与各种国际交流，参加国内外的各种竞赛。美国航天飞机在太空中实验的项目选中了我校学生李桃桃的"蚕在太空吐丝结茧"的实验方案；在巴黎举行的世界儿童大会上，我校的孔令蔷同学代表世界儿童进行了发言；在波兰举行的世界航模锦标赛上，我校张尚同学获得冠军；在世界中学生的最高赛事——美国工程大奖赛上，我校的杨歌同学获得银奖，这是目前我国中学生在此项赛事上获得的最高荣誉；我校宫郑同学在第十二届国际天文奥林匹克竞赛中获得金牌；在联合国总部召开的"一个适合儿童生存的世界"的会议上，我校马嘉阳同学作为从全球选拔的20名青少年代表之一发表了演讲。在全球中学生网上高峰会议上、在亚太地区青少年科技交流会议上、在全国"长江小小科学家"赛场上，景山学校的学生展示了中国学生的风采；在美国、法国、韩国、日本、泰国、我国香港特别行政区和台湾省等国家和地区都留下了景山学生科技、艺术、体育交流的足迹。

在这种交流与对话的过程中，景山学校真正实现了教育自身的对外开放；在"走出去、请进来"的模式中，景山学校了解了世界，广泛吸收和运用了世界先进的教育成果和教育理念，为创办在国内外有影响的有中国特色的国际化学校奠定了基础。

五、面向未来，为学生个性特长发展搭建平台

在教育教学过程中，景山学校始终面向学生的未来，努力为学生今后的发展奠定一个坚实的平台。学校把培养全面发展、学有所长、具有创新意识和实践能力的学生作为一个重要目标。努力为学生的发展创造条件，使有特长的学生能得到与之相适应的教育。

我校提出了在高中阶段特别要注意在全体学生全面发展的基础上，对有才华、有潜力、个性特长突出、有一定研究能力的学生，允许他们超步学习，鼓励他们冒尖，为他们的成才创造有利的学习环境。学校确立了"高中数、理、化、生培养优秀特长生的研究与实验"课题，利用学生的业余时间，将学有特长的学生，依照他们的兴趣爱好分别进行学科奥林匹克竞赛知识方面的学习和指导，为此学校制定了具体措施：①聘请著名大学的教授、北京市的特级教师来我校任教，与我校骨干教师相结合，对学有特长的尖子学生进行培养。②建立导师制，开放学校实验室，为尖子学生的成长创造宽松的教学环境。③重点基础学科实行分层教学，使有区别的个体实现有差异的发展。④完善奖励机制，加大奖励力度。这些措施保证了这项试验的顺利进行。经过几年的试验，我校在全国数、理、化、生物和信息学科的奥林匹克竞赛中有多人获得一、二、三等奖，取得了令人振奋的成绩。

我校不仅关注学科特长生的培养，而且注意培养艺术、体育方面有特长的学生。这主要是通过选修课和课外活动的方式对艺体特长生进行培养，加大选修课的开设力度，开设了排球、篮球、游泳、音乐欣赏、素描、绘画等课程。加强学生课外活动的组织与指导，成立了各种体育专项运动队、体操舞蹈队、学校银帆乐团等课外活动小组，并配备专职教师和兼职教师，学生根据自己的特长和兴趣自愿参加。我校积极为特长学生创造展示自己才华的

机会，在中国最高的艺术殿堂——中国美术馆，我校举办了景山学校师生摄影展；在保利剧院学生进行了大型英语剧《迷宫》的精彩演出；我校举办了七国中学生排球邀请赛；在中山公园音乐堂我校举办了"唱响2008——北京景山学校迎奥运专场音乐会"。

丰富多彩的活动，不仅张扬了学生个性、发展了学生特长，充分显示了景山学校学生能力强，知识面宽，学有特长的优势，也促进了学校的发展。学科竞赛成绩喜人、科技教育成果丰硕、体育工作硕果累累、艺术教育丰富多彩。我校是北京市示范性高中、北京市首批"金鹏科技团"、"北京市中小学生科技教育示范校"、中国中学生排球协会主席校、奥林匹克教育示范学校。

六、结束语

教育工作者的职责与使命，不仅仅在于对学生的升学负责，更要为学生的终身学习和一生发展奠定坚实的基础，对整个社会的发展负责。近几年来随着高考试题向考察学生能力的方向转变以后，充分显示了景山学校学生能力强，知识面宽，学有特长的优势，近三年，景山学校的高三毕业生每年都有三分之一以上的学生达到清华大学、北京大学的录取分数线，实际录取清华、北大的人数也在四分之一以上。另外在国际、全国、市、区各学科竞赛、科技活动、对外交流中也获得了优异的成绩。可以说，景山学校培养出来的学生都是理论和实践相结合的、一定的广度和深度相结合的、创造能力和思维能力相结合的人才。景山学校历届毕业生走上社会之后，在综合能力与素质方面的表现，也进一步印证了我校的办学思想与措施，有着长远的积极作用。我校将继续以"三个面向"为指导，坚持我们的办学理念与特色，努力构建面向现代化、面向世界、面向未来的优质高中教育，为学生的终身学习和一生发展奠定坚实的基础。

语言与思维：口头表达训练之启示

张亚南

> 任何一个人的精神世界总是和他的言语世界相连接、相吻合，精神世界的开拓不能不同时是言语世界的延伸，言语世界的扩展也不能不同时是精神世界的充实。
>
> ——题记

中学语文教育从更实在的意义上说，就是首先培养学生听、说、读、写的能力。在这四项基本功中，"听""说"是基础之基础。由于生活节奏的加快，人与人思想、信息的交流日趋便捷化，口头表达越来越成为重要的交流方式。当然，语言作为交流思想的工具，早就已经在生活中存在和应用。但日常语言的使用一般说来既粗糙，又随意。所以，语文听说教学的任务就是要教会学生用规范、精彩的语言来表达思想。在具体的实践操作中，可以采用"课前五分钟讲话"的形式。

课前讲话的时间是有限的。在短短的五分钟内，要使学生在听、说两个方面都有收获，不是一件很容易的事情；加上部分学生第一次接触这样的演讲形式，或多或少都会表现出一些紧张。所以，对讲话评价的初始要求不宜过高。主要定位在语言使用是否清晰、规范，表达是否流畅。讲话的内容也不宜复杂，最好从身边的人、身边的事、身边的书说起。教师在设计题目时还可将文体特征考虑进去，有意识地安排记叙性、说明性、抒情性的题目，这样有助于学生在演讲时，实际体会各文体的差异。当学生讲述一件事情或者描述一个故事时，他就会特别注意交代清楚事情的前因后果，来龙去脉。在说明一个事物时，他也会注意说明顺序，有意识地采用各种说明方法。听的学生要根据演讲者的语言考察自己是否在头脑里形成了对某一事件或某一事物的清晰认识。如果听说双方达成共识，说明演讲者在语言表达上基本过关。如果听者和说者之间没有默契，那就需要寻找原因。是语言传达不了思想，还是思维没有跟上语言的脚步？这种听说互动的训练方式有助于学生语言表达能力的快速提高。经过一段时间，我们可以感到学生课前讲话渐渐可以"言能及意"，表达也较有条理。有的学生不仅注意把话说清楚，还要求自己的语言尽量优美、有文采。比如有一篇题为"生命是井"的演讲，说话人这样讲道："原来，人是可以创造出意外、创造出奇迹的。因为生命确是一口深邃的井。只要你肯去挖掘，你会发现，在井的深处奔腾着一条不息的河流。"

在大多数学生能够达到表述的基本要求后，思维优化的训练就提到日程上来。我们知道，思维和语言就像一张纸的两面，是相互依存的：什么样的思维必将决定着与之相适应的语言，反过来，只有优化的语言才能够尽显优化的思维。高中阶段的学生在思维与语言的关系上往往存在两种现象：一是思维的深度、力度明显偏低，因而语言表现得稚嫩、不成熟；二是思维有深度，但表达不出来或者说出来就走板。应该说，无论是哪一种，都没有协调好语言和思维的关系。而要解决好语言和思维的问题，关键还是在于提高思维的品质。

优秀的思维品质首先表现在"同中求异"。学生经常会感到对某些人或事无话可说或者说之无味。这是因为他们缺少足够的意识和敏锐的眼睛来发现生活中的各种问题。有的学生虽然对某些事件有些了解，但缺少更深入的思考。所以，利用课前讲话，可以引导学生多思多说。比如我曾经引用过鲁迅在《立论》中的一段话：

一家人生了一个孩子，全家都很高兴。满月时，大家都来祝贺，一个说："这孩子将来是要发财的"，于是他受到一番感谢；另一个说：

"这孩子将来是要作官的",于是他得到几句恭维;而又有一个说:"这孩子将来是要死的",于是他受到大家一顿合力的痛打。

我告诉学生,鲁迅在这里是要讽刺一些中国人听不得真话。但是,现在将这个材料再拿出来,是希望大家可以不拘一格,另选角度来立意。在第二天的课前讲话中,一个学生发表了题为"说话的艺术"的演讲。他认为:"说话是要讲艺术的,应该分场合、对象,并不是所有的实话都可以想说就说,说实话也应该考虑到听者的感受。在如此喜庆的时候,说如此令人丧气的话,当然是在找打。"他还举了一个例子,讲一个病入膏肓的人在他人的鼓励下如何延续了生命。最后他总结说:"我的意思并不是鼓励大家说谎,只是希望大家都能懂得说话的艺术,懂得与人相处的艺术。"应该说,这堂课的意义并不在于讨论出了不同于鲁迅的观点,而是在于使学生在思维认识上有了很大的改变。他们了解到一个材料或事件可以从不同角度去思考。后来在"五分钟讲话"中,学生开始自觉地变化思考的角度,大部分同学有意识地开始锻炼自己的求异思维。

比如有的同学看到社会反对使用一次性筷子时,就提出了不同的看法:其一,一次性筷子具有两个最基本的优势:方便、卫生,可以避免病菌传染。其二,一次性筷子虽然造成木材浪费,但是为什么不在回收利用上寻找出路?

还有一个同学在《铁杵何必磨成针》中有一段话,也可见出她的求异思维来。她说:"大家都知道铁杵磨成针的故事。即每做一件事情,只要朝着一个目标,坚持不懈地努力下去,就一定能够达到胜利的彼岸。这种精神固然令人敬佩,但你想,这么长一根铁棒,磨成一根又短又细的针,实在是浪费了太多东西。不要说大材小用,就是时间和精力的浪费,已经让人痛惜不已。尤其在资源匮乏并且讲究时效的今天,这方法更不可取。"

求异思维的训练可以帮助学生优化思维。如果我们的学生在同一问题上都持相同的意见和看法,无疑说明我们的语文教学是僵化的、失败的。求异思维的训练是对传统思维方式、惯性思维方式的挑战,它激活了学生潜在的思维能力，使他们敢于提出新观点、新想法，说出自己想说的话。从这个意义上说，"求异思维"更便于学生形成主体性人格。

优化学生思维的另一个途径是让"深入思考"。也就是说，仅仅注意思维的多样性还是不够的，如果仅有与众不同的思想，却不顾及这思想的深度，无疑像一个只有花拳秀腿的江湖艺人，而不是一代武林大师。所以，在兼顾思维的广度时，也要讲究思维的深度。1999年时，一部《还珠格格》红遍大江南北，学生都喜欢得"爱不释目"。但对这部电视剧的价值到底该怎样评说，学生中思考的恐怕并不多。于是我便要求学生对此谈谈看法。在当天的课前五分钟内，演讲的学生指出："《还珠格格》是典型的娱乐片，它的价值就在于使人笑笑，生活已经很累了，当然需要娱乐和轻松。"他的演讲结束后，学生基本上没有什么疑义。于是我给学生讲了一篇新闻报道，大意是上海一家媒体对《还珠格格》和同时上演的《雍正王朝》进行收视率比较调查，发现前者竟然高过央视的《新闻联播》，而后者尽管尊重历史，耗费巨资，演员阵容强大，仍然不能博得观众的青睐。当我的话音刚落，就有学生表示他也很不理解现代人的欣赏趣味，于是教室内有了骚动。后来经过短暂的交锋讨论，形成了几个主要观点：

其一，有感于该片品位偏低，建议社会多出高雅、优秀的电视作品。

其二，电视剧与电影不同，电视剧作品应该定位在大众水准，应该生活化，别太沉重。

其三，媒体应该充分发挥职责，对生活进行正确引导。

其四，观众的素质有待提高，只有美的眼睛才能发现美。

应该说，这堂课大家都感到深度思维带来的快乐。于是有的同学建议我多给他们提供一些有趣的话题。2001年时，文学界有金庸先生和作家王朔的一场对话，我简单地介绍给大家，大家的兴趣还很浓。于是我们就针对这场对话发表了一些看法。在论说过程中，有的同学涉及文学"通俗化"问题，有的涉及作家文风与人格的问题，还有的学生就"名人过招"这种文化现象提出看法，有认为这是"百家争鸣"的可喜局面，也有认为是"文人相轻"的无聊闹剧。这堂课在热烈的讨论气氛中过去了,我没有因为课时紧张而制止学生,能看到学生在认识问题的深度、力度上有这样的进步,真是值得高兴。

思维优化了、进步了,语言表达就有了底气。但问题还是会有:思维到位了,而语言却不能与之匹配。怎么办?那就要在表述上下工夫。比如:"一朵紫罗兰被踩扁,却把香味留在脚跟上,这就是包容"和"一朵紫罗兰被践踏,却把芬芳留在脚上,这就是包容"的表达效果是完全不同的。所以,针对不同的文体,不同的演说内容,运用什么样的口气、句式、词汇都是颇有讲究的。有时演讲开始前,我会提出听讲要求,要么专门评价思想内容,要么专门评价语言表达,或者兼评。如果是评价语言表达,就由几位听演讲的学生谈哪些句子表达得好,哪些句子表述不合适,再提出修改意见。应该说,只有这样不断地用语言来磨合思维,才可以实现两者最完美的结合。

在课前讲话的训练中,还有一个问题也是不容忽视的,那就是"语言美"的问题。我前面讲到用精准的语言表达优化的思维成果可以说体现语言的逻辑美。而"优美"也是语言的优秀品质。生动的语言会使表达效果不同凡响。所以,要求学生在课下阅读一些诗词、美文,听听音乐,然后把感受说给大家听是很必要的。这样的演讲也很受欢迎,有的同学将自己的心灵独白、生活感悟毫不隐瞒地说出来,还有的学生绘声绘色地给你描述一幅画。有一位学生为贝多芬的《命运》撰写了配乐词。课上在音乐的伴奏下,她朗诵道:"命运笃笃的脚步扣击我的心门,那力量仿佛翻涌的潮汐,仿佛轰动的雷鸣,但我的心依然那样平静,因为我知道,大海可以包容潮汐,苍穹可以收藏惊雷,我不屈的心,就是宁静的大海,就是深邃的苍穹。"应该说,这种形式的演讲,体现了语言的审美教育功能。培养了学生自觉的审美意识和高尚的审美情趣,让学生受到了美的熏陶,也培养他们的语言审美感知和语言审美创造能力。

对学生优美语感的培养同对学生的思维训练一样,都有着现实的意义。

培养学生思维与语言的目标就是使其成为思考的智者，表达的高手。然而，语言的风格最终还是由人的风格决定的。而人的培养又不是语言教育能够最终完善的。所以，从某种意义上说，"课前五分钟讲话"，只是在寻找一种途径，提供一种思维教育方式，希望学生能在其中有所受益。

北京景山学校研究性学习的实践与思考

袁立新

一、问题的提出

（一）背景简述

经济的全球化，知识经济时代的临近，对创造性人才、创新精神的培养提出了前所未有的紧迫要求。第三次"全教会"着眼于提高国民素质，增强综合国力的高度，明确指出："实施素质教育，就是全面贯彻党的教育方针，以提高国民素质为根本宗旨，以培养学生的创新精神和实践能力为重点。"如何通过学校课程教学，培养学生的创新精神和实践能力，是当前世界各国教育改革关注和研究的重点。我国实施的新一轮高中课程改革则将研究性学习正式列入《全日制普通高级中学课程计划》，成为全体普通高中学生的一门必修课课程，这也是我国高中新课改培养学生创新精神和实践能力、推行素质教育的一种新的尝试和实践。

（二）研究性学习的界定

从广义理解，研究性学习泛指学生主动探究的学习活动。它是一种学习的理念、策略、方法，适用于学生对所有学科的学习。

从狭义看，作为一门独立的课程，研究性学习是指在教学过程中以问题为载体，创设一种类似科学研究的情境和途径，让学生通过自己收集、分析和处理信息来实际感受和体验知识的生产过程，进而了解社会，学会学习，培养分析问题、解决问题的能力和创造能力。

研究性学习作为高中新课改的重要内容，是国家规定、学校开发实施的校本课程，集中体现了学校的特色。我校依据教育部《全日制普通高级中学课程计划》、《北京市普通高中课程改革实验工作方案》、《北京景山学校高中课程改革实验方案》和《北京景山学校研究性学习方案》，认真落实贯彻，在高中开设了研究性学习。

二、我校开展研究性学习的探索与实践

（一）我校开展"研究性学习"课程的主要目标

1. 要让学生在学习过程中获得亲身参与研究探索的体验。
2. 培养学生发现问题和解决问题的能力。
3. 培养学生收集、分析和利用信息的能力。
4. 让学生学会分享和合作。
5. 培养学生科学态度和科学道德。
6. 培养学生对社会的责任心和使命感。

（二）我校"研究性学习"的实施过程及特点

1. 我校开展研究性学习活动主要流程

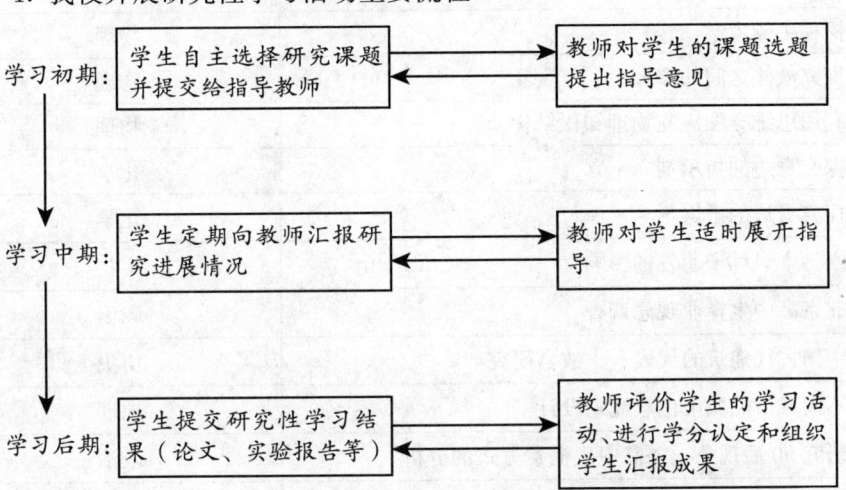

总结交流阶段：由指导教师推荐优秀的研究课题，在全年级进行汇报。

2. 我校开展研究性学习活动的特点

第一，以"问题"（或课题）为载体，围绕着问题的提出和解决来组织学生的学习活动。帮助学生确立切实可行的研究题目，这是学生开展好研究性学习的第一步。在这个方面，我校主要有两种做法：学生自主选择和教师推荐。各教研组结合必修课的内容提炼出适合学生研究的课题；学生根据自己的生活经验和兴趣爱好提出问题并升华为研究性学习的课题。提出和确定课题后，学生自愿组成研究小组开展研究性学习活动。根据学生上报的研究课题，学校为其安排指导教师，然后学生可与指导教师共同设计、确定最终的研究课题。2008～2009学年课题选题，高一共54项，高二57项，涉及语文、物理、化学、地理、历史、心理、政治、计算机、音乐等学科，呈现出选题灵活、涉及面宽、关注范围广、研究实用价值较高等特点。

景山学校高中年级研究性学习选题举例

专题名称	涉及学科
鲁迅个性心理研究	语文
另眼看凤姐	语文
金庸眼中的英雄	语文
探秘牛顿力学	物理
探究液体之间的摩擦力	物理
利用思维导图探究物理知识结构	物理
探究身边的指示剂	化学
探究身边的干燥剂	化学
水污染对种子萌发的影响	生物
北京高中生择业观念调查	政治
中国古代建筑的代表——故宫研究	历史
不同城市的城市色彩规划设计	地理
研究90后现象——高中生消费方式的分析	政治
长假对北京地区公共环境、交通的影响	政治
从百姓投资方式变化看社会的发展	政治

专题名称	涉及学科
手机对我校高一学生影响的调查研究	心理
我校高一学生参与课外辅导班情况调查研究	心理
古典与流行——谈流行音乐中的古典元素与时期、时代、时尚文化现象	音乐
中国动漫现状及发展前景	计算机
封面样式与视觉冲击力的关系	计算机
利用电脑自动化控制室内空调、照明及通风系统	计算机

第二，研究性学习课程是一门主要由学生自己独立完成的课程。我们学校的研究性学习基本上分五个阶段：课题设立阶段；学生收集资料和信息阶段；学生相互交流学习阶段；学生撰写论文阶段；学生汇报成果阶段。在这五个阶段研究过程中，充分体现了学生学习的自主性、开放性、实践性。学生按自己的兴趣选择和确定研究学习的内容后，通常采用小组合作的方式来进行，学校并不硬性规定学生在校研究的时间，整个课程的内容、方式、进度、实施地点、最后的表现形式等主要取决于学生小组的自主性。学生在老师的指导下，在规定的时间内，成为某一个研究课题的提出者、设计者、实施者。学生可任意选择课题研究类和活动设计类方案。可以开展调查研究、实验研究、文献研究。可以开展社会性活动设计、科技类项目设计等。他对课程目标的达成负有主要的责任，学生真正被置于学习的主体地位。实践表明，当学生感到背负一种责任时，他的主观积极性便得到极大的调动，自主学习、积极探究就有了积极的内在动力。在本次研究性学习活动中，涌现出很多别具匠心的研究论文与设计。

第三，研究性学习的组织形式灵活，学生可任意选择小组合作研究、个人独立研究等形式。学生可与指导教师随时联系，遇到问题时可随时向指导老师请教，师生共同研究，真正体现了导师一对一指导性的特点。高一课改任务多、时间紧，而研究活动又具有灵活性、适时适地性，所以学校在排课上采取校内、校外学习相结合的方式。实践证明，这种办法省时、高效，也减轻了学校和学生的负担。

第四，实现研究性学习指导教师负责制。教师全程参与并指导学生学习活动，对学生各个阶段的研究活动给予修正补充，对学生的研究成果给予认定和评价。表面看来，研究性学习带来了学生学习方式的新变化，但事实上这门课程给教师也提出了挑战。研究性学习的有效实施，除了充分发挥学生的主动性以外，还要依赖老师的智慧和创意。

教师不仅要改变自己的作用和角色，成为一名指导者、合作者；改变自己指导学生的思路和方式，而且更要培养和施展自己的教学智慧。学会在没有教材的情况下，遵循研究性学习的基本精神和一般流程，创造性地开展对学生的指导工作。一学年的研究性学习结束后，所有的指导教师都会进行总结。大家感觉收获很多，感到在指导学生学习的过程中从学生身上也学到了许多知识，师生相互学习，教学相长。

例如，黄山老师在总结中说道：在教学过程中我最大的体会是教师角色的转换，研究性学习给我的感受不是教师在上教授而学生在下接受的教学方式。而是教师和学生完全平等，和学生共同学习和研究的过程。在这个过程中我感觉自己并不是"老师"，而只是他们的同学，和他们一同就一个问题去探索去研究，学生也会找到自信，和老师建立更为融洽的关系。

第五，研究性学习评价关注学生的研究过程。研究性学习对学生的评价有别于传统课堂教学对学生的评价。在传统的课堂教学评价中，教师根据自己的教学内容，出一份考题，让学生答，教师给出一个分数，这就是学生的成绩。往往学校、家长、社会都是根据这个成绩对学生的学习作出评价。而研究性学习具有开放性。在其评价过程中，也就更加关注学生的学习态度、学生在课题研究过程中参与程度、学生合作学习的能力、学生在群体中的交流表达能力等。我校设计了《高中学生研究性学习手册》，充分体现了这种理念。这个评价手册包括了课题申报表、开题报告表、中期指导记录、结题报告、学习评价表等方面。研究性学习评价表从对象上涉及学生自评、指导教师评价；从内容上涉及学习态度、学习方法、创新精神、学习体验等方面；这种评价起到激励的作用，重视了过程的评价，使研究性学习真正起到了学生亲身参与探索性实践活动并获得感悟和体验作用。

三、研究性学习开设的效果与分析

为了更好地了解广大教师、学生对开设"研究性学习"的看法、收获、体会与意见和建议，我校高中课程改革领导小组专门就研究性学习对高中全体学生和指导教师进行了问卷调查，现举例说明。

（一）学生问卷调查报告

1. 学生对研究性学习的认识

通过调查我们发现，绝大多数学生已经意识到研究性学习的重要性，并且意识到在研究性学习的课题开设过程中，培养各种能力是至关重要的。而且学生也重视了利用各种机会来提高自己的能力。有68%的学生认为研究性学习是他们培养能力的课程。

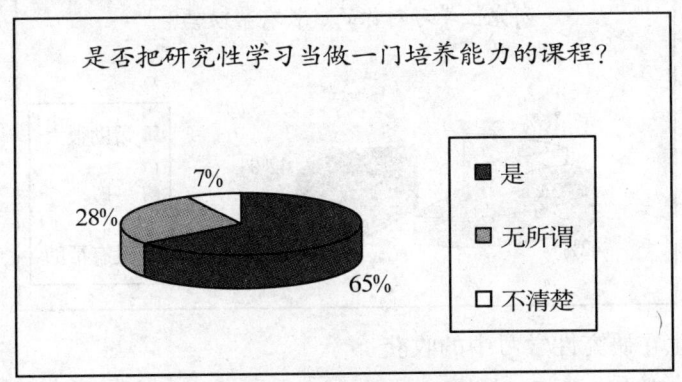

2. 学生对研究性学习的兴趣和认可程度

通过以下几个问题可以看出，在学校开展研究性学习是完全有必要的。学生普遍对研究性学习表示欢迎，对于研究性学习感兴趣，而且也认为研究性学习作为一种新的学习方式，对自己的成长有着很大的帮助。

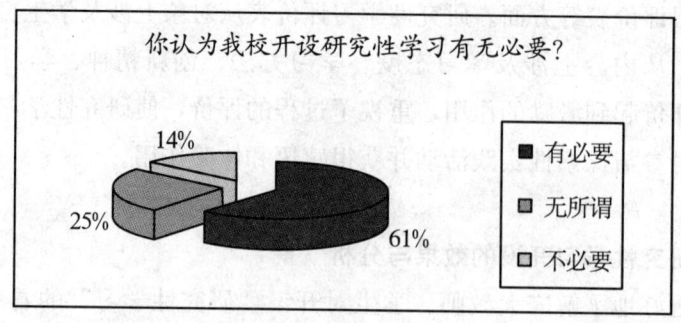

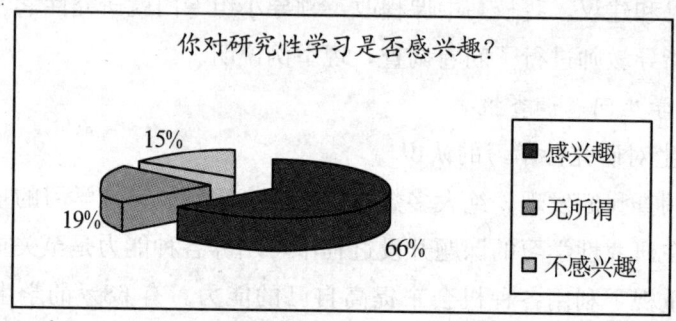

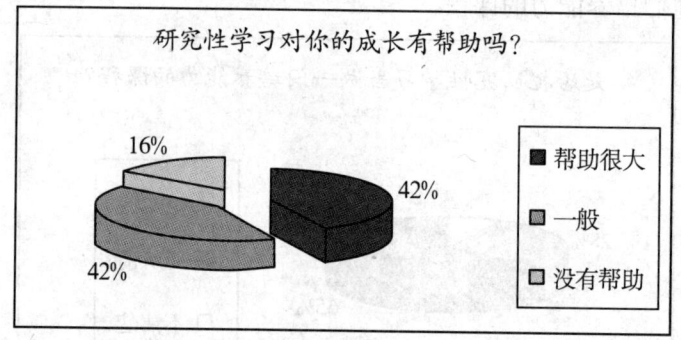

3. 学生在研究性学习中的收获

学生们普遍反映通过研究性学习，自己有所收获，体验到了研究过程的艰辛与快乐，改变了自己的学习方式，养成了良好的学习习惯，提高了自己解决问题的能力。并且很重要的是，大多数学生认为安排合理的话，研究性学习不会耗费很多时间和精力。

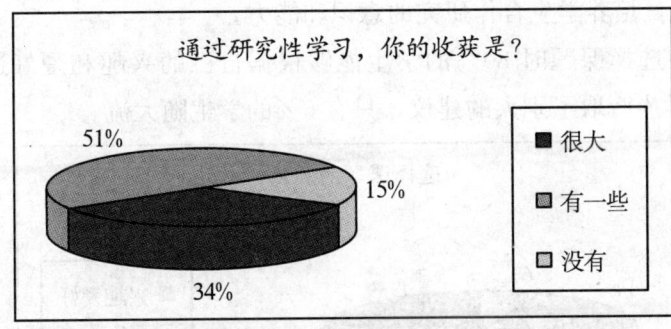

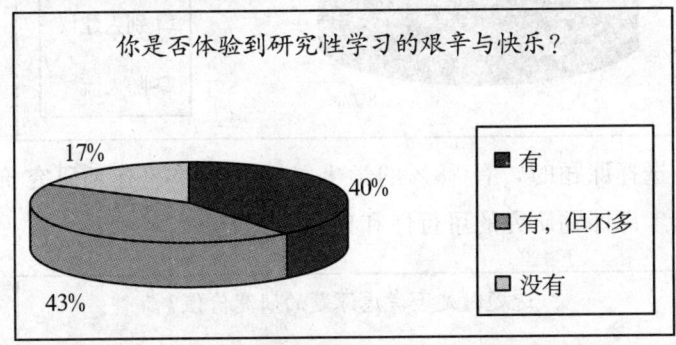

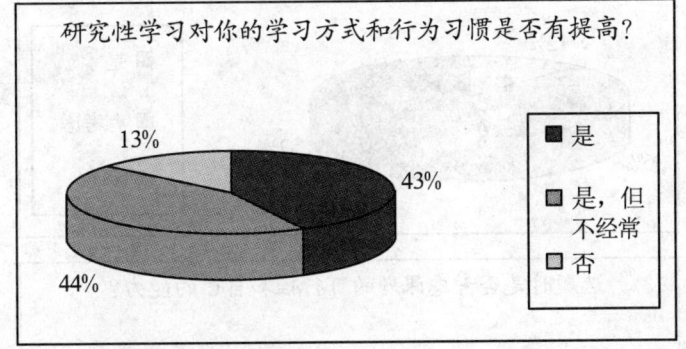

4. 学生对研究性学习实施过程的一些体会

研究性学习以学生的自主性、探索性学习为基础，从学习生活和社会生活中选定研究专题，以个人和小组方式开展研究活动。因此，在研究性学习中学生从如何选题、采取哪种方法研究课题到课题论文的撰写都需要学生亲身参与，自己体验，自己研究。并且研究性学习强调学生通过课题小组的合作进行研究,培养学生合作研究的意识和能力。

学生在选择课题时80%的学生能够根据自己的兴趣和爱好进行选择,有14%的学生听取了别人的建议,只有6%的学生随大流。

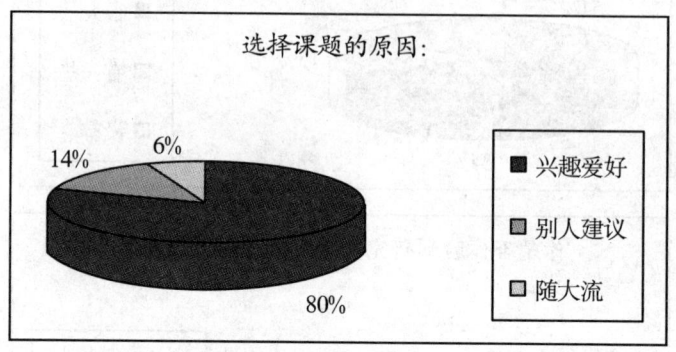

学生在选择课题时,有88%的学生能够考虑课题有无研究价值,86%的学生能够考虑课题研究的可行性和自己的能力。

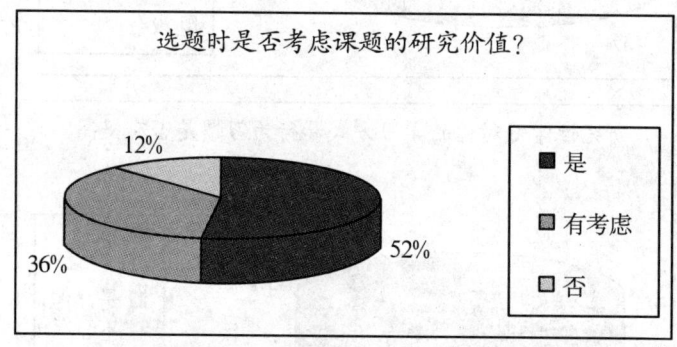

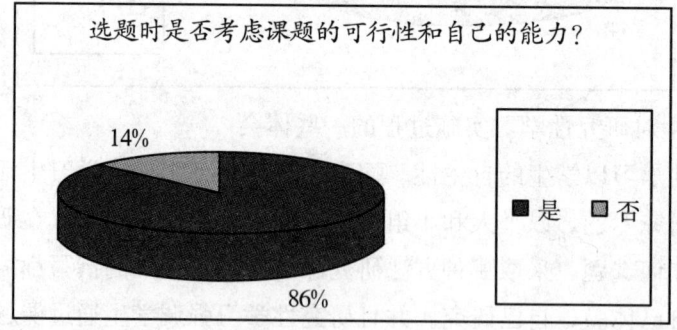

在课题研究中，学生对于各种研究方式都比较喜欢，但最喜欢采取的是实验研究、调查研究、文献研究这几种方式。

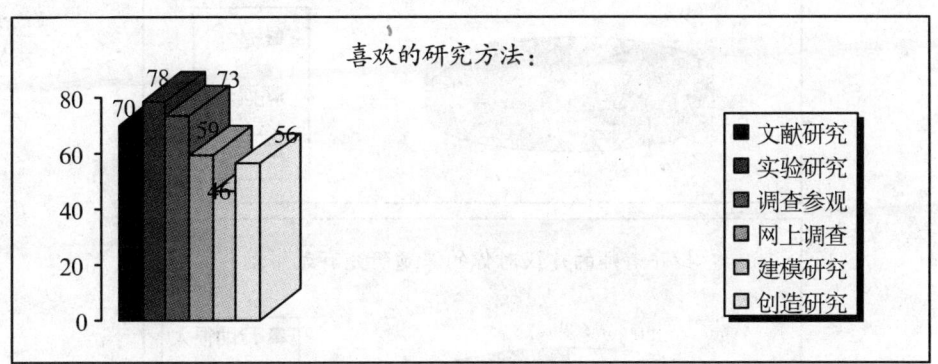

91%的学生认为小组成员的合作是和谐融洽的，有助于课题研究。

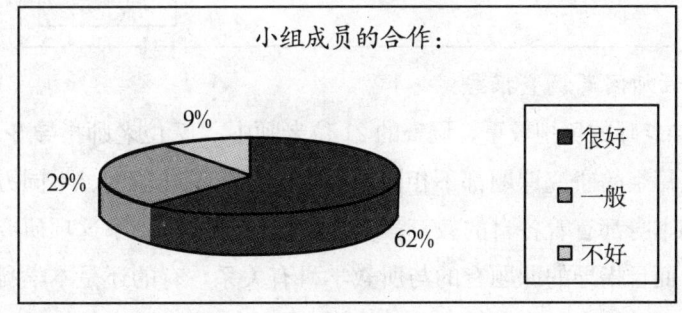

5. 研究性学习中教师的指导作用

学生是研究性学习的主体，教师则是指导者、合作者。通过调查，学生认为老师在研究性学习中起到了较大作用，在课题确立时就希望师生共同设计，大多数学生反映课题研究中出现问题时自己会经常问指导老师，老师的建议对课题研究有很大帮助。

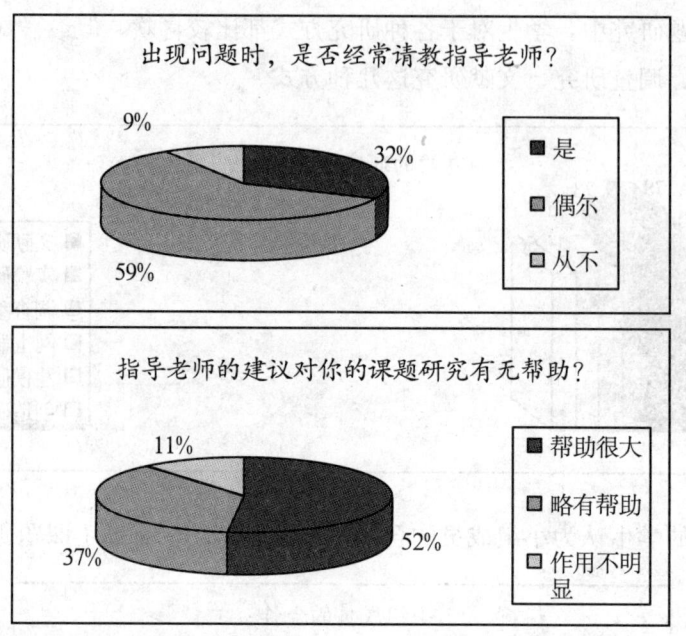

(二)教师问卷调查报告

1. 指导老师的负担较重。调查的 21 位老师中，17 位老师指导 3～5 组课题研究，学生每组的研究课题都不相同，需要老师从不同角度、不同方法给与指导。老师们本身都有着各自的教育教学任务，额外又承担了这项研究性学习的指导工作。而且指导的课题有的与所教学科有关系，有的还是本学科与其他学科交叉。因此，也有部分老师认为开设这门课程占用很多时间精力，负担很重。

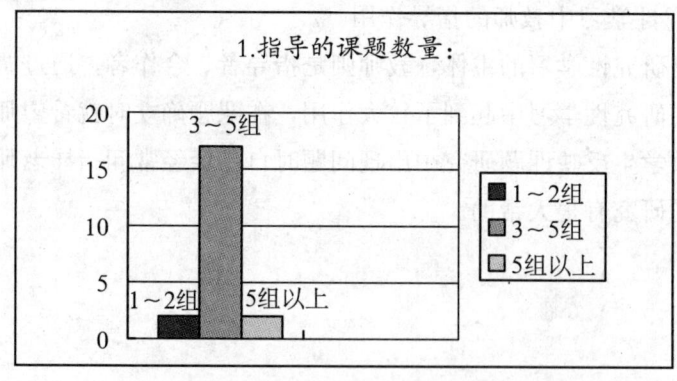

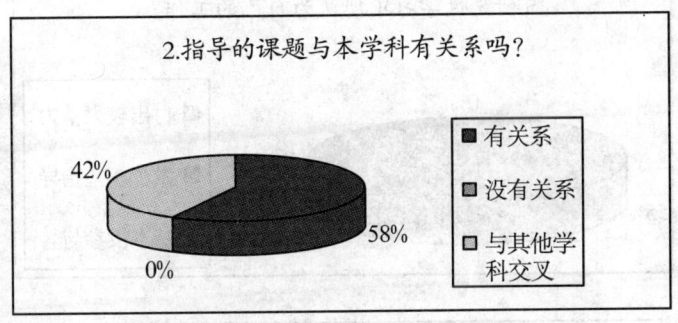

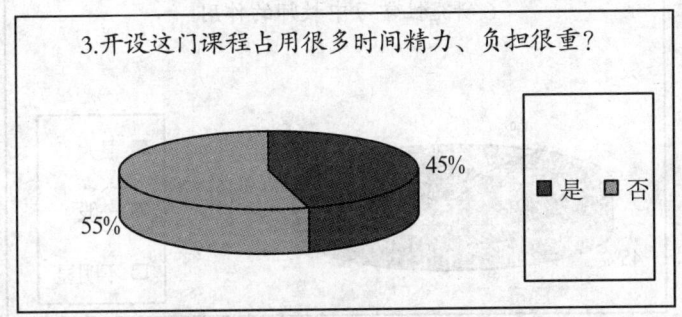

2. 虽然负担很重，但是老师们还是认真、负责、积极参与这项课程改革。大部分老师认为开设这门课程是必要的，老师在研究性学习中起着指导者、促进者的作用。并且在研究性学习中许多老师付出了较大精力，对学生做了很多指导工作。

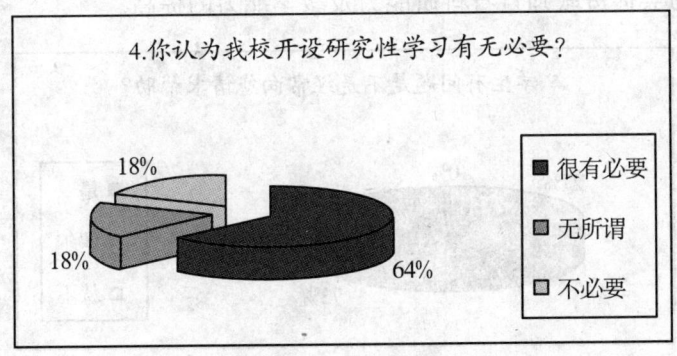

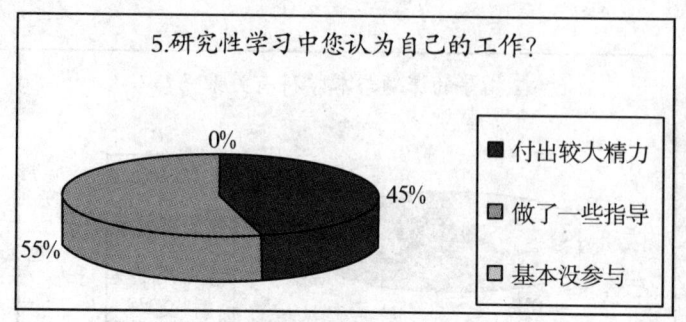

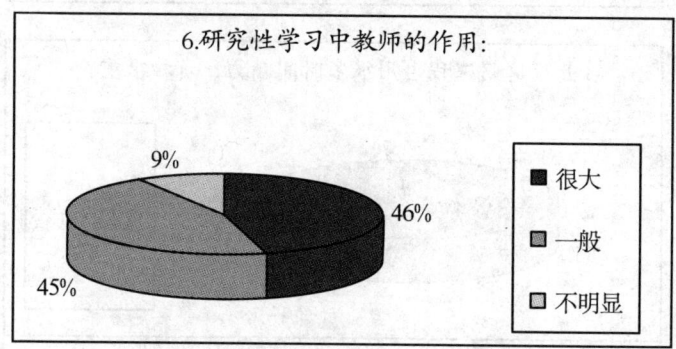

3. 在研究性学习中,学生充分发挥学习的主动性,老师则帮助、指导学生去实现自己的主体地位。尊师爱生、师生共进将会在学习方式的转变中得以实现。老师们希望研究性学习中学生的课题是师生共同设计,认为通过研究性学习会促进教师自身科研能力及教学能力的提高。

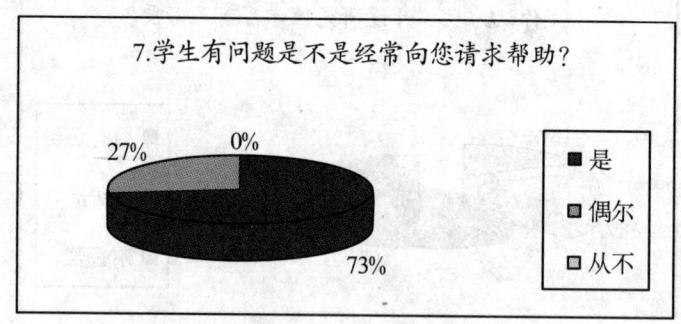

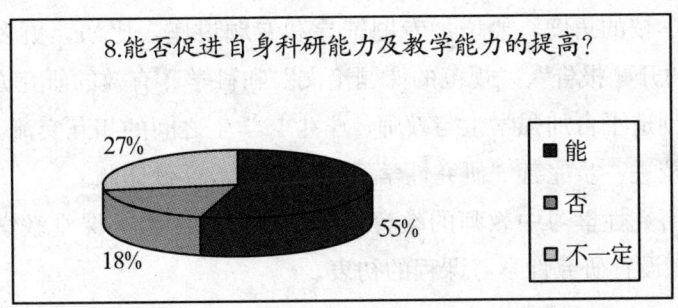

四、问题与思考

通过我们的研究与实践，可以看出，研究性学习是受学生、教师欢迎的，也是被学生接受的。学生普遍认为，这种学习方式使他们学到了许多在传统课堂上学不到的东西，开阔了学生的视野、扩大了学生的知识面。在这种学习过程中，学生学会了如何与其他同学进行合作；亲身体验到科学研究的严谨与艰辛；初步形成了善于质疑、乐于研究、勤于动手、努力求知的积极态度；学习和掌握了一些科学的研究方法；培养了收集、分析、筛选信息的能力。学生在总结中写道："研究性学习的课堂上，老师只是指导我们学习，并没有手把手的教我们如何去做，这使我们有了很大的发挥自己能力的空间。我们自己动手研究我们喜欢的问题，学习气氛轻松愉快。这一切都令人感兴趣。""研究性学习，让我们课题组的组员从不熟悉到成为好朋友。随着课题研究的深入，我们学到了许多实验技能，锻炼了我们的意志品质，培养了我们的合作精神。我们喜欢这门课。"

研究性学习是一门新的课程，在许多方面还需要我们继续探索和实践，这也是今后我们需要加强和改进的：

1. 认真总结本次研究性学习成功经验和较为成熟的操作办法，在以后的课程实施中形成制度。

2. 根据教师建议，以教研组为单位，制定相应领域的研究性课题参考范围，由学生根据参考范围自己立题，这样可以避免部分学生选题过大、过空、不切实际的现象。

3. 从学校的角度，要增加专题辅导和专题讲座，比如让更多的学生了解"规范的开题报告"、"规范的课题论文"和科学、有效的研究方法等。

4. 要创造平台加强学生与教师、学生与学生之间的相互交流。

5. 学校进一步完善"研究性学习"的管理、评价体制。

6. 将研究性学习中教师的教育理念、教学方法融入课堂教学中。这应该是教育部设置研究性学习课程的初衷。

发挥学案导学在教学中的积极作用

徐伟念

新时期我国发展战略的重要任务之一就是构建终身教育体系、建设学习型社会。根据这一任务，基础教育必须体现出对学生再学习能力的培养，使他们学会学习、学会思考、学会创新。

一、进行学案导学教学模式探索的初衷

由于目前我国初中教学与高中教学的要求在知识和能力方面都存在较为明显的差异，这对于部分升入高中学习的学生来说常感到很不适应。他们中的一部分不会学习，再加上他们对于高中的学习方式、学习方法也不清楚，对高中学习的知识容量估计不足，对于学科中各部分的学习目标、学习内容和所需的准备知识经常是在学习之前处在不了解的情况下，因此在他们的学习中具有明显的盲目性。这部分学生在课上学习时注意听讲而不注意思考、注意知识的掌握而不注意方法的掌握、注意学会而不注意会学，久而久之就感到对高中学习不适应，因跟不上而掉队。这种情况的出现对我们的教学产生了反思：学生因学习的不适应而掉队与没有掌握好学习方法、学会学习有关。学生是学习的主体，在教学中如何将学习的主动权交给他们，如何采取适当的教学形式引导他们逐渐地掌握学习方法，学会学习，提高学习能力和学习水平是我们教育工作者的责任。为了解决这些问题，我在高中化学学习的最初阶段和某些部分采用了学案导学的方式进行教学实践的探索。

二、进行学案导学教学模式探索的实践

所谓学案导学，就是发挥学案在学生学习过程的指导作用。教学通过学案的形式将学习目标、学习内容、学习步骤、需做的准备告诉学生，知识的来龙去脉通过学案让学生加以了解，探究问题、积极思考主动学习的过程和方法通过学案进行体现。学生按照学案的要求，层层深入主动学习，教师在教学中充分利用学案，发挥学案在教学中的积极导学作用，使学生逐渐地适应高中的学习，逐渐地掌握高中的学习方法，逐渐地提高学习能力，逐渐地学会学习，成为学习的主人。

教师的教案转化成学生的学案，教师的教学过程转化为学生的学习过程，这是教学观念的一种转变，一切为学生的学习着想，注重对学生学习的研究，体现以人为本是现代教学理念中的一种重要思想。因此学案的编写应充分体现这种思想。

学案是实施学案导学的重要依据。学案的编写至关重要，它直接影响到导学的效果。学案的编写首先是编写原则，编写原则应充分体现学生主动学习、积极发展的过程，在体现学与导的关系中，学的主体地位和导的重要作用。做到以导激学、以导促学、导学互动、主动学习，生动发展。

构建学案的编写体系是学案编写的重要环节。学案的编写体系应将本部分的知识结构、学生的认识结构、学生的能力发展结构和学生的现有水平融合为一体进行构建。从内容方面主要有学习目标、知识体系、学习准备、探究学习、应用训练、专题讨论、学习交流、学习小结和课后发散等部分。这样构建的学案体现了学习的持续发展过程，通过学案的应用使学生在学习中体会到对于新知识的学习既不是学习的起点，也不是学习的终点，而是知识学习过程中的发展点。从而使他们更加注重基础，同时对于新知识的学习也不会感到惧怕。

例如对于高中化学第一章第一节《氧化还原反应》的学习，采用学案导学的形式进行教学，学案的构建首先是本章、本节的学习目标，使学生在学习的开始就目标明确。其次是通过学案展示本章、本节内容的知识体系，让

学生初步了解到本节内容的全貌、知识间的联系，使学生做到心中有数。然后是学习准备，学生原有的与本章相关的初中基础知识主要有四种基本反应类型和氢气还原氧化铜这一重要的氧化还原的反应。学案中的学习准备即从复习入手，复习四种基本反应类型和初中的一些相关的重要反应，这样做从情感上学生会感到熟悉而亲切，消除他们对新知识的畏惧感。探究学习按照学生的认识规律进行，从分析物质化合价的变化的角度将问题展开，从思考物质化合价变化的原因揭示氧化还原反应的实质（即电子转移）。从而继续进入新知识的学习和探究活动，逐一的完成氧化反应、还原反应、被氧化、被还原、还原剂、氧化剂、还原性、氧化性、氧化产物、还原产物等知识的学习讨论。应用训练部分选择具有代表性的例题进行分析讨论，达到加深理解、掌握概念和熟悉规律的目的。专题讨论重点结合氧化还原反应的规律（即强弱的规律、相等的规律、归中的规律等）开展学习讨论，使学生的学习在讨论中产生升华。学习交流结合学习感受、体会、方法进行交流，起到互相启发共同进步的作用。学会总结、做好总结是学生的一种重要的学习能力。学案中的学习小结就是培养学生总结能力的重要方面。学习小结由学生在课下完成，在学生完成之后，教师适时的做好相关的评价，使学生逐渐的学会进行归纳、总结的方法。学案中课后发散可通过一些具有思考性的问题、联系实际的问题、具有创新的问题，引导学生在课下进行思维发散和知识扩展，例如让学生收集与生活相关的氧化还原反应、一些有趣的氧化还原反应实验等并结合所学的知识进行分析。这样既可激发学生的兴趣，又可扩展知识。

三、进行学案导学教学模式探索实践的体会

教学实践的体会之一是该种教学模式可使学生在学习时目标明确、体系清楚、减少学习的盲目性，创造主动学习的先决条件。这一特点要在教学中真正体现出来就不能只是表现在学案上，学生愿意看就看、不愿意看就不看，形同虚设。而应在教学中引导学生主动的去了解学习目标和知识体系，

让学生认识到学习目标和知识体系在学习中的重要作用，逐渐的增强主动了解目标和体系意识，最终使学生将主动了解的学习目标、掌握的知识体系成为他们自主学习中的自觉行为。

教学实践的体会之二是该种教学模式可让学生在学习前的准备较为充分，通过学案引导学生为新知识的学习做好准备。这样做可使新旧知识间的联系更加紧密，知识的体系更加清楚，增强学生在学习新知识时主动联系旧知识的意识。例如学习气体摩尔体积时，在学案的学习准备部分列出了多种固体、液体、气体物质的密度，要求学生在课下分别计算这些物质 1 mol 的体积，计算后找规律，为探究学习气体摩尔体积奠定基础。

教学实践的体会之三，也是最重要的，是在教学中利用学案引导学生主动的进行学习探究活动，让学生逐渐的学会学习、学会思考、学会解决问题。思考一般是从问题开始的，问题是激发学生思考的一种非常好的形式，在学案中设计好一系列问题是学习探究的关键。通过学案将一环扣一环的问题展现在学生的面前，将学生的思考引向深入。这是学案激学，学案促学的突出表现。例如在学习气体摩尔体积时，在学案的探究学习中设置如下的问题：1. 1 mol 固态物质的体积间、液态物质的体积间、气态物质的体积间有无规律？你认为其原因是什么？2. 你觉得物质所占体积的大小与哪些因素有关？3. 决定 1 mol 物质体积大小的主要因素是什么？你认为对固态物质、液态物质和气态物质在其影响体积大小的主要因素方面有无区别？为什么？4. 我们研究气体摩尔体积的重要意义是什么？5. 在研究时为什么要对气体所处的条件作出规定？影响气体分子间距离的因素有哪些？什么是标准状况？6. 什么是气体摩尔体积？它用什么符号表示？7. 气体摩尔体积的概念包含着几个要点？规定的条件是什么？物质的量是多少？研究的对象是什么？结论如何？8. 标准状况下气体摩尔体积、气体的体积、气体的物质的量之间有何关系？该关系是在什么情况下使用的？等等。通过一系列问题的探讨和解决，使学生的学习活动始终处在积极思维的状态，这样做不仅使学生掌握了知识，而且更重要的是在探究过程中他们逐渐地学会了学习、学会了思考、学会了解决问题的方法，增强了思维的逻辑性和深刻性。通过这样的学习活动，学生从中逐渐地学会了如何在学习中提出问题。学案导学也就随着学习的深入逐渐过渡到在教学中由教师创造学习的情境，学生提出相关问题，设计学习探究的方案，开展探究学习的主动学习过程。

教学实践的体会之四是该种教学模式具有一定的后促作用。学案展现了学习新知识的全过程（即知识的发展过程、学习的认识过程、问题的思考过程和学生能力的提高过程），当每部分学习之后，学生再来重温完成后的学案，会从中得到一些关于如何学好新知识的启示，会逐渐的感悟出学习中的一些重要的思想方法。久而久之，学生就会在学习方面取得明显的进步。就会逐渐感受到学习上的成功给他们带来的愉悦，从而增强了继续学好化学的内驱力，逐渐地学会学习。

教学实践的体会之五是该种教学模式为学生提供了一个学习、交流、总结的平台，学案中记录了学生自己学习的感受、体会、收获、方法和总结，又有在学习交流中收集到其他同学在这方面对自己有益的知识，还有教师的评价等。这样可以提高学生学习、借鉴、进行自我修整的能力。

教学实践的体会之六是该种教学模式为学生提供了一个思维发散、创新实践的机会。例如在学习完原电池的内容之后，通过学案中课后发散要求，学生根据一些重要的氧化还原反应设计电池，并对所设计电池的实用性进行分析。在学习完周期表后，让学生根据元素周期律的思想设计其他形式的周期表，同时到网上去查找前人设计的各种形式的元素周期律，并对其进行评价，提出自己的看法。

合作学习在高中英语课堂教学中的有效运用

殷玫君

一、问题的提出

长久以来，由于班级学生人数众多，以教师为中心，以传授语法知识为主的"一言堂"授课制成为英语课堂教学的主要授课模式。以教师为主的教学模式虽然在语法教学方面有密度大、节约时间等优点，但其单一的教学组织形式束缚着学生语言实践活动的全面开展，制约着学生语言运用能力的提高。在课堂上，教师常常偏重讲授英语语法知识和语言点。为了检查学习效果，教师常常出大量的片子考学生，而忽视对学生语言行为的训练，使学生只会机械地记忆语法条框，应付大大小小的考试。而不会运用所学语言进行交际，更别提在真实的情境中运用语言了。单一的教学组织形式不能灵活的开展各种较为真实的语言教学活动；集体授课无法照顾到学生之间的能力差异，造成了学生英语学习的两极分化。久而久之，使不少学生对英语学习失去兴趣。也有一些学生片面地认为英语学习就是为了学习语法知识。而对语言的交际功能没有信心。学习英语多年，却不敢开口说话。在这种情况下，为了提高学生学习英语的兴趣，增强学生学好英语的自信，旧有的课堂教学方式需要全面改革，一种能面向全体学生、有利于学生语言实践活动全面开展的新的教学方式——合作学习应运而生。

合作学习兴起于20世纪70年代的美国，并很快遍及世界许多国家和地区。至今，它已有几十年的历史。合作学习是目前世界上许多国家都普遍采用的一种富有创意和实效的教学理论与策略体系，是近十几年来最重要和最成功的教学改革之一。作为一种新型学习方式的合作学习,在20世纪80年代被介绍到我国。20世纪90年代在一些学校中开始采用,但真正在我国引起重视还是在新世纪国家基础教育课程改革启动之后。2003年9月,人教版高一英语新教材开始使用。教材中丰富多彩的教学内容,灵活多变的课堂活动吸引着学生的注意力。笔者开始在课堂上采用合作学习的方式,将学生结成对子或分成小组完成课堂上的教学任务。学生在小组学习过程中充分交流、相互探讨。教师只是课堂教学的指导者,而学生是课堂活动的参与者,在合作学习的过程中,学生不仅可以相互间实现资源共享,不断地扩展和完善自我认知,而且可以学会交往、学会参与、学会倾听和尊重他人。所以,合作学习是一种行之有效的学习方式。然而,在教学实践中,笔者逐渐地发现教师在英语课堂教学中所组织的合作学习有时只是流于一种形式。表面上看课堂上非常活跃,热热闹闹的,学生的积极性被调动起来了,但实际上存在着许多问题。如有些学生在小组讨论时几乎完全用汉语交流;有些小组把讨论变成了聊天;有些小组每次都由同一个人向全班汇报。学生的测验成绩也不十分理想,甚至有些学生似乎什么也没有学到。笔者感到很困惑,鉴于上述问题,笔者认为,深入探讨如何提高小组合作学习的有效性,使每一个学生都参加到课堂活动中来,通过合作学习的方式提高自己的语言应用能力是很有必要的,并在课堂教学过程中进行了尝试。

二、合作学习的基本理念、特征和意义

(一)合作学习的基本含义

"合作学习"是基于学习是一种自然的社会行为,是学习者互相交流建立起来的一种课堂教学方法(Gerlach,1994)。它兴起于20世纪70年代,在70年代中期至80年代中期取得了实质的进展(盛群力,1991)。它指在教学过程中运用小组形式,使学生共同活动以最大限度促进自己以及他人学习,以达到一个共同的目标。由于它能够改善课堂内的社会心理气氛,

提高学生的学习成绩,促进学生形成良好的非认知心理品质,它受到了国内外很多研究者的关注。王坦(2002)认为,合作学习的内涵主要包括以下几个层次的内容:合作学习是以学习小组为基本单位的一种教学活动;合作学习是以教学动态因素的互动和作为动力资源的一种教学活动;合作学习是一种目标导向的教学活动;合作学习是以团体成绩为奖励依据的一种教学活动。

总的说来,这些研究大都关注以下三方面的问题:首先就是合作学习的理论探讨(盛群力,1991;郭德俊、李原,1994;王坦,2002)。还有一部分学者则研究合作学习的特点、常用的方法以及对教学的启示(张景华,2003;方文丽、王建军,2007)。研究的第三个方面就是把合作学习的策略应用到实际的教学过程中,以检验其实际效果(王穗平、杨洁,1997;管淑红,2006)。

(二)合作学习的基本理论

很多学者都对合作学习从理论上进行了探讨(盛群力,1991;郭德俊、李原,1994;王坦,2002),研究者大都认为合作学习是基于建构主义和动机理论的一种学习方法。建构主义认为:知识的获得是学习者在一定的情境中运用已有的知识和经验,通过与他人的合作,主动构建而获得的。通过合作学习环境,学习共同体(包括教师和每位学生)的思维与智慧就可以被整个群体所共享,从而完成意义建构。合作学习能构建知识、促进学生思考、改进学习方法、为学生提供机会、对学习内容和学习过程进行总结反思。而动机主义者认为传统的课堂的竞争性评分和非正式奖励制度不利于调动学生努力学习的动机(乔治·雅各布斯,1998)。然而,当学生们为了一个共同的目标而一起活动时,在合作性奖励结构下,他们学习的努力有助于同学的成功。学生们在学习上会因此而互相鼓励,强化彼此在学业上的努力,并能形成有利于学业成绩的规范。

(三)合作学习的特点

还有一部分学者关注合作学习的特点,以及常用的方法。罗伯特·斯莱文（1980）认为，所有的合作学习方法都包含了这样一种思想：学生们在一起学习，对自己和组内其他成员的学习都要负责。它强调了全组目标和全组成功的方法，只有全组成员都达到了教学要求，才算达到目标。合作学习中有三个核心概念——集体受奖、个人责任感和成功机会均等。"张景华（2003）对于合作学习的特点和内涵作了更加详细的阐述。他认为：（1）合作学习是以小组活动为主体而进行的一种教学活动；（2）合作学习是一种同伴之间的合作互助活动；（3）合作学习是一种目标导向活动；（4）合作学习把个人之间的竞争转化为小组之间的竞争；（5）合作学习是一种由教师分配学习任务和控制教学进程并参与的活动。

王坦（2002）总结了合作学习的五大特点。主要包括小组目标，个人责任和成功的均等机会，小组竞争和任务专门化。大多数的合作学习者都运用某种形式的小组目标，给予那些达到预定标准的小组以认可（如证书、奖励等）。个人责任通常可以通过两个途径来达到，一个是以个人测验分数或其他评价分数的综合或平均分来作为小组分数，如学生小组学习法就是如此；另一个就是通过人物分工，使每个学生就小组任务中的一个部分承担独立的责任。成功的均等机会就是运用了一种确保所有学生有着均等的机会对小组作出贡献的计分方法。小组竞争就是把小组间的竞争作为激励学生进行合作的手段，即组内合作、组间竞争。任务专门化就是把独立的任务分给每个小组成员。盛群力等（1996）总结了十种合作学习的特点。它们是：组内异质，组间同质；目标依赖，利益一致；责任明确，义务感强；参与度大，沟通面广；集体奖励，共享成功；公平竞争，合理比较；角色轮换，分享领导；既有帮助，又有协同；过程评议，注重实效；学生自主，教师促进。

徐青根、贾冠杰等（2006）总结了合作学习的三大主要特征："首先是合作，协同作战，离开了合作，充其量是小组讨论；其次是集体目标明确，在这个小组里，成员之间是相对独立却又相互依赖的，每一个学习者都有自己的单独的任务，但是他的一切努力都是为了实现共同的目标，而不是各自为战,完成自己的目标就行了;第三就是要有教师的监控,合作学习虽然主要依靠学生,但是没有教师的监控往往收不到理想的效果。"

(四)合作学习的方式

合作学习常用的学习形式有:(1)"结对子"(Learning Partner)或"分组法"(Cluster Group Seating),(2)"拼接法"(Jigsaw Learning),(3)"共学式"(Learning Together),(4)"一人中心活动"(One-focus Activity)。此外,鉴于合作学习的特点和优势,也有一部分学者就合作学习理论对教学的启示发表了自己的观点。很多学者都认为:合作学习有助于课堂教学气氛的活跃,有助于课堂情意功能的创造,还有利于提高学生的积极性,改变传统的以教师为中心的教学方式等。

(五)合作学习的意义

合作学习可以促进学习的意义建构,促进学生高水平的思维和学习活动。学生看到同伴的成功,会提高自我效能感。学习者之间的交流、争议、意见综合等有助于学习者建构起新的、更深层的理解;在交流过程中,学习者的想法,解决问题的思路都被明确化、外显化,因此学习者可以更好地对自己的理解和思维过程进行监控;在为解决问题而进行的交流中,学习者要达成对问题的共同理解,建立完整的表征。合作学习是"新课标"的重要组成部分,新课改要求教师引导学生主动参与,亲身实践,独立思考,合作探究,以此实现学生学习方式的变革。

三、研究设计与过程

笔者在高中英语教学实践中,将任务型教学与合作学习结合在一起,贯穿在教学设计的各个环节中。不同课型的各个教学步骤采用不同的合作学习方式与交流方法,如合作学习单词、合作听力练习、合作阅读讨论、合作表演等,将学生引入课堂活动中。下面就举例说明笔者是如何在英语课堂上实践合作学习这一教学模式的。

教学案例1:合作表演与合作讨论

以人教版 SEFC1A Unit10 Sports 中的 speaking 为例：题目要求是：

A reporter for the magazine National Wildlife is writing an article about animals in zoos and is going to interview some animals to find out more about the advantages and disadvantages of living in a zoo.

教学设计如下：

首先：将学生结成两人一组的对子（pair work）。设计了第一个任务：一人扮演 reporter；一人扮 animal，要求学生借助老师在课堂上给学生提供的有关濒危动物的信息，进行采访活动，并将采访过程变成对话。具体做法是：老师提供 2 个问题，其余的问题学生可以自由发挥，每个小组共设计 6 个问题开始采访，扮演动物的学生要根据记者的提问，并结合老师在活动前给学生提供的有关濒危动物的信息进行回答。要求表演时两人默契配合，配有表情，英语表达自然流畅。表演完毕后，将由学生评选出最佳小组，并说明理由。课堂气氛马上活跃起来了。活动进行 5 分钟后，我选择三组对子在全班同学面前呈现他们的采访活动并由学生评出最佳小组。然后，我又将学生分成了前后 4 人一组，设计了第二个任务：小组讨论：What measures shall we take to protect the endangered animals? 并要求每个小组选出一个代表，将本小组的讨论结果在全班同学面前用英语表达出来。

为了进一步提高小组合作学习的有效性，增强每位学生的参与意识，我在设计小组活动时，有时不要求学生自己选择小组代表来发言，而是采用 number head 的方式，让各小组成员自己编号，叫到几号，几号学生就发言。这样做的目的是为了充分调动每位学生的学习积极性，做到所有学生都积极参加课堂讨论，每个学生都有发言的可能性，避免老师脑海中所固有的好学生的模式，而导致很多学生认为老师只会叫学习好的同学发言，不会叫到自己，讨论过程和结果与己无关。

教学案例 2：合作学习单词

以人教版 SEFC1B Unit17 Great women 中的 listening and speaking

为例：

教学目标：Learn some new words that tell us something about people's qualities and personalities.

我将学生分成6人一组的异质性小组。每个小组中有男生，有女生，有成绩高者，有成绩低者。通过听力练习，引出描述人物性格特征的形容词的学习。然后提出任务：要求学生合作，集思广益，列出你所知道的所有描述人物的形容词。并开展小组间的竞争。小组竞争就是把小组间的竞争作为激励学生进行合作的手段，即组内合作、组间竞争。三分钟后，各组派一个代表到黑板前来，老师统一发出口令，在一分钟之内，各组代表将自己小组所写出的形容词写在黑板上，多者获胜。组内异质，组间同质，小组竞争，利益一致，使学生参与度大，沟通面广，公平竞争，合理比较，极大的调动了学生的学习积极性。

通过教学实践，笔者认为将合作学习的方式引入高中英语课堂中并提高它的有效性，能够充分调动学生学习英语的积极性，降低学生的焦虑感，增强学生的自信心，让学生成为学习的中心，在学习过程中学会倾听、参与、与人分享、体验学习过程，享受学习的成功。

贾冠杰（2006）：合作学习是落实"新课标"的重要组成部分。"自主，合作，探究"的学习方式是新课改所提倡的。新课改要求教师引导学生主动参与，亲身实践，独立思考，合作探究，以此实现学生学习方式的变革；发展学生收集和处理信息的能力，获取新知识的能力，分析和解决问题的能力，以及交流与合作的能力。

四、研究方法与结果

笔者在本课题研究过程中，采用了访谈的方式来收集学生和老师对合作学习及有效性的看法，并设计了访谈提纲。

被访谈者：	计划持续时间：
日期：	访谈开始时间：
地点：	访谈结束时间：

访谈主题：合作学习的有效性

1. 请简述你对"合作学习"的理解。

2. 你认为合作学习的目的是什么？为什么？

3. 你认为合作学习的重点是什么？是"合作"还是"学习"？为什么？

4. 你们班的小组的组成是随机的，还是有设计的？你如何理解"自愿组成小组"这句话？

5. 你如何理解"合作学习"与"集中讲授"的关系？

6. 你认为课堂教学采用合作学习的方式是否有效？为什么？

王蔷（2002）：访谈是指与被访谈者作面对面的直接调查，是通过口头交流的方式获取有关资料的方法。采用访谈的方式可以使研究者了解很多在观察和问卷调查中得不到的信息，因为访谈可以使我们了解受访者的内心活动，真实的想法和观点。笔者共访谈了两组学生（共 14 人）和 5 位老师。通过访谈，笔者了解到学生和老师对于在英语课堂上使用合作学习的教学方式的一些看法。

学生方面：

80％的学生认为小组合作学习是一种很好的学习方式，它能够活跃课堂气氛，使学生在学习的过程中从死记硬背变为主动学习。90％的学生认为小组合作学习可以使学生放松心情，不用担心老师提问时回答不上来，同学们在讨论过程中开阔思路，互相启发，思维更加活跃，学习效率有了明显的提高。

教师方面：

五位老师一致认为，合作学习体现了"新课标"以人为本的教学理念，课堂上改变了传统的教师"一言堂"授课方式，让学生成为课堂学习的主动参与者，教师只是活动的设计者和指导者。这样，既为学生创造了轻松和谐的学习氛围，又教育学生学会如何倾听他人的意见，如何与他人合作共同完成既定目标，培养了团队合作精神。为学生将来走入社会，适应社会的需求，发展并完善自我打下了良好的基础。

五、结论与分析

通过笔者的亲身实践和对学生教师的访谈反馈来看，笔者认为合作学习是一种行之有效的教学方式和学习方式。传统的教学法是以教师为中心，学生是被动的知识接受者；学生参与课堂活动的机会是很少的；即使有，也是教师对学生一对一的提问，如果学生回答不上来，就会心情紧张，面露尴尬，影响了学习效果。在课堂上，大部分时间是老师口若悬河地讲解大量的语法规则，学生只是认真听讲，做好笔记。背好语法条框，应付考试。师生之间，生生之间很少有合作交流的机会。虽然课堂安静有序，但学生厌烦语法学习，对学习失去兴趣，往往是学生掌握的语法规则越多，越觉得交际困难。

合作学习的课堂是以学生为中心，教师只是教学的设计者、组织者和引导者。在这样的课堂里，学生有更多的参与和合作的机会，可以共同研讨，互相帮助，取长补短。学习过程中机会均等，每一个学生都有机会练习英语，用英语表达自己的观点，用英语与他人交流，学生通过各种各样的课堂活动，不仅掌握了基本的语法知识，而且得到了更多的实践机会，提高了综合运用语言的能力。课堂上气氛和谐，师生相处融洽，老师教的认真，学生学的轻松。课堂效率提高了，良好的学习效果也逐渐显现出来了。

六、不足与建议

新课标鼓励学生独立而富有个性的学习，倡导任务型教学模式和合作学习方式，在任务中学会合作，亲历并体验学习过程，在深入思考和交流对话中获得语言综合能力的发展。因此探讨合作学习的有效性十分必要。

虽然笔者在教学实践中深刻地感受到合作学习的教学方式给课堂教学带来的巨大的变化，使课堂充满了活力，学生的学习积极性被充分地调动起来了，英语课成为了学生最喜爱的课程之一，但是也存在着一些不足。例如：如果小组成员英语水平差异太大，就会造成每次小组讨论时，发言的机会就固定在几个人身上，水平低的同学在讨论中很少有发言的机会，不爱思考，依赖性强，语言能力得不到锻炼。久而久之，学生的语言能力会出现较大的分化。好的越来越好，不好的越来越不好。再者，教师在设计任务时，要给予小组合作学习适当充足的时间，避免在教学设计中只是为了设计小组合作学习这一学习模式而组织小组讨论，从而失去了小组合作学习的有效性。再者，在合作学习中，教师要注意设计一些能开拓学生思维的、能激发学生探究愿望的、具有启发性的问题，来激发学生的想象力。问题的设计要面向全体学生，难易结合，使得人人都有参与的机会，这样才能提高学生分析问题和解决问题的能力。此外，要确定小组合作学习结果的评价。小组合作学习要想取得理想的效果，关键在于小组内每个成员都要积极参与。教师在评价小组合作学习结果时，要采取以集体奖励为主的方法，鼓励组与组之间开展竞争，培养学生的合作意识，教给学生合作技巧，使学生们认识到小组合作的成功有赖于小组成员之间的相互交流，共同努力。

运用几何画板，开展探究性学习

吴　鹏

一、运用几何画板，开展探究性学习的背景

《普通高中数学课程标准（实验）》指出："有效的数学学习活动不能单纯地依赖接收、记忆、模仿与练习，自主探索、动手实践、合作交流、阅读与自学是学生学习数学的重要方式。"学生是数学学习的主人，教师是数学学习的组织者、引导者与合作者。因此，教师应激发学生的学习积极性，让学生在数学学习活动中改变学习方式，使学生乐意并将更多的精力投到现实的探索性的学习活动中去。让学生体验数学发现和创造的历程，发展他们的创新意识。

《普通高中数学课程标准（实验）》还指出："现代信息技术的广泛应用正在对数学课程的内容、数学教学、数学学习等方面产生深刻的影响。高中数学课程应提倡实现信息技术与课程内容的有机整合，应提倡利用信息技术来呈现以往教学中难以呈现的教学内容，尽可能利用各种教育技术平台，加强数学教学与信息技术的结合，鼓励学生运用计算机、计算器等进行探索和发现。"

在此背景下，我认真学习了"探究性学习"的有关理论，了解了探究性课堂教学的含义，并在课堂教学中充分运用几何画板为平台，积极培养学生对探究的兴趣，充分发挥学生探究问题的主动性和创造性，让学生在轻松愉快的氛围中，自主探索，发现规律，学会新知，体验成功，取得了一定的效果。下面我谈谈自己的一些做法和体会。

二、运用几何画板，开展探究性学习的意义

（一）什么是探究性学习

探究是一种学习方法，是指学生运用旧知，通过教师为之创设的情境，主动探索新知，培养学生创新和研究意识的方法。探究是一种学习过程，是学生获取新知的一条有效路径。

"探究式学习"是指在数学课堂教学中以学生的探究活动为主线，采用自主探究、亲身实践、合作讨论的教学方法，通过问题激发学生的求知欲，使学生主动参与数学实践活动，以独立思考和相互交流的形式，在教师的指导下发现、分析和解决问题，学习知识、探索规律，掌握数学的基本思想方法、提高能力，培养积极探索和团结协作的科学精神。教师要将"大胆的放"与"精巧的引"相结合，不仅要使学生知道"是什么"，更重要的是要使学生弄懂"为什么是这样"，它是一种使学生变"学会"为"会学"，是对旧教学模式重知识轻过程的一种挑战，是注重追求求知过程的一种学习模式。

（二）几何画板的特点

"几何画板"是由教育部全国中小学计算机教育研究中心面向中学推广的一款数学工具软件。迄今已被中学数学教师广泛接受并普遍使用。其主要有以下几个特点：

1. 较强的图形制作功能

新版的几何画板不仅能够迅速简洁地画出各种平面和立体图形，而且能够画出多种函数的图像和方程的曲线，使学生获得了直观、生动和多样化的信息感知，产生了互动式的教学效果。

2. 强大的动画功能

利用几何画板的动画功能可以实现平面动点轨迹的生成过程，实现空间几何体的"旋转和翻动"，曲面的"卷起和展平"，以及图像的各种变幻，呈现出一种动态的几何，为帮助学生从动态中观察、实验、探索、发现，提供了很好的工具，有利于学生更好地揭示数学的本质。

3. 较强的计算功能

几何画板具有较强的计算功能，能根据需要及时获取动态的数据，并根据需要进行运算和处理，为几何实验的猜想和验证提供了基础。

（三）运用几何画板，开展探究性学习的意义

1. 有利于深化学生对数学的认识

其一，有利于学生形成全面的数学观，培养学生的辩证思维。波利亚指出："数学有两个侧面，一方面它是欧几里德式的严谨科学，从这个角度看，数学像是一门系统的演绎科学。但另一方面，创造过程中的数学，看起来却像是一门试验性的归纳科学。"几何画板为学生提供了一个主动学习数学的有效平台，使学生有更多的机会去试验和探索，提出并验证自己的猜想，发现并解决问题。即有更多地的机会去"做数学"，使数学学习不只是枯燥的推理和论证，从而充分调动了学生的积极性。

其二，有利于深化学生对于数学思想方法的认识。"数形结合"、"运动变化"是中学数学重要的思想方法，传统的教学缺乏精确的作图工具，即便手工作图精确，也很难呈现动态的几何对象。几何画板强大的动态作图功能为学生更好地运用"数形结合"、"运动变化"的数学思想创造了条件。

其三，有利于学生更好地构建知识间的联系。例如，在《对数函数》的教学中，我先设计问题："指数函数 $v=a^x$（$a>1$ 且 $a\neq1$）有反函数吗？"在得出反函数的解析式 $v=\log_a x$（$a>1$ 且 $a\neq1$），并命名为对数函数后，引导学生自己以几何画板为工具去研究对数函数的图像和性质，学生通过分析提出了两种不同的研究方案：一种方案是类比指数函数的研究方法，分 $a>1$ 和 $0<a<1$ 两种情况分别选择两个特例（如 $v=\log_{\frac{1}{2}} x$，$v=\log_2 x$），通过画出图像并归纳出一般情况下的图像，然后由图像去研究性质，运用了类比、特殊到一般、数形结合的思想方法；另一种方案则是利用对数函数与指数函数互为反函数的关系，直接由指数函数 $v=a^x$（$a>1$ 且 $a\neq1$）的图像得到 $v=\log_a x$（$a>1$ 且 $a\neq1$）的图像（关于直线 $v=x$ 对称），并通过改变参数 a 的值观察 $v=\log_a x$（$a>1$ 且 $a\neq1$）图像的变化情况进一步研究其性

质,体现了联系、运动变化的观点。通过学习,不仅使学生掌握了对数函数的图像和性质,同时使学生更好地掌握了对数函数和指数函数之间的内在联系,有利于学生形成完整的知识体系。

2. 有利于培养学生的自主探究能力

由于几何画板有较强的运算、作图功能和交互性,直观动态地展示了几何对象的相互关系,可以为学生的探究活动创设良好的学习"情境",为学生充分表现个体创造性的探究性学习方式提供了良好的知识平台,同时在学生发现、探索、研究、讨论和解决问题的过程中提供了有力的技术支持。使学生在老师的指导下,有更多的机会动手"做数学",同时在"做数学"的过程中不断提高观察分析、归纳猜想、推理论证、反思改进等能力,使学生对问题进行深入的思考和探究。从而提高了学生的自主学习和探究能力。

三、运用几何画板,开展探究性学习的教学实践

以下以《椭圆及其标准方程》的教学为例,谈一谈如何运用几何画板开展探究性学习。

(一) 创设情境,激发探究热情

在教学中教师首先提出以下用动点生成椭圆的方法:

如图,已知圆 F_1 及圆 F_1 内一点 F_2,点 P 是圆 F_1 上一动点,F_2P 的垂直平分线与 F_1P 交于点 M,点 M 的轨迹是什么图形?在同学思考并先描图的基础上,教师利用几何画板演示轨迹的生成过程。

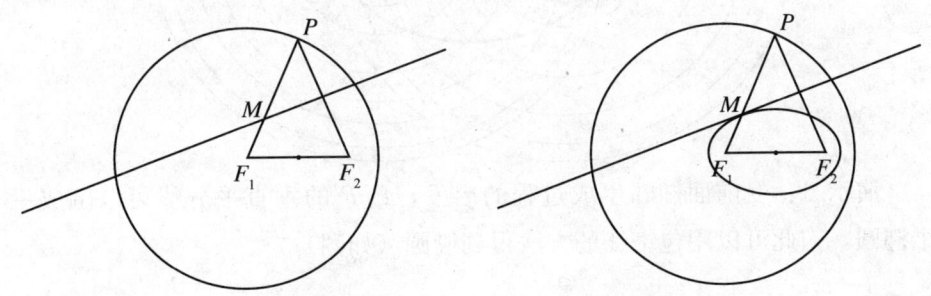

在观察椭圆生成的基础上教师引导学生探索：

动点 M 在运动的过程中满足什么样的运动规律？（动点 M 到两个定点 F_1、F_2 的距离有何关系？）学生先回答，老师进一步通过几何画板演示动点的运动规律。

教师利用几何画板制作的课件演示椭圆的生成过程和探索椭圆上动点的运动规律，在加深学生对于概念的理解，激活学生的思维方面发挥了积极的作用，激发了学生进一步探究的热情。

（二）动手操作，培养探究能力

教师引导学生归纳椭圆定义的基础上，让学生利用几何画板设计新的画椭圆的方法。此环节鼓励学生提出不同的方法，并给予积极的评价。让学生先动手实践、独立思考充分发挥了学生的创造性和想象力。学生设计完成之后上台利用多媒体进行演示（以下举两例）。

演示一：分别以定点 F_1、F_2 为圆心，以 r_1、r_2 为半径画圆交于 P 点，改变 r_1、r_2 重复画圆，保持 r_1、r_2 的和为定长，则点 P 的轨迹为一椭圆（如图）。

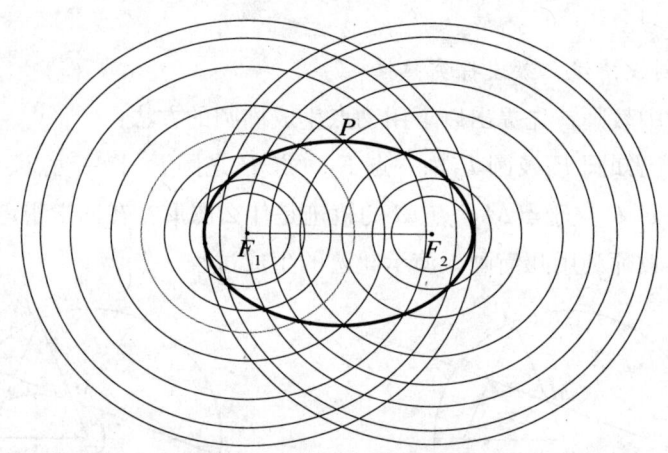

演示二：受前面椭圆生成过程的启发，F_2P 的垂直平分线可以围成一个椭圆，因此可以用包络线的方法得到椭圆（如图）。

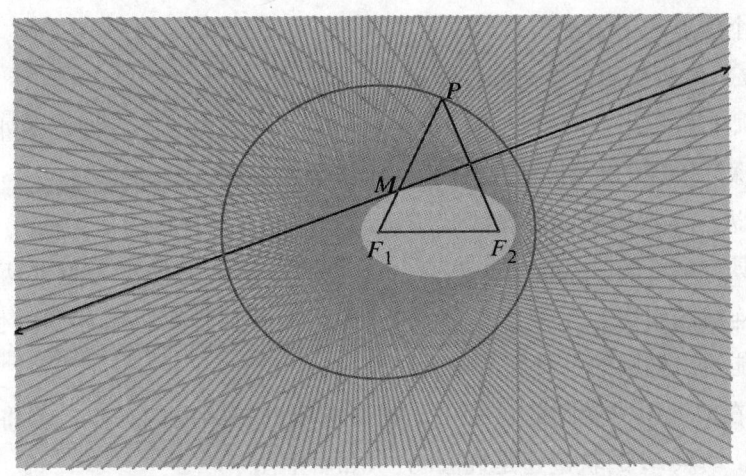

通过动手画椭圆，学生的动手能力和探究能力都得到了提高。学生利用几何画板设计完成的画椭圆的各种不同方法，为师生的交流讨论提供了便捷的工具。学生B反映："互动式的数学加上多媒体技术的使用使课堂变得更加活泼，提高了我的学习兴趣，有利于我们获取更多的知识。"

（三）推理验证，深化探究意识

在推导椭圆的标准方程后，教师引导学生观察方程推导过程中得到的式子的几何意义。先观察 $a^2-cx=a\sqrt{(x-c)^2+v^2}$ 的几何意义？若学生看不出来则观察 $c\left(\dfrac{a^2}{c}-x\right)=a\sqrt{(x-c)^2+v^2}$ 的几何意义？进一步观察 $\dfrac{\sqrt{(x-c)^2+v^2}}{\left|\dfrac{a^2}{c}-x\right|}=\dfrac{c}{a}$

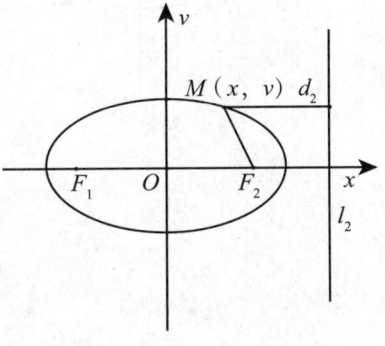

的几何意义？由学生根据式子的几何意义归纳动点的运动规律，教师利用几何画板演示相应的运动规律。并在此基础上引导学生概括椭圆的第二定义：

平面内到一个定点的距离与到一条定直线的距离的比等于一个正常数（小于1）的点的轨迹是一个椭圆，定点就是椭圆的一个焦点，定直线为相应于这个焦点的一条准线。

(四)拓展延伸,享受探究乐趣

教师布置以下研究课题供同学课后研究,将课内研究延伸到课外,使学生享受探究乐趣的同时,为进一步的学习奠定基础。

1. 进一步探索椭圆上点的运动规律。

圆具有如下的一条性质:圆直径的两端点与圆上任意一点(两端点除外)的连线的斜率之积等于定值-1,那么,椭圆是否具有相同的性质呢?从中你能给出椭圆的一种新的定义吗?(如左下图)。

2. 在前面生成椭圆的过程中,我们选取的是圆内的一点,若将此点移至圆外,动点M的轨迹还是椭圆吗?(如右下图)

在椭圆的第二定义中,我们注意到距离的比值是一个小于1的常数,若此常数等于1或大于1,其轨迹又是什么呢?

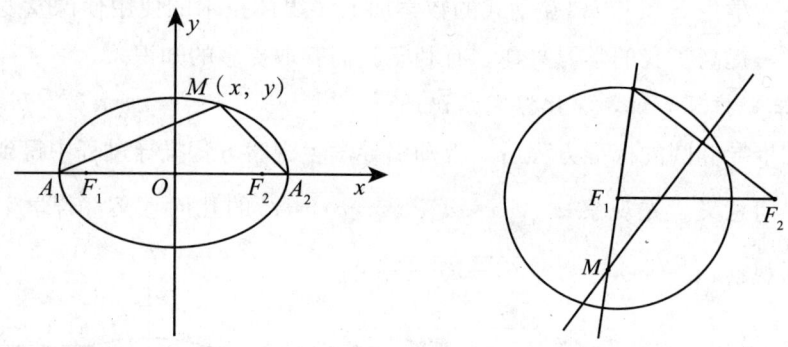

北京景山学校关于信息技术与课堂教学整合的研究

沙有威

我校教师运用信息技术经历了三个阶段：一是启蒙阶段，为教师在教学中运用信息技术做好了前期准备。二是辅助阶段，教师用多媒体（投影仪等）来进行辅助教学，以教师演示为主，学生是听众，是一种以知识传授为中心的封闭式的信息技术与学科教学的简单组合。现在已进入第三阶段，即普及与发展阶段。随着校园网、因特网的发展，信息技术已作为师生今后学习的必备工具，应用于各学科教学之中。信息技术与学科教学整合进入了开放式的发展阶段。

一、与国际信息技术教育接轨——计算机教育

1979年，一个来自日本的教育代表团到我校访问交流，在交流中他们介绍了将多功能计算器的公式存储功能用于教学中的尝试，并带来了国际上中小学开展计算机教育的信息。受此启发，我校领导决定在我校逐步开展计算机的教学活动试验。1979年12月，时任国务院副总理兼国家科委主任的方毅同志将他在美国访问时带回的电子计算机转赠给了北京景山学校，这是我国中小学的第一台计算机。北京景山学校也是最早开展计算机教育的中小学，并成立了计算机教研组，计算机教学活动的开展揭开了我国中小学计算机教育的序幕。

1982年教育部召开了第一次中小学计算机教育方面的会议。会上我校介绍了在中小学生中开展计算机活动的情况。会议研讨了发达国家中小学校

计算机教育的情况，及我国在中小学校开展计算机教育的必要性和可行性。鉴于当时设备条件的限制，会议决定在全国五所大专院校的附中（利用大学的设备）开展计算机教学的实验。

随着我校计算机设备的添置，我校于1984年提出了从景山学校毕业的学生都要接受过计算机普及教育的目标，并在学校倡导计算机辅助教学和教学管理的尝试。我校郭善渡老师和沙有威老师负责计算机教育的主要工作。

在此期间，我校的青少年计算机爱好者协会也在1986年成立。同学们学习计算机知识的热情空前高涨，并主动为各科老师编制辅助教学软件。老师们也积极投入到计算机知识的学习中，当时数学老师陈瑞群、物理老师毛桂芬等还编写和组织编写了相关学科的教学软件用于教学中。陈瑞群老师积极组织本班同学参加计算机小组的活动，还主动担任了本班的计算机课的教学工作。

在信息技术教育的初期阶段（计算机教育），北京景山学校学生在全国、北京市和东城区举办的各类计算机竞赛中获各类奖项四十余个。教师编写的教学软件也多次获得各类奖项。景山学校教师早在1984年就为本校学生编写了计算机教材。我校教师郭善渡老师编写的《微电脑学习手册》1985年2月被指定为北京市小学和中学计算机教材，这是我国第一本中小学计算机教材。

二、计算机辅助学生学习

在国际信息技术教育的发展史上，将20世纪80年代中后期至90年代中后期称为CAL（computer-assisted learning，计算机辅助学习）阶段。

在这一阶段，北京景山学校首先为学生利用计算机辅助学习营造了良好的硬件环境。1995年学校就建成了当时最先进的校园局域网络，在20个教室30个教研组安装计算机300台。进入21世纪，学校又大规模地更新了原有的设备，并在每个教室安装了先进的信息技术教学平台。

在硬件建设的同时，景山学校注重在信息技术教学活动和各科教学活动中培养、营造以信息技术为教学工具和以信息技术为学习手段的学习氛围。1986年我校开拓性地召开了辅助教学展示会，在展示会上展示了我校教师和学生开发的辅助教学软件二十多个。一些老师还做了计算机辅助教学的公开课。受到市、区教育局领导和教育专家的好评。

三、信息技术与课堂教学整合

为了探索信息技术与课堂教学整合的经验，北京景山学校有计划地在各学科开展了信息技术与课堂教学整合的教育科研试验。大力倡导在各学科的教学设计中改变传统的教学设计模式，倡导以现代化的教学系统和教学设计模式，逐步取代传统的教学系统和传统的教学设计模式（在传统的教学系统中有教师、学生和教材三个要素，在现代化的教学系统中有教师、学生、教材和教学媒体四个要素）。

北京景山学校领导鼓励教师以不同的方式将信息技术手段应用于教学设计中。在教育科研风气很浓的景山学校，很多教师已经把信息技术作为自己课堂教学设计中必不可少的因素。在课程中设计学生的学习环境，改变学生的学习方式、教学方式，已经成为这些教师进行教学设计的自觉行为。

例如：

- 计算机与语文课堂的整合。电脑辅助教学是个性化学习的过程。在传统教学模式下，学生千人一面，往往抹杀了学生的个性化思维。而电脑辅助的语文教学的课堂上，教师发给每位学生一篇阅读材料，学生可以"仁者见仁、智者见智"，都发表自己的感受。教师将学生的作文放在教室的网络中，学生可以自由地评论，有的说好，有的说差，都很正常。教师布置学生制作课件，全班32个同学保证没有重样的，反映出学生不同的构思、不同的风格、不同的思考角度。正是这种情境给了学生发展个性的空间，因此，学生的写作水平逐渐显示出优势，有不少学生的个性化作文已逐渐形成自己的风格和特色。
- 在物理课堂上，信息技术应用于实验教学过程时，在学生和物理实验之间增加了交互性的媒体，这改变了教学过程中的师生关系，学生与物理实验之间的关系以及学生之间的关系。在教学过程中，教师提出实验问题，学生进行自主学习，教师尽可能为学生提供帮助，鼓励学生。学生通过讨论，查阅资料，设计实验方案。对比参考的实验方案，寻找可操作的实验方法、实验步骤，完成实验数据的采集，达到自主学习。

- 在地理教学中应用多媒体教学，实现课程安排、教学活动及过程的最优化，提高课堂教学质量，最大限度地发展学生智力因素和非智力因素。教师在教学过程中选择演示地理信息模式激发学生兴趣，加强学生对地理知识的理解和记忆；通过交流地理信息模式在讲课中随时根据学生实际调整方案，因材施教；多向地理信息交流模式的运用更能发挥学生的主体作用，促进师生、生生之间的交流；学生自我强化模式为学生的自我检测和提高创造了条件。

- 计算机辅助数学课堂教学使抽象问题具体化，能更好地展现复杂的思维过程；教师能够更加迅速地制作精确图形；吸引学生参与探讨，创设和谐的课堂氛围；展示数学问题形成、发展、解决的全过程；并开展过去可望不可及的数学实验，培养学生各种数学能力。

景山学校领导认为信息技术与课堂教学整合是一个过程。过程要达到的目标是真正实现新的课程。新课程的实施不仅需要教学结构、教材、教学内容的改革，更需要教师从传统教学观念向新课程要求的教学理念转变，而观念的转变是一个渐变的过程，不是突变的结果，是一个不断地从量变到质变的过程。为此学校十几年来在不断改造信息技术硬件环境的同时，要求、鼓励教师充分考虑信息技术手段在教学设计中的作用，并将这种教学设计用于教学中，在应用过程中逐步体会信息技术手段为教学设计带来的变化，体会信息技术为教师教的方式和学生学的方式所带来的变化。

北京景山学校从教育科研的角度倡导信息技术与课堂教学整合研究，为课堂教学整合营造了一个宽松的氛围，使教师在实践的过程中体会和改变自己的教育观念,为新课程的实施做好了充分的准备。

我校申请了"信息技术与课程整合"的研究课题,并重视计算机教育,编辑出版了《计算机教育二十周年》纪念册。将北京景山学校信息技术教育的经验和教训记录下来,作为我们以后工作的参考。

1999年和2000年,六年级在范校长的提议下先后开办了两个以"计算机为学具"的教学实验班,以取得在现代信息技术硬件环境下的教学经验和实验数据。实验数据为我们提供了新一轮的教学试验依据,这些试验结果显示:

(1)"计算机辅助教学实验班"的课题研究对学生的生理健康未产生明显影响,实验班学生身体健康状况良好。

(2)"计算机辅助教学实验班"的课题研究对学生在社交回避、社交苦恼、抑郁感和幸福感四个心理指标上,实验班与对照班学生无显著差异。

(3)根据三年跟踪调查发现,实验班的整体学习成绩随着实验课题的推进,逐渐提高,呈上升趋势。在初中入学成绩中,实验班平均分低于对照班平均分0.3分(三门主课语文、数学、英语,下同)。

六年级上学期,实验班平均分低于对照班平均分2.1分;

六年级下学期,实验班平均分高于对照班平均分0.2分;

七年级上学期,实验班平均分高于对照班平均分2.5分;

七年级下学期,实验班平均分高于对照班平均分10.1分;

八年级上学期,实验班平均分高于对照班平均分9.4分。

从以上数据可以明显看出学习成绩进步的趋势,而且这些进步的取得还是在实验班同学花费大量时间和精力进行计算机知识的学习和制作电脑作品的基础上,更说明实验班的学习效率、学习质量和综合能力有了明显的提高。

(4)学生的信息素质有了明显提高。素质教育要求全面发展学生的综合素质,其中信息素质在信息社会中显得尤为重要。信息素质包含信息意识、信息能力、信息道德三个方面。其中信息能力又包含发现信息、收集信息、检索信息、处理信息、展示信息等。通过三年的课题实验，实验班的学生在信息素质方面有了明显提高。特别体现在信息意识的明显加强，在学习过程中有目的、有意识地搜集相关背景知识和其他有用信息，并且能通过检索，迅速找出需要的信息，尽可能多地占有有用信息，并且了解信息的来源和出处。在此基础上，加深了对所学知识的理解，扩大了视野，开拓了思路，陶冶了性情，促进了学生综合能力的全面发展。

（5）电脑实验班形成了积极向上、拼搏进取的良好班风，体现出较高的综合素质。电脑实验班成立三年来成长为景山学校最优秀的班集体之一。已经成为展示景山学校学生风采的窗口。实验班在学校运动会、科学节、文化节、歌咏比赛等大型活动中多次获得第一名和优秀班的集体称号。在全校500分评比活动中，多次获得全校最高分。连续三年被评为校级优秀班集体，连续两年被评为东城区先进班集体，还被申报为北京市先进班集体。

电脑实验班的成功更加坚定了我校教师将信息技术应用于教学中的信心。

四、信息技术与课程整合

在国际信息技术教育史上，把20世纪90年代中后期开始的信息技术与课程整合称为IITC（Integrating Information Technology into the Curriculum）阶段。该阶段主要指在课程教学过程中把信息技术、信息资源、信息方法、人力资源和课程结构、课程内容、课程资源以及课程实施等融合为一体，从根本上改变传统教和学的观念以及相应的学习目标、方法和评价手段，共同完成课程教学任务的一种新型的教学方法。信息技术与学科教学整合的最终目的是追求教学效果的最优化。它有利于培养学生的创新精神，提高学生的能力。在传统的教学中，整个教学过程以教师的讲为主，教师是知识的传授者，学生是知识的接受者。信息技术与课程整合后，教学的规则发生了变化，教师转变为课程的设计者、学习的指导者、学习活动的组织者和参与者。学生从传统的接受式学习转变为主动学习、探究学习和研究性学习，学生的主体地位被充分地体现出来了。因此，此阶段更强调要利用信息技术创建理想的学习环境、全新的学习方式、教学方式，从而彻底改变了传统的教学结构与教育本质。

景山学校认为信息技术与课程整合是信息技术与课堂教学整合的升华。随着教师课堂教学整合的进程，教师在课堂教学中不断融入新的教学理念，不断反思自己的教学设计、教学内容和教学方式。这种反思促进了教师教育教学观念的提升，使课程结构、课程内容的改革成为当务之急。

景山学校教师在自觉地将信息技术作为工具的同时，更注重信息技术在教学设计和教学中的作用，使得教学内容的呈现方式、学生获取知识的方式逐步产生变化。这种变化正是实施新课程的需要，教师在这种变化中逐步会改变自己在课堂教学中的角色，在这种变化中教师不仅是课程的组织者、执行者，也会逐步成为课程的开发者和创造者。从信息技术与课堂教学整合到信息技术与课程整合的过程是量变到质变的过程。这些变化在景山学校的教育教学中得到了充分的体现。使一些研究性学习课程、选修课程和校本课程应运而生。

例如：

- 我校体育组教师为了解决过去教师一言堂、满堂灌的问题，开发了排球研究性学习教学软件，学生通过观看排球运动，从而了解了排球。在练习中出现问题，遇到困难，再进一步观看或找教师解决问题，使学生能够尽快地掌握技术。此课件与教学相结合，让学生自主选择练习内容、练习方法，充分发挥和调动了学生的积极性，激发了学生的兴趣，进一步优化了学生的学习过程。
- 2000年，我校老师和学生参与编写了教育部《信息技术课程指导纲要》发布后的第一套中小学信息教材：《高中信息技术教育基础教材》、《初中信息技术教育基础教材》和《小学信息技术教育基础教材》。中学生参与信息技术教材编写，在全国尚属首家。
- 在信息技术课中设置了程序设计与中学数学的教学内容，通过学习使学生进一步认识了程序设计和中学数学之间的关系，体会到数学知识在解决问题中的作用。该内容将被逐步丰富为一门校本课程。
- 景山学校在信息技术课中率先增设了以智能机器人为教学平台的智能机器人课程，课程的创设使学生较全面地了解了构成信息技术的传感技术、控制技术、智能技术和通讯技术之间的关系，课程内容充分体现了以往程序设计、电子技术、结构设计等课程内容的整合，课程内容的呈现方式、学生的学习方式在教学过程中都发生了质的变化。
- 自1998以来，信息技术教研组注意积累教学资料，并逐步形成了适应本校学生特点，具有教学特色的信息技术教学系统。教学系统既体现了一般教材的共性化原则，又体现了立体教材的个性化特点，为学生自主学习、研究性学习提供了适当的学习资源，从而逐步改变了信息技术课程教学内容的呈现方式、学生的学习方式、教师的教学方式和师生互动方式，使教师教的过程逐步变为学生学的过程。这就为新课程的实施提供了信息技术课程的重要教学资源和学习资源。

景山学校信息技术教育经历了计算机教育、计算机辅助教学、信息技术与课堂教学整合、信息技术与课程整合的历程。开展信息技术教育的历程，也是我们新的教育理念逐步形成的过程。

我们认为信息技术与课程整合是改变课程内容和改变传统教学结构的过程，是变革整个课程体系的过程。信息技术与课程整合是实施新课程的基础。

五、对信息技术应用的思考：

1. 学生成为学习的主体，并不等于放弃了教师的主导作用，而是教师主导作用的侧重点发生了变化。教师应在实际教学中系统考虑教学活动诸要素和诸环节的相互作用，在教学过程中运用多种方式优化教学过程的各个环节、激发学生的积极参与。

2. 在教学中，能借助其他媒体表达清楚时，不一味追求计算机表示。

3. 不能过分依赖网络资源而忽视其他教学资源。从来就没有唯一的教学媒体，网络亦然。有很多方法可以提供学习资源，如教科书、教学挂图、影视广播、图书馆、社会调查、社会实践等。

4. 必须将计算机技术与教学结合起来，尊重教学规律，考虑学科特点，不要试图将每一个细节都用计算机展示出来。毕竟，有些事物和思维过程是无法模拟和复制的。

信息技术在教学中的广泛运用以及信息技术和课程整合的深入，对传统的课程理念、课程内容以及教学方法正在产生深刻的变革，从以教师为中心的讲解传授的进程转变为探索发展、自主学习、协商讨论、意义建构等以学生为主题的进程。我们一定要积极探索信息技术与课程整合的方式方法，为加快实现教育信息化作出努力。

信息技术与中学物理实验整合研究的报告

裴加旺

一、课题的背景及提出

以美国为首的发达国家十分重视信息技术在基础教育中的作用。美国著名的"2061计划"则在更高的层次上提出了信息技术与各学科相整合的思想。教育部领导同志在全国中小学信息技术教育工作会议上宣布,中国将用5~10年实现信息技术普及,推动基础教育的跨越式发展。在提出普及信息技术教育要注意的几个问题中,明确提出了"加强信息技术与其他课程整合"的要求。

物理实验教学虽然一直被定位很高,教师对实验教学也非常重视,特别是高考规定的实验,反复进行行为主义的理论教学模式"刺激—反应—强化"训练,但从高考实验题的解答情况看,这种强化并没有达到人们的期待目标,分析原因如下:

1. 实验原理不明确,实验复习重在死记硬背。在高考的关键时刻,往往不能再现实验情景,不能在头脑中形成明确表象,准确提取有关信息。

2. 根据所提供的问题和条件不会设计实验,缺乏创新能力。究其原因,高中有近一半的学生实验是验证性实验,对学生探究物理实验的培训不够。

3. 由于实验室条件的限制,不能向学生全天开放。同时由于缺乏实验方面的多媒体教材,学生靠仅有的课本提供的有限的问题,不能解决实际遇到的问题,视野狭窄。

4. 不会处理实验数据,不会分析现象,不会进行误差分析,缺乏归纳总结的能力，更谈不上用计算机来帮助解决问题。

5. 完整实验的网上资源不足或不系统，不能满足实验的要求。

从某种意义上讲，提高实验教学的质量，将信息技术与物理实验整合，是提高学生实验能力的一个途径。让学生自己通过探究利用现有的信息技术帮助解决物理实验，可以使实验教学的质量提高。

信息技术的主要媒体是电脑。通过对北京市景山学校和劲松二中的调查（见下表一），发现学校和家庭能给学生提供信息技术的硬件支持。同时小学就开始设有信息技术课程，初中、高中也设有，他们在高一还进行了计算机会考，为信息技术与中学学科整合提供了可行性。

	在校学生总人数	学校条件		家庭条件		计算机老师人数
		学生用电脑台数	与总人数的百分比	有电脑家庭数	与总人数的百分比	
景山学校	1 536	180	12%	约1 525	约99%	5
劲松二中	1 008	150	15%	约990	约98%	4

通过对学生的调查（调查表见附录），调查结果如下表，发现学生有很多强烈的愿望：希望计算机等信息技术能引进物理课堂；希望教学过程中用信息技术辅助教学；希望解决实验难题；希望建立教学（包括实验方面）网站以实现学生的自主学习。

二、整合的内容、一般形式及其目的

（一）整合的内容

整合的主要内容包括：实验内容的呈现方式、利用多媒体寻找规律、改变学生的学习方式以及教师的教学方式。

1. 实验内容的呈现方式

实验课上传统的教学方法：教师、学生同用一个课本，教师讲实验原理、目的、实验设计思想、实验过程等。学生听完后，按部就班地动手实验，验证结论。调查表明：有近75%的学生感到实验单调乏味、机械地接受条条框框，无创新可言。信息技术的引入，可以改变这一现状。信息技术提供了更加详细的文字、语言、图片、录像、课件等信息，作为学生预习、探究的材料。每个实验包括原理、目的、器材、过程、问题讨论、进一步思考等，采用丰富多彩的多媒体呈现各部分知识，做成课件便于学生查阅。如对实验过程仿真演示，就会使学生更清楚实验步骤和实验注意的问题。

2. 利用电脑的强大功能寻找规律

《计算物理》中明确提出信息技术与物理整合包括三个方面：建立物理模型、对物理过程仿真、数据处理。很多计算机语言（或软件）如Excel、Matlab、Authereware等都有强大的数学计算、数据处理、图形绘制、图像处理、仿真等功能，能帮助学生处理实验数据，方便寻找规律。使实验不再是验证实验，而是探究性实验，这种实验有助于培养学生的探究能力。

3. 改变学生的学习方式和教师的教学方式

随着以计算机为核心的信息技术的不断发展及其在教育中的应用，教学过程、教学组织形式最终将发生根本性的变革。这是因为信息技术应用于实验教学过程时，在学生和物理实验之间增加了交互性的媒体，可以构成如图所示的教学关系，这就改变了教学过程中的师生关系、学生与物理实验之间的关系以及学生之间的关系。学生既可以通过教师与物理实验建立联系，也可以通过交互性媒体或直接与物理实验建立联系，从而增加了学生的选择

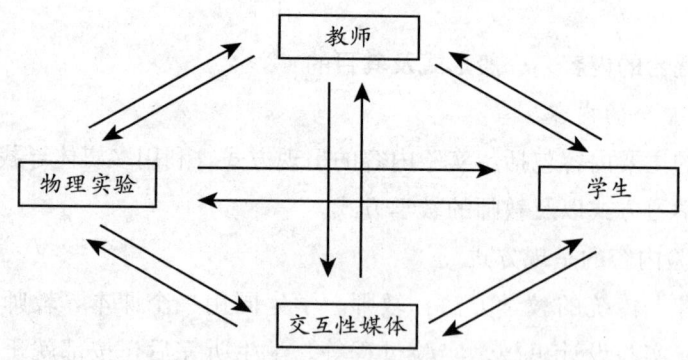

性，扩展了学生的学习途径。当然，教师的职能因而也相应发生转变，其作用已远不限于向学生传授已有的知识和经验。教师同时应该是学习活动的组织者、指导者、参与者。否则，信息技术就无法发挥应有的作用。

传统的实验教学存在很多弊病。改变这一现状，是本研究课题的一个任务。通过信息技术与物理实验整合的研究，能改变学生的学习、教师的教学方式。在教学过程中，教师提出实验问题，学生进行自主学习，教师是学生学习的促进者，尽可能为学生提供轻松、自由、民主的学习氛围，提供学生所需的实验器材，向学生提供适当的帮助，爱护学生的好奇心，尊重学生的想法，鼓励多样性。学生通过讨论问题，查阅整合材料，设计实验方案，对比参考的实验方案，寻找合理的可操作的实验方法、实验步骤，完成实验数据的采集，利用计算机寻找规律，达到学生的自主学习。教师只是对不够科学和不够完善的地方给予指导，充当好催化剂的角色。在这样的教学环境里能培养学生的创新能力、思维能力和批判精神，养成他们良好的学习习惯。

（二）整合的目的

1. 提供具有交互性、多样性、超文本特性、网络特性的、能促进学生信息能力发展和发现式学习的、有利于实现创新精神和实践能力培养的中学物理实验多样化载体和丰富的教学与学习资源，编写辅导教材和制作多媒体光盘。

2. 探讨计算机引进中学物理实验教学，利用计算机的强大功能，为学生处理实验数据，解决实验问题提供帮助。使学生终生受益，提高学生的实验科学素养，改进物理实验课的教与学方式，使计算机成为学生自主认知和探究学习的一种工具。

3. 在某些特定的条件下，达到教学大纲规定的要求。如学校实验条件不完善，学生在家学习，高三复习物理实验，探讨某些理想实验，设计实验方案，等等，借助信息技术学习物理实验。

三、已取得整合的经验和成果

（一）知道了如何对整合进行合理的评价

在整合教学过程中，围绕整合的三个内容进行评价。如图所示，每一项分为 A、B、C、D 四个评价等级，A 是评价等级最高，D 是评价等级最低。

具体内容	评价等级			
	A	B	C	D
实验内容的呈现方式				
1. 实验问题的提出				
2. 实验原理的提出				
3. 实验过程的演示				
4. 问题讨论				
实验数据处理				
1. 选择正确的坐标轴				
2. 画出的图像是否便于观察				
3. 能否得出结论				
4. 误差的处理				
学生学习方式				
1. 你会用这个软件吗				
2. 通过自学能独立完成实验吗				
3. 你对整个实验的把握				
4. 是否提高了你的独创能力				
教师教学方式				
1. 教师提出的问题合理吗				
2. 教师的提示和帮助合理吗				
综合评价等级				

（二）案例分析

依据上面的评价表，举例说明实施过程。

牛顿第二定律

1. 明确实验课题和实验目的

实验课题：牛顿第二定律

实验目的：研究 $a\text{-}F$ 和 $a\text{-}m$ 的关系

2. 确定研究方法

用实验的方法研究 $a\text{-}F$ 和 $a\text{-}m$ 的关系。分两步进行。第一步，当 m 一定时，研究 $a\text{-}F$ 之间的关系。第二步，当 F 一定时，研究 $a\text{-}m$ 之间的关系。

3. 确定实验装置

长直木板上放着小车，通过滑轮，用细线与装有沙子的小桶相连。

观察实物，并用实物投影将整个装置投影到大屏幕上。

4. 电脑模拟实验过程

5. 学生实验过程，并采取试验数据

（1）平衡摩擦

（2）进行实际测量

第一组实验：使小车质量保持不变，改变沙子的质量，即改变小车所受合外力，获得 5 条纸带，并将纸带按照力的大小进行 1～5 编号。

第二组实验：使小桶和沙子的总质量保持不变，在小车上增加砝码，即改变小车的质量，获得 5 条纸带，并将纸带按照小车质量的大小进行 6～10 编号。

6. 数据记录和数据处理

任选三组同学，将他们的实验数据通过大屏幕利用计算机进行处理。

（1）对 10 条纸带进行选点、测量，将测出的数据记录在 Excel 表格中，用电子表格的计算功能，算出每一条纸带对应的加速度。

（2）将 5 组 $a\text{-}F$ 数据用 Excel 或 matlab 进行图像拟合处理，在 $a\text{-}F$ 坐标中获得一条过原点的直线。可以得出：在质量一定的情况下，加速度与物体所受合外力成正比。

（3）将后 5 组 $a\text{-}m$ 数据用 Excel 或 matlab 进行图像拟合处理，在 $a\text{-}m$ 坐标中获得一条在第一象限的曲线，无法直接得出规律。再在 $a\text{-}1/m$ 坐标中获得一条过原点的直线。可以得出，在合外力一定的情况下，加速度与物体质量成反比。

7. 实验结论

物体的加速度，与物体所受合外力成正比，与物体质量成反比，即得出了牛顿第二定律。

8. 误差分析

课后评价：信息技术和实验整合改变了学生认识实验的过程，改变了学生的学习方式。依据上面的评价等级表，调查结果如下表所示（对实验班92人的调查结果统计）：

	具体内容	评价等级			
		A	B	C	D
实验内容的呈现方式	1. 实验问题的提出	8%	21%	47%	24%
	2. 实验原理的提出	10%	35%	40%	15%
	3. 实验过程的演示	42%	25%	23%	10%
	4. 问题讨论	31%	47%	14%	8%
实验数据处理	1. 选择正确的坐标轴	20%	23%	47%	10%
	2. 画出的图像是否便于观察	26%	41%	22%	11%
	3. 能否得出结论	55%	26%	14%	5%
	4. 误差的处理	37%	33%	15%	15%
学生学习方式	1. 你会用这节课上课件	22%	46%	16%	16%
	2. 通过自学能独立完成实验	25%	43%	19%	13%
	3. 你对整个实验的把握	24%	46%	22%	8%
	4. 是否提高你的独创能力	12%	27%	39%	22%
教师教学方式	1. 教师提出的问题合理吗	25%	33%	33%	9%
	2. 教师的提示和帮助合理吗	19%	36%	40%	14%
综合评价等级		33%	37%	23%	7%

学生对整合过程中实验过程的演示、问题讨论、借助计算机处理数据得出结论、通过自学能独立完成实验、对整个实验的把握、综合评价都给予了

较高的评价，可见学生对这节实验整合课还是肯定的，也愿意这样上实验课。但学生对实验问题的提出、提高独创能力的评价较低，可能的原因是计算机与学生的交互性做得不够好，需要改进。

（三）教学效果评价

为了明确通过整合实验教学后，学生对整合的看法，对实验班学生进行了调查（调查表如下图所示）。调查结果如下：

学生调查结果（高一高二第二学期　总人数 $N=183$）

1. 信息技术与物理实验整合			2. 是否提高学习积极性			3. 是否有助于提高自己的动手实验能力		
选项	个数	百分比	选项	个数	百分比	选项	个数	百分比
好	134	73%	提高	128	70%	提高	143	78%
较好	35	19%	没有	13	7%	没有	13	7%
一般	11	6%	不知道	40	22%	不知道	27	15%
不好	3	2%	没选	2	1%	没选	0	0

4. 是否喜欢用课件演示实验过程			5. 实验成绩是否提高			6. 是否会用计算机处理实验数据		
选项	个数	百分比	选项	个数	百分比	选项	个数	百分比
喜欢	148	81%	提高	125	68%	会	81	44%
不喜欢	6	3%	没有	11	6%	不会	26	14%
有时喜欢	26	14%	不知道	44	24%	有时会	76	42%
没选	1	0.5%	没选	3	2%	没选	0	0

由上面的调查表可以得出如下的学生反馈图。可以看出学生对信息技术与中学物理实验的整合是持肯定的态度的。70%学生认为提高学习积极性，78%认为有助于提高自己的动手实验能力，81%喜欢教师用课件演示实验过程，68%认为能提高实验成绩。但仅有44%学生会用计算机处理实验数据，

这可能是其他学生中有不会使用计算机的计算功能,有对实验目的没认识清楚的,实验数据测量有误的,等等原因。

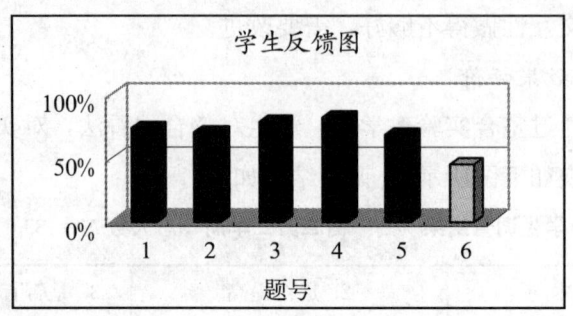

(四)学生成绩的变化

我们所做的整合研究是从 2003 年 3 月份开始的,为了考查学生通过实验整合后学生实验成绩的变化,用 2002 年 1 月份的期末实验成绩和 2003 年 7 月份的模拟考试实验成绩加以比较。分析结果见下表,其中 B 表示实验班实验平均分,A 为对比班实验平均分,B/A 是相对得分。

	B	A	B/A	高一、二下 B/A－高一、二上 B/A
高一上期末	13.85	12.60	109.9%	6.1%
高一下期末	15.12	13.03	116.0%	
高二上期末	13.22	11.08	119.3%	7.9%
高二下期末	16.03	12.63	126.9%	

上面的统计分析表明,同传统教学相比,实验整合后学生的实验成绩有显著性差异的(6.1%＞5%,7.9%＞5%)。这是因为通过学生自主学习,感知实验内容的呈现,实验数据的处理,问题的讨论,他们对实验的认识要深刻得多,增加记忆力,提高了实验能力,所以能提高他们的实验成绩。

(五)顺利完成大部分高中实验整合

四、对整合的进一步思考

通过师生间的座谈,发现整合还存在一些问题和需要改进的地方。

1. 制作的课件要让学生容易理解。课件便于师生操作，交互性好，实验过程的演示仿真性好，让学生一看就会，能体现实验过程，对注意事项有所反映。制作时可以让学生参与进来，了解学生的所想所需。

2. 加强信息技术指导。要让学生会用计算机等多媒体技术去帮助他们学习物理、帮助他们搞实验研究。首要的是要让他们会操作相应的多媒体。比如，让学生用计算机处理实验数据，对用到的计算机知识（如 Excel 或 Matlab 等）应有所掌握，不然无从整合。对教师也一样，要演示给学生看，自己首先会操作，所以教师应掌握基本的信息技术知识，因此北京市教委规定北京教师必须通过计算机等级考试。

3. 要求整合教材能及时更新。随着社会的发展，随着国家教育部对中学生提出新的要求，通过不断了解学生的需要，我们完成的整合教材会不断更新。问题讨论要注意引导学生设计其他实验方案，注意培养学生的科学素养，如动手操作能力、处理实验数据的能力等这些方面，我们会陆续加进教材。

4. 发展以学生使用信息技术为主的自主学习。采用计算机、数字通信技术和多媒体技术，实现定时测量、数据处理、图像处理等功能，能激发学生的兴趣，增强其适应科技发展的能力，通过网络进行学习，拓展学生的视野。当然教师作为指导者、促进者应加强指导，否则会导致学生无效学习。开放学习环境，鼓励学生间通过合作以问题为中心设计、制作多媒体课件，利用多媒体解决问题。只有学生会使用信息技术解决物理实验问题，我们的整合研究才宣告完成。

中学史地教学中现代多媒体教学手段与传统教学手段的比较

康 辉

一、问题的提出

（一）课题提出的背景

目前的中学历史、地理教学中，多媒体辅助教学手段得到广泛应用。它以信息量大，图、文、声并茂的特点，为历史、地理教学提供了更良好的教学环境。可以帮助我们创新教学方法、优化课堂教学、提高教学质量和教学效率。同时多媒体也为学生提供了自主学习、探索学习、合作学习的学习环境。极大地激发了学生的学习动机，培养了创新精神和实践能力，使学生的主体地位得以真正确定。

存在问题：过分强调多媒体教学手段的利用优势，忽略传统教学的精华。片面追求形式，课堂教学"人灌"改"机灌"，追求教学内容丰富教学形式形式活跃有余，而基础知识落实思维训练不足。

我们的课堂教学应怎样更有效地利用多媒体手段？如何使用才能发挥更好的效果？多媒体教学手段如何与传统教学有机结合，实现优势互补？

（二）研究的目的和意义

现代化教学手段的优势大家有目共睹。但是，任何先进的现代化教学手段都不可能完全取代教师的作用。尤其不可能替代教师在教学活动中的主导作用。通过对多媒体手段和传统教学手段的比较，归纳出多媒体手段在教学应用中的优势和不足，传统教学手段的优点和存在问题，指导教师在课堂教学实践中更合理、更科学地应用，将现代多媒体手段与传统教学有机结合，从而促进教师专业的成长，积累教学理论和实践经验，全面地提高教学质量。特别是在新课程标准实施后的这场教育深刻的变革中，新的理念、新的教材和新的评价，对我们教师提出了更高、更新的要求。

理论意义：以奥苏伯尔的"学与教"理论和建构主义的"学与教"理论为基础，以新课标教育理念为指导，应用不同的教学手段实现教师主导作用和学生主体作用有机结合的全新教学模式。

实际意义：本课题具有较强的应用价值，促使教师转变教学观念，学生转变学习观念。

1. 重新审视传统教学与现代多媒体教学手段的优劣，为课堂应用提供参考。
2. 在新课标实施中改变教师的教法、转变学生的学法。

以往的课程，无论是教学大纲、教科书还是教学过程往往都是以"教"为核心或者说相对忽视学生的"学"。教学大纲是"教"的纲目，教科书是"教"的素材，教学过程是"教"的方法，课堂教学的基本格局就是"教师讲，学生听"。新课程标准是以学生"学"为核心，探讨多媒体手段在转变教学观念中发挥哪些作用。

（三）国内外有关现状

国内情况：从 20 世纪 90 年代开始多媒体在课堂应用，十几年来研究的深度和广度不断提高。研究成果很多，但强调多媒体的应用优势的居多，对多媒体与传统教学的比较与整合的研究较少。我们的课堂教学方式基本上以传统教学为主，还是强调课堂纪律，教师把知识整理出来，按照自己设计的课堂秩序传授给学生。与发达国家相比还有一定差距，传统教学手段在课堂教学中仍占主导，现代多媒体教学技术还远没实现其应有的巨大作用，大多以制作课件演示为主，应用的水平不齐。有些学校虽然有了计算机、校园网、语音教室的现代化设施，但其利用率还不够理想。目前，能把现代多媒体辅助教学运用得恰到好处的还是少数，还有待提高。

国外情况：目前，国外多媒体教学手段的应用研究比较成熟，尤其是计算机技术、遥感技术、电化教学技术的大量推广应用。计算机辅助地理教学在欧洲和北美发展迅速,从 20 世纪 70 年代以后,随着现代电子科技成果的广泛运用,其硬件功能便已可满足教学要求,软件的质量也逐步得到改进。如 1990 年全英国教育资料服务处储备的地理软件就达 165 个。在教学形式上把诸多现代教学手段方法和教学思想更加有针对性而又更广泛地运用于教学活动之中。教学中注重师生双边活动,更加强调学生的自主发现活动以激发学习兴趣,开展独立思考以提高学生的智慧潜能。多媒体的应用更多的是在课外,自主学习,师生交流,学生用电脑做作业,在美国,57%的教师通过网络获取教学材料,网络在课堂广泛应用。

但课堂传统教学方法仍有不少用武之地。即便是发达国家,其教学方法和手段也是传统与现代并存。

(四)课题研究的条件

1. 硬件条件:我校建有校园网,所有办公室均配备多媒体网络系统。每个教师都配备计算机一台,各教室均有多媒体设备。

2. 软件条件:史地教研组教师的教学风格不同,老教师以传统教学手段为主,中青年教师以多媒体教学形式为主,具备两种教学手段比较的条件,为教师的相互交流、相互促进提供了平台,因此选择此课题。

二、研究方法与过程

(一)研究对象

初、高中历史、地理教学班,任课教师选择实验班和对照班的学生,进行调查,测试前后数据分析。

(二)研究方法

调查研究法和案例分析法:问卷调查、考试成绩等数据分析。应用现代教学理论分析运用多媒体教学和传统教学的优劣。

(三)研究过程、步骤

学生对多媒体教学手段和传统教学手段的评价调查。

通过对照班进行课堂教学比较、学习效果比较、学生的课堂评价比较、考试成绩比较、同内容不同教学方法的结果比较。通过数据分析，印证课题设想。

三、研究结果与分析

七年级地理、六年级历史、高一地理为案例分析。

（一）问卷调查

1. 史地组教师使用多媒体教学的情况

（1）您经常使用多媒体辅助教学吗？
①每节课使用；②有些课使用；③不经常使用；④研究学习课使用。

（2）您认为多媒体教学对地理、历史教学的影响体现在哪些方面？
①教学方式；②学习方式；③教学模式；④教学效果。

（3）您目前比较广泛使用的教学模式是：
①教师主讲；②师生合作式；③探究式学习；④自主式学习。

（4）如果您喜欢使用多媒体教学，您觉得它的优势是：
①激发学习兴趣；②增加学习机会；③提高学习效率；④学生获得新技巧。

图1　史地组教师使用多媒体教学的情况

教师对多媒体教学的认识：多媒体对教学的影响和帮助体现在对教学方式的改变，由注入式到探究式，更加关注演示和模仿。学习方式的改变——注重生活的、实用的、重结果也重过程的理念。

关注学生的主体地位，关注创新思维和实践能力。教学模式由"师讲生听"到提倡教师牵线、学生探讨和师生共同探究。多媒体教学改变了教师的教学理念，激发了学习动机，增加了学生们的学习机会，提高了课堂效率，使学生获得了新技巧。不能非常肯定的是教学效果是否发生了很大变化。

教师们对使用多媒体基本上达成了共识,使用多媒体教学的教师定位于如何使用才能使多媒体发挥最大的功效。

历史、地理主要教学手段

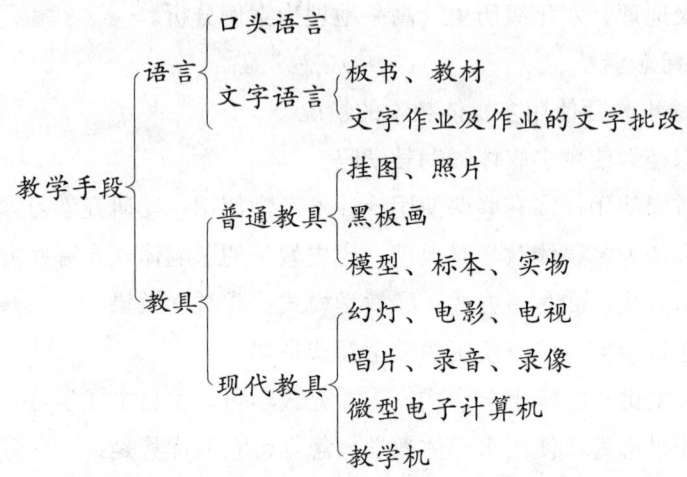

2. 调查学生对多媒体教学方式的认可程度

喜欢的理由:"资料丰富,看到教材没有的和不知道的内容。""我喜欢用 e-mail 和同学们在网络上讨论我们的创意。""通过电脑获得的信息都是动态的,立体的。""我很容易得到了老师对于我们作品的建议,并很快完成了修改。""由我们自己找到的关于各国的资料,使我们有身临其境的感觉。""我学会了如何使用电脑进行区域地理学习,我有成就感。""地理学习资源既可以来自教师,也可来自本班外班其他同学,实现了真正的共享。"

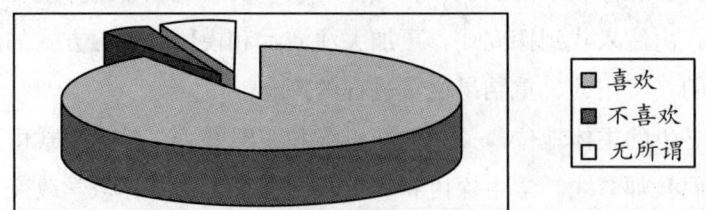

图 2 学生对多媒体教学方式的认可程度

(二)案例举例

1. 七年级地理

2005~2006学年度第二学期进行,学习的内容是七年级世界地理的"认识几个地区和国家"。共有两个班级的84名学生参与。一个班级为实验班,另一个班作为对照班。对照班和实验班使用的两种模式分别为:教师讲授模式和学生课件引领模式。

教师讲授模式是指教师应用不同课件或软件开展教学,内容的呈现或者通过文字或者图片,知识点的讲解,分析资料的技巧和实例完全由教师控制。学生在教师的这种引领下,回答问题,应用所学规律解决问题,教师可通过试卷对学生的学习水平,学习效果进行评价。

学生课件引领模式是指计算机也可作为学生自主学习的工具。留出学生进行讲解的话题。学生借助计算机或其他媒体资源获取知识,组织知识,并按照课件进行展示。这种模式由三部分组成:准备、分享、评价。当学生们做课件时,他们有目的地进行了计划和讨论。他们各自的想法在分享交流中明晰和完善。他们可以按照自己的理解重组素材,突出讲解的重点,采用更易于学生接受的方式展示。在正式讲解之前,教师的预先审阅又使他们的作品符合教学目标。课堂讲解过程中,学生们可以得到来自其他学生的提问和评价。参与试验的84名同学均参加了七年级上学期的期末成绩作为前测,

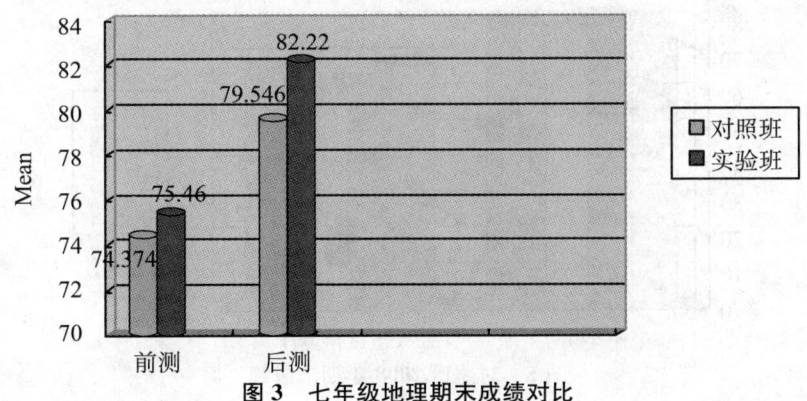

图3 七年级地理期末成绩对比

用七年级下学期的期中成绩作为后测。后测提供了试验结束后学习成绩是否有明显改善。

实验前的假设是：以课件引领的自主学习方式使师生满意，使教学成绩提高。

2. 六年级历史

2007~2008学年度第二学期进行，学习的内容是六年级中国古代史。共选择了四个平行班级。两位教师分别以六1、六2为传统教学方式组，六3、六4为多媒体课件辅助教学组。

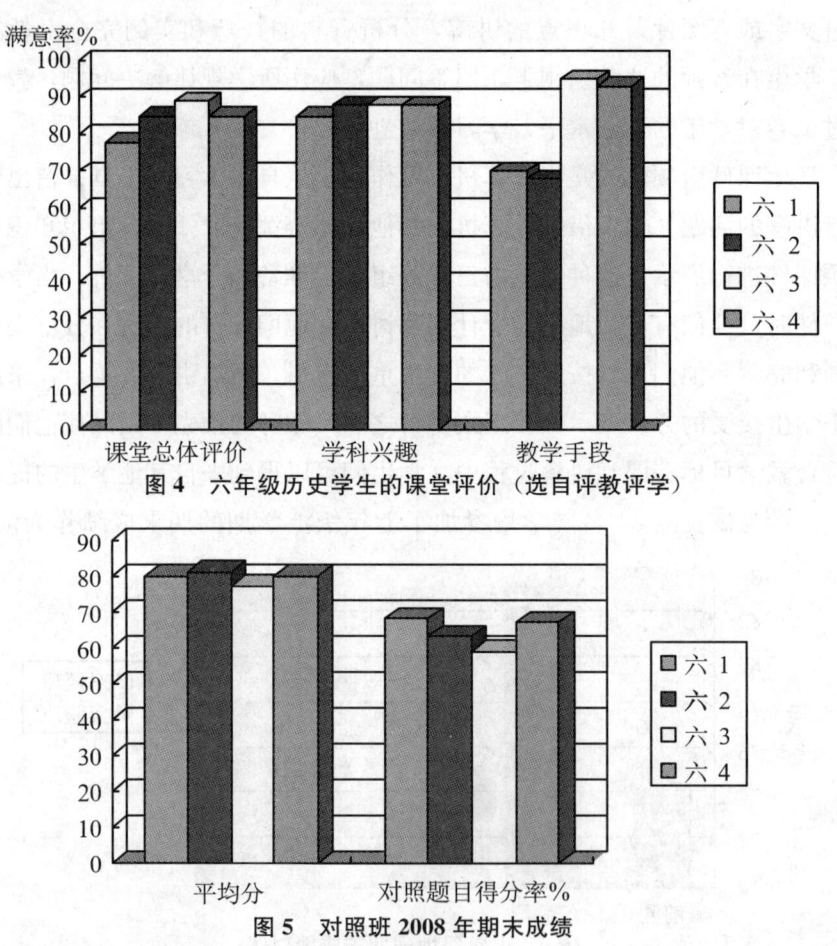

图4 六年级历史学生的课堂评价（选自评教评学）

图5 对照班2008年期末成绩

两组对照内容是相同教学内容用不同的教学方法和手段,比较课堂教学效果和学生学习效果。

表1 六年级历史期末成绩数据分析

班级	平均分	优秀率	及格率	对比内容得分率
一班	80	46%	99%	68%
二班	81	47%	96%	63%
三班	77	37%	98%	59%
四班	80	39%	96%	67%

两组对照学生学习效果从考试成绩看差别不大。从基础落实看,传统教学手段的学生的成绩优于多媒体教学手段的学生的成绩,教学课堂评价结果相反。干扰因素包括班级学风、学生学习习惯等。

3. 高一年级地理

2006~2007学年度第一学期进行。高一地理学习的内容是自然地理,共选择三个平行班级,同一位教师相同教学内容用不同的教学方法和手段比较学生学习效果。高一自然地理的重点和难点是大气环流,这部分内容综合性强,形成过程复杂,应用广,学生掌握难度大。

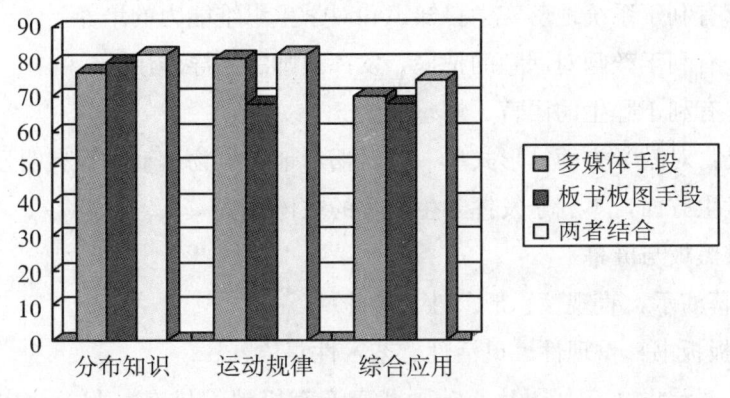

图6 高一地理大气环流知识学生学习效果对比

分别用三种方法：①多媒体方式，制作课件动态演示。
②传统的板书板图，边讲边画。
③板图与多媒体演示结合。

预期课堂反馈结果。

从反馈结果看，两者结合的教学手段效果最佳，与预期的结果相符。

通过案例获取的数据分析得出以下观点

现代多媒体教学手段的优势有以下几点：

（1）将教材内容动态化、立体化，形象生动地揭示地理原理和展示历史背景。

（2）教学信息多样化，具有直观性和趣味性，创设学习情境，激发学生的学习积极性。

（3）为学生学习交流，师生交流提供平台，学生随时了解教师的教学过程。为学生探究学习、自主学习提供条件。

不足：对教学方面，受设备制约，灵活性差

对学生方面，长时间用多媒体易产生视觉疲劳，眼花缭乱，过多的演示令学生被动地观看，影响对学生的思维训练。

传统教学手段的优势有以下几点：

（1）有利于系统地落实学科知识和对学生思维能力的培养。

（2）有利于教师对课堂的把握，发挥教师的主导作用。

（3）有利于师生的语言、情感交流。

不足：对教学方面，形式单一，对揭示地理事物运动过程有明显不足

对学生方面，不利于发挥学生学习的主体性

比较黑板与屏幕

{ 屏幕演示：直观性、形象性、趣味性
黑板板书：重现性、灵活性、艺术性

屏幕演示将文字、图片、动画和声音有机地编排在一起，使内容形象化，增强了其表现力，利于激发学生学习动机。

黑板板书重现力强，给学生思维和理解的时间，同时，好的板书带给学生以美感和崇敬之情，"亲其师而信其道也"。两者所表现出来的特点决定了需要把板书与多媒体有机地结合起来。

四、结论与讨论

传统的教学手段是广大教师经过长期的实践所总结出来的一种行之有效的教学形式。现代的教学仍不可能脱离传统的教学手段，多媒体教学手段只能作为"辅助"的手段，毕竟它还存在着教学效果不尽如人意的地方，因而不能完全替代传统教学手段。

过分强调多媒体教学的优点，而忽视了课堂教学中的学生的主体地位、教师的主导作用、师生之间课堂上的情感交流，削弱了教师的授课艺术和临场发挥能力，不符合学生的认知规律。每一个教师特定的教学语言、教态、板书和应变能力是最大的财富，只有把传统教学手段、教师的人格魅力和多媒体辅助教学有机地结合起来，才能真正发挥多媒体课堂教学的效果。无论是多媒体手段还是传统教学手段，我们都应赋予它新的教学理念，使两种手段具有了新的生命力。

从生活走进化学
——高中化学必修模块教学策略研究

林红焰　宁滨

高中化学新课程标准中明确指出：高中化学课程应有利于学生形成科学的自然观和严谨求实的科学态度，更深刻地认识科学、技术和社会之间的相互关系，逐步树立可持续发展的思想。在新课程理念中也提出：要从学生已有的经验和将要经历的社会生活实际出发，帮助学生认识化学与人类生活的密切关系，关注人类面临的与化学相关的社会问题，培养学生的社会责任感、参与意识和决策能力。

高中化学必修课程是在义务教育化学课程基础上为全体高中学生开设的课程，必修课程旨在促进学生在知识与技能、过程与方法、情感态度与价值观等方面的发展，进一步提高学生未来发展所需要的科学素养。同时也为学生学习相关课程和其他化学课程模块提供基础。在《北京市普通高中新课程教学指导意见和模块学习要求》中指出：高中化学必修课程要求学生学习常见的化学物质，了解它们在生产、生活和化学科学研究中的应用；要学习必要的化学实验技能，体验和了解化学科学研究的一般过程和方法；正确认识科学、技术与社会的相互关系，能运用所学知识解释生产、生活中的化学现象、解决与化学有关的一些实际问题。要达到这些要求，在教学策略的选择上就要注重教学模式的选择、教学手段的使用、学习方式、评价方式的改变。

一、教学模式的选择——基于建构主义的 STS 模式是适应新课标要求的教学模式

要达到新课标要求的提高学生科学素养，了解常见的化学物质在生产、生活和化学科学研究的应用，了解化学科学研究的一般过程和方法，正确认识科学、技术与社会的相互关系，能运用所学知识解释生产、生活中的化学现象、解决与化学有关的一些实际问题。要打破传统的"以教师为中心，教师讲、学生听"为特点的教学模式，STS 教学模式是基于建构主义学习观的比较成熟的教学模式。通过实践发现这样的模式是必修模块教学中很好的教学模式。

STS 是科学（Science）、技术（Technology）、社会（Society）的英文缩写。它是近二三十年来世界上形成的一种新的教育思想和模式。这种模式有显著的特征：（1）强调参与。在学习过程中，从学习内容到学习方式，都要有利于学生参与意识的培养和训练。（2）在科学和技术的关系上，技术得到比过去更多的重视。（3）在科学技术和社会的关系上，强调价值取向。科学教育不能只问耕耘而不问收获。（4）强调科学、技术、社会的相互关系，即自然科学和社会科学的交叉和兼容。（5）强调素质教育。主张"Science for all"（科学为大众），提高公民普遍的科学素质。STS 模式的教学要求建立在有感染力的真实事件或真实问题的基础上。一旦这类事件或问题被确定了，整个教学内容和教学进程也就被确定了。

STS 教学模式一般由这样几个环节组成：

（1）创设情境——使学习能在和现实情况基本一致或相类似的情境中发生。

（2）确定问题——在上述情境下，选择出与当前学习主题密切相关的真实性事件或问题作为学习的中心内容。

（3）自主学习——不是由教师直接告诉学生应当如何去解决面临的问题，而是由教师向学生提供解决该问题的有关线索，并特别注意发展学生的"自主学习"能力。

(4)协作学习——讨论、交流，通过不同观点的交锋，补充、修正、加深每个学生对当前问题的理解。

(5)效果评价——由于学习过程就是解决问题的过程，由该过程可以直接反映出学生的学习效果。因此，教学要注重随时观察并记录学生的表现，作为评价的一个重要内容。

我们通过教学实践发现STS模式在教学中使用应该注意以下问题：

(1)创设生动、真实、多样、有意义的教学"情境"。

生动、多样的教学"情境"不仅可以激发学生的学习兴趣，接近生活的、真实的、复杂的"情境"还有助于学生用真实的方式来应用所学的知识，同时也有助于学生意识到他们所学知识的相关性和意义。为此教师应尽可能地把学生要认识的化学过程、现象以及所要解决的化学问题提供给学生。给学生创造近乎于化学实际过程的教学环境，鼓励学生在这种真实的环境中进行独立的或合作的探索活动。

在教学实践中使用过的教学"情境"：

模块	章节	教学内容	教学"情境"
必修一	第一章第一节《化学实验基本方法》	分液和蒸馏	在家里煲肉汤，食用时为了尽可能少摄入油脂，如何将汤里面的油脂分离开
	第一章第二节《化学计量在实验中的应用》	物质的量浓度	体检化验单中指标用物质的量浓度表示方法
	第三章第一节《金属的化学性质》	钠性质的教学	神秘水雷
	第三章第二节《几种重要的金属化合物》	铝及其化合物	炊具的演变及铝制炊具的使用注意事项

续表

模块	章节	教学内容	教学"情境"
必修一	第三章第二节《几种重要的金属化合物》	铁及其化合物	实验室亚铁试剂的保存与使用注意事项
			电路板的制作（中关村中学刘新宇设计与实施）
	第三章第三节《用途广泛的金属材料》	正确选用金属材料	铝制易拉罐
	第四章第一节《无机非金属材料的主角》	二氧化硅的性质	实验室保存溶液时试剂瓶塞的使用
	第四章第二节《富集在海水中的元素——氯》	氯气的性质	为什么84消毒液与洁厕灵不能同时使用
	第四章第三节《硫和氮的氧化物》	二氧化硫的性质	黄色银耳的变身
		二氧化氮的性质	模拟工业上硝酸的生产
	第四章第四节《氨 硝酸 硫酸》	氨的性质	神奇的化学喷泉
必修二	第一章第二节《元素周期律》	元素周期律及其应用	日历与课程表
	第二章第三节《化学反应的速率和限度》	化学反应速率	鲜牛奶包装上的说明
	第三章第三节《生活中两种常见的有机物》	乙醇的氧化反应	酒后驾车的检测
		乙酸的酯化反应	酿酒、烧菜、水果香气
	第三章第四节《基本营养物质》	葡萄糖的氧化反应	制镜、尿糖试纸
		油脂的水解	制取肥皂
	第四章第一节《开发利用金属矿物和海水资源》	铝热反应	野外焊接钢轨
		海水化学资源的开发利用	海带提取碘

(2) STS模式的教学要围绕着"情境"设置驱动性问题，用情境将知识线、方法线和情感线有机地结合在一起。

生活情境在以往的教学过程中，很多老师都使用过。但多是在教学过程中的引入阶段使用，用来激发学生的学习兴趣。在STS教学模式中，"情境"应该是学习过程的承载体，学生学习活动要围绕着"情境"展开。因此在教学设计时要围绕着"情境"设计驱动性问题。例如：在《富集在海水中的元素——氯》的教学过程中有两个情境：一为"内陆地区海洋馆中的海水是如何来的？"二为"84消毒液为什么不能与洁厕灵同时使用"。情境一就只能作为引入情境，因为无法设立驱动性问题。情境二来源于生活中的实际问题，这个问题本身就是驱动性问题，学生在观察84消毒液和洁厕灵同时使用的现象，同时可以观察到其他的实验现象，学生在对其他现象的分析过程中学习氯气与水反应、次氯酸的漂白性、氯气与碱溶液的反应。本节课设计过程中的三条主线异常清晰：知识线——氯气的性质；方法线——实验探究法；情感线——氯气在生活中的应用。从引课开始，一个来自于生活的真实场景，显示屏上呈现了北京海洋馆里美丽的鱼群，进而引出市场上销售的海水素，由此让学生去了解大海中各种元素的含量；紧接着以播放BTV—7《生活面对面》的一期节目"84消毒液和洁厕灵不能混合使用"的视频为先行者，强烈的激起了学生学习氯气的欲望。他们急于知道洁厕灵和84消毒液到底发生了什么反应。在对探究实验现象的分析解释过程中，学生自然而然的学习到了氯气的化学性质。在教学任务即将结束时，又不失时机地拿出了84消毒液的使用说明书，同时提出一个新的问题："如果你身边的人要使用84消毒液，你会给他提出什么建议？"引导学生通过自学说明书的内容，去获取次氯酸钠的性质，同时告诉学生，化学就在我们身边，关注生活我们也可以从中学到很多化学知识，并且还能够学以致用。只有将知识线、方法线和情感线有机结合在一起的情境才具有生命力。

(3) STS的"情境"不仅仅是"生活情境"，还可以是"化学实验室情境"、"化学工业生产情境"。

STS模式应该成为很多老师常用的教学模式，但是多数老师在选择情境时往往只从生活中去寻找。化学中的实际问题不仅仅是生活中的问题，还包括实验室中的问题和生产实际的问题。例如在进行《铁及其化合物》的教学中，常用的情境是补铁剂的保存与使用问题。化学实验室中没有亚铁离子的溶液，在现配制的亚铁溶液保存时要加入铁钉，这个情境是化学实验中的真实情境，同样可以作为教学中的情境，设置驱动性问题，引导学生学习。中关村中学的刘新宇老师在进行《铁及其化合物》教学中的设置情境是工业上电路板的制作，也非常成功地把学生引入深程度的学习中。因此老师在寻找情境时，应该广开思路，不能忘记 STS 是科学（Science）、技术（Technology）、社会（Society）的缩写。

二、以实验为主的多样教学手段的使用

必修模块教学中要求学生学习必要的化学实验技能，体验和了解化学科学研究的一般过程和方法。在新课程的教材中设置了大量的科学探究、实践活动，目的是尽可能让学生在实践活动中学习化学，体验科学研究的过程，培养学生的动手能力，因此在教学中应该尽可能地让学生完成教材中出现的实验。考虑到绿色化学的要求，教材在编写过程中将一些对环境、对学生身体健康有可能造成影响的实验删去了。老师在教学设计的过程中，可以开拓思路，将那些对教学有益但仅仅是因为污染问题而删除的实验进行改进，让学生来完成。例如：在学习氯气的性质时，教材删去了大量的实验，仅有的实验也由教师演示完成，学生缺少了亲身体验的过程。我们在教学中将氯气相关的实验改为了微量实验。使用磁盘盒、废弃的眼药水瓶以及包装药片的塑料板，不仅降低了氯气的产生量、减少实验过程中因氯气散逸造成的污染，加入的氢氧化钠溶液还可以吸收多余氯气，使实验安全可靠，为学生亲自探究氯气的化学性质创造了一个良好的环境。而且在学生进行探究实验的过程中，还发现了该装置的一些优点：如反应迅速，现象明显，操作简便等。而且利用装置中间凹槽内产生的氯气向四周扩散，与周围物质相互接触发生反应所呈现的现象，较好地启迪了学生的思维，氯气的性质也随之呈现在学生眼前。实验是科学探究的主要方式，在进行教学设计的时候要设计好实验，尽量让学生在动手实验过程中体会学习化学的方法，体会科学探究的过程。

科学技术在不断发展，教学内容的呈现方式不再仅限于一块黑板。多媒体教学已经走进了课堂，它带给课堂活力。利用好多媒体手段，可以让教学内容也不再是单一的呈现方式，让学生的学习不再枯燥。例如在《富集在海水中的元素——氯》的教学中，从引课开始，大屏幕上出现了北京海洋馆里美丽的鱼群，出现了海豚的精彩表演，美丽的图片远比语言的描述更具吸引力；进而大屏幕上展示出市场上销售的海水素，以各种图示展示出大海中各种元素的含量，让学生直观的看到氯元素的确是富集在海水中的元素；紧接着又视频播放北京电视台"生活面对面"的一期节目"84消毒液和洁厕灵不能混合使用"，再次强烈的激起了学生学习的欲望，他们急于知道洁厕灵和84消毒液到底发生了什么反应。这些多媒体手段的使用极大地调动了学生的学习兴趣。教材提供给教师的素材毕竟是有限的，呈现方式比较单一。教师在进行教学设计时，通过各种渠道开发出有利于教学的多样的素材，并通过多媒体呈现在学生面前。

三、以学生为中心的学习方式的改变

高中化学新课程改革坚持"以学生发展为本"的理念，从促进学生科学素养全面主动发展的角度出发，倡导以自主、探究、合作为特征的多样化的学习方式。必修模块的教学还承担着给选修模块打基础的任务。让学生能够自主地去学习，让学生体会到科学探究的一般过程和方法，在学习过程中逐步认识到合作学习是对学生有益的学习方式。

学生的学习活动是有一定的动机驱动的，如果学生的学习仅仅是为了应付家长老师，在家长老师的要求下不得不去学习，那将是一种低效率的学习。要让学生有主动学习的愿望，在进行教学设计的时候，就要从学生出

发，激发他们的学习兴趣，把他们的主动性调动起来。学生初中已经学习了一年的化学。随着中考复习的展开，学生们对于化学学习的兴趣渐渐消失了。因此在高中化学必修模块的教学首先要重新培养学生的学习兴趣，上好序言课，可以把学生情绪高昂地带进高中的学习。在序言课上，我们展示了一系列的生活中的图片，提出了一系列与生活相关的实际问题。这些问题学生们有些他们本来就好奇，或多或少地、模模糊糊地知道一些；有些问题就在他们身边但从来没有关注过。把这些问题摆在他们面前，他们急于知道这些问题的答案，但是老师却不给出答案，而是告诉他们这些问题的解答都会在必修一模块的学习后得到，给学生们对于高中必修模块设置了整体的驱动型任务。同时也告诉学生化学就在我们的身边，我们学习化学是有用的。这与课表中要求必修模块教学要提高学生科学素养是一致的。

　　明确"以学生为中心"，这一点对于教学设计有至关重要的指导意义。因为从"以学生为中心"出发还是从"以教师为中心"出发将得出两种全然不同的设计结果。要在学习过程中充分发挥学生的主动性，要能体现出学生的首创精神；要让学生有多种机会在不同的情境下去应用他们所学的知识；学生们在教师的组织和引导下一起讨论和交流，共同建立起学习群体并成为其中的一员。在这样的群体中，共同批判地考察各种理论、观点和假说；进行协商和辩论，先内部协商（即和自身争辩到底哪一种观点正确），然后再相互协商（即对当前问题摆出各自的看法、论据及有关材料，并对别人的观点作出分析和评论）。通过这样的协作学习环境，教师和每位学生的思维与智慧就可以被整个群体所共享。这样的学习是全体学生的学习，而不是其中某一位或某几位学生的学习。

　　新课程教材中设置了很多的科学探究，这些科学探究不同于以往教材中的学生实验。老教材中的学生实验多数是验证性的，而且是学生两个人一组的实验。新课程中的科学探究，更多地变验证性实验为开放性实验，让实验不仅仅是动动手，而是变为思维的动力，变为学生的主动探究和亲身体验的过程。让学生的学习过程与科学家探索未知世界的过程在本质上是一样的。要让学生通过实验体会到科学探究的过程和方法,使他们在探究中学习,在学习中探究。

新课标下数学直觉思维能力的培养

王惊雄

庞加莱认为:"逻辑是证明的工具,直觉是发现的工具","没有直觉,数学家只能按语法书写而毫无思想"。历史上许多科学家的伟大发现都是凭着富有创造性的直觉得来的。例如笛卡儿坐标系、哥德巴赫猜想、欧拉定理等,都是通过观察比较,突发灵感所发现的。

直觉思维在人的创造思维能力中占有重要的地位,在强调素质教育的今天,加强学生直觉思维能力的培养显得尤为重要。高中新课程标准和新课程教材都在这方面有所体现。

一、直觉思维的认识

(一) 什么是直觉思维

"直觉(intuer,凝视)是不经过推理的一种认识,这是已有经验、技能和知识的产物,它在认识过程中起着从属作用。一切基于直觉的认识要获得客观真理的意义,应该得到逻辑的证明和实践、实验的检验。"(《苏联大百科全书》1953年第二版第十八卷)

对于直觉思维,可以从两种意义上去理解。一方面,直觉思维是在丰富经验的基础上,在短时间内直观地把握事物的本质,瞬间作出判断的思维形式。另一方面,直觉是灵感思维,是经过长期思维后的顿悟,是将思维信息迅速转化,形成新的系统,从而使思维出现新的突破。

(二) 数学直觉思维的特点

所谓数学直觉思维,即人脑对数学对象及其结构关系的一种迅速的判断与敏锐的想象。这其中包括两方面内容，即判断与想象。

所谓判断，就是人脑对于数学对象及其结构关系的一种迅速的识别、直接的理解和综合的判断，也可以说是数学直觉判断。

所谓想象是人对脑中已有的表象进行加工改造，从而创造出新形象的过程。它是人脑特有的功能，即使实物或人工符号并没有呈现在眼前，也能构想出新的事物与关系。在研究问题时，人们常常求助于猜想成一个大致判断，而后寻求根据，以证实自己初步判断的正误。

直觉想象与直觉判断是直觉思维的两个密不可分的本质。二者往往交替进行，有机结合于一体。正如美国教育家布鲁纳认为："在数学中直觉概念是从两种不同的意义上来使用的：一方面，说某人是直觉地思维，意即他花了许多时间做一道题目，突然间他做出来了，但还须为答案提出形式证明。另一方面，说某人是具有良好直觉能力的数学家，意即当别人向他提问时，他能够迅速作出很好的猜测，判定某事物是不是这样，或说出在几种解题方法中哪一个将证明有效。"（引自 J·S·布鲁纳：《教育过程》，人民教育出版社）

直觉思维具有下列特征

2.1 潜逻辑性 数学离不开严密性逻辑，因此直觉思维并不是没有逻辑，而是通过潜意识对信息进行有逻辑的加工处理。从而简缩了外在中间过程，从整体上把握事物表现过程和结果的直接性。

2.2 无意识性 直觉思维的无意识性着重表现在思维产生的突然性，思维的涌现无法自我意识，它是思维者所不能把握的一种顿悟过程。

综上，可见直觉思维是一种潜逻辑思维，是人类的一种基本思维形式之一，它包括直觉的判断和想象，它是理性与感性的统一。

二、直觉思维在新课标中的体现

（一）直觉思维在新课标要求上的体现

新课标在课程的总体目标中，第二条要求：提高空间想象、抽象概括、推理论证、运算求解、数据处理等基本能力。它提出的是数学思维能力，要求教师在教学中应根据不同的教学内容，选择适当的教学方式，使学生经历直观感知、观察发现、归纳类比、直觉猜想、空间想象、抽象概括、符号表示、运算求解、数据处理、演绎证明、反思和构建的思维过程，培养和提高学生的数学思维活动。

（二）直觉思维在人教A版教材的指导思想上的体现

人教A版教材有以下几个特点：

（1）"亲和力"：以生动活泼的呈现方式，激发兴趣和美感，引发学习激情。

（2）"问题性"：以恰时恰点的问题引导数学活动，培养问题意识，孕育创新精神。

（3）"科学性"与"思想性"：通过不同数学内容的联系与启发，强调类比、推广、特殊化、化归等思想方法的运用，学习数学地思考问题的方式，提高数学思维能力，培育理性精神。

（4）"时代性"与"应用性"：以具有时代性和现实感的素材创设情境，加强数学活动，发展应用意识。

以上这些特点都与直觉思维的培养有着直接或间接的联系，直觉思维需要有学习的激情，直觉思维孕育着创新，直觉思维是科学性与思想性的启蒙，是时代的需要。

（三）直觉思维在人教A版教材的具体内容上的体现

从新课程教材整体内容的安排上看，人教A版编入了"推理与证明"的章节，将合情推理明确纳入教材之中，体现了对数学直觉思维培养的重视；在立体几何必修的内容上删剪了位置关系有关定理的证明，增加了三视图、透视图的内容，目的是强调对空间几何体（几何图形）的直观认识和研究，培养和发展学生空间想象能力、运用图形语言进行交流的能力以及几何直观能力。这些较之于旧大纲的变化都体现了课标对直觉思维能力的重视。

再从不变的教学内容上看，教材在知识的呈现方式上也体现了新课标对直觉思维能力的培养。如在基本概念与原理的给出时，也更注重学生体验从直观感知到抽象概括，从直觉发现到理性分析的过程。比如函数的单调性内容的处理上，教材让学生体会研究函数性知识的"三部曲"，即观察图像，描述特征；结合图、表用自然语言描述特征；用数学符号的语言定义函数性质。再如圆锥曲线定义、标准方程和性质的内容也都是从直观感知、直觉发现再到严谨的逻辑分析的过程展开讨论和研究。

类似的例子还很多。我们可以感受到新课标在培养学生直觉思维方面的要求，在教材的很多内容上都能体会到新课标培养学生直觉思维方面的良苦用心。

三、以培养学生数学直觉思维为目标的教学实践

徐利治教授指出："数学直觉是可以后天培养的，实际上每个人的数学直觉也是不断提高的。"因此，我们可以从多方面、多渠道来培养学生的数学直觉思维。

（一）通过变式教学培养直觉思维

案例一：变式教学

（人教 A 版必修 2，第 127 页，例 1）已知直线 $l: 3x+v-6=0$ 和圆心为 C 的圆 $x^2+v^2-2v-4=0$，判断直线 l 与圆的位置关系；如果相交，求它们交点的坐标。

变式 1：直线 $x+v=1$ 与圆 $x^2+v^2-2av=0$（$a>0$）没有公共点，则 a 的取值范围是_____。

变式 2：若直线 $v=kx+2$ 与圆 $(x-2)^2+(v-3)^2=1$ 有两个不同的交点，则 k 的取值范围是_____。

教材例题中直线与圆都确定，要判别直线和圆的关系；变式一给出了圆和直线的关系，但直线方程已知，圆方程不定，含有参数，利用位置关系确定参数范围；变式二同样给出圆和直线的关系，直线方程不定，圆方程已知，仍然是利用位置关系确定直线方程中的参数的取值范围。依次给出学生

这三个问题,可以让学生学会变换角度去认识直线和圆的位置关系,掌握从代数与几何两个途径去解决此类问题的方法。启发引导学生从不同的方向提出问题,认识分析问题,培养学生发散的思维方式,拓展思维的广度,以便加强学生的数学直觉。

(二)适度强化合情推理

案例二:空间向量的有关运算的教学

给出下面的表格让学生回忆平面向量的运算法则,对照平面向量的运算法则写出空间向量的运算法则。

	平面向量	空间向量
坐标运算	设 $a=(x_1, v_1)$, $b=(x_2, v_2)$,则 $a+b=$ $a-b=$ $\lambda a=$ $a \cdot b=$ $\|a\|=$	设 $a=(x_1, v_1, z_1)$, $b=(x_2, v_2, z_2)$,则 $a+b=$ $a-b=$ $\lambda a=$ $a \cdot b=$ $\|a\|=$
距离公式	设 $A(x_1, v_1)$, $B(x_2, v_2)$,则 $\overrightarrow{AB}=$ $\|\overrightarrow{AB}\|=$	设 $A(x_1, v_1, z_1)$, $B(x_2, v_2, z_2)$,则 $\overrightarrow{AB}=$ $\|\overrightarrow{AB}\|=$
夹角公式	设 $a=(x_1, v_1)$, $b=(x_2, v_2)$,则 $\cos \langle a, b \rangle =$	设 $a=(x_1, v_1, z_1)$, $b=(x_2, v_2, z_2)$,则 $\cos \langle a, b \rangle =$
平行与垂直	设 $a=(x_1, v_1)$, $b=(x_2, v_2)$,则 $a // b \Leftrightarrow$ $a \perp b \Leftrightarrow$	设 $a=(x_1, v_1, z_1)$, $b=(x_2, v_2, z_2)$,则 $a // b \Leftrightarrow$ $a \perp b \Leftrightarrow$

事实上学生有了类比的意识，凭直觉可以比较顺利地填好此表。在教学中运用类比的方法培养学生的直觉思维能力，可以提高课堂的教学效率，让学生更牢固地掌握知识。

再如椭圆与双曲线的研究，等差数列与等比数列的性质等一些内容都是很好的素材。教师应抓住这些素材引导学生从研究问题的方法上类比，从命题条件上类比，从性质上类比，从结构上类比，从下定义的方法上类比，从而培养学生的数学直觉。

案例三：观察—猜想—逻辑论证

（人教 A 版必修 4，第 151 页，习题 3.1，B 组第 3 题）观察一下各等式：

$$\sin^2 30°+\cos^2 60°+\sin 30°\cos 60°=\frac{3}{4}$$

$$\sin^2 20°+\cos^2 50°+\sin 20°\cos 50°=\frac{3}{4}$$

$$\sin^2 15°+\cos^2 45°+\sin 15°\cos 45°=\frac{3}{4}$$

分析上述各式的共同特点，写出能反映一般规律的等式，并对等式的正确性作出证明。

题目要求"观察""共同点"，从哪方面来观察？从哪个角度找共同特点？明确这两个问题是关键。首先让学生在充分思考表达各自观点之后，教师给予适当的引导和总结：主要应从角的特点、式子结构、函数名称这三方面来考虑。而这三方面也正是掌握三角变换公式、解决三角化简求值问题的关键。

通过这一题目的训练可以很好地使学生经历直观感知、观察发现、归纳类比、直觉猜想、抽象概括、符号表示、运算求解、演绎证明、反思和构建的思维过程，培养和提高学生的数学思维活动能力。

（三）注重数学思想方法的运用

案例四 数形结合思想的运用

（人教 A 版选修 2-2，第 60 页，习题 7.1，B 组第 2 题）一桥拱的形状为抛物线，已知该抛物线拱的高为常数 h，宽为常数 b。求证：抛物线拱的面积为 $S=\frac{2}{3}bh$。

让学生做了这个习题之后，一个学生很自然地联想到了椭圆的面积公式是什么？怎么求？问题提到了课堂，引起同学们极大的兴趣。

首先有人提出，如果把椭圆的长轴缩短或把短轴伸长，使二者接近，椭圆将无限接近圆；若在圆中画出互相垂直的两条直径，再把其中一条直径缩短，那么圆就被"压缩"为椭圆。由于圆与椭圆的这种联系，可以由半径为 a 的圆面积公式提出猜想：椭圆的面积公式为：$ab\pi$。全班同学一致认为很有道理。这之后的问题是论证它的合理性。

同学们受习题做法的启发，将椭圆放到直角坐标系中，写出椭圆的标准方程 $\frac{x^2}{a^2}+\frac{v^2}{b^2}=1$——这是由形到数的过程，再将问题简化为求 X 轴上方半椭圆的面积，之后利用定积分的几何意义将半椭圆面积表示为定积分的值 $\int_{-a}^{a} b\sqrt{1-\frac{x^2}{a^2}}dx$，要求这个值，需要利用运算性质将它变形为 $\frac{b}{a}\int_{-a}^{a}\sqrt{a^2-x^2}dx$，目的是根据几何意义将式子 $\int_{-a}^{a}\sqrt{a^2-x^2}dx$ 转化为半圆 $x^2+v^2=a^2$（$v\geq 0$）的面积，这又是由数到形的过程。后来问题顺利得到解决，证实了所猜想的公式。

通过这个案例，我们可以看到注意运用数形结合的思想方法，培养学生有意识地将数与形相互联系、相互转化，可以启迪学生的思维，可以加强数学直觉的建立。同时我们也能体会到教材不仅可以传承知识，还能够引领学生产生直觉想象和直觉判断。

四、思考

长期以来，数学教学中过于重视逻辑思维的训练与培养，而忽视了潜逻辑的直觉思维的培养，影响了学生创造性思维的发展。而新课标的提出恰恰弥补了这方面的不足，更加重视培养学生的直觉思维能力。提高学生的直觉思维能力可以激发学生的探究意识和创造力，有利于优化学生的数学思维品质。在解题时直觉能帮助学生对结论或解题方向作出预见，也可以在推理面临多种可能性时帮助学生作出果断的选择。因此，在数学教学中培养学生的数学直觉思维能力是很有必要的。

值得提醒的是，直觉毕竟来源于一种没有经过推理的认识，有的时候也会具有一定的欺骗性。根据直觉判断的假设还需进行逻辑推理，再下结论。而从根本上说要提高直觉的成功率必须积累丰富扎实的数学基础知识。

"众里寻她千百度，蓦然回首，那人却在灯火阑珊处"，这是国学大师王国维在谈到治学的三大境界时的第三个境界，这也正是数学直觉到来的境界，我们都渴望有"蓦然回首"之时的顿悟与直觉，但我们不能不经历"众里寻她千百度"的艰苦过程，作为教师应该深刻理解新课标，以新课程教材为依托，挖掘教材中的宝贵素材，实现对学生直觉思维的培养，使学生的数学能力得到全面提高。

高中数学研究性学习的思考与实践

刘兴华

中学数学课程标准与原大纲相比,最大的变化就是新增加了"探究性活动"和"研究性学习课题",研究性学习成为一个亮点。这是走向 21 世纪的数学教育所面临的机遇与挑战,需要我们加深对研究性学习及其在数学教学中的实施进行深入的思考。

一、研究性学习的价值定位

(一) 研究性学习的历史概述

研究性学习在世界教育史上并不是新的名词。自 18 世纪以来,研究性学习已被大规模的倡导过三次:第一次是在 18 世纪末到 19 世纪的欧洲,由卢梭等人所倡导,为今天的研究性学习奠定了思想基础;第二次是在 19 世纪末到 20 世纪的美国,由杜威等人所倡导,杜威创立了"问题学习法",研究性学习从观念层面迈向实践层面;第三次是在 20 世纪 50 年代末到 70 年代的美欧诸国及日本和韩国等,由美国教育家布鲁纳等人所倡导,为研究性学习奠定了必要的方法论基础,研究性学习的雏形诞生。

20 世纪 90 年代以来,世界各国教育改革的步伐不断加快,纷纷出台各种举措,且都以改变学生的学习方式作为切入口。

(二) 我国提出"研究性学习"的时代性

我国今天提出的研究性学习既是历史上的研究性学习的继承,又与历史上的研究性学习有本质的不同。它不仅仅是转变学习方式,而是通过转变学习方式以促进每一个学生的全面发展。它尊重每一个学生的独特个性和具体生活,为每一个学生的充分发展创造空间。因此,"研究性学习"洋溢着浓郁的人文精神,体现着鲜明的时代特色。

(三)研究性学习的内涵

所谓研究性学习,是指学生在教师的指导下,从学习生活和社会生活中选择和确定研究专题,主动地获取知识、应用知识解决问题的学习活动。

1. 研究性学习是一种学习方式

研究性学习的着眼点在于改变学生的单纯的接受式的学习方式,努力形成一种对知识主动探求,重视实际问题解决的积极的学习方式。这种学习方式与传统的接受性学习方式有明显的不同,其区别简要概括如下:

	传统接受性学习	研究性学习
学习目的	掌握知识、技能	培养各方面的能力
学习内容	教科书	自己感兴趣的学习生活、社会生活的研究课题
信息来源	课本、教师	广泛渠道,如数字化、信息化
组织形式	课堂教学	小组活动,社会大课堂
人际交流	学生之间、师生之间	学生之间、学生与社会之间
学习结果	作业、考试成绩	研究报告、研究小结、项目设计
教师角色	权威性、控制性	组织、协作、指导、帮助
评价方式	定量评价、注重结果	定性分析、既重结果更重过程、重在参与

2. "研究性学习"是一门课程

研究性学习作为必修课列入《全日制普通高级中学课程计划》中,它的实施要依托相应的课程载体。从根本上说,"研究性学习"是一门主要由学生自己完成的课程。这种课程无论是在当前还是今后都不会有一个现成的模式,也不可能编出一本统一的教材。这就要求各地、各科教师从各自的实际出发,开发教材,创造自己的教学模式。"研究性学习"作为一种课程形态,为研究性学习方式的充分展开提供了相对独立的、有计划的学习机会。

3. 研究性学习是一种教育理念

研究性学习作为一种教育理念有着现代心理学理论的支撑，主要有人本主义的认知——情意整合论和建构主义学习观。

人本主义的认知——情意整合论认为人的存在是认知与情意相统一的整体人格，认知学习与情意学习必须统一。教学不能仅限于教授教材的知识，而要以促进学生在知识学习、能力学习和情谊态度学习等方面的有机统一，健全人格为目标。因此，课程内容必须满足学生主体发展的需要，尊重学生个体发展特点和成长规律，培养学生较强的主体精神；学生作为一个完整的人而存在，教材内容必须同社会合拍，正如布鲁纳所说："一切我们的学习资料，都应当同我们现在面临的问题联系起来，展开学习"。

建构主义的理论认为学习主要是学习者在原有的认知结构和经验的基础上生长出新的知识经验；学生学习主要是将新旧知识发生关联、主动建构意义的过程。建构主义学习观倡导在教师指导下的，以学生为中心的学习。在建构主义的教学模式下，教师充当的是设计者、组织者、促进者和评价者的角色，利用学习环境要素充分发挥学生的主动性、积极性和首创精神，最终达到使学生对所学知识的意义建构的目的。

研究性学习是教育规律发展的必然产物，是各科教学的题内之意，应当渗透在各科的教学活动之中，它是发展学生、提高教师素质的重要途径。

二、数学研究性学习及其特点

作为一种学习方式，研究性学习是渗透于学生的所有学科、所有活动之中的，当然它也应渗透于数学学科与数学学习活动之中。由于数学科学的高度抽象和应用的广泛，为研究性学习方式的学习提供了极为广阔的空间。我们认为只要处理得当，原有的课程内容也能在相当大的程度上支持学生研究性学习的展开。

（一）数学研究性学习

数学研究性学习是以培养学生的数学创新意识和实践能力为目的，它主要通过与数学学科内容相关的课题，在教师的指导下，以学生为主体地参与、体验问题提出和解决的全过程。使学生不但发展了思维能力，而且逐渐领悟到数学科学研究的基本过程和方法，提高学生的科学精神和人格素养。

数学研究性课题主要是指对某些数学问题的深入探讨，或者从数学角度对某些日常生活中和其他学科中出现的问题进行研究，充分地体现学生的自主活动与合作活动。

在高中数学新教材中编入了一些参考课题，如数列在分期付款中的应用、向量在物理中的应用、线性规划的实际应用、多面体欧拉定理的发现、杨辉三角等。与此同步的，我们更提倡教师和学生自己提出问题、编拟课题。

例：有一道小学智力竞赛问题：现有一个19°的模板（见右图），请你计一种办法，只用这个模板和铅笔在纸上画出1°的角来。

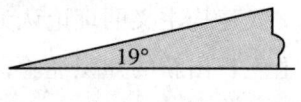

这个问题不少学生都会抓住 19°×19＝361°比 360°多 1°的特点，机智地给出解答。

作为学生，会做了，一般就完事大吉！很少有人能够深入地反思，因此放过了研究探索的契机。作为教师这时候应该不失时机地发挥指导作用。引导学生去思索：

（1）现有一个 17°的模板和铅笔，你能否在纸上画出一个 1°的角来？

（2）用一个 21°的模板和铅笔，你能否在纸上画出一个 1°的角来？

对（1）、（2）两问，如果能，请你简述画法步骤，如果不能，请你说明理由。

通过上面的思索，学生可以小结，具有怎样整数度数的模板可以画出 1°的角，哪些整数度数的模板不能画出 1°的角。

于是问题的一般形式是：

请你设计一个"α°角模板"（α 取 15～60 范围的整数），用这个模板可以画出 1°的角来。

用数学语言表述为：是否存在整数 x，y，使得 $ax-180y=1$。

进一步一般化可得到定理：不定方程 $ax+by=c$ 存在整数解（其中 a、b 为正整数，c 为整数）的充分必要条件是 $d\mid c$，$d=(a,b)$。

这是一个适合于中学生开展研究性学习的非常好的问题。上面的例子包含着一个从具体问题到数学抽象定理，进行层层深入探究的过程。在这样的过程中，学生可以初步学会从数学角度去认识世界，解决实际问题，掌握数学的思维方法，获得做研究、做数学的美妙感受。由此我们知道数学研究性学习与传统的数学知识、方法的学习有着明显的区别。研究性学习更加重视的是学生能力的培养与整个学习过程所带给学生的积极的体验。

(二) 数学研究性学习的特点

数学研究性学习既是研究性学习的重要组成部分，又是学生数学学习的有机组成部分。所以它应具有研究性学习的一般特点，在某些方面又有着受数学学科特点所决定的突出的特点。特别地，数学研究性学习是对"数学研究"的体验与"学习"，因而，它不但应具有数学研究的基本特色，而且更应具备中学生的学习特点，是这两种特点的有机综合。

数学研究有哪些特色呢？当英国数学家韦尔斯（Wiles）证明了费尔马大定理以后，美国数学家吉米·卡汉（Jermy Kahan）于1999年9月发表《从费尔马大定理的证明得到的十条经验》的文章，他认为：

经验之一：严肃的数学思考不仅需要时间，而且需要善于思考的勇气和技巧。

经验之二：数学研究需要个人独立的进行。

经验之三：数学研究也需要合作。

经验之四：数学结果的证明是一个具有社会性的工作。

经验之五：学生应该检查老师教给他们的数学的正确性。

经验之六：在问题解决的过程中，事后的分析是必不可少的。

经验之七：波利亚的元认知理论："你知道一个与之相关的问题吗？"，也助了韦尔斯一臂之力。

经验之八：代数与几何是互相联系的。

经验之九：数学不再仅仅是欧洲男士们的专利了。

经验之十：数学是一个活生生的知识主体。

数学研究的特点与初涉数学领域的学生的学习特点相结合，我们认为"数学研究性学习"的突出特点主要体现在以下几个方面：

1. 较高的抽象性

数学是最抽象的科学，是抽象思维的产物。它的抽象性表现在其特殊的抽象内容、特殊的抽象方法、特殊的抽象程度。以脍炙人口的哥尼斯堡七桥问题为例：

在17世纪的东普鲁士小城镇哥尼斯堡有一条小河流经市中心，河中有小岛A和D，河上有七座桥连接着这两个小岛及河两岸B与C（见图1），居民经常沿河过桥散步，于是有人提出这样的问题：问一个人能否每座桥恰好通过一次（无重复无遗漏），回到出发点。

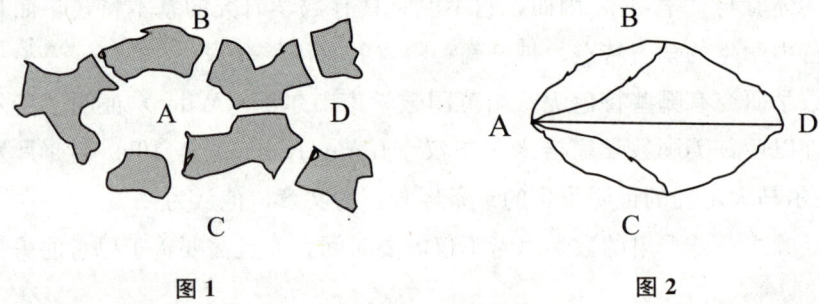

图1　　　　　　　　　图2

这个看似简单的问题，众市民反复试验均未成功。于是有人写信给当时在彼德堡科学院的数学教授欧拉，请他帮助解决。欧拉并没有亲自去桥上走走试试，而是运用他的智慧，敏锐的洞察力帮他看到：该问题与所走过的路程长度无关，而岛屿、陆地只是靠桥梁来连接着的地点，从而他将问题数学化、抽象化处理：将两个岛和河两岸抽象成四个点A、B、C、D，将七座桥抽象为七条线，于是问题等价地转化为能否一笔画出图2所示的图形，使问题得以顺利解决。

令人深思的是：为数众多的双目健全的市民为什么抵不过一个双目几近失明的欧拉呢？七桥问题是众市民与欧拉共同研究的问题，我们把他们的情况对比如下表格：

时代的发展，今天我们的中学生的动手实践水平理应远远高于17世纪哥尼斯堡城的市民，我们开展研究性学习的目的，决不是让学生像当年哥尼斯堡城的市民那样在实践中"走来走去"，而是要感悟到欧拉那样的研究问题的方法。

	广大市民	欧拉
研究者的情况	看得见，健康	双目几近失明，口授
研究方式	实际操作	用脑抽象数学模型
研究手段	反复试验	理性的分析与综合
研究结果	不能解决	很快解决问题，发展推广

2. 广阔的开放性

研究性学习的基本特点就是开放性。数学科学体系本身是开放的，但经过整理成为知识体系时往往以封闭式的演绎方式处理，滤掉了当时开放式的思维过程。学生的思维活动是开放性的，数学研究性学习可以使学生感受到开放式的思维和封闭式的表达相结合的数学特点。

数学研究性学习在学习内容、学习时间和地点、学习方式以及研究过程、方法和结果等方面与传统的数学教学活动相比具有明显的开放性。

很多开放性问题可以作为研究性学习的课题，但研究性学习的开放性绝不仅仅是问题的开放，重要的是激发学生的发散性思维、求异思维和思维的批判性，培养学生开放性的数学思维及开放性的数学观念。

3. 较深刻的探究性

数学是具有创新意识的知识主体，知识主体培养创新意识的潜能需要探究性学习的方式来开发。因此，探究性是研究性学习的核心，当然也是数学研究性学习的核心。

布鲁纳说："探索是数学的生命线。"数学正是人类在认识世界，对未知领域的不断探索中形成和发展的。学生进行数学研究性学习，探究、揭示事物的本质规律和特点的过程，获得探究过程的体验与探究问题的科学方法，发展其探究性思维与创造性思维。

故而我们强调，数学研究性学习不应是学习的一个数学知识或方法去探究其应用，而应是在探究的过程中获取数学知识或方法，在探究性的学习过程中学生的创新意识得到不断的发展。探究不是目的，而是一种手段。

我们还认为，数学研究性学习非常有利于培养一个人的钻研精神。

江泽民同志说："解答数学题，最重要的是培养一个人的钻研精神。"数学研究性学习理所当然的非常利于培养一个人的钻研精神。数学研究性学习正是让学习者体验使用观察、归纳、类比、联想、想象直到得出猜想的合情推理方法的运用，也要体验尝试、错误、直到成功的艰辛与喜悦，还要体验互相协作交流奇思异想而激发的兴趣与激情。通过数学研究性学习有利于学习者人文素养的全面提高。

吉米·卡汉在《从费尔马大定理的证明得到的十条经验》的文章最后说了这样一段话："教师通常是把数学看做一种既成事实，而不是把数学看做具有创新意识的知识主体，也不是把数学看做能使学生个体施展其才华的知识空间，从而正确地把数学知识教给学生。"这就告诉我们，教师只有把数学教学看成是数学思维活动的教学，把数学看做具有创新意识的知识主体，把数学看做能使学生个体施展其才华的知识空间，才能正确地把数学知识教给学生。有了如上观念与认识的转变，才能正确理解与实行数学研究性的学习方式。

三、数学研究性学习的思维发展策略

我们曾对中学的高一、高二年级的学生发放了问卷。通过对问卷的分析，我们看到开展数学研究性学习基础是存在的，同时也是十分必要的，大部分学生也乐于接受这种学习方式。特别地，开展数学研究性学习首先要结

合当前的学科教学,从以下几个方面对学生从思维的角度加以培养。

(一)培养问题意识的策略

"问题是数学的心脏"(哈尔莫斯),"提出一个问题往往比解决一个问题更重要"(爱因斯坦),科学研究是从问题开始的,而问题产生于怀疑。研究性学习也是以问题为载体的,要求学生具备发现问题、提出问题的能力,教师在教学中要刻意培养学生的问题意识,用数学的思维去发现问题和提出问题。

1. 挖掘教材例、习题的潜在功能用于设计问题

根据建构主义的数学学习观,学习者学习的过程不是简单的提问"你知道吗",而是要常常地思索"你是怎么知道的"。在课本中许多的例题、习题是直接给出结论要求学生证明。例如,人教社高中《数学(第二册上)》第六章有一例题:已知 a、b、m 都是正数,并且 $a<b$,求证:$\frac{a+m}{b+m} > \frac{a}{b}$。本题用比较法证明是很容易的,然而仅仅是证明,本题的教学价值会大打折扣。首先,引入时教师可以从对具体数的比较猜测得出该结论,或者通过阐述该问题的生活原型概括得出该结论;其次,对该结论的深入探讨,问题的本质是函数 $f(x) = \frac{a+x}{b+x}$,在 $[0, +\infty)$ 上是增函数;最后,考察该不等式与该函数在本章的其他应用。

再如,人教社高中《数学课本(第二册上)》第七章曲线和方程一节有一例题:点 M 与两条互相垂直的直线的距离的积是常数 k($k>0$),求点 M 的轨迹方程。课后习题中有一题:已知点 M 到 x 轴、y 轴的距离之积等于1,求点 M 的轨迹方程。两道题本身的联系学生很容易发现,但是如果教师不做引导学生一般很难从中得到双曲线的第三定义:到两条相交定直线的距离之积等于常数的点的轨迹就是双曲线。我们再看,2005年北京市高考题的解析几何题:如图(略),直线 $l_1: y=kx$($k>0$)与直线 $l_2: y=-kx$ 之间阴影区域(不含边界)记为 W,其左半部分为 W_1,右半部分为 W_2。

(1) 分别用不等式组表示 W_1 和 W_2；(2) 若区域 W 中的动点 $P(x, y)$ 到 l_1，l_2 的距离之积等于 d^2，求点 A 的轨迹 B 的方程；(3)（略）。如果学生对双曲线的第三定义有所了解，那么这题解决起来就容易多了。作为教师，我们有义务去引导学生不断思考问题的本质，即从特殊到一般不断地上升，从只见树木不见森林到既见树木也见森林。

在课本上数学归纳法部分的知识讲授时，教师应鼓励学生，对自己提出这样的问题：问题的结论事先是怎样知道的？让它们经历试验、归纳、猜想的过程，然后再用数学归纳推理的方法给出演绎的证明。例如，人教社高中选修二《数学（第三册）》第 66 页例题：平面内有 n 条直线，其中任何两条都不平行，任何三条不过同一点，证明交点的个数 $f(n)$ 等于 $\frac{1}{2}n(n-1)$。在这里问题的结论已给出，因此整个的证明过程不过是围绕在数学归纳法进行推理的演绎体系之中。在这里我们就可以鼓励学生提出问题：的结果事先是怎样知道的？因而可改成：求交点的个数 $f(n)$，就给学生留出了发现和探究的空间。进一步，可以让学生去试着探究空间中会有怎样的结论？还有，同一册书第 64 页上的例 2：证明：$1^2+2^2+3^2+\Lambda+n^2=\frac{1}{6}n(n+1)(2n+1)$，其中 n 为正整数。这里，若教师直接给出上述命题，那么学生要做的工作便是利用数学归纳法进行逻辑形式的推理，问题的探索价值会大打折扣。教师可以让学生经历归纳之后得到该公式。特别地，学生能提出问题：既然 $\sum n$，$\sum n^2$ 都知道了，那么 $\sum n^3$ 以及 $\sum n^k$ 的公式又是怎样的呢？因而，从问题的深度及广度上去发现问题与提出问题。

2. 研究课外习题与高考题发现问题

很多的高考题具有很丰富的背景，也为研究性学习提供了很好的素材。

例如，2003 年北京市高考理科 19 题：由三个新兴城镇，分别位于 A、B、C 三处，且 $AB=AC=a$，$BC=2b$，为同时方便三镇，准备建在 BC 的垂直平分线上的 A 点处（建立直角坐标系如图（略））。(1) 若希望点 A 到三镇距离的平方和为最小，点 A 应位于何处？（2）若希望点 A 到三镇的最远距离为最小。点 P 应位于何处？本题具有实际的生活背景，同时它也是运筹学中典型的有关网络优化中的选址问题。第一问较为容易，也是常见的成题简化得来；第二问有多种解法，是综合运用所学知识解决问题的很好范例。特别是，这个问题还可以上升到一般情形：试求一点，使它到已知三角形的三个定点距离之和为最小。这是一个著名的数学问题，具有丰富的历史背景，是中学生开展研究性学习的一个好课题。

诸如此类的问题在高考题中屡见不鲜，教师适当选择，指导学生进行研究，可以拓宽学生的视野，在初等数学与高等数学的结合出去解决问题，增加学生的兴趣，提高学生的数学素养。

3. 通过日常生活情景提出问题

学生是数学研究性学习的主角，因此研究性学习的问题不仅仅是由教师来提供，而且教师应鼓励学生通过思考、调查、查阅资料等方式概括出问题，甚至可以通过日常生活情景提出数学问题，进而提炼成研究性学习的课题。当一个学生能够主动地提出问题并自我反思加以解决时，这个学生的学习才会真正的主动与生动活泼。

例如，观察教室的一个墙角，看到三个互相垂直的平面。作一个截面可得一个四面体，这个四面体有三个面为直角三角形，请问：另一个面是什么三角形？其所对顶点的射影落在什么位置？这四个三角形的面积之间有何关系？教师与同学们一起讨论，不时提醒同学所猜想的结论，以及可能出现的问题，将同学的发现公布在黑板上，以引起更丰富的猜想，以及对这些猜想的证明或否定。可以得到如下结论，已知：四面体 $V-ABC$，令 $VA=a$，$VB=b$，$VC=c$，$\triangle ABC$、$\triangle AVB$、$\triangle BVC$、$\triangle CVA$ 的面积分别为 S、S_1、S_2、S_3，则有：（1）$\triangle ABC$ 是锐角三角形；（2）V 点在 $\triangle ABC$ 内的射影 H 为 $\triangle ABC$ 的垂心；（3）$S_1^2+S_2^2+S_3^2=S^2$；等等。进一步类比直角三角形的性质，你还能发现该四面体哪些性质？这样的问题与学生离的很近，容易引起学生的兴趣，而在问题不断的深入探讨中又可以获得更加全面的认知。

第斯多惠说:"一个好的教师应该叫人去发现真理,解决别人未解决的问题,探索别人未涉及的奥秘,发现别人未发现的东西,培养他们勇于探索的精神和善于发现的创造品质。"数学教师的教学目标之一就是让学生能够以数学的角度去发现问题和提出问题,这也是研究性学习开展的前提与基础。

(二)培养应用数学的意识和数学建模的能力

通过调查发现,学生理解的数学应用范围比较狭窄,教师在教学过程中应适当增加应用数学解决问题的例子,以激发学生解决问题的兴趣,同时让他们对自己所掌握的数学知识用于解决问题充满自信。"用数学"的意识是一种重要的数学素养,也是研究性学习的重要培养目标。一方面,我们可以有意识的引导学生应用某一数学知识或方法解决身边的问题。例如在学习了函数与数列的知识之后,指导学生分组开展对下列问题的研究:如何存款最合算,购房贷款决策问题,投资人寿保险和投资银行的比较,证券投资中的数学,商场打折的背后,等等。另一方面,我们还可以要求学生去发现某一数学定理或结论在实际中或其他学科中的应用,例如日常生活中的悖论问题、黄金数的广泛应用、余弦定理在日常生活中的应用、向量知识在物理上的应用探索等。

任何一项数学应用,首先是数学模型方法的应用。数学模型方法是人们解决各种问题时常用的一种方法,在利用数学模型方法解决问题的过程中,关键性的工作就是建立数学模型,建立模型也是具有创造性的工作,这是闪耀着智慧与才华的地方。中学生进行研究性学习,绝大多数的问题来自于学习、生活的实际,需用到数学模型的方法。较之教师有意识的引导学生发现某一知识或方法在实际或其他学科中的应用,我们更加提倡与鼓励学生自主开展研究,做好数学建模,在这过程中获得数学知识与方法。例如,准备参加应用数学竞赛的小论文撰写时,我们的学生中有的学生写静校时老师走什么样的路线能最快检查完教室,有的学生写如何分配磁盘空间最好,还有的学生针对几何画板进行改进实现计算机对笔式几何图形进行识别等,他们都写出了非常优秀的数学小论文。

"纸上得来终觉浅，绝知此事须躬行。"在日常教学中我们要从多方位、多角度着手培养学生用数学的意识，只是进行基本数学知识的传授和训练基本技能的简单应用题，是很难达到培养学生创造性解决实际问题的能力的。面对现实环境的多因素干扰，学生能够产生用数学的意识，能进行适当建模来解决实际问题的能力，需要在教学过程中的刻意培养与训练，也只有这样才能说是掌握了完整的数学知识，让数学应用意识化为信念，伴随学生的学习与生活，成为终生享用的财富。

（三）体会科学研究的过程与方法，培养数学创造性思维

数学研究性学习是以发现问题和提出问题为开始，以发展学生的数学思维为根本出发点，以培养数学创造性思维为目的。在我们所作的调查中，大部分学生还不了解该如何进行数学科学的研究，缺乏必要的思维方法的指导，教师在教学过程中应注意到科学研究过程、科学研究方法与数学创造性思维的渗透。

著名数学大师华罗庚就特别推崇他的老师——美国数学教育家维纳，维纳讲课就是将自己科学研究中的思想和方法的要点原原本本地讲给听众，学生从中获得的收益也是无穷的。学生学会探索问题，应从体会数学家的研究过程和方法开始，然后模仿着去做一些力所能及的研究，再逐步的发展成为创造方法、解决问题、甚至开辟研究方向。

对数学家和学生来说，最令人感到困惑的、最引人入胜的地方就是如何发现定理以及怎样才能证明定理。华罗庚说："必须设身处地地想，在没有这定律（或定理之前），如果我要发现这一条定律（或定理）是否可能。如果可能，那是经过怎样的实践和思维过程获得它的。"这也就是说，教师教学过程中，指导学生不仅要知道定理、看懂定理的证明，而且要想一想这个定理是怎样发现得来的、证明是如何想出来的？使学习具有研究的意味。因此，教师的教学应充分展示数学思维过程（包括数学家和教师自己的），把发现与创造的思维方法教给学生，以使学生的思维结构变得与数学家相似，

能够提出问题与解决问题。

例如，在讲解正余弦定理时我有过这样的设计：课题是"探索斜三角形中的边角关系"，对于直角三角形来说我们知道三边与三角六要素中的任意三个（必含一边）就可以顺利求出其他边与角，那么，一般地，在斜三角形中是否可以已知三要素求另外的三要素？根据全等知识我们了解已知三角形的三边、两边一夹角或两角一边三角形就唯一确定下来，对这三类问题的解决我们就可以归纳得出正、余弦定理及其证明。在这堂课中，全班同学积极参与研究，讨论气氛热烈，不但获得了数学知识，而且他们说还体会如何有特殊到一般的去发现与解决问题，如何作猜想以及证明的重要性，这样的数学课非常愉快。

事实上，课本中的许多定理都可以构造成较好的研究性课题，让学生通过自己的观察、归纳、思考、类比、猜想、实验、构造及证明来发现规律，使学生可体会到发现和解决问题的重要方法——通过合情推理得到猜想，然后逻辑证明，尝到成功的喜悦。创造性解决数学问题的一般过程是：

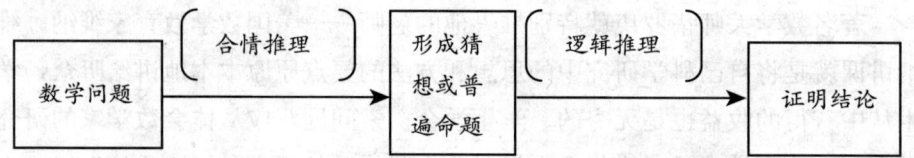

在这里我们也看到了，猜想在数学创新中的重要地位。猜想又没有固定的模式可循，"没有大胆的猜想，就不会做出伟大的发现！"因此数学教育家G. 波利亚曾经呼吁：在数学教学中"让我们教猜想吧！"

当然我们要注意，解决问题的过程还需要用科学的思维策略为指导，才能顺利进行。数学的思维策略有：（1）特殊化归为一般；（2）一般化归为特殊；（3）应用"关系映射反演原则"；（4）对问题作分解组合。"在数学的思维中，既有合情推理，又有逻辑推理；数学即是归纳的科学，又是演绎的科学。既要学会'先猜后证'的助探法，也要学会逻辑证明的演绎规则。总之，学习数学，就是要学会数学地思考问题，学会数学的思维方式，学会数学地解决问题。"解决问题的过程需要以科学的思维策略为指导，综合运用思维方法。这些我们应在日常的教学中不断的渗透给学生。

我们还应指导学生了解一定的数学史知识,在我带领学生进行研究性学习时,曾要求每两个人一组作一次数学史的知识介绍,受知识背景的影响,简单的可以是某一个问题的研究过程,也可以是某一位数学家的生平及他的主要学术成就。他们精心准备,做好精美的幻灯片,有一组同学介绍《莫比乌斯带》,边讲解边带领大家进行试验,内容丰富,引人入胜。每一组同学在结束时都提到,在学习数学史的过程中,他们充分体会到了数学家做研究的艰苦,以及数学家大量惊人的发现与数学的美带给他们的震撼。

以上几点既是数学研究学习所要达到的目的,也是数学研究性学习顺利开展的前提与基础,它们之间是相辅相成的。

四、数学研究性学习的实施

(一) 数学研究性课题构建原则

课本中虽然给出了一些研究性课题,但是研究性学习不能局限于这些课题,更多的课题需要广大师生自己去选择、去构建。用于数学研究性学习的材料应是建立在学生现有知识经验基础之上,能够激起学生解决问题的欲望,体现数学研究的思想方法和应用价值,有利于营造广阔的思维活动空间,使学生的思路越走越宽,思维的空间相对广阔的一种研究性材料。数学研究性课题的构建主要遵循:

1. 具有新颖性与现实性、可及性与挑战性。有利于激发学生的好奇心、好胜心,有利于增强学生的学习兴趣,调动起学习主动性和积极性;

2. 具有应用性。有利于学生体验数学的知识源于实际生活,有利于学生结合其他学科的知识,培养学生解决问题的能力;

3. 具有综合性、开放性。体现科学的研究过程和数学研究的思想方法,有利于营造广阔的思维活动空间,使学生在探索中创新,开发潜能,思路越走越宽,使学生掌握再创造知识的方法与实现数学发现的途径,有利于发展学生创造性思维,培养学生的创新意识与创新能力。

(二)数学研究性学习的教学实施原则

1. 自主探究的原则。自主探究就是让每个学生根据自己的体验,用自己的思维方式自由地、开放地去探究、去发现、去再创造有关的数学知识。

2. 合作交流的原则。研究性学习的实施要求学生有一定的合作意识与用数学语言交流的能力,同时也有利于学生合作与交流能力的发展。

3. 实践运用的原则。在信息社会,知识的更新速度加快,人类的学习也不应是一种知识的学习,而是终身学习,"即使学生把教给他的所有知识都忘记了,但还能使他获得受用终生的东西的那种教育才是最高、最好的教育"。因此,我们的教育应使学生的知识更多地来源于经验的积累,而不是被动地接受,扎根于学生头脑中的数学思维方法、研究方法、推理方法才是他们受用终身的"知识"。

"给你一双数学的眼睛,丰富你观察世界的方式;给你一颗好奇的心,点燃你胸中的求知欲望;给你一个睿智的头脑,帮助你理性的思维;给你一套研究模式,使它成为你探索世界奥秘的望远镜和显微镜;给你提供新的机会,让你在交叉学科的乐土上利用你的勤奋和智慧做出发明与创造。"

数学研究性学习方式的普及,数学研究性课题的探索,是个全新的课题。它随着实践的发展也必将与时俱进,不断完善发展与提高,必将会提高中华儿女的聪慧智睿,为本世纪中叶实现中华民族的伟大复兴打下人才的基础。

近六年北京高考物理实验分析及命题趋势研究

裴加旺

一、引言

物理学是一门以实验为基础的自然学科。中学物理中的许多定律、公式、概念和理论都是通过对大量的物理现象进行分析、归纳、比较和综合后总结出来的。物理实验能够更形象、生动、直观地将物理学中比较抽象、模糊的物理概念与理论呈现出来。物理实验不仅有演示实验，还有很多学生实验。在当前物理教学中，存在着"重讲解，轻实验"、"重知识，轻方法"的错误思想，老师一味地讲，学生听，导致学生没有兴趣，倍感枯燥无味。学生完全可以通过自己亲手做实验来体会前人对未知领域的研究方法，或验证前人的科学结论，从中培养学生的观察能力、动手能力、处理数据的能力、分析误差的能力和归纳结论的能力。物理实验可以培养学生的科学探究与创新能力，为以后在大学甚至研究生阶段的学习、科研工作打下坚实的基础。另外，实验能力的培养可以提高学生的综合素质。

《全国普通高等学校招生统一考试大纲》中提出要考查学生"设计和完成实验的能力"。它包括（1）独立完成实验的能力。深刻理解实验目的和实验要求；掌握实验方法与步骤；会控制实验条件和使用实验仪器；会处理实验安全问题；会观察、解释实验现象，会分析、处理实验数据；会分析和评价实验结果，并得出合理的实验结论。（2）设计实验的能力。能根据要求灵活运用已学过的物理理论、实验方法和仪器，设计简单的实验方案，并处理相关的实验问题。

作者对近六年来北京市高考物理实验进行了详细的总结与分析。分析结果表明，近几年高考实验试题的设计本着"来源于教材而不拘泥于教材"的原则，力图通过在笔试的形式下考查学生的实验能力。同时也希望通过考查一些简单的设计性的实验来鉴别学生独立的解决新问题的能力。总的说来，还是基于对实验原理的熟练掌握的基础上，通过给出不同于教材的实验设备，创设一些新型的物理情境，来考查学生的知识"迁移"能力。本文通过对近六年北京市高考物理实验的分析，总结、推演出北京市在物理实验上的命题热点和趋势，并制定了行之有效的备考方案，对教师高中物理实验教学和学生备战高考具有一定的参考价值和指导意义。

二、近六年北京高考物理实验命题特点

高考物理试题的考试内容包括知识和能力两个方面，高考物理在考查知识的同时，注重考查能力，并把对能力的考核放在首要位置。通过考核知识及其运用来鉴别考生能力的高低，但不把某些知识与某种能力简单地对立起来。目前，高考物理考核的能力主要包括理解能力、推理能力、分析综合能力、应用数学处理物理问题的能力和实验与探究能力。能独立的完成"知识内容表"中所列的实验，能明确实验目的，能理解实验原理和方法，能控制实验条件，会使用仪器，会观察、分析实验现象，会记录、处理实验数据，并得出结论，对结论进行分析和评价；能发现问题、提出问题，并制定解决方案；能运用已学过的物理理论、实验方法和实验仪器去处理问题，包括简单的设计性实验。

这几个方面的能力要求不是孤立的。着重对某一种能力进行考查的同时在不同程度上也考查了与之相关的能力。同时，在应用某种能力处理或解决具体问题的过程中也伴随着发现问题、提出问题的过程。因而高考对考生发现问题和提出问题能力的考查渗透在以上各种能力的考查中。从近六年北京高考物理实验题来看，总得说来命题特点如下：

1. 注重对基本实验操作、方法和原理的考查

近年来北京市实验题立意与定位均较好。一方面可以引导在教学和复习中重视实验的操作；另一方面要求实验的教学与复习，特别是验证性实验，不能只是简单地按课本的要求进行重复性的操作，更应理解实验的原理和方法。切合中学的教学实际，对中学的实验教学与复习将起到良好的导向作用。注重对实验原理、实验方法的理解和应用，着重考查学生对基本实验方法和迁移灵活运用能力，同时在其他题型中增加了以演示实验和学生实验为背景设计的试题。值得注意的是，对实验能力的考查要求有所提高。以往第一个实验题考查重点在于实验的操作、读数和误差分析；第二个实验题一般是课本中的重要学生实验的拓展或变通，主要考查电学实验的设计能力。

2004年考查了如何利用已有知识测量电流表的内阻。要求学生在掌握实验原理的基础上，正确选择测量器材，这是在能力上的要求进一步提高。2005年实验题考查的是一道电学黑盒子问题，主要考查了电源、电阻及二极管的主要特性，多用电表的用法及读数。2008年第一个实验题考查示波器的使用。要求提高学生的动手能力。并掌握各旋钮的作用。

下面以2005年考查电学黑盒子实验题为例来说明问题。该题考查的是学生的实验能力。题中前（1）、（2）、（3）问是课本要求学生应掌握的内容，考查学生的实验基本技能和能否顺利完成实验。而（4）问是要求学生根据学过的知识（如二极管的单向导电性）处理实际问题，对学生能力要求高过前三问。考查了学生的实验基本技能，如熟悉多用电表的使用及读数，考查实验方法（或实验方案），如探索"黑箱"内元件的一般思路和方法，也考查了处理实际问题的能力，如该黑箱子的简单应用，这些都很好地体现该实验的实验目的。这个实验题只有在学生掌握了实验原理，才能做出正确的回答。本题要求学生掌握的实验原理：①多用电表使用方便，可以用来测电压、电流和电阻等多种电学物理量。用它探测"黑箱"，就是通过测量电压、电流和电阻，来分析推断"黑箱"内的电学元件。②中学阶段常用的电学元件有电阻、二极管、电源等，根据它们的不同特征和探测结果，可分析"黑箱"内部结构：电阻的特点是不分极性，即正向和反向电阻大小相等；二极管的特点是具有单向导电性，如图1所示。电流由正极a流向负极b，用多用电表的欧姆挡（黑表笔接a，红表笔接b）测得其阻值较小，而测其反向电阻（黑表笔接b，红表笔接a）时，其电阻为很大或无穷大；电源不同于其他元件，因为它提供电压，用多用电表的电压挡可直接探测。题目的

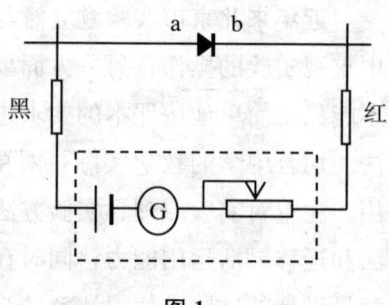

图1

（1）、（2）问正是考查学生对这些原理的掌握。每一个实验都有它的理论基础，只有学生掌握了实验原理，才有可能设计实验方案处理实际问题、顺利地科学地完成实验。如本实验要求学生掌握二极管的单向导电性，根据这个特性设计连接电路使小灯泡发光。这是此实验题的（4）问所考查的内容。

本实验题的（1）、（2）、（3）问同时考查了学生对该实验过程的掌握。该实验过程即探测"黑箱"内元件的一般步骤：①先用多电表的电压挡探测内部是否有电源；②若无电源，再用多电表的欧姆挡探测各接线柱间的电阻。

2. 继续突出对实验能力的考查，坚持采用实验设计试题

近年来高考中的实验题已由侧重于考查实验仪器的使用、基本操作等基础的实验能力，向着更侧重于考查对实验原理的理解、实验方法的灵活运用等更高层次的能力要求转变。要求考生运用学过的实验原理和方法，选择合适的仪器，设计出合理的测量电路去解决新的实验问题，这些问题来源于课本，但不再拘泥于课本上规定的实验，实验试题与课本上完全相同的很少，基本上都对课本中原有的实验进行了改编。通过考查一些简单的设计性实验来鉴别考生独立解决新问题的能力和知识的迁移能力，也体现了新的课程改革对学生实践能力和创新精神的要求，有利于引导中学物理教学重视基本实验、常规实验、变形实验，重视培养和提高学生的实验能力和素质。不仅要求考生掌握考纲所要求的基本实验和基本仪器的使用，还要求考生能够灵活地运用所学过的物理理论、实验方法和实验仪器去处理问题。比如2009年第一个实验题，考查了双缝干涉实验。所用实验器材与教材上不同，学生在

熟练掌握了双缝干涉实验的基本原理的基础上，能否利用所给的新的实验装置设计出双缝干涉实验，能否成功完成该实验，这对学生的试验设计能力提出了严峻的考验。

3. 重视考察学生的实验创新能力

实验创新能力的考查一直是近年来考查的重点。利用已经熟练掌握的实验原理、实验方法以及实验设计思维，根据新给出的实验器材，制定出切实可行的实验设计方案，顺利完成创新性的试验设计，这是培养学生的实验创新能力的关键之所在。

以2004年测量电流表的内阻实验为例，该试题既体现了对学生的实践能力和创新精神的考查；又不脱离当前中学物理实验教学的实际。2007年第二个实验题研究小车在斜面上的运动，并根据速度－时间图像来判断物体的运动状态。这是对教材中研究小车在水平桌面上做匀加速直线运动的"迁移"，考查了学生的实验创新能力。

以2004年北京卷实验题为例，如右图2为题目中给出的利用标准电流表A_2来测量待测电流表A_1的内阻的电路图。考试大纲中规定的19个实验中，有测量电源的电动势和内阻以及测量电阻丝的电阻率的电学实验，而没有测量电流表的内阻实验，该题为电学实验题的"迁移"，重点考查了学生的实验创新能力、替代法试验设计思维。通常我们将电流

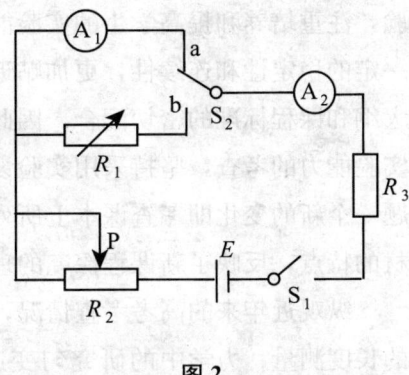

图2

表内阻视为零，该题需要学生转变思想来测量电流表的内阻。题目中已经给出了实验的电路图，而没有让学生自己设计实验，大大的降低了该题的难度。（1）问考查学生的实验动手能力，要求学生根据已给的电路图连接实物图。熟练掌握滑动变阻器的工作形式和连接方法，以及电流表的正负极与电源正负的连接，对于亲自做过电学实验的同学来说，该问相对较为简单。

(2) 问实际上是采用替代法来测量待测电流表的内阻,采用两次简单的串联电路,前后两次保持滑动变阻器 R_2 阻值不变,使回路中电流保持为 150 μA,电阻箱 R_1 的阻值实际上即为待测电流表阻值。(3)、(4) 为限流电阻 R_3 与滑动变阻器装置的选择问题,这需要详细考虑实验的安全性问题、满足实验要求和调节方便等细节问题。

三、未来几年高考物理实验命题趋势

实验能力的考查在物理高考中一直占有相当重要的地位,物理高考力图通过在笔试的形式下考查学生的实验能力,同时也希望通过考查一些简单的设计性的实验来鉴别学生独立的解决新问题的能力、"迁移"能力。高考物理实验试题从不同内容、不同层次要求来考查学生的实验能力,力图较好地区分和鉴别不同水平学生的实验能力。实验试题的设计本着"来源于教材而不拘泥于教材"的原则,有利于引导中学物理教学重视基本实验、常规实验,注重培养和提高学生的实验能力和素质。近几年来,高考物理科将保持一定的稳定性和连续性,更加贴近中学教学的实际,注意与中学执行新课程大纲和课程标准的密切配合。因此,未来几年高考实验考查估计将继续突出实验能力的考查,坚持采用实验设计试题。同时要关注高考物理试卷中实验题一个新的变化即考查课本上所列的一些探究性实验,这正是新课程改革教材的特点,反映了新课程探究的理念。

纵观近年来的高考考查情况,一些热点实验已基本形成,如基本仪器中的长度测量;力学中的研究匀变速直线运动、研究平抛物体的运动两个实验;电学中测金属的电阻率(含伏安法测电阻)、描绘小灯泡的伏安特性曲线、测电源的电动势和内阻、把电流表改装成电压表、用多用电表探索黑箱内的电学元件(重点:欧姆表的使用)五个实验;光学中的测定玻璃的折射率、用双缝干涉测定光的波长两个实验,都要更侧重地进行复习。值得注意的是,"一电一力"或"一电一光"或"一电一其他"的结构模式已比较明显,这就要求我们在把电学实验放在重点位置的同时,也不要忽视其他部分

的实验。未来几年北京高考物理实验命题趋势主要体现在以下几点：

1. 继续着重考查学生对实验原理的理解

实验原理是物理实验的核心内容。实验方法、实验步骤、仪器的选择乃至误差的分析等一切与实验有关的问题都是从实验原理中引申派生出来的。紧紧抓住了实验原理，也就容易明白并记住实际操作过程中的一些规定、要求和注意事项。例如，高考中的设计性实验，对学生综合运用所学知识的能力和创新能力的要求比较高，但是它所用器材、原理、方法都源自学生实验、演示实验或课本知识中。在设计、操作实验时，只是要求学生将它们创造性地结合，这虽然不是课本上的实验，但用到的全是已学过的知识和使用过的器材。如果学生能深刻理解类似实验的原理、设计方法，能把所学的知识综合运用，是不难解决的。因此，我们在实验教学中，要有意识地强化对实验原理、实验方法的理解，将实验问题与有关理论知识结合起来思考。实时地将相关理论应用到相应的试验中，这样才能使学生在实验思路上触类旁通，适应高考对考生实验能力考查的要求。

2004年电学实验器材的选取，只有熟练掌握了电学的欧姆定律、串联电阻限流等基本物理原理和定律，才能准确无误地选择出响应的限流电阻和滑动变阻器等实验器材。2006年电学实验中考查了灯泡和电阻丝电阻随工作偏置电压的变化情况，电阻丝功率随工作偏压的变化情况，以及电流表、电压表、滑动变阻器和电源的选取。这仍然是考查学生对一些电学基本原理的掌握。学生要深刻理解电阻在工作状态下，温度为什么会发生升高，温度升高后对电阻的电阻值又有什么影响，电阻值改变后反过来又是如何影响电阻的电功率？熟练掌握各种实验的实验原理以及各种实验装置的工作原理，对做好物理实验题至关重要。

2. 仪器的选择、读数、数据处理及误差来源分析仍然是考查的热点

在熟练掌握实验原理的基础上，设计出合理、方便、快捷的试验方法，根据设计出的实验方法，选择各种参数适宜的实验器材。

在历年的高考物理实验中，实验仪器的使用和选择占有相当大的比重，

其难点为电学仪器的选择。长度的测量、电学参数测量的仪器是重点考查的对象。因此,对于刻度尺、游标卡尺、螺旋测微器长度测量工具,一定要熟练掌握它们的使用方法,会正确读数,该估读的一定要估读。对于电流表、电压表、多用表,要熟练掌握各种电表的连接、选取量程、读数、仪器的构造及其工作原理等。除此之外,对《考试大纲》中所列的13件仪器的使用,都应该达到能熟练使用的程度。只有熟练掌握了各种仪器设备的构造和工作原理,才能更迅速、准确的选择出最恰当的实验仪器。

3. 重视设计性实验与探索性实验的考查,培养学生的创新性品质

从近几年的高考物理实验试题的设置来看,要求特别重视实验能力的培养和提高,认真做好教材中规定的基本实验,充分理解和掌握实验内容。在此基础上,能利用已学知识、原理和方法在题设的条件和情境下,按照题设的要求制定出实验方案、选择实验器材、安排实验步骤、设计实验数据的处理方法及实验误差分析,逐渐提高实验迁移能力和设计、解决简单新颖情境实验的能力。

以2007年研究小车在斜面上运动情况的实验题。大纲中为研究水平平板上小车匀加速直线运动问题,该题中给出了斜面平板上小车在重力沿斜面向下分力以及斜面对小车摩擦力的共同作用下,小车的运动情况。该题考查了学生实验"迁移"能

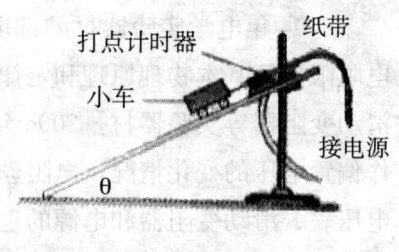

图3

力,是一个非常好的创新性实验题。(1)问是考查学生的实验器材选择问题,因为采用打点计时器来研究小车的运动情况,因此需要采取50 Hz的交流电源,还有需要刻度尺来测量。考查了学生对实验目的、实验方法与实验过程的掌握。(2)问考查学生对刻度尺精度以及读数时的估读。(3)问考查学生采用作图的手段来研究问题的能力,通过刻度尺读 S_1、S_2……S_6各数值,作出 S/t-t 图像,实际上是对应一些点的 v-t 图像。考生要在熟练掌握匀变速直线运动规律的基础才能准确的作出判断。(4)问根据(3)所作出

的图像，来判断0刻度线时小车的速度以及加速度，该问考查学生发现规律的能力。总体看来该题难度适中。如果进一步考查学生的实验探究能力，给出斜面的倾斜角度θ，让学生来求斜面和小车之间的滑动摩擦系数。这就加强了对学生创新性品质的考查，这些创新性品质应该是高三学生必须具备的。

4. 关注新课程的改革方向

在新课程改革的大背景下，高考对实验的考查已从简单的实验知识和操作技能转向考查实验思想、方法等综合实验素养和设计、创新等综合实验能力上。探索性实验的出现就是很好的体现。

随着新课改的实施，探究性、设计性的实验题将成为高考的热点。平时实验中应注意发现问题、提出问题，并进行探究。每完成一次实验，必须再进行思考，完成该实验还有哪些新方案，该实验还有哪些其他用途，以此来提高自己的探究能力和创新能力。

由于探究性、设计性实验是考生实验能力的较高体现，通过它不仅可以考查考生对实验的一般能力，更重要的是可以考查考生对实验的创新能力。所以预测今后高考在兼顾考查课本实验的基础上，会更注重对课本实验的拓展和延伸考查，甚至会在全新的实验环境中进行考查。因此在第二轮复习中要将精力放在理解实验原理和方法上，再通过测试和练习总结出实验设计的一般原则和思路。

四、高考物理实验备考策略

物理实验在高考物理中占据非常大的比重，又是学生容易失分的难点所在。高考大纲中更是提出要着重考查学生"设计和完成实验的能力"，实验能力的考查历来是高考的重点。因此，高中物理实验的复习应引起高度重视。

为了使高三教师在教学中与学生备考中对物理实验的复习更有层次感和针对性，我们认为对北京考试大纲中规定的19个实验的备考复习也应该分三轮进行。一轮复习,让实验与知识复习同步,把实验教学跟各章知识教学同步进行。每章单元测试训练,必须覆盖本章实验内容。在第一轮复习中,大纲规定的实验内容必须面面俱到;二轮复习,实验作为一个专题用约 10 课时复习,侧重电学实验的复习,安排两次训练检测,以便查找哪些实验是学生仍然没有熟练掌握的;三轮复习,在每次综合测试卷中,实验主要突出两个方面训练:一是高考的重点和热点实验训练,二是前期学生掌握得不好的实验重温、巩固训练。我们认为高考物理实验复习应该讲求如下策略。

(一)注重原理,夯实基础,培养技能

对于任何物理实验来说,实验原理永远是最为核心内容。讲清实验基本原理和实验方法是复习的重要环节,也是高三复习容易忽视之处,切不可直接由实验习题直接代替,忽略了对实验原理与方法的讲解,不可舍本求末,敷衍了事。首先,应该明确实验要达到什么目的,要达到这个目的,依据什么物理规律,即实验原理的理解。其次,根据实验原理,需要测量获得哪些实验数据来验证该物理规律。要得到这些实验数据,需要采用什么试验方法,选择那些实验仪器和装置。然后,根据所选试验仪器和装置的使用规则和实验要求,如何完成实验来确定操作步骤,以及操作过程中需要注意哪些事项。再者,采用什么样的方法对实验数据进行处理,平均值法还是图像法?对于图像法处理数据来说,怎样画图?以什么物理量作为坐标轴?图像的物理意义是什么?实验数据的误差分析等。最后,根据实验数据分析,得出实验结论,实验数据在误差允许的范围内是否能够验证相应的物理规律。如果实验数据超出了误差允许的范围,应该从实验中用到的仪器本身存在的误差、测量误差、细微的实验操作过程等方面进行分析。通过这种训练,使学生更深刻地理解物理实验的原理,熟练掌握了相应的物理规律;通过对实验误差以及产生误差原因的分析,锻炼了学生的独立思考能力,培养了学生分析问题和解决问题的能力。以上几个方面,实验原理是第一重要的。它是实验的根本,更应该讲清讲透。

（二）加强实际操作，提高动手能力

物理实验的首要特点就在于其实践性。《考试大纲》中规定的19个学生实验是学习实验知识的载体，是形成实验能力的基础，同时也是高考命题的材料来源。实验题虽是"纸上谈兵"，但在命题时总是希望把"做过实验的"和"没做过实验的"区分开来。对于物理实验来说，不亲自做一做，是很难发现问题的，也很难达到对问题的真正理解。拿电学实验来说，有的学生画电路图头头是道，在实物连接时却束手无策。高考中的电路实物连接题，就是把实际操作能力通过纸面上的画线展示出来，这种类型的题目错误率如此之高，说明学生实际操作能力较差，操作经验不足，需要严格认真的训练。建议在每年的高考前一个多月，学校实验室全面向学生开放，让学生利用课后的时间到实验室自己动手做实验。要求学生在做实验时应该做到：对每个实验都要清楚实验所依据的物理规律是什么？要测量哪些物理量，如何操作？等等。不仅要懂得每一步的操作，而且要理解为什么进行这一步操作，哪些操作可以替代，哪些操作顺序可以颠倒。必要时，结合录像进一步规范学生的实验操作行为。

（三）掌握设计实验的思想和方法，提高创新能力

所谓设计性实验，通常是要求考生根据给出的实验目的和器材，灵活运用所学的实验方法、原理、技能，进行创造性的思维，设计出切实可行的实验方案、测量方法、实验步骤，并处理数据，得出结论，关键在于对实验原理的理解和把握，以及如何变成实际可行的实验过程，这是对创新能力的考验。近年高考特别重视考查学生的实验迁移能力，这类试题是对大纲规定的实验加以拓展创新的试题。但实验原理不会超过中学物理基本知识的范围，所用的实验仪器和实验方法是大纲规定实验中所介绍的。当然有的试题中会出现一些新的仪器，甚至会在题中简介它的作用和使用方法。很明显，实验设计是建立在理解实验原理和完成学生实验的基础之上，因此学生必须在熟练掌握大纲中所列的实验基础上，才能将实验原理和方法迁移到新的实验问题中，具有设计新的实验的能力。设计性实验之所以难，因为它更能体现出

学生的创新能力。设计实验也是有规律可依，有方法可循的。常用的方法有等效替代法、累积法、控制变量法、转换法、留迹法、平衡法、补偿法和共轭法等。

（四）全面复习，一个不漏

考纲上共19个学生实验，每个实验都要求学生一个不漏地做，并认真掌握。从这几年的高考试题看，大多考题出自这些学生实验，即使有变动，也是源于课本的实验。只有掌握了基本的实验原理和方法，才能解决变化的题目。因此复习中要求学生理解每个实验的原理，明确实验目的：原理是灵魂，目的是方向。抓住了原理，即抓住了"纲"，才能做到"纲举目张"。而仪器的选择，步骤的排列等需符合原理，要为目的服务；误差分析是具体操作过程中的不尽合理之处的修正与分析。

（五）重视演示实验和课本中附加的小实验，培养和提高学生的观察能力

近年高考已向演示实验和小实验拓展。如：自感现象、光电效应等实验题都是演示实验，演示实验在物理教学中有重要的示范作用，在培养学生实验能力方面有着不可替代的作用。小实验可依就地取材，如反冲实验，可以简单的利用气球、吸管和细线即可完成，形象、直观地将反冲现象展现出来。对培养学生的动手能力、分析能力、发现和探索问题的能力具有独特的作用，将深奥的物理学原理和方法通过小小的实验演示出来。2005年北京卷第6题就考查了电磁感应的课堂演示实验。在平时的教学中，一定要想方设法开全所有的演示实验，让学生知道规范的做法，引导学生抓住观察的时机，会观察物理现象，培养和提高学生的观察能力。复习中要将所有演示实验的原理、方法、数据处理方法等弄清楚，全面提升实验能力。

（六）关注新课程，用探究性实验培养科研能力

新课程标准将"物理实验"的提法变为"物理实验与科学研究"，使物理实验有了更深的含义。探究性实验对培养学生科研能力起着重要作用，随着新课标教材的全面推广和使用，使得探究性学习，探究能力的培养将越来

越受到关注。

总之,我们在物理实验复习过程中,既要有主要基础知识的全面复习,又不能照搬课本,要注重培养学生的发散思维、创新能力。

五、结论

在新课程标准三维目标"知识与技能"、"过程与方法"、"情感、态度与价值观"的基本思想指导下,在目前考试形式的制约下,高考改革尽可能全面考查学生实验思想方法、实验素养和实验能力的总趋势是:

(1) 高考物理实验会越来越贴近现实生活问题。对现实生活中常见的物理现象进行实验验证,考查学生利用所学知识解决实际问题的能力。根据要解决的与实际生活相联系的问题,利用课程标准所列实验的原理、方法和器材,重新组合,推陈出新。

(2) 仍将侧重对实验数据的处理能力及实验的多种思维方式的考查。对于基本内容的考查重点仍然放在实验和器材测量的原理、选取、数据处理和结论获取的方法上,考查形式新颖。

(3) 重视实验思想方法的建立和"迁移"变化能力的提高。在总体上讲,设计性、探究性实验是考查的重点,目的是考查学生的实验探究能力及相关的一些实验能力,考查学生的实验思想方法和实验"迁移"能力。

隐喻理论对词汇教学的几点启示

付永庆

认知语言学是 20 世纪 80 年代在美国和欧洲兴起的、由认知心理学和语言学结合而成的边缘学科。它处于语言研究的前沿,其研究范围包括范畴化和原型理论、隐语概念和认知语法等。"认知语言学一方面从人的认知(即人们认识客观世界的方式)的角度观察和研究语言,另方面通过观察语言现象,找出规律性的东西,分析语言反映的认知取向,从语言的各个层面探讨认知与语言的关系及其性质,说明语言是认知发展的产物。"因此,它使人们加深了对语言学习和语言应用的认知过程和规律的了解,帮助教师更好地理解语言,从而改进自己的教学。本文就从认知语言学特别是隐喻理论对英语词汇教学的关系作一探讨。

一、词汇教学的现状

学习任何一门语言,词汇都是重要的基石,也是语言学习最难以攻克的堡垒。有学者的研究表明,一个人只有掌握了 3 000~4 500 个单词,才可以理解英语的普通读物,也就是说这才相当于一个英国小学一年级学生的单词量。而我国对公共外语四级要求的单词量是 4 200 个,对专业四级的单词量也不过 6 000 个。相比之下,这就给我们的词汇教学提出了严峻的要求。这种要求在中学阶段就显得更为迫切。因为学生们正处于学习外语的黄金时期,但是他们又缺乏相应的有效指导,如果我们能在中学阶段给学生一些相应的科学方法,势必会取得事半功倍的效果。

目前我们的词汇教学还主要依赖于西方的研究成果，即在自然条件下语言的习惯，而非外语学习环境中的语言习得，并且理论研究难以和大众教学相融合。因此处于一线的教师很难给出一个有着理论支持的科学的学习单词的方法。根据王蔷的研究表明，直接记忆（死记硬背）的策略在学生中还有很大的市场，被学生广泛使用。笔者并不反对背单词，而且蒙德里亚通过实验表明，直接记忆和其他方法如关键词等方法效果没有明显差异。但是"记忆绝不仅仅是单纯重复达到熟练的过程，更是一个涉及人的认知过程，至少包括：输入—理解—与原有知识重组—强化—记忆五个环节"。教师应该给学生以科学的指导，下面就从认知语言学主要是隐喻理论的角度，作一探讨。

二、隐喻理论的介绍

隐喻在传统上被看做一种修辞手段。但随着认知科学的发展，它已经成为认知科学中的重要话题，受到人们的关注。根据认知语言学观点，人类语言整体上是一个隐喻性的符号系统，莱考夫和约翰逊在《我们所赖以生存的隐喻》一书中指出："隐喻无所不在，在我们的语言中，思想中。其实，我们人类的概念系统就是建立在隐喻之上的。"根据原型理论，人类认识事物总是以"原型"为中心向外扩展的。人们首先认识身边的事物，随着人类活动的增加，所接触事物的范畴也不断扩大，人类的思维发展也不再满足于对具体事物的认识和表达，而是逐步认识抽象概念。这时，人不可以无止境地增加概念，创造新的词语。而是将认识的抽象概念与已认知的事物相联系，找到它们之间的关联点，从而利用对已知事物的认识来表达新概念，创造新意义。这样就形成了认知语言学所说的认知投射或映射（cognitive mapping）。莱考夫将隐喻分成三类：结构隐喻、方位隐喻和本体隐喻（实体隐喻）。

（一）结构隐喻

结构隐喻是指以一种概念的结构来构造另一种概念，使这两种概念相叠加，将谈论一方的词语，用于谈论另一概念，于是产生了一词多用现象。同时，人们认为争论就是一场战争，因此就有了以下的说法：

Your claims are indefensible.

He attacked every weak point in my argument.

I demolished his argument.

I have never won an argument with him.

If you use that strategy, he will wipe you out.

从中我们不难看出，本来用于描写战争的词语都用在了争论上。这些用法使表达更加生动、传神。

（二）方位隐喻

方位隐喻指参照空间方位而组建的一系列隐喻概念，空间方位来源于人们与大自然的相互作用，是人们赖以生存的最基本的概念：上—下、前—后、深—浅、中心—边缘等。方位隐喻是较早产生的可以直接理解的概念。在此基础上，人们将其他抽象的概念，如情绪、身体状况、数量、社会地位等用具体的方位概念表达，形成了用表示方位的词语表达抽象的概念语言：

Happy is up; sad is down.

I'm feeling up. I am feeling down.

He is really low these days.

Cheer up! It is not the end of the world.

（三）实体隐喻

人类最初的生存方式是物质的。人类对物体的经验为我们把抽象的概念和表达方法理解为"实体"提供了物质基础，从而产生了实体隐喻。在这类隐喻中，人们把思想、感情、心理活动等抽象的、模糊的东西看成是具体的、有形的实体。从而我们可以对其进行谈论、量化等。比如：

It will take a lot of patience to finish the book.

He is in trouble now.

He made his way in life.

尽管这些隐喻已经被人们所接受，成为普普通通的语言。但是从中我们还是可以感觉到"隐喻式的思维方式和其他的感知一样，成为人们认识世界和赖以生存的基本方式"。

三、对词汇教学的启示

（一）注重基本范畴词汇教学

基本范畴词汇多是词形简单、音节较少的不可分析的本族语词，用来指代那些与人们有直接关系的、经常接触的、基本范畴事物。它们最早获得了语言符号。受到隐喻性思维的影响，当日常语言中缺少表达某一概念的相应词汇时，人们往往会从已经存在的词语中借用描述同样形状或功能的词汇来代替。根据莱考夫和约翰逊的调查，绝大多数的喻体词不仅都是实体性概念的词，而且都是生活中的常用词。大部分隐喻思维和语言都是在基本范畴等级上发展的。基本范畴的词比其他范畴词有更多的隐喻用法。如 bird, flower, dog, fox 等比 dove, rose, animal 隐喻用法多。柏林等人以动植物为例，将名词划分为五级范畴：

1. Unique beginner 生物类别：plant, animal
2. life form 存在形式：tree, bush, flower
3. Generic name 科属名称：pine, oak, maple, elm
4. Specific name 标名：white pine, Jack pine
5. Varietal name 物种：Northern ponderosa, Western ponderosa

其中第三等级科属名称被认为是最基本范畴。这些核心词汇在日常用语、普通文章中使用率最高。掌握了核心词汇（基本范畴词汇）就意味着开启了通向基本交际的大门。词汇基本等级理论为语言教学中词的运用频率提供了理论依据，因为频率词高的词多是基本等级范畴词，它们构成合成词的概率和扩展的隐喻意义的使用频率也比较高，对词汇及语言教学有很重要的意义。因此对教师来说，了解那些是基本范畴词，并对基本范畴词进行重点教学就显得十分重要。

(二)理解词语的隐语意义,扩充词汇量

在教学中,经常遇到的情况就是学生抱怨单词的意思太多,从而给记忆单词造成了很大的困难。但是如果在课堂上教师可以带领学生仔细分析一个单词的所有意义,自然会发现很多意义之间存在着有机联系。如果仔细研究每一个词的词源,我们都可以从它们身上找到隐喻的影子。也就是说,在创造新词的过程中,人们常常使用已经存在的词语来谈论新的、尚未命名的事物,从而产生了一词多义的现象。如果教师在讲单词的时候,从一开始就把本义和隐喻意义都教给学生,从而让他们意识到每个单词的许多意思之间的联系。这样,学生在记忆单词的时候就可以通过联系进行记忆,并且还帮助他们彻底掌握单词的用法。这样无论在质和量方面都会有所提高。比如,教师可以对表示人体部位的词语进行扩展,来揭示彼此之间的联系。

Head of a department, of state, of government, of page, of a queue, of a flower, of stairs, of a bed, of a tape recorder, of a syntactic construction

Eye of a photo, of a needle, of a hurricane, of a butterfly, in a flower, hooks and eyes

Mouth of a hole, of a tunnel, of a cave, of a river

Arm of a chair, of the sea, of a tree, of a coat or jacket, of a recorder player

在理解了这些词语之后,即使在阅读中遇到了不认识的单词,也可以基于对隐语的认识,对词的意思进行有根据的猜测,来提高阅读的质量。另外,英语中的许多地道的表达法,最初也是隐喻的结果,只不过由于其用法已被众人接受,变成了死喻。但如果能对这些说法有所掌握,对学生的写作能力的提高也会有很大帮助。比如说,在人们经常把想法或意义视为物体,语言形式为容器,交际的过程为传送的过程。因此在英语中有以下的表达方法:

It is hard to get that idea across to him.

Your reasons came through to us.

It is difficult to put my ideas into words.

His words carry little meaning.

The introduction has a great of thoughts.

再比如说，英语中存在大量的动词短语，并且每一个动词短语都会有多达四五个意思，这给学生带来了很大的困难。其实大部分的动词短语的意思还是有机可循的。具体来说，动词短语中介词的意思在很大程度上影响了动词短语的意思。以介词"up"为例，up 最初的意思就是 movement upwards, from a lower position to a higher position 指示向上的方向；如动词短语 get up。但是到后来，up 逐渐扩展，用来表示 give the idea of something increasing in volume, speed, price, strength, and reputation（某物在数量、速度、价钱、力量、以及名望上的增加或提高）；如动词短语 bring up, cheer up, speed up, grow up, go up。或者在莱考夫和约翰逊看来，"happy is up", "more is up", "good is up" and "conscious is up"，等等。

（三）在语境中进行词汇教学

隐喻的一个重要语义特征就是喻体的意义与本体的意义或实际语境之间的冲突。隐喻的理解取决于是否能消除这种冲突。而要消除这种冲突必须借助相关的语境知识。语境是确认和理解隐喻的依据。比如 That guy is a tiger 究竟意味着"他很强悍"，他劲头十足，还是他是一个劲敌，都要依赖于语境来判断。因此对教师来说，要注意在一定的语境中解释词汇，把学生引入到一种逼真的语言氛围之中。又如，在讲"summer"这个词的时候，教师不仅让学生明白这个词的基本含义，并且还应该让学生明白夏季在英国是一年中最好的季节，因而就自然而然地将其隐喻性的转义为"兴旺时期"。另外，教师还应该有意识地引导学生在语境中学习单词、记忆单词的能力。词汇学习是一个复杂的过程，要求教师和学生双方的努力，它是一项任重而道远的工作。我们应该积极地吸收传统词汇教学的优点，同时也不可以对新兴的认知语言学的理论视而不见。隐喻作为人们重要的认知方式，对人们认识事物、事物概念结构的形成、语言的发展都起到了重要的作用。积极运用隐喻理论，相信会更有助于培养学生词汇学习的认知意识，从而给词汇教学带来意想不到的收获。

从兴趣出发，以写促学
——关于新课标下英语写作教学的思考

赵丽丽

一、问题的提出

随着《新课程标准》的颁布实施，可以将写作技能的教学目标概括如下：

1. 能根据题目提取文章内容知识；
2. 能根据题目收集和查阅有关写作素材；
3. 能对杂乱无章的素材进行整理和取舍；
4. 能陈述自己的写作目的和读者对象的特点；
5. 能根据文章主题列出写作提纲并能按照拟好的提纲组织文章内容；
6. 能根据文章体裁、结构和格式要求正确运用语法、修辞知识遣词造句，有效地表达自己的观点、态度等。
7. 能对写出的文章进行适当的修改。

这些写作目标都是依据写作能力的特点以及写作认知活动中的规律性而提出来的，它们不仅阐明了写作的教学内容，而且揭示了写作技能的教学内容。如果任课教师明确了英语写作的教学目标，就能根据教学目标选择有效的教学方法，有的放矢地指导学生的写作学习，进而促进整个语言的学习。那么，有效的教学方法又是什么呢？我从两篇学生的习作中受到了很大启发。

学生习作（一）

My cell phone is very lovely. It looks like a toy. The cat's face is white. Her nose is yellow and her body is pink. It is very small. I can put it anywhere.

The screen is on her body. There is a pen used to write sth. If I don't want to write, I can speak to her. She can understand me. For example, when I am doing my homework, I can talk to her to keep silent.

I can watch TV, listen to music, draw pictures and read news on it. When I am lonely, the little cat can talk with me, too. She is a friend to me. Every morning she tells me what the weather is and she can realize what I forget to take.

My cell phone can never lose. When she can't find me, she will call the policeman by himself. If anyone picked it up, she would lock the screen so that it can not be used.

There is a beautiful dress for the cell phone. When I don't need to use it, the dress can protect the screen. The cell phone is worth much money. But the most important thing is that I must treat it as well as I can, because she is a friend to me and she helps me with many things. The cell phone is useful and beautiful. I like it very much.

学生习作（二）

Writing: Please write a short essay to introduce a kind of fruit or vegetable from your

province or your imagination to the world. Give it a good English name. Describe it by answering the following questions.

What does it look like? How do you grow it? What does it taste and smell like? ...

A kind of special fruit

Congratulations! A kind of wonderful fruit is created by Gee.

Is it a lotus? Oh, no. The leaf of it is really like lotus'—large size of circle leaves, thick and strong.

But we'll not eat the leaves. We can just use them as "fans".

When summer comes, the flowers of it grow much better than in spring. It will turn into fruit bit by bit if you do not touch it.

If you pick it up, you may see the magical scenes: the flower's color turns orange from purple and petals spread to the four winds—like a elegant wineglass. I'm sure it's a wineglass because you can drink the drink in it. The drink tastes like sweet wine.

In the fall, you'll have a good harvest of it. The fruit of it just like a golden calabash! When you pull it apart with hands you can see something in it likes cream—fragrant and sweet cream! Do you want a try?

Don't worried about your weight. It is less fat and a lot of Vitamins in the fruit!

You can grow it in a easy way—You only need water it 3 times a week!

Many foreign countries want to import it. Most of person who had eaten it said it liked fairy fruit. So I called it:"Angel's delight"!

这是我批改学生作文感到最愉快的两次,越改心情越好,因为学生的作文各有各的风格,且图文并茂,设计出的手机和水果各不相同,我不禁感叹他们丰富的想象力。每到这时,我就想起高三老师对高考中学生开放性作文的抱怨,万人都是一个模子,没有新意,缺乏想象。

为什么差距有这么大呢?我想了想,还是兴趣起了至关重要的作用。

二、理论分析

俗话说："兴趣是人类最好的老师。"兴趣是一个人力求接触认识、掌握某种事物和参与某种活动的心理倾向。兴趣是在需要的基础上，在社会活动中产生和发展起来的。兴趣对人们的活动起着积极的作用，特别是对学生的学习起着推动作用。可以说兴趣是学生学习中一个最积极、最活跃的心理因素。如果学生对学习产生了浓厚的兴趣，就会自觉地、积极主动地进行学习和探索。这时，学习对他们来说是一种乐趣，而不是痛苦。当然这也有助于他们取得较好的成绩，进而促进他们的学习。

这两次作文的命题恰好都是学生感兴趣的题目。手机是他们很喜欢的现代通讯工具，他们对手机的这种喜爱，促使他们认真地对待这次写作任务。在平时我们对作文字数的要求是80~120字。可是这一次学生却普遍写到了220多个字，而且语法错误比以往还少，这是我第一次感到批改作文是一件让人心情愉快的事。同样写水果的那一篇也一样。对此，我深深体会到兴趣在写作教学中的巨大作用。要从兴趣出发，以写作来促进整个英语学习。

通过这两次作文练习，我还思考了这样一个问题，我们应该采用哪种写作观？成果观（product approach），还是过程观（process approach）？心理学家对写作进行了大量研究,形成了不同的写作观。行为主义心理学认为,学习就是在刺激与反应之间建立联系。就写作学习而言,即教师给出作文的题目(刺激),学生根据这个题目最终写出作文(反应)。基于行为主义心理学学习理论的成果观重视语言知识,尤其注重词汇、句法和衔接手段的恰当使用。教师以学生的作文作为最后的成果进行修改、评分,作为评判的依据;而学生认为写作的提高只是改正自己的语言错误。在高考的强大压力下,我们很多任课教师坚持这种写作观,在教学中让学生模仿或改写教师提供的范文,最终导致了学生一种思维、一种格式和千篇一律。从20世纪70年代起,现代认知心理学的一些专家和学者开始将写作的研究焦点从写作的结果转向了写作的过程,即形成了过程论。最具代表性的就是弗劳尔和海斯,他们认为写作是学习者通过执行一系列内部活动而最终形成作文成品的过程。也就是说,写作被认为是在给出题目和要求后,学生经过头脑中一系列复杂的认知活动,最终写出作文的过程。弗劳尔和海斯提出了如下的写作过程模式(见下面写作过程模型)。弗劳尔和海斯的写作过程模型指出,学生要写好作文必须具备写作动机。因此,解决好学生的写作动机问题是教师写作教学的任务之一。给学生创造一种自由的、支持性的写作氛围,是激发他们的写作兴趣的有效途径。

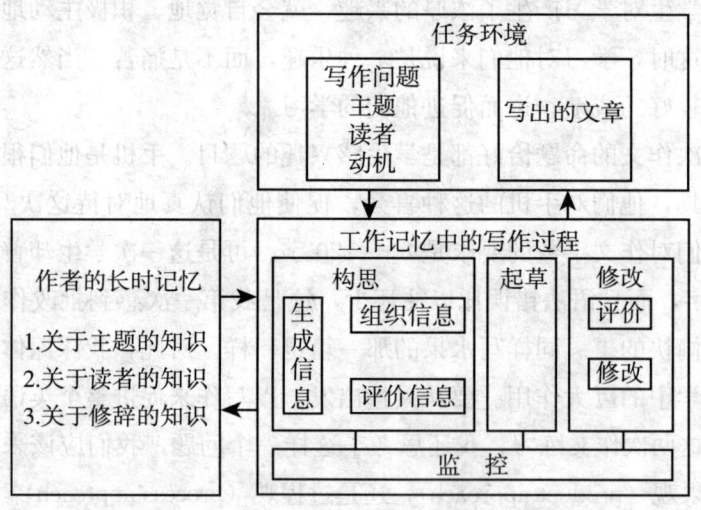

三、几点建议

伟大的哲学家培根(Sir Francis Bacon)在著名的《论学习》(Of Studies)一文中说:"阅读使人充实,交流使人敏捷,写作使人精确。"(Reading maketh a full man; conference, a ready man; and writing, an exact man.)从这句话的字里行间,我们可以看出审慎地写作是一个艰苦的思维过程。写作既可以巩固学生已学过的语言知识,又能够发展他们的语言技能。从兴趣出发,以写促学,我认为可以从以下几方面入手:

(一)营造良好的写作氛围,激发和保持学生的写作兴趣

我国传统的英语写作教学倾向于以教师为中心,学生的写作只是对教师安排的作业和教学的一种反应。除了极少数学生对写作本身怀有较大的兴趣之外,大多数学生觉得写作枯燥乏味,而且是个"苦差事"。针对这一情况,我在班级中组成写作小组,加强合作与交流。在实践中发现,组成写作小组能提供截然不同的写作情景。在这个小组里有教师,也有学生,师生共同参与写作活动。教师把写作视为促进学生英语学习的一种工具,而不只是考查学生掌握知识情况的手段。在学生写作的过程中,我尽量提供合作性支持和教学反馈,如开展师生对话,帮助有困难的学生更好地确定写作任务、设想表达观点的其他方式、提出修改决定等,使不同水平的学生在写作过程中都能感觉到有能力写好作文。当学生取得点滴进步时,我及时予以鼓励和表扬,以增强他们的自信心和成就感。

另外,在设计写作任务时尽量选择学生感兴趣且有很大发挥空间的题目,如设计一份图文并茂的有关环保的海报、写一首压韵诗等。这些都极大地调动了学生间协作的积极性。

(二)丰富学生的陈述性知识

弗劳尔和海斯的写作过程模型告诉我们,学生只有在自己长时记忆中储存大量的主题知识、读者的知识和修辞知识(即陈述知识),才能写好作文。所以,丰富的陈述性知识是写好作文的重要前提之一。

我国伟大诗人杜甫曾经对阅读之于写作作了精辟的概括:"读书破万卷,

下笔如有神。"我在教学过程加强了学生平时的课外阅读，将阅读与写作有机地结合在一起。通过大量的课外阅读使学生获取了包括社会文化背景知识、英语语言知识、文本知识和修辞知识。所有这些都为写作打下了坚实的基础。通过教学实践，我更加坚信了这一点。

（三）抓实写作基本技能

英语写作技能的提高绝不能一蹴而就，它同英语学习一样，是渐进而漫长的过程。如果学生的书写技能和写作基本技能没有过关，那么也会影响学生写作能力的提高。因此，在教学中我注意抓实学生的写作基本技能。

从《英语课程标准》对写作的教学目标来看，大多数是应用文（如便条、信函、通知、报告等）和提示性作文（如根据文字提示看图作文、写摘要、写短文等），这些文字提示基本上已经给学生提供了一个比较完整的写作框架和告诉了他们写作的内容。因此，我把重点放在"如何写"方面，帮助学生抓好写作的基本技能的学习，练好英语写作的基本功。英语写作基本技能主要包括能正确使用标点符号，能正确运用语法知识遣词造句，能运用简单的修辞知识以及能根据不同文体的结构特征和协作要求，有效地组织语言材料。这些基本技能，都是我在教学中长抓不懈的，收到了良好的效果。

（四）运用文体知识，进行写作的基础训练

学生要写好文章，除了需要具备丰富的有关写作内容的知识和基本的写作技能之外，还需要掌握必要的文体知识。《英语课程标准》的写作教学目标也要求学生掌握必要的文体知识。不同的文体有不同的组织结构。我们以信函为例：一般说来，信函的结构包括六个方面：信头、封内地址、称呼语、正文、结束语和签名。因此，我注意先向学生传授这些文体知识，让学生掌握不同文体的写作规则，然后给他们提供练习机会，在练习中引导他们根据不同的文体运用不同的文体知识指导自己的写作。经过实践，我发现这个方法是提高英语写作能力的有效途径。

以上几点，是我在写作教学中的点滴体会，也是对写作教学的一点儿思考。希望和同行们共同探讨，更希望得到同行的支持。愿我们共同努力，从学生的兴趣出发，以写促学，使英语的写作教学上一个新台阶！

高中物理研究性学习的实践与思考

满 娜

2002年教育部颁发的《中学物理教学大纲》明确指出:"在高级中学开展课题研究,是全面培养学生综合运用所学知识的能力,收集和处理信息的能力、分析和解决问题的能力、语言表达能力以及交流与合作能力的重要环节。这项活动还有利于培养学生独立思考的习惯,激发学生的创新意识……。"

据此,我校在高中开展了每周两课时的研究性学习,今年已经是第三个年头了。在这两年多对学生研究性学习的辅导过程中,作为教师,我更深刻地体会到了研究性学习在学生自主学习方面所起的重要作用。同时发现这种通过学生自己选题,再通过和老师的商量所制定的学习计划的内容和新的学习方式给学生的学习带来了极大的学习兴趣和乐趣,在一定程度上确实提高了学生的学习能力和科学探究能力。

在开展研究性学习的过程中,我体会最深的是首先要让学生和教师弄明白"究竟什么是研究性学习?"实际上大凡上了高中的学生早已习惯了传统的"接受式"的学习方式,教师也习惯性地成为知识的传授者。在这种学习中,学生们往往不必考虑将要学什么,老师自然会按着课本和经验来教授知识。长此以往,学习已经变成了"填鸭"。不要说在《大纲》中提出的对于学生各方面能力的培养,就连他们学习的兴趣也越来越少。这不是我们希望的教育结果。

为了让学生能够明白研究性学习的意义及特点,在每学期的研究性学习的"开题课"上,我总要问他们"什么是研究性学习?""研究性学习就是兴趣小组吧?等着老师给布置任务,每周过来活动一下就行。"多数学生都这么认为。这时候我就会告诉他们,"研究性学习不是兴趣小组,他和你们上的数学、语文这些高考科目一样重要,甚至在某些方面比那些科目还要重要。"对于已经习惯了"接受式"学习方式的学生来说,这是一种全新的学习方式,它是学生开展的自主活动,但它不是一般的活动,而是以科学研究为主的课题研究活动。它也不等同于问题课程,虽然也以问题为载体,但不是接受性学习,而是以研究性学习为主要学习方式的课程。由此看来,研究性学习是一种实践性很强的学习方式,强调的是学生对所学知识技能的实际运用,而不仅是一般的理解和掌握;重在学生亲身的实践和体验,而不仅是通过课本和老师获取间接的知识;在知识技能的运用中、在亲身实践中,使参与者的思想意识、情感意志、精神境界等各方面都得到升华。

就是在这种对于研究性学习认识的指导下,我们物理组的几位教师开展了三轮研究性学习的辅导教学工作。

以下是这学期我们物理组的一个学生研究性课题小组的研究案例,他们制定的课题是"HPCI-1型物理实验微机辅助教学系统在高中实验中的应用"。

学生的研究案例:

研究课题报告:HPCI-1型物理实验微机辅助教学系统在高中实验中的应用(张弛主笔)

一 选题

高二的第一个学期开始了,同时,一个问题摆在眼前:研究性学习做些什么呢?记得在一次物理课上,老师曾经使用过一种新型的物理试验微机辅助教学系统来采集和处理数据。当时我们就觉得很有趣,但后来再也没见老师用过,跟别说自己亲自动手试一下了。因为一直对物理实验很感兴趣,于是我们决定就来研究一下这套 HPCI-1 型物理实验微机辅助教学系统的应用。

以前在电视里，我们常常看到一些关于发明创造的节目。有一些小发明应用了传感器，但究竟如何使用传感器？它的原理是怎样的？电视节目中介绍的知识量远远不够。在新发下来的物理教科书（第二册）中，有几页是专门介绍传感器的。读过之后，我更想亲手使用一下传感器了。而这套实验仪器的主要的一方面应用，就是利用传感器采集实验数据。

于是基于以上原因，我与李林、吴奇、徐楠三位同学一起成立了关于"HPCI-1 型物理实验微机辅助教学系统在高中实验中的应用"的研究的实验课题小组。现在想起来，这个选择真是让我们受益匪浅。

二　课题研究计划

1. 课题宗旨

由于种种原因，学校里的这套 HPCI-1 型物理实验微机辅助教学系统长期闲置，这也使得我们能够利用它进行实验，并与传统实验方法进行对比，以便正确的评估它、使用它。最终对其优点、不足及可操作性加以总结。

2. 系统简介

我们所使用的 HPCI-1 型物理实验微机辅助教学系统（软件版本 4.0）是由微机接口箱、传感器和应用软件组成的，传感器采集到数据后，由接口箱传入电脑，再通过应用软件的处理得到数据。其主要用途是进行教学实验演示。

3. 日程安排

HPCI-1 型物理实验微机辅助教学系统里的实验，与课本里的基本相似（"李萨如图"等课本上未出现），分为六章：力学、振动和波、热学、电路与暂态过程、电磁学和光学。2004 年 9 月 27 日第一次研究性学习开始时，我们首先做了实验的日程安排。（注：研究性学习时间为每周一下午 2：25-

3:55)

章节	章节名称	完成日期	代码	实验名称
第一章	力学实验	10月11日	1.10	接触碰撞验证动量守恒定律
		10月18日	1.12	机械能守恒
		10月25日	1.13	弹簧振子的简谐运动
		11月1日	1.14	单摆运动
第二章	振动与波实验	11月8日	2.1	简谐运动的图像
		11月15日	2.5	声波运动的图像
		11月22日	2.6	声波音调和频率的关系
		11月29日	2.7	声波的干涉——拍
第三章	热学实验	12月6日	3.1	气体压缩温度升高
		12月13日	3.2	气体膨胀温度降低
		12月20日	3.3	热传递

于12月27日,即最后一次研究性学习课上,课题小组进行总结。

4. 学习成果

(1) 通过与传统实验方法的比较,通过组内讨论,得出一份报告。

(2) 通过学校电教组录制了一段视频(关于实验1.10"接触碰撞验证动量守恒定律")。

(3) 在总结和录制视频的基础上,我们制作了课题展示幻灯片。

三

实验对比摘要（实验 1.10 "接触碰撞验证动量守恒定律"）

分类	接触碰撞验证动量守恒定律（传统）	接触碰撞验证动量守恒定律（HPCI-1 型物理实验微机辅助教学系统）
实验器材	气垫导轨装置　数字计时器　小型气源	气垫导轨装置（HPCI-1）　串口电缆　接口箱　电源线　小型气源
测量量	测量滑块通过光电门的时间　滑块质量	测量滑块通过光电门的时间　滑块质量
测量工具	数字计时器　天平	物理实验微机辅助教学系统软件　天平
计算	滑块通过光电门时的速度	滑块通过光电门时的速度
计算工具	人脑、计算器	物理实验微机辅助教学系统软件
计算速度	较慢	极快，得到数据后，一点即出

注：气垫导轨装置包括光电门、挡光片（条）、滑块等，其原理是：空腔导轨两侧的小孔喷出不断通入的压缩空气，使滑块稳定地飘浮在导轨上，大大减小了由摩擦引起的误差。

在这个实验中，这套微机辅助教学系统的优点体现得格外明显，与传统方法相比，新的实验方法只是使用了电脑来进行处理（将需要人读数的数字计时器改进为由电脑处理）。但这一改进，使它在采集数据、处理数据时极其方便。省去了读数、计算等烦琐步骤，加快了实验的速度。

（其他实验对比恕不赘述。）

四　关于 HPCI-1 型物理实验微机辅助教学系统优缺点及可操作性的结论

在进行完前三章的实验后，我们归纳了这套系统的优缺点：

优点：1. 采集数据方便、快捷

这套系统的一个重要的优越性在于，它采集数据的路径是由传感器采集到数据之后，经接口箱传入电脑，完全省略了"读数"这一实验过程中最容易出错的环节。这在很大程度上节省了实验所需要的时间，简化了实验操作。

2. 处理数据快捷、全面

在采集到数据以后，系统软件会依据物理公式对数据进行处理，并迅速得出实验结果。有些在传统实验方法中需要制表的实验，依靠这套系统软件就可以轻易得出图表。部分实验还可以导出 Excel 的 xls 文件，以供数据参考。

缺点：1. 部分实验器材制作不精细

有些器材在使用时出现了一些小毛病，如在实验 1.13 "弹簧振子的简谐运动"中，需要将两根弹簧挂在气垫导轨两端，再分别联接滑块的两端。但由于弹簧钩无法完全固定，以至于频频脱落，险些造成事故。这些都是要注意的地方。

2. 部分实验的步骤不详细

由于在一部分实验中，HPCI-1 型物理实验微机辅助教学系统使用的数据处理方法与传统实验方法截然不同，所以必要的说明还是很有必要的。但是这套系统在这方面做得还很不够，需要改进。

关于可操作性：总体来说，这套 HPCI-1 型物理实验微机辅助教学系统在可操作性还有所欠缺。但如果提前做好实验准备，相信这套系统将会给实验带来很大的便利。

五 第一次亲密接触

试想一下，不用注视着表盘，不用想着估读到第几位数，不用回忆需要用什么公式计算，这样做实验，多惬意！可是，说归说，做归做。要想轻松使用这套系统，还真不是件容易的事。

回想起来，我们第一次做的实验，即"接触碰撞验证动量守恒定律"，是所有已完成实验中最顺利、最成功的。

这个实验的仪器有：气垫导轨装置（HPCI-1）、串口电缆、小型气源组成（注：HPCI-1 型气垫导轨装置包括气垫导轨＊1、滑块＊2 及各种连接装置）。

那是我第一次看到气垫导轨，平直的轨面上等间距地分布着小孔。看着旁边的小型气源，我开始想象滑块在导轨上进行近似匀速直线运动的情形。但在此之前，还要进行调平。气垫导轨有两个支架，都可以进行调节，于是我们打开气源，在轨上放一个小滑块，李林和徐楠各调一边，由吴奇"指挥"，按照滑块的动向进行调节。我则开始了联接零件（如在滑块上联接弹簧圈等）、测质量（使用天平）的工作。不一会儿，准备工作就干完了。

输入完基础数据（如质量等），看着匀速滑行的小滑块，再看看手表，居然用了二十多分钟！想来，幸好我们组有四位同学，只要分工合理，步调一致，准备工作的效率就会大大地提升。不过，抛开我们的技术水平不谈，使用这套仪器，肯定是要在准备工作上耗时间的。

话说回来，虽然这套系统给我的第一印象并不算太好，但一提到实验数据采集、数据分析，可真算得上是出类拔萃。只要按步骤进行操作，像滑块初末速度、初末动量、初末动能这样的数据，一"点"就出，方便得很。

于是我担任了"导演"的角色。"李林，这次试着推快一些。""好嘞！""吴奇，这次把滑块2向右挪一挪。""行。"有时，采集的数据中总有几组不太合理，于是我们与老师进行了讨论。"是不是光电门（位移测速传感器）的位置有问题？""会不会是两个滑块的距离有问题？"在实验问题上，我们坚持"找到问题就解决"的原则，于是每次讨论后就是一通排查，直到得出较为理想的数据为止。终于，我们顺利地完成了实验1.10——"接触碰撞验证动量守恒定律"。

在看似忙乱，实则有序的过程中，我们都深深地认识到了团结协作的重要性。由此我也认为，认识团结协作的重要性绝不像背几行定义那么简单，一定要付之于实践，在实践中培养与他人协作的能力。

六　印象最深的一件事

在各个实验中，有些能顺利地测得较为标准的数据（误差在5%以内），但有些实验并不顺利，如有较大的误差，甚至取不到任何数据。比如在实验2.1"单摆法测简谐运动图像"中，我们就遇到了这种情况。

在连续几次失败后,我们没有结束实验,而是进行了讨论。"辅助系统提供的摆线是金属线,会不会是中间有断裂?""那导线也有可能是坏的喽?"于是我们检测了导线和金属摆线,果然有一根导线是坏的。但令我们失望的是,换上了无缺损的导线后,采集到的数据误差很大。依照这个数据,我们物理实验室的重力加速度有十点几之多!"难道是这儿的 g 值大?"当然不可能!"会不会是由于摆线是金属线,无法彻底伸直并容易抖动这个原因?"于是我们换上了尼龙线,实验结果变成了九点七几,在误差范围内,接近标准值。原来是实验仪器的问题。

在进行科学实验时,一定要有严谨认真的科学精神,实事求是,不在任何细节上含糊。在这次研究性学习中,我真切地体会到了这一点。在科技不发达的年代,为探寻一个个隐藏在自然现象中的规律,科学先驱们用简陋的仪器,一遍又一遍地、一丝不苟地做着各种试验。而今天的我们,使用着先进的仪器,验证着先人得出的结论,就更应该认真地对待。因而在整个过程中,我们努力培养严谨认真的科学精神,这应该是我们在实验过程中最大的收获。

七 实验的魅力

我曾问过与我同组的李林、吴奇、徐楠三位同学,当时为什么要报这个课题。大家的看法基本一致,认为选学实验类课题比其他课题更加充实,可以做实验,使用新仪器。虽然好奇心是"初动力",但我们四人坚持下来,圆满地完成了本学期的实验课题(前三章),并得出了阶段性的成果。这不能不说是实验的魅力在起作用。

在参与课题研究的过程中,我们解决了许多难题。而这些问题与课本上的知识是密切相关的,在解决问题的同时,我们也加深了对课堂知识的理解。而在实验过程中培养的严谨认真的科学精神和对物理知识的兴趣,必将对我们有所裨益。我想,这就是实验的魅力所在吧!

教师的辅导过程及教学体会

一、辅导过程

最初张驰等几位同学向我提出要研究那套 HPCI-1 型物理实验微机辅助教学系统的应用，他们的兴趣是源于一节课上老师演示这套仪器时所激起的好奇心。正如他们所说，他们还没有这样做过实验，很想研究一下。我想有了研究的好奇心应该就是成功的一半了，在后来的一个学期的研究过程中，这一组确实始终保持着这种研究热情。

为了能够让研究学习进行的顺利，我和组里的刘老师一起担任了他们的辅导教师，我们的辅导主要在以下几个方面进行：

1. 确定研究计划

在第一节课上，我们和这几位学生先在一起研究了关于这套仪器的操作方法、特点，确定了实验的基本条件（要有装有这套仪器相关软件的计算机及实验操作平台）；然后我们初步制定了研究的方式及本学期所要做的实验。

2. 研究过程中的辅导

研究这套实验仪器在实验中的应用，很关键的就是要做实验。在这里有些实验学生做过，但有些实验由于条件及时间的限制他们没有涉及。虽然仪器自身配有的实验原理及方法的介绍比较清楚，但由于学生平时实验能力培养的不够，加之对新的实验方法的不适应，因此进行起来并不是很顺利。作为教师，我们一直在他们旁边作为一个观察者来关注着他们的研究过程。当遇到问题的时候，我们往往并不是告诉他们该如何做，而是作为一个研究的参与者和他们一起讨论，找到解决的办法。这样让学生能够充分体会到自主学习的意义。我们最常说的一句话就是："老师也不知道答案，你们自己研究！"

3. 引导学生掌握研究的关键

学生开始做实验后，往往更多注重的是实验的结果。以为得到误差以内的数据就大功告成了，如果是这样那么这个课题研究的意义就显得太过狭窄了。因此，每次做完实验，我们都要让学生思考一下实验手册上提出的一些问题，更重要的是要比较用这套仪器做实验与传统的实验方式有什么不同，以及他们今天研究的感受如何？这是我们每次都要一起讨论的内容，我认为这应该是每次实验过后的一种升华吧。有趣的是，用过这套实验仪器后，学生们并不是一味地说它好，在一些地方它的实验误差是很大的。学生们发现这里有一个精密度及质量的问题，也有实验原理自身缺陷的问题，这都是需要进一步改进的。我想这样很好，因为这是学生亲身使用并认真比较思考后的结论，是很有科学研究的味道的。

4. 帮助学生做好课题小结

在学期末，这一组的学生作了一个很认真的结题，他们合作写了一篇小论文，从理论上和亲身实践中总结了他们的研究成果。学生们还提出请学校的老师录下了他们做的最为满意的一个实验的片段，作为结题的一部分内容。我们两位教师和他们四位同学在最后一节课上开了一个小型的结题报告会，由张驰同学做代表，把他们这个学期的研究结果作了一个完整的总结。当时的情景很像是大学的毕业论文答辩会，学生们总结得很认真，这毕竟是他们辛苦一个学期的研究成果，他们是非常重视的。

二、教学体会

在和学生一起进行研究性学习的过程中，作为辅导者和参与者，我也体会到了自主学习的那种乐趣。学生研究性学习的过程实际上就是一种科学探究的过程，而这一能力的培养在新的《物理课程标准》中是被特别提出的。《标准》指出："学生在科学探究活动中，通过经历与科学工作者进行科学探究时的相似过程，学习物理知识与技能，体验科学探究的乐趣，学习科学家的科学探究方法，领悟科学的思想和精神。"在这里面所提到的科学探究包括：提出问题、猜想与假设、制定计划与设计实验、进行实验与收集证据、分析与论证、评估、交流与合作这七方面的因素。上面提到的学生研究性学习的过程不正是充分体现了这些因素吗？应该说如果教师引导得当，这样的学习方式对于学生能力的培养是非常有益的。研究性学习让我深刻的感受到了学生无穷的学习潜力。

从另一方面来说，我感觉在研究性学习中，教师的角色是具有多重性的，既是学生学习的参与者、合作者，又是学习的指导者、组织者和促进者。在不同的时候教师要扮演不同的角色，既要有坚实而博学的知识后盾，又要能对学生研究中出现的问题装做"视而不见"。即你要知道如何解决，可却要想办法引导学生自己去应付，这恐怕比直接告诉他们要困难很多。但正是在这样的一边探究、一边处理问题的过程中，才能真正地培养学生的思维能力、提出和处理问题的能力以及与他人沟通协作的能力等。这样的学习方式对学生来说是一种新的尝试，对于习惯了传统教学方式的教师来说也是一种新的挑战。在当今，一个只会把教科书的内容搬到学生头脑中的教师显然已经落伍。因此以研究性学习为开端，教师将从思想观念、知识结构、工作方式和行为方式等方面挑战自己、改变自己和完善自己。从这个意义上说，研究性学习也是提升教师素质的一个良好契机。

当然在做一个课题之前要做大量的准备工作，进行中也会遇到很多事先没有想到的困难，但正是因为有了这些困难和经历，参与者们才能够得各方面能力的提高。还有一点很重要的，就是无论在研究进行中还是研究结束后，教师应引导学生作必要的思考。这样的研究才是有意义的。应该说，经历了这几次研究性学习的辅导，我们感到要想做好一个研究性学习比起传统的"传授式"会有更多的困难，但认真做过后，却也有难以言尽的收获的。总之，一个好的研究性学习的过程对于学生和教师来说，应该是双赢和互利的共同提升的过程。

有趣的是，这学期的研究课结束后，这组的几位同学都提出希望下学期继续进行这个课题的研究，设想把学校新近准备购买的新型传感器一起拿来研究，两种比较着进行。计划在最后写出一片更深入、更有见地的论文！几个人已经进入了研究的状态，也体会到了其中的乐趣，有了收获。看来，这个小组恐怕是准备把课题进行到底了。

网络多媒体技术应用于"基因工程"教学的尝试

何 彬

一、信息技术在学科教学中作用

在信息技术与课程整合的早期,信息技术往往是在形式、手段方面辅助教学,而很少涉及学科系统知识构建方面的变革。但这一浅层次的整合已经很难适应新时期社会对创新型人才的需求,信息技术要想在培养人才过程中发挥更大的作用,就必须深入到学科系统知识的构建中,结合教学理论和实践,从而推进学科教学的彻底变革。

(一)信息技术在学科教学中应用的几个阶段

CAI(computer-assisted instruction,计算机辅助教学)阶段:大约是从 20 世纪 50 年代至 80 年代中后期。此阶段主要是利用 CAI 课件演示辅助教师解决教学中的某些重点、难点。

CAL(computer-assisted learning,计算机辅助学习)阶段:大约是从 20 世纪 80 年代中后期至 90 年代中后期。此阶段逐步从以教为主转向以学为主。

IITC(Integrating Information Technology into the Curriculum,信息技术与课程整合)阶段:大约从 20 世纪 90 年代中后期开始。此阶段不仅将信息技术用于辅助教学,而且更强调要利用信息技术创建理想的学习环境、全新的学习方式、教学方式,从而彻底改变传统的教学结构与教育本质。

在进入这个阶段以后,实际上信息技术就不再仅仅是辅助教学的工具,而是要从根本上改变传统的教学结构和教学模式,达到培养创新精神、实践能力的要求，即与素质教育的目标结合在一起。

（二）信息技术在课程整合中的优势

信息技术具有以下优势：①资源的海量化：知识爆炸这个词语只有在网络上才有最切身的体会。②形式的多样化：多媒体电脑的信息呈现方式是多种多样的——文本、图片、音频、视频等。③活动的交互性：人与人的互动、人与机器的互动，而且这种互动跨越了时间、空间的限制。④学习的主动性：以上特性决定了信息化的学习必然由学习主体进行自主选择、探究。其余还有如共享、动态、超媒体、开放性等特性。

在信息技术中，多媒体网络技术优势最为明显，它具有信息资料全面丰富、方便学生自主学习、适宜不同层次学生学习等特点。

（三）将网络多媒体应用于"基因工程"教学想法的来由

在以往《基因工程》一节内容的教学过程中，我发现教学效果并不太理想，主要表现为以下几个方面：①这部分教学内容很抽象，基因、DNA等较多概念涉及分子层次，学生缺乏直观印象，接受起来有困难。②学生基础知识差别较大，本节内容涉及高二教材中《基因的表达》一节的内容，部分学生基础不扎实，难以接受更深层次的内容。③部分基础好、学习能力强的学生却感觉课堂容量不够。

基于以上原因，我就萌生了将它改造成网络多媒体课堂想法。考虑到学生理解的障碍主要在于"基因工程操作的工具"、"基因工程操作的步骤"以及"基因的表达"基础知识三个内容，于是我在多媒体网络课件中重点放在了以上三个内容，并用四个Flash动画展示了基因工程操作的四个步骤。同时考虑到部分学生的学习能力较强，于是，我又在教学网站中加入了"基因工程应用的成果和展望"内容，并加入了一个"基因工程自学提纲"的ppt课件。

二、"基因工程"网络课堂教学设计、评价设计

教学设计

"基因工程简介"教学设计

（一）教学目标

通过教学使学生对基因工程的概念、操作步骤以及应用有所了解。

知识目标：

(1) 基因工程的概念（知道）。

(2) 基因操作的工具和基本步骤（知道）。

(3) 基因工程所取得的成果以及发展前景（知道）。

能力目标：

(1) 通过用已有知识分析、解读基因工程操作过程，培养学生的分析综合能力。

(2) 通过对基因工程应用前景的展望，培养学生举一反三、开拓创新及良好的语言表达能力。

(3) 通过网络课堂型教学，培养学生在网络环境下快速高效获取信息的能力。

情感目标：

(1) 通过学习基因操作的工具和基本步骤，形成结构与功能相统一的基本观点。

(2) 通过学习了解基因工程的发展前景及成果，培养理论联系实际的良好学风。

(3) 通过学习了解我国基因工程的发展前景及成果，开阔学生的思路，激发学生对于生物知识的兴趣。

（二）教学内容

本内容为人民教育出版社 2003 版高中《生物》（选修）教材第三章第二节的内容。本章的内容为：第一节　细胞质遗传　第二节　基因工程简介

（三）教学对象分析

本节课教学对象为高三年级的学生，对 DNA 的结构和复制、酶的作用及特性、基因的表达、基因对性状的控制等内容已经较为熟悉，可以通过逐步引导使学生了解基因工程的原理和操作过程。

（四）教学实施过程

教学环节	教师活动	学生活动	信息技术应用
复习引入新课	复习基因的表达，基因对性状的控制：生物各自有其特定的性状，这些性状都是基因特异性表达的结果，能不能把一种生物的基因转移到另一种生物的细胞内，让接受了基因的生物表现出原来没有的性状呢？ 提出问题激发学生的兴趣：能不能通过这种办法让禾本科植物能够固定空气中的氮气？让微生物生产出人的胰岛素、干扰素等药物。这样既节省了人力，又简化了生产，同时还不会对环境造成污染。这种设想能实现吗？ 展示：通过图片向学生展示基因工程的成果或产品。	听讲 思考 观看	创建情境
讲解新课	提问：试着给基因工程下个定义。 提问：要把外源基因转入到细胞内这个过程需要解决哪些问题呢？	思考 回答	课件辅助
	布置学生自主学习的任务： 基因工程需要的操作工具及其作用； 基因工程的操作步骤； 简述用基因工程设计一个对人类有用的基因工程产品； 组织学生交流讨论学习结果。	浏览教学网站 回答问题 思考、设计 讨论交流	课件助教 呈现内容 传输数据 展示活动要求 展示评价 网络展示 课件演示
	布置学生学习基因工程的成果和展望； 组织学生交流讨论。	浏览教学网站 讨论	展示评价
总结	小结本节课学习内容； 布置课后学习内容。	听讲	课件助教

(五) 教学体会

将网络技术应用于教学在很大程度上增加了课堂容量，使能力层次不同的学生都能有最大层次的收获，同时丰富的网络资源又能开阔学生的视野。由于学生学习的自由度很大，所以应建立科学完善的管理、检测和评价体系来保证学生的学习效果。

新课程、新思路、新理念
——在实施"研究性课程"教学中的几点体会

徐平 何彬 姜志

人类在21世纪初进入一个崭新的知识经济时代。因此对人的科学素养要求与日俱增，并引发了中学教育的改革。传统教学的束缚被打破，创新精神和实践能力的培养正在不断地加强。为此，许多教学方法相继推出，如启发式教学、发现法教学、探究法教学等。在这众多的教学方法中，研究性学习正被人们愈加重视。研究性学习是一种能适应新形势的需要，能让学生在科学研究的活动中，培养创新意识和激发创造动机的新兴的教学理念。以下是我们在指导学生开展研究性学习过程中的几点体会。

一、实践中我们体会到研究性学习与生物教学中常常运用的探究式教学有着重要的区别

1. 在探究式教学过程中，探究的题目是由教师确定的，因此教师对于将要探究的问题中涉及的相关知识内容和实验结果是已知的。由于整个教学过程由教师设计，并引导学生参与的，因此对于教学过程中将遇到的问题是教师事先已经预料到的。而在研究性学习的过程中，教师对学生可能提出的题目以及结果是未知的。因此在研究性学习过程中，如何引导学生提出既有意义又适合研究的研究课题是研究性学习教学中需要解决的首要问题。在这一问题上，我们始终坚持"兴趣是最好的教师"这一原则，引导学生从自身感兴趣的问题出发进行选题。例如在高二研究性学习中，有一个学生说他从小就对猴和猿这两种动物有着浓厚的兴趣,并提出想做有关这两种动物的研究。于是,在老师的指导下,这位同学选择了从猴与猿的进化、演化过程、猴与猿亲缘关系、猴与猿的种类及其分布、猴与猿的保护等几个方面展开了研究并取得了良好的结果。同时,我们还提醒注意在现实生活中发现问题并提出问题。例如,学生提出的"洗涤剂污水对水中鱼类生存的影响"、"观赏植物的组织培养"等研究课题,便是在充分的观察和思考后提出来的。除此以外,我们还给学生提出了一些选题的原则。如:选题时要考虑实验室现有的仪器设备是否能够支持实验的开展;所开展的研究是否具有较大的实际意义和研究价值;自己现有的知识是否足以开展这项实验研究;自己所选题目是否具有一定的创新性;等等。

2. 研究性学习的重点是探究的过程而不是探究的结果。在教学中我们感到研究性学习是一个师生共同探索新知识的学习过程,是师生围绕着解决问题共同完成研究内容的确定、方法的选择以及为解决问题相互合作和交流的过程。

二、研究性课程的特点

1. 学习目标的全面性与多元性。研究型课程的目标涵盖了创新与实践、科研能力与科研态度、科研思想、实验技能与团队合作精神等德、智、体、美各个层面的内容。因此其目标具有全面性。同时,在概括的、全面的一般目标下,学生依据自己的兴趣、爱好、已有经验、能力水平等设定了各自的研究目标,从而形成一个指向不同个体的多元目标群。这一目标群可以使每一个学生达到各自期望以及可能达到的发展目标。比如:研究性学习给在生物学方面爱好广泛、学有专长的学生提供了一个可以尽情发挥、积极探索的舞台。研究性学习让他们可以接触到课本以外的更多知识、进一步开阔了他们的视野,使他们能够进一步提高自身的实验技能和生物学素养,为他们今后从事科学研究工作打下坚实的基础。为了满足学生的需求,我们已经引进了一些大学为本科生开设的实验研究课题,如"果蝇的杂交和基因染色体定位"、"微生物的分离鉴定"等。同时,我们生物教研组还与学校课外办合作,把在研究性学习中表现突出的学生选拔出来参加全国创新大赛等活动。这一措施为我们开展研究性学习注入了新的活力。

2. 学习内容的综合性与开放性。研究型课程的实施主要以研究性学习的方式进行。其价值就在于打破了以往教师分科教学,学生分科学习,人为割裂课程的弊端。由于在复杂的社会系统中,学生必须运用多学科的知识解决实际问题,所以研究性学习需要将分科教学的成果整合在需要解决的问题中。它以各学科内容学习为基础,提供并扩展学生多元学习的机会和体验,激活学生在其他学习中的"知识储存",其综合性可见一斑。另外,研究性学习的内容超越了一般传统课程目标模式和过程模式,针对具体问题,除了学校能够提供一部分现成的内容外,绝大多数内容要靠学生自己在社会资源中寻找,包括资料、设备、信息、专家等,这使得研究型课程的学习内容极具开放性。例如,我校高一学生所选的"植物生活必需的矿质元素"课题,该课题的研究目的主要是为了弄清植物生活需要哪些矿质元素,并且弄清楚这些矿质元素在植物生长生活中起到什么样的作用。它要求学生必须具备生物、化学、物理、信息技术等学科的知识和素养,并且在研究过程中将各个学科的知识有机地结合起来才能达到实验目的。如:为了确定哪些元素是植物生活所必需的,学生就必须亲自培养植物,为了排除干扰因素,它还限制学生使用常规的土壤培养法,而只能采用溶液培养法。为此,他们得先在网络或资料上查找出适合于植物生长的溶液配方,从信息繁杂的网络或专业书籍中查找出自己所需的信息,要求学生具有较强的获取信息的能力;在配制培养液过程中,学生需要学会从固体状态的化学试剂配制成配方上所描述的培养液,这就要求学生能够灵活的运用化学课上所学的质量单位和物质量的单位(即摩尔)之间的关系;最后要从复杂的实验现象中发现或总结出规律,学生还必须用生物学知识进行分析。参加这一课题研究的学生纷纷表示他们在生物研究性学习中发现了学习各学科知识的实际意义和价值,研究性学习满足了他们将各学科知识融合形成一个联系的知识体系的要求。

3. 学习过程的主动性和自主性。研究型课程改变了以往教师讲、学生听，学生被动接受的学习方式。使学生能积极主动地去探索、去尝试、去谋求个体创造潜能的充分发挥。使学生能主动接触社会生活实际，关心社会，关心他人，培养对社会的责任感。学生可以根据自己的兴趣、爱好、特长自主选择研究课题，从选题、收集资料开始，到撰写报告、答辩、成果展示的全过程，都是学生自己的自主决断过程，教师往往只起到指导者和协助者的作用。在整个学习过程中，学生可以真正展示自信、自立、自强的精神风貌，充分体现学生自主的原则。

4. 学习结果的创造性。每个学生都有不同的创造潜能。研究型课程创造了一种发挥学生创造力的宽松的环境，能充分挖掘学生的智慧潜能，激发学生的创造力。如果引导得好的话，还可深入到学生的情感世界，使他们更关注社会和人类的深层次问题，进而树立正确世界观，培养对社会的责任感。它使每个学生的课题研究结果，或相对于个人，或相对于社会，都具有创造性。从深层意义的学习结果来看，学生在获得课题研究结果的同时，还塑造了多种优秀品质和积极的情感、态度，所以研究型课程的学习结果即是人创造性地成长的结果。

5. 学习形式的灵活性。研究型课程的学习形式由学生自主决定，或个人独立，或组成研究小组集体攻关；或实践调查，或实验验证，或理论探索，或撰写研究论文，或撰写调查报告……总之，每个学生都会根据学习内容与自己的特点采取不同的学习形式，具有灵活性。各个学校和老师也可以根据实际条件和学生各自的特长，分类指导，设计不同的内容、实施形式、课时安排和评价方式。这一切都使研究性学习的形式具有灵活性。

6. 学生参与的全员性。研究型课程可以分层次进行。这为具有不同潜能的学生进行不同层次的学习创造了条件。不同年级、不同经验背景、不同知识掌握程度的学生完全可以选择自己适合的层次，每个学生都可能成功。研究性学习，能够调动起全体学生共同参与的热情，这也正是素质教育面向全体学生的体现。

研究性课程可以在最大程度上培养学生的综合素质,其中包括学生的动手能力和通过研究性课程对学生进行德育教育:在研究性学习过程中,教育学生按照科学的道德规范从事学习。如准确记录、反复验证、公布自己的实验结果。在实验中,由于没有现成的答案,只有对实验的预期或者假设,因此当实验结果与预期不符时,应该如何对待实验中的数据或实验中出现的现象,是篡改实验结果,还是正视实验结果,认真分析该实验现象产生的原因。教师还可以抓住这些机会向学生渗透实事求是精神与作风的德育教育。

关于校本课程"探寻中国历史名城"的实践和思考

刘 颖

一、课题提出的背景和意义

校本课程是指学校在保证国家课程和地方课程的基本质量的前提下，通过对本校学生的需求进行科学评估，充分利用当地社区和学校的课程资源而开发的多样性的、可供学生选择的课程。作为基础教育改革的核心内容，与传统的国家课程相比，本课程的开设有如下意义：

1. 是学生自身发展的需要。《高中历史课程标准》指出：学生通过历史学习，应培养健康、高尚的审美情趣，弘扬民族精神，进一步提高人文素养，形成正确的世界观、人生观和价值观，成为有理想、有道德、有文化、有纪律的一代新人。现有的教学更多地注重历史重大事件的讲述以及应对考试的题型训练，学生的参与、合作以及创造性都不同程度地受到限制，相应地人文精神的培养也大打折扣。历史校本课程的开设基于学习过程的自主合作探究，以发展学生的个性为目标指向，这种学习模式力求满足学生整体的发展需求。

2. 是学校办学特色的需要。景山学校作为以教学改革著称的学校，一直推行以学生为本的教学理念，这也符合新课程改革"一切为了每一位学生的发展"的最终目标。我校学生生源较好，许多学生曾经游历过不少历史名城，对中国文化古都怀有极大的热情。因此将学生需求与课堂教学有机结合无疑有助于形成属于自己学校的文化特色。

3. 弘扬中国传统文化的需要。现在的文化决定于过去的文化，而未来的文化仅仅是现在文化潮流的发展。一个国家民族的发展史，也是发展和丰富传统的历史。其中最为重要的是作为凝聚和激励人民重要力量的民族精神。一个民族陷入任何困境都不可怕，可怕的是失去民族精神支柱，精神上无所依托。所以，如何对待传统文化问题，是一个关系民族命运发展的问题。许多历史事实证明，一个国家走上民族振兴、走向现代化，无不是从弘扬民族精神做起的。随着我们与世界的联系日益紧密，传统文化中的精神内核在学生心中的地位有弱化趋势。然而在走向现代化的同时，如果否定传统文化，就人为地割断自己的根。所以，从历史名城起步，与学生共同挖掘城市最具个性的自然人文景观，从山川地理、人物、出产、风俗、民情体味精神蕴涵，无疑是对中国传统文化最好的弘扬和传承。

4. 社会生活的城市化是衡量一个国家和民族现代化程度的重要指标。城市化，是指人口不断向城市聚集，城市数量和规模不断膨胀的现象。从人类发展的角度来看，城市化程度高意味着公民的生活质量高，以及对国家的工业发展条件有利。作为世界上发展最为快速的国家之一，近些年来我国的城市化速度也突飞猛进，同时文明古都也焕发出新的光彩。然而传统与现代之间总有不可调和的矛盾，如何在建设的同时最大限度地保护古代文化，是值得关注和思考的问题。古代都城在布局和建设方面对今天城市建设的启示作用也不容忽视。因此，在探寻中国古代名城的同时，也引发了学生对现实课题的重视。

二、课题的主要内容

（一）城市化的基本问题

1. 城市的起源与发展

（1）关于城市的起源的三种说法：防御说、集市说、社会分工说。

（2）聚落的形成：原始的居住地、古代城市。

（3）城市的形成与发展：世界范围内的早期城市、欧洲中世纪的城市、工业社会时期的城市、今天的城市和未来的城市。

（4）城市的功能：城市是"人口集中、工商业发达、居民以非农业人口为主的地区"，并且日益发展成为"周围地区政治、经济、文化的中心"。

（5）城市形成的原因：政治和军事需要、生产力发展的结果、其他原因（地理位置、水源分布、生态环境、战略地位、王权制度和商业流通）。

（6）中国城市出现与西方的差异。

2. 中国古代城市的历史变迁

（1）中国古代城市的发展历史：夏、商、周时期——城市逐渐兴起。西周、春秋战国时期——城市发展的重要阶段。秦汉时期——行政中心城市发展。魏晋南北朝时期——长江流域城市发展。隋唐时期——城市繁荣。五代宋元时期——城市商品经济活跃。明清时期——中小城市大量兴起。

（2）中国古代都城形成的因素：自然、经济、军事、社会基础。

（3）中国古代都城的布局特点及相关问题：中国古代有两种城市形式：一种为方格网式规则布局，多为新建城市，受礼制思想影响，如《考工记》中所述："匠人营国，方九里，旁三门，国中九经九纬，经涂九轨，左祖右社，面朝后市。"实例较多，如北魏、隋、唐的洛阳，隋、唐的长安，元大都与明、清的北京；另一种为较为自由的不规则布局，多为地形复杂或由旧城改建的城市，受地形或现状影响较大，所谓"凡立国都，因天材，穷地利。故城郭不必中规矩，道路不必中准绳"。实例如汉长安，南朝建康。

（4）中国古代都城的规模：中国古代都城规模之大，在世界古代城市建设史上是少有的。我国古代城市建设，既在理论上的独特之处，又有大量的优秀实例。我国古代等级森严的周礼制度，注重天、地、人相互关系的风水理论，对我国古代城市建设都有极其重要的影响。

（二）探寻中国历史名城

1. 庭院深处——苏州园林的文化含义

（1）历史名人与苏州

（2）园林建筑及铺地纹样的含义

（3）园林室内外装饰的含义

(4) 园林中植物布置的含义

(5) 园林景点布置的含义

2. 江南

(1) 江南在哪里

(2) 江南最具特色的风物

3. 杭州——淡妆浓抹总相宜

(1) 美丽风景：西湖、苏堤和白堤、东南佛国

(2) 传奇故事：白娘子与许仙、梁山伯与祝英台、岳飞传、红顶商人胡雪岩

(3) 数不尽的历史人物：马可·波罗、康熙、乾隆、于谦、宋高宗、武松、苏小小、秋瑾、吴昌硕、章太炎、林和靖、茅以升

(4) 龙井问茶与杭州名吃

4. 绍兴——山清水秀、人才辈出之乡

(1) 从百草园到三味书屋

(2) 陆游与唐婉

(3) 名人辈出：大禹治水"三过家门而不入"、越王勾践"卧薪尝胆"、倡导"思想自由""兼容并包"的蔡元培、无法用言语形容其魅力的周恩来

5. 丽江——让时间停滞

(1) 丽江概况：地理位置、纳西族

(2) 文化遗产：古城、古街、东巴文化、白沙壁画、茶马古道

(3) 丽江山水：玉龙雪山、白水河、云杉坪、拉市海湿地

(4) 悠闲时光

6. 南京——历史的记忆

(1) 从三国到明清的重镇

(2) 近代中国屈辱的见证

(3) 洪秀全、孙中山、蒋介石与南京

7. 大同与洛阳——石窟艺术的瑰宝

(1) 云冈石窟和龙门石窟

(2) 晋商与他们的宅院

(3) 洛阳——中华文明荟萃之地

(4) 大同——贫瘠与丰富并存

8. 西安和泉州——通向世界的起点

(1) 中国古代与世界交往的通道——丝绸之路

(2) 汉唐盛世的见证——永远的长安

(3) 东方第一大港泉州，汇集各种宗教文化

(三) 探寻过程中的思考

1. 如何欣赏一个历史名城

(1) 用自己的感官去体验，挖掘属于自己的观点

(2) 阅读他人的记载，在此基础上去求证、考察

(3) 把这个城市的历史风貌放在整个历史长河和今天的角度去观察

2. 中国传统文化需要传承和弘扬

三、实践情况

首先，在整个教学过程中，我们通过布置选题，教师讲授，学生分组参与讨论的方式，达到了较好的效果。以其中两个城市的讲解为例。在谈到苏州的文化时，教师主要从中国古典园林艺术欣赏的角度解读各种门、窗、纹饰、盆景的内涵，学生则以古代诗词为线索，介绍了苏州的景、人、风俗，令人身临其境。谈到古都西安时，学生重点通过兵马俑、明城墙等历史遗迹展现西安在中国历史上的地位，教师则从丝绸之路的讲解分析中华文化的开放性，从而提高了学生对传统文明的认识。

其次，课堂非常重视每个学生的参与性。每组学生讲解时，学生都要进行自评和他评。（表格如下）

历史校本课程评价表（学生自我评价）

课题		参与者	
准备过程			
获取资料的来源			
怎样体现历史特点			
可以改进之处			
自我评价			

历史校本课程评价表（学生相互评价）

课题		主讲人	
合作者		采用方式	
主要观点			
最精彩之处			
何处体现历史特点			
可以改进之处			
评价等级		评价人	

最后，布置了能够展现学生特点的学期作业，题目如下：

（1）选读一部中外城市历史的书，写出书评。

（2）考证某座城市的历史古迹，画出历史城市复原图。

（3）结合北京旧城的考察，阐述你对北京古都历史文化风貌保护的见解（文字配地图）。

（4）举例论述中国城市在现代化进程中应当怎样保护有历史价值的街区？你有什么好建议？

（5）选择某本描述个人在城市活动轨迹的书，介绍那个时代的城市生活。

四、学生作业观点摘录

杭州这个城市也用它美丽的风光暂时取代了人们头脑中的理性与科学,缺乏像鲁迅先生一样的激情与忠贞,确也尽显温婉的一面。在杭州,人们已读不到檄文,只剩下柱上龙飞凤舞的楹联。我们再也找不到慷慨的遗恨,只剩下几座既可以凭吊也可以休息的亭台;再也不去期待历史的震撼,只有凛然安坐着的晚水千山。但杭州也是中国文化人格的集合体。"中国化"的宗教被杭州人演绎得达观、无执,同时也是真正的浮华和随意。

一提到杭州,人们的第一反映就是:西湖。若是叫某个人谈谈杭州,恐怕就只是几局描述性的语言了。要是谁在我读余秋雨的《西湖梦》之前叫我谈谈杭州,我肯定会有长时间的迟疑,然后挤出几个形容词。但读过了《西湖梦》,使我对杭州的认识更广了。杭州,它拥有温柔的面容,但本质却是追求自然、豁然达观、敢于反抗的精神。

西湖梦——余秋雨笔下看杭州

北京的地理位置决定了它的首都地位,这也就使北京成为了自朱棣以来的首都。显然,明朝最大的威胁来自北方,而元朝和清朝作为北方少数民族的统治者,北京显然要比南京更适合于成为政治中心。北京的文化精神中,很重要的一点就是政治性,这在街头巷尾的议论中也有体现。原来看过一个消息,就是说北京是人均买报纸最多的省级行政区,而北京人日常生活中所关注的往往是与他们并无直接关联的政治。就连楼下收破烂的老太太也要兴致勃勃地聊安南,这在其他城市,至少是我去过的城市里是不可想象的。

上海的商业地位也使得上海充斥着商业元素,归根到底使上海社会的衡量标准向金钱靠拢。北京电视台晚上播过一个节目叫"心灵花园",里面的嘉宾却大多是上海人。这个节目我妈妈很喜欢看,我虽然不爱看也要硬着头皮边看边吃饭。里面的一个现象就是凡是家庭纠纷,一定和财产有关系。不得不说,金钱在社会中起到了一定的作用,但是上海将它夸大了。这也是北方人对于"上海人"总怀着一丝恶意的根源。

在面向世界、面向未来的现在，北京和上海的差距在缩小。相同造型的摩天大楼拔地而起，北京经济趋于发达，上海也聚集了一批文化人。但是北京与上海的差异依然会存在，因为它们不同的文化精神。

读《城市季风——北京和上海》有感

在建筑方面，首先应该提及的就是故宫。故宫对于我们来说，永远是神秘的，那龙飞凤舞，那金碧辉煌，是我们现代人所无法复制的曾经。它代表着中国，代表着中国自古便有的雄伟与大气。在北京的城区图上，我们可以清楚地看到，故宫及其周边的景观占据了最中心的位置。因此我认为，北京对于古老建筑的保护应该首先由故宫做起，继而成网状的推广至其周边的北海、景山等。而其他离市中心较远的古老建筑，则应与其周边的环境形成小块的景观区，与市中心的景观区形成呼应。也就是说，我认为二环以里的北京应该以"历史"为关键词，这里的现代建筑也应尽力融入这种氛围，而不是处处彰显现代的艺术。二环以外，则以现代化的北京为主体，穿插少量的历史因素。在这方面，我认为现在的北京已经很成功了，只有一点让我稍感遗憾，那就是国家大剧院。这是一个美丽的建筑，也是一个伟大的建筑，但它的外观使它不适合置身于古老的故宫旁边，总让人觉得突兀。当然，这也只是我个人的意见。

其次是胡同。北京的胡同，纵使没有江南小巷的优雅，没有丽江古城的婉约，没有上海街道的繁华，却也是自成一体的傲立于神州大地上，无一人敢侵犯它的庄重。可以说，胡同是北京的血管，错综复杂的存在于北京这个躯体之中，始终也缺不得，因为它代表着北京，代表着北京深厚的文化内涵。八年级时曾在老北京文化的选修课上与同学们一起去探访胡同。不得不说，那是我第一次如此亲近它，也是第一次被它深深地震撼了。但我也必须承认，胡同里的生活实在是多有不易，而且让它大规模的占据着现在北京的土地也不太可能。因此，我更认同一种观点，那就是部分地保留北京的胡同，让它们成块地成为北京风貌的一部分。虽然这样对于胡同的整体性会有所损害，却能将它们保存下来，不至于全部消失。我想，现在北京的规划也正是秉承这种原则在进行的吧。

——《古韵北京》

五、实践反思

回顾这门课开始以来实践的过程，有许多地方值得以后改进：

第一，对学生的知识储备及游历经历可以进行更详细的调查，这样有助于最大可能地调动学生的参与，而且也可以在讲解的高度和深度上作更深层的挖掘。

第二，校本课程的选题角度和授课过程是对教师素养的很大考验。中国历史名城众多，每个人都会有自己的欣赏角度。比如桂林，有人看到独秀峰，有人喜爱山水烟雾，还有人对米粉独有情钟。城市之间的人文精神既有共性又有个性，如何在有限的课堂将其呈现出来是要反复思考的课题。所以教师不仅要进行知识的积累，还要关注现实，才能适应校本课程开设的需要。

第三，教学方式可以更加多样而灵活。比如可以采取带学生参观、实地考察的方式去感受城市的魅力，也可以进行访谈，深入到城市人群中去体会，等等。

培养学生的个性发展与研究性学习

刘 群

新课程教学改革已经在北京全面展开，教学工作者面临着全新的教学理念：新课程教学核心是"以人为本"，教学基于"学生的发展"，基于"现实生活经验和真实教育情境"，基于"对话与交流"，基于"问题探究"进行教学。这是对教师的一种挑战。教师必须要进行角色的转换，切实地更新教学的理念方法，自觉学习运用信息技术，建立平等的师生关系，体现教学相长，培养学生的创新精神和实践能力。

2000年教育部颁布的《全日制普通高级中学课程计划（试验修订稿）》正式规定了研究性学习课程为高中生的必修课。2001年6月颁布的《基础教育课程改革纲要（试行）》明确将其列入"必修课程"的"综合实践活动"课之中，从而使其步入我国中小学正规课程体系之列。自此，"研究性学习"在教学领域中给予接受。在新课改的课程中，"研究性学习"更是被给予更高的学分"待遇"。

什么是"研究性学习"呢？目前关于"研究性学习"的定义比较典型的有两种。一种认为"研究性学习"是一种学习方式。从广义上理解，它泛指学生探究问题的学习，是一种学习方式、一种教育理念或策略。从狭义上理解，"研究性学习"是指学生在教师指导下，从学习生活和社会生活中选择并确定研究专题，用类似科学研究的方式，主动地获取知识、应用知识、解决问题的学习活动。显然，它可以渗透于学科教学的过程中或者以某种专题的形式展开实施。另一种观点则认为"研究性学习"是一门课程。作为课程，"研究性学习"是为了研究性学习方式的充分展开所提供的相对独立的、有计划的学习机会，在课程计划中规定一定的课时数并保证其实施的一门经验课程。研究型学习开展七年来，积累了不少的教学实践和教学经验，它是在正式课程之外，课程的延续，课程知识的延伸，课程知识的拓展。

一个人的才能要最大限度地发挥出来，必须有适应个人不同个性的前提条件。教育是造就人才的基础工程，教育要为每个学生提供适合其个性发展的前提条件。学生在学校的学习与生活，要与学生的个性最大程度地达到契合，特别是不能以分数论英雄。只有这样，才能更好地激发学生的学习积极性和创造性，提高学生的素质，发展他们的个性。

现今"素质"这一概念已超出心理学中"人的先天生理解剖特点"的规范。构成人的素质的内涵是多侧面、多层次的。个性指个人带有倾向性的、本质的、比较稳定的、心理特征的总和，它所表现的是个人的独特风格，每个人的个性都有不同于别人的特点。要彻底摆脱旧教育观念的束缚，跳出应试的框架，就必须重视对人的潜能的开发和发展人的个性，把追求学生个性与共性的统一，作为教育的出发点与归宿。我们要充分认识到个性的发展是社会发展的活力所在。因为创造是社会发展的动力，而个性发展的突出特征就是创造。通过开设"研究性学习"，在课程设置上应遵循每个学生的学习方式的独特性，强调学习内容、方式、过程的开放性，强调让学生感悟和体验学习的过程，在转变学习方式的同时发展健全的个性。如何从学生提出的反对意见和"异想天开"的想法中理解他、启发他、帮助他，在"研究性学习"的实践中探索出以下几个方面。

一、课程要有开放性

"研究性学习"既跨越学科的逻辑体系，又超出专家预先设定的学科课程内容范围。它的基本特性是尊重每一个学生独特的兴趣、爱好，适应每一个学生个性化发展的特殊需要，为学生自主性的充分发挥开辟广阔的空间。开放性是实现这一特性的保障。只有开放才能将学生的需要、动机和兴趣置于核心地位,才能由每一个学生自主地选择学习的目标、内容及方式,进而实现教学目标的个体指向,实现学生从其生活中选择感兴趣的主题和内容。

二、课程要有综合性

是把接受式学习与问题探究式学习有机结合起来,并把逻辑的论证与历史的叙述有机结合起来,融入一个知识发展的过程和解决问题的方法。"研究性学习"不仅在学科知识的序列中构建课程的模式,更是以学生的现实生活为基础发掘课程资源,注重以学生的直接经验和体验为基础对学科知识的运用。"研究性学习"的综合性,不是不同学科知识的简单叠加,而是通过对知识的综合运用去完整地认识作为有机整体的客观世界的一种途径。例如,人文地理与历史、语文、经济学的结合,就能够给学生提供许多研究的方向。北京市利用自身先天的地理条件、历史的厚重可以进行多学科的综合。北京市现存的名人故居,往往有浓厚的历史和人文气息,其地理位置的分布可以让学生进行归纳,可以总结出当时社会的经济状况。在这样的综合性"研究性学习"中,学生的各科知识得到整合,进行了知识的迁移,提高了他们对事物的综合理解能力。

三、课程要有实践性

把知识的系统性学习与实践性学习结合起来,使课堂教学渗透一点实践性学习。"研究性学习"注重学生对生活的感受和体验,强调学生的亲身经历,让学生在实践中去发现和探究问题,体验和感受生活,发展实践能力和创新能力。丰富多彩的探究发现,个体各异的实践体验,能够克服基础教育课程和教学中脱离学生自身生活和社会生活的倾向,为学生生活经验的积累和社会实践能力的锻炼开辟渠道。例如,在化学课的研究性学习课中,开设了"对城市污水处理方式的研究",这门课程给学生实地调查创造了理论与实践相结合的机会。老师组织学生分批次去护城河、筒子河提取样本,在实验室分析河水的成分,找出针对城市污水的处理方式来。再例如,针对家庭日常生活的污染，人们应该如何避免，这样的研究方向，学生可以贴近生活。化学组的"植物在洗洁精中的生长"的这个题目是学生自己确定的，这个研究课题来自于他们的生活，有学生考虑到，使用洗洁精的频率过高，如果清水中含洗洁精过高，那么对植物有什么影响？带着这种疑惑和兴趣，他们开始这个课题的实验。这种来自于生活的研究课题，符合新课标的要求。可以说这样的研究性学习给学生的个性化、差异化提供了条件，避免了教育者的教育内容过于狭窄，有利于教育从个别精英型发展向全员基础性发展的转变。

四、课程要有创新性

研究性学习不面临高考的压力，没有教学进度上的严格要求，时间上的选择性大，老师可以尝试着让学生分组给自己设计研究任务，内容包括数据的查找、归纳，文章的筛选，实验的反复去做，等等。这样做有利于学生就自己感兴趣的问题进一步深入探究下去，丰富知识视野，张扬学生中的个性，发挥特长，充分挖掘学习潜能，体现个人价值，并体验合作、分工、探究、成功的愉悦。

不同的小组还可以进行比赛，在比赛的实践中，同学们都表现出了极强的参与欲望和浓厚的兴趣。并能培养学生的合作意识和团队精神，感觉集体智慧的力量和温暖，从中分享他人的成果。这一过程也是他们深挖教材的提高过程和知识再生过程，对于形成创意和严谨的逻辑思维有着重要意义。例如，语文学科中的戏剧部分在研究性学习中可以以不同的方式展现同一个戏剧，在排演《红楼梦》林黛玉初进荣国府这个戏时，有的学生忠于原著，还原著作的历史背景。有的学生受后现代主义影响很深，也想解构一下名著，因此想排喜剧版的《红楼梦》林黛玉初进荣国府。在学生排演完之后，学生自己进行对比来评说哪种方式能突出主人公的人物个性、特征、思想以及作者想要传达的信息，即作者赞成什么、反对什么。通过这种方式他们才能接受教材中的结论，并且排演的实践使他们更深入地领会了作品的内涵和深度。

五、课程要有地方特色

研究性学习课程和学校的特点应该没有冲突，应该能够彰显每一所学校所在地区的特色。所以，它应该具有很强的"包容性"。每个学校每个学科应该根据实际情况因地制宜地开展"研究性学习"课程。不能机械地模仿别人的模式，否则就与"研究性学习"的思想背道而驰。例如，东城区、西城区的学校适合做的研究性学习应有东城区、西城区的特色，如胡同文化、名人故居状况调查。海淀区的学校结合中关村的发展可以研究IT行业方面的知识；朝阳区的经济发达，外国公司和外国使馆多、酒吧多，可以研究消费、经济等方面的内容；怀柔、密云、顺义等区可以把农业与生态、环境与健康、水土保护或学习生活中的具体问题作为"研究性学习"的内容。

从"研究性学习"以上五个方面分析，"研究性学习"适应全球化发展，是适应社会发展、适应时代发展，尤其是学生个性发展需要的课程，也是综合程度最高的课程，是以学生实践并取得直接经验和体验为主要形式的课程。它不是其他课程的附属，而是与其他课程并存和互补的课程。"研究性学习"洋溢着浓郁的人文精神、科学精神，既尊重每一个学生的学习和每一个学生的普通生活，更关注每一个学生的可持续发展。

高中物理课堂教学结构的优化

朱亚平

系统内部各个要素及其组织形式称为系统的结构；系统在一定环境中所发挥的作用称为系统的功能。按照方法论的观点，教学要达到预期的目的，就必须研究教学结构。优化教学结构，充分发挥教学系统的功能。

物理教学要使学生掌握物理学的基本概念、基本原理和方法，形成科学实验的技能、技巧，培养运用科学理论知识去分析问题和解决问题的能力以及进行科学探索和研究的能力，要培养学生的物理思想和辩证唯物主义思想。要实现这样的功能，有必要对物理课的教学结构进行探索，设计最优化的教学结构。

一、课堂教学结构的内涵及目前中学课堂教学存在的弊端

课堂教学结构是指课堂教学的组成部分及其进行的顺序和时间分配，它是课堂教学的内部组织形式。

长期以来，物理教学与许多课程一样，每堂课大致设有组织教学、复习检查、讲授新课、巩固练习、课堂总结、作业布置"六个环节"。但许多教师在安排课堂教学结构时，存在以下的问题：

在形式上套用了"六个环节"，每节课在各部分时间划分上没有区别。尽管"六个环节"很完整，但整节课并不给人"紧凑"、"完整"之感。或者对40分钟时间进行了简单的划分或分配，在安排课堂教学结构时，没有考虑是否符合学生的认知规律。忽略对思维能力的训练，经常以最短的过程、

尽量快的速度讲完新课，把概念和规律灌给学生，然后挤出大量的时间进行解题训练。

这样的教学结构在教学中不是个别的。它的确可以提高学生的成绩，但是最终会使学生对学习失去兴趣，把学习当做任务来完成，出现概括力差、理解能力差、不会独立思考问题、缺少科学推力能力等现象，即所谓的"高分低能"现象，这与我们的教学目标及素质教育的方向是背道而驰的。改革教学结构、优化教学结构已成为当务之急。

二、优化的课堂教学结构特征

优化课堂教学结构的目的是得到最好的教学效果。具体来说，表现在：1）学习成绩的提高；2）思维能力得到培养；3）自学能力得到提高；4）知识和能力得到迁移；5）受到良好的思想教育。

为了获得上述教学效果，一个优化的课堂教学结构应具备以下特征：

1. 教学目标合理。

每节课的教学目标既要符合物理教学大纲总的要求，切合本节课的内容，又要符合学生的实际水平，并且不同目标要有主次之分。

2. 时间划分符合学生思维变化规律。

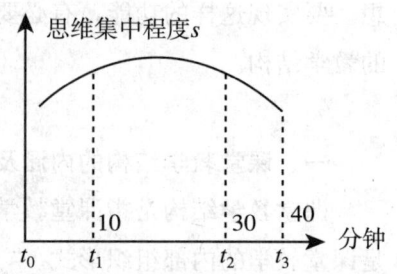

心理学的研究表明，学生思维集中程度大致可以分为三个阶段：思维活跃阶段、思维抑制阶段和思维封闭阶段。根据观察发现：对于一般高中生，第一阶段大约出现在每节课的前25分钟，第二阶段大约出现在每节课的第25～37分钟，因此，每节课教师讲授时间以前30分钟为宜，最重要的知识（重点、难点、关键点）应安排在前20分钟左右。大体说来，前3分钟导入，接下来17分钟为本课主要知识讲授时间，后10分钟为示例、讨论、巩固时间，最后10分钟为小结、布置学生完成习题和思考题，以及有针对性地培尖帮差。

3. 教学顺序符合学生认知规律。

即按照学生的认知规律安排教学过程，组织学生的认知活动。或者说要有合理的教学节奏、合理的教学方法和手段。

4. 知识传递迅速、反馈及时，学生的主体作用与教师的主导作用得到很好的发挥。

知识传递是不是迅速、反馈是不是及时，学生的主体作用与教师的主导作用是不是得到很好的发挥直接关系到一堂课的成败。根据现代教育观点，学生是智力发展的主体，物理教学结构的优化，必须立足于学生的主观能动作用，使学生主动学习，而不是被动地接受信息，课堂教学过程中，应当让学生的智力水平得到最大限度的发挥，非智力因素得到最好的调动。

5. 收到良好的教学效果。

即达到巩固知识、培养能力、发展智力的目的。

三、教学结构中具体教学环节的优化

实际教学中，在一节课中要同时实现多个教学目标，这样的课可以称为综合课。根据不同的教学需要，综合课有多种多样的组织结构，但其基本组成可以分为五环节：组织教学、课的引入、讲授新课、巩固新课和结课。

（一）重视组织教学环节

良好的开端是成功的一半，在课堂教学中应该重视这个环节。在课的开始，课堂内的秩序往往不是很安定，学生没有完全进入状态。在课的开始不宜立即讲课，应先通过环视全班，了解学生出席和准备学习用品的情况等方法，集中学生的注意力，唤起学生的学习情绪，使他们保持良好的心理状态准备听课。

组织教学要贯穿一堂课的始终，在课的进行中要特别注意关注学生表情、眼神，这样不仅能从学生的表情中得到他们对知识掌握的情况，还能让学生感到老师对他很关注，增加亲切感。

（二）优化课的引入

导入的类型是多种多样的，通过对 35 名优秀教师的 78 份教案的统计，我对物理教学中常用的导入方法进行了统计和分类：见下表。

项目＼类型	复习提问法	演示法	实例法	激疑法	直接法
具体方式	根据知识间的联系，以旧引新或温故知新。如复习导入、练习导入。	通过实物、模型、图表、幻灯、电视、实验等演示，引导学生观察，提出问题，从解决问题入手，自然过渡到新课。	从生产、生活中选出一些生动形象的实例进行引入。	利用问题，使学生产生疑惑，激发思维。	在课的开始，教师直接点题，讲明这节课要学习的内容和要求，从而引起学生注意。
所占比例	36.2%	13.8%	13.8%	12.1%	19.0%
优点	能巩固先前学习的知识，促进知识的系统化，能促进学生迁移能力的提高。	生动、直观，有利于学生由形象思维过渡到抽象思维，促进学生分析能力的提高。	能把抽象的内容具体化、通俗化，能激发学生的兴趣，有助于学生具体生动地理解知识。	能充分地激发学生的思维，尽快地启动和活跃学生的思维。	教学目的性强，可以防止学生完全脱离"教学轨道"。

另外还有审题导入法、典故导入法等。

课的导入方法是多种多样的，教学时应根据教学内容，教学目标选择最佳的方法,关键在于营造一种教学需要的"愤"、"悱"状态,诱发学生的思维,积极启动和活跃学生的思维。

(三)努力提高新课讲授的效果

讲授新课是教学结构中最重要、最中心的教学环节。

(1)讲课贵在"精",要克服两个主义:一是平均主义,就是讲课面面俱到,不分主次,没有重点,眉毛胡子一把抓。二是主观主义,讲课时不从学生实际出发,总是跟着自己的感觉走。往往造成学生已经掌握的,教师仍然滔滔不绝地讲个不停,学生不易理解或容易混淆的、容易产生错误认识的部分却一带而过的现象。

讲课要做到"精",还要克服"讲深讲透"的想法。如果教师把全部的教材都加以讲解,"嚼碎了喂进孩子的嘴里",给学生的只是现成的结论,很难提高学生的思维能力。所以,讲课应该博采众长,做到言简意赅,给学生留点儿思考的余地,改变教师讲——学生听的单向性传输,实现师生之间、学生之间的多向性交流。

(2)注重讲授的启发性。讲授要做到能启发学生的联想、想象,激发学生积极思考,引导学生分析问题,解决问题;讲授过程要注重对学生能力的培养,变消极的适应学生的智能水平讲解为积极发挥学生在教学中的主体作用,促进学生积极思考。

当然,注重讲授的启发性并不是把讲授变为问答或者谈话,讲授有没有启发性,衡量的标准不在于有没有问答或者谈话,而在于是不是充分发挥了教学双方的积极性。在具体教学的过程中,可以通过改变讲课顺序、讲授方法实现。如,变"先讲后练"为"先练后讲",变"教师讲、学生听"为"教师指导、学生自学和讨论"。

(3)努力丰富讲授的感情。在讲授中,如果教师富有感情,可以通过表情来吸引学生的注意,使学生产生共鸣,活跃课堂学习气氛。脑神经生理学的研究表明:当大脑皮层处于优势兴奋中心时,建立和恢复条件反射联系的效率最高,神经暂时联系突然接通的可能性最大,可以最大限度地发挥人的创造性。富有感情的讲授，可以提高学生智力活动的效率，提高教学效果。

苏联教育家马卡连柯曾经说过，只有学会在脸色、姿色和声音的运用上能作出20种风格韵调的时候才能成为出色的教师。

（四）加强巩固新课的环节

巩固新课的目的在于帮助学生理解、消化当堂课新学习的知识。当堂巩固新课符合遗忘先快后慢的规律，有助于提高学生记忆的效率。现代心理学研究表明，组织学生运用刚学过的知识于新情境中，不仅能取得更好的巩固效果，而且能形成稳定的智力操作和实际操作的技巧。

巩固新课的方式是多样化的。我认为比较理想的方式为：巩固性练习，学生归纳或者师生互相问答。这样可以及时了解学生对知识、技能掌握的程度和缺陷，及时得到教学效果的反馈，以便及时采取矫正或补救措施。

（五）结课

通常结课包括小结和布置作业两个教学事件。从内容上讲，小结应该强调应掌握的基本概念、公式和原理，而不是复述所有的教学内容。从形式上讲，鼓励学生小结，这样可以提高他们的概括能力。

作业布置是这个环节的重点。布置的作业在于"精"、"准"而不在于多，最好能设计几套难度不一，题型多样的题目，供程度不同的学生选用。

四、结束语

目前，我们的教学方式为大班教学，给具体教学事件的实施带来很大困难，很难保证每一位学生都能积极参与每一个教学事件。比较典型的是：叫一两个学生回答问题，其他的同学就没有必要思考了。由于时间限制，教师也不可能提问所有的学生。这样势必影响教学的整体效果。

除了通过设计合理的教学结构，通过多样化的教学手段充分调动学生的积极性、主动性外，还要时刻"强迫"企图逃避思考的学生参与教学事件。

首先，在范围上，提的问题是大多数学生都可以参与的。

其次，在顺序上，要先提问，后指定学生回答，中间要留给学生思考时间，迫使每一位学生都要思考。对于回答不上的学生，要加以引导，帮助他说出自己的想法，不要给学生逃脱的机会。

最后，在提问对象上，尽可能选择那些企图逃避的学生。

学习心理辅导案例
——如何帮助学生构建良好认知结构

朱淑玲

现代学习理论认为：学习不仅是获得和应用知识经验的过程，更是对知识主动理解建构的过程。在此过程中，学习者是在已有知识经验水平的基础上对新知识的思考加工、理解意义，形成新的知识结构。在知识理解建构过程中，个体已有的认知结构对学习新知识起着极大的影响作用。

如果学习者对已有知识作不完整的理解、产生错误概念、对概念片面理解都会对新知识的学习产生消极的影响，以致形成不良的认知结构，运用的时候就无法被有效提取出来。相反，具有良好认知结构的人的头脑中储存的知识，是有核心、有条理、有层次的知识体系，这样的知识体系使得人对知识的理解更透彻、记忆更牢固，运用的时候也更容易提取出来。

良好的知识结构本身是一个知识演绎体系。当我们进行问题解决时，某个知识点被遗忘，我们无法有效提取知识时，可能由这个知识的上位或下位知识推理出来，根据知识的脉络演绎出来，这是一个零散无序的知识结构做不到的。良好的知识结构中，还蕴涵着各个学科相对独立性的思想方法。比如，在物理学科的知识结构中，除了体现知识间的联系，还有物理规律性东西的体现。

可见，良好的认知结构，在学生学习新知识的过程中，解决问题的过程中，记忆储存知识的过程中，都发挥着十分重要的作用。因此，教师在课堂教学中应该重视教会学生主动地、科学地建构学到的知识。

一、问题的提出

2004年9月底，学习方法研究课开始了。同学们提出了很多困扰自己的问题。其中林欢同学提出：我的一个好朋友，智力水平与我差不多，用在学习上的时间也不比我长，但是每次一起做题或者考试，我的朋友做出来的题都能比我多，准确率也比我高。我想不明白的是，我与同学的差距究竟在哪里？

我对他说："你能否再回忆一些细节，这位同学在听课、复习等方面与你有什么不同？"

他想了想说："我的同学不太记笔记，但听课很认真，课下没有专门的复习过程，但他经常是下课了马上做作业，不会的就立即去查。有时他会反复地看书，别人问他问题，他回答的总是很完全，条理很清楚。哦，还有，他有作总结的习惯。"

"好！现在让我们一起来分析一下林欢同学的这位好朋友有什么特殊之处。是什么使得他学习效率和结果好于林欢同学。我们或许能够受到一些启发，也找到适合自己的学习方法。"我对大家说道："首先，我想知道，林欢的朋友下课不复习就做作业，并且会做，而且做得很快，需要具备什么条件？"我提出了第一个问题。

时佳说："他要听懂老师讲的课才行。"

林欢说："我也能听懂老师讲的课，但我要立即做作业我就不会。"

梅谌然接着说："不但听懂了，还要理解。"

林欢接着说："他还应该记住这些理解了的知识，不然他也做不了作业。"

我接上去说："你们说的都很对，用一句话概括你们大家所说的，就是他听课效率很高。还有没有别的原因呢？"

同学们七嘴八舌地讨论着。我提了这样一个问题："一个初二的学生，学习很出色，让他到高二和大家一起听课，你认为一节课下来是你们的收获大还是初二那位同学收获大？"

同学们几乎一口同声地说:"当然是我们的收获大。"

"为什么初二的优秀学生,到了我们高二听课却不如我们这些学习成绩一般的学生收获大呢。"

梅湛然接着说:"好多知识他都没学过啊,他听不懂啊。"

"你的意思是说,我们头脑中原有的知识对我们今天的学习很重要对吗?"

"那肯定是。"梅湛然同学得意地回答我。

"林欢,你也同意我们头脑中原有的知识对我们今天的学习很重要吗?"

"我同意。"林欢说道。

"那么,林欢你能否试着想一下,你头脑中的知识和你的朋友相比在数量上相差很大吗?"

"我不这么认为。有时候我们讨论问题,他说的我也都知道,就是没有他那么快地想出来。有时候我根本想不到,可是他总是很快就能想出来,而且有些他要不说我想破头都想不出来。"林欢很郁闷地说。

"那么,看来我们头脑中知识的数量远不是最重要的,那么最重要的是什么呢?"

我国心理学家张庆林认为:"优等生头脑中的知识是有组织和系统的,知识点按层次排列,而且知识点有内在的联系。如果把优等生头脑中的知识结构画成一张图的话,就呈现出一个层次网络系统。而学困生头脑中的知识是零散和孤立的。"

"优等生和学困生在学习上的差别是多方面的,但他们头脑中的知识结构的差别是非常显著的。"我说完之后,同学们都若有所思地点点头。

"老师,怎么才能使我们头脑中的知识也具有良好的结构呢?"吕哲期待地看着我说道。

林欢突然想起来什么,大声说道:"我同学有作总结的习惯,这个会不会影响头脑中的知识结构?"

我肯定地点了点头。

二、问题的剖析

对这一部分参加学习方法研究的同学来说，学习中存在的问题是千差万别各不相同的。但头脑中不完整的、零散的知识结构对他们学习的影响是消极的、不利的，而且是相当明显的。这个问题，同样也存在于班中其他大多数同学的身上。付出很多，收获不大。这种不良的学习方式不仅仅是造成学生的学业不佳，也大大地打击了学生学习的积极性。要解决这个问题，我决定从以下几方面入手。

第一，课堂上，教师在课堂上随时作总结归纳，让学生体会到概括在学习中的作用。

第二，每天讲新课之前，由一位同学对前一天所学的知识加以复习，教师进行针对性的指导和点评。起到示范概括总结方法的作用。同时起到及时修正学生头脑中不良知识结构的作用。

第三，指导学生做每一章的知识结构图，使学生对所学知识进行全面的梳理，建立起知识间的实质性联系。

三、问题解决的措施

1. 在以后的课堂教学中，我及时地指导学生作总结归纳，使所学知识与原有知识建立联系。对相似的易混淆的知识进行类比，使学生区分原有知识和新知识。我还在方法上具体指导学生，如何寻找知识之间的联系，如何进行知识之间的类比。有些看起来不相关的知识或事实，通过类比你会发现它们之间是有联系的，学生在潜移默化中学会概括。

2. 坚持每天由一位同学作课前总结。作总结的同学事先要做好准备，要先给我讲一遍。然后我和他一起分析归类是否合理，知识间的联系是否是本质性的，等等。准备之后，这位同学自己对这一部分知识的理解比较深刻了，知识之间的联系也把握得比较好了。由他做课前复习，所展示的是这一位同学概括总结的结果。但是，每位同学学过这一部分内容之后，在自己的头脑中都有一个自己的知识结构。我通过对这位同学的点评，使同学们认识到部分知识间的本质联系是什么，自己的知识结构有哪些地方是不合理的，如何修改得更合理。下图是高二（3）班卞达同学做课前复习时自己做的知识结构图。

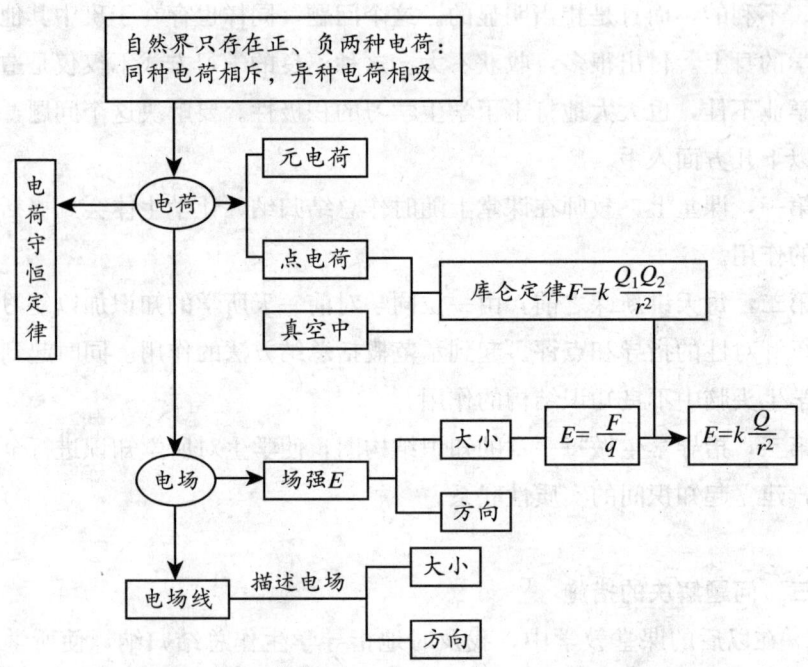

3. 引导学生做每一章的知识结构图。学习完每一章的知识后，要求学生做一个知识结构图。结构图的内容要涵盖所学的全部内容，要反映出知识间的内在联系，层次要清楚，概括性要强。在做知识结构图的过程中，是学生对所学知识的再梳理过程，也是建立知识间更广泛联系的过程，更是探索知识间本质联系的过程。这一过程，使学生对所学知识的理解更深刻，思考也更深入。

四、教学实践效果

在我们经过一个月的学习方法训练之后，林欢同学开始试用做知识结构图的方法进行学习。期中考试前，数学学习了圆、椭圆和双曲线，他做了一个知识结构图，将这三个容易混淆的内容进行类比、区分、概括，使得自己对这一部分知识的理解区分非常清楚，期中考试数学成绩居然出乎他的意料，得了满分。

一位男生，在作机械振动、机械波的总结时，对振动图像和波的图像用了一个非常形象的比喻："振动图像是一个人独舞的录像，波的图像是集体舞的剧照。"没有类比，没有概括，就不会有这么生动的比喻，就没有这么深刻的理解。

大多数同学，感到考虑知识结构之后，自己有意识地进行总结归纳，对知识的理解程度比以前好了。做了每一章的知识结构图，对各部分知识间的联系和区别更加清楚，对知识的记忆也比以前容易了。

五、教师的反思与感悟

我设立学习方法研究课的初衷，是教给学生一些可以具体操作的学习策略，使学生得到一些具体可行的学习方法，从而提高学生的学习成绩。通过一个学期的实践，我和其他老师感受最强烈的，不是学生成绩的变化，而是学生精神面貌发生的巨大变化。时佳同学在自己的总结中说："我面对物理的时候不再有无力感，而是感觉心里有底了。"李静思同学说，物理属于她比较薄弱的学科。通过构建知识结构的训练后，对学习开始进入比较深入的思考。她在学习电场这一章时，她向我提出了以下一些问题："没有电场，电荷之间是不是就没有相互作用力？研究电场强度是为了研究电荷在电场中的受力吗？研究电势差就是为了研究电势能？"这些问题表明，她开始对所学的内容进行思考和概括了。教给学生的是一个方法，学生得到的是信心。学生知道了如何去学习，他感到他可以把握学习的时候，他的信心就树立起来了。学生感到自己可以控制自己的学习的时候，他是快乐的，我也是快乐的。

对软排教学研究性学习的研究

刘洋 李峰 刘树平 骆小铁 焦福群

一、问题的提出

(一) 素质教育的需要

现代教育观提出"以学生为主体,以教师为主导"的重大变革,这是实施素质教育的重要原则。教育部在《基础教育课程改革纲要》中指出:"改变课程过于注重知识传授的影响,强调形成积极主动的学习态度","关注学生的学习兴趣和经验","倡导学生主动参与、乐于探究、勤于动手,培养学生搜集和处理信息的能力、获取新知识的能力、分析和解决问题的能力,以及交流与合作的能力"。面对知识经济的挑战,单纯追求知识学习的多少早已不适应时代的需要。教学改革必须以学生的发展为本,着眼于学生的全面成长,提高学生的政治素质、文化素质、身体素质。教师须从"师道尊严"转化为"学道尊严",法国启蒙思想家、教育家卢梭曾说:"教育不在于告诉人真理,而在于教人怎样发现真理。"让学生根据自己的兴趣、爱好和能力去认知,去获取知识,体验情感,展示自己的态度、技能、个性、潜能、创新等方面的发展,学习则由被动接受方式的学习转向主动方式的学习,才能开发学生智力的潜能;才能培养合格的人才,增加可持续性。

遵照邓小平同志"三个面向"教育思想,目前我国中小学的课程改革正在实践中不断深化。那种过去以教材为载体、以教师为中心、接受式的学习方式已过时,取而代之的是以"课程标准"取代"教学大纲";采用"体育教学目标"实现三维健康观和五个体育学习领域。体育课程学习领域将不同性质的学习内容划分为：运动参与、运动技能、身体健康、心理健康和社会适应五个领域。这五个领域实际上是由运动和健康两条线构成的。强调鼓励学生积极参与，努力实现在身心健康上和谐发展。为此，就需要教师创设新的体育教学模式和发挥主导性的组织教学作用，以优化教与学的质量。

（二）以学生发展为本的需要

现代体育教学观要求，不仅要注重学生身体健康，还要注重学生的心理健康；使学生身心健康得到和谐发展。良好的心理素质是一个人事业成功的重要条件，也是一个人对社会贡献大小的重要因素。根据三维健康观"社会适应"里，心理品质主要表现在人际关系上，这也是素质教育的重要内容。美国教育心理学专家布鲁诺曾做过实验证明："每个学生的潜能都比较大，是否能发挥出来，关键在于教师的教学是否得法；是否善于调动每个学生的心理因素；是否善于从学生实际出发进行教学。"体育教学的功能除在身体、心理和技能的教育功能外，还应包括增进人际交往的社会适应功能。通过参与体育活动，促进人与人之间在合作与竞争中相互尊重的能力，培养好奇心与主动探索的能力，兴趣与坚毅等情感能力。因此，教师需要创设新的组织教法，以开发学生的素质潜能，也就是抓住了主导教学的基本意识，才能创新适应学生发展要求的组织形式、内容和方法。

（三）优化教与学的需要

现代学习方式是以解放人的精神为基础、以弘扬人的主体性为宗旨，以促进人的可持续发展为目的，研究性、自主性和合作性学习就是它的基本特征。什么是研究性学习？研究性学习是以教学课题研究为基本特征的一种教学活动形式。具体讲，它是指教学过程在教师的指导下，以学生为独立自主学习和合作、小组、集体讨论等活动，个人充分自由表达、质疑、研究、讨论的机会，将自己的知识应用于解决实际问题的一种教学形式。

观念上的这一变化，传统的、单一的、命令式的教学模式也就不适应了。需要在继承优秀的东西基础上，去发展、去创新，才能把内容与形式统一，才能使教师的主导作用与学生的主体地位相融合，教学才会充满活力。

体育教学中的研究性学习教学模式是新课题,根据我们景山学校办学的目标与特色和我校体育教学的实际情况,本文以高中软排教学为切入点,对体育教学研究性学习进行深入的探索。

二、研究的方法、对象、步骤

（一）研究的方法

采用行动研究法。(通过收集资料,专家咨询,研讨方案,实验上课,总结经验,拟写专题论文。)

（二）研究的对象

景山学校高中二年级二个教学班男生98人。

（三）研究的时间和步骤

时间：2002.9~2003.6（从写论文开题报告——到拟写论文)。

步骤：2002.9~10 拟订开题报告；

2002.9~2003.2 收集整理资料、专家咨询、研讨行动方案；

2003.2~4月上课实施方案；

2003.5~6月总结经验、拟写论文。

三、研究性学习方案

研究性学习的实施方案分三个阶段：

（一）创设问题情境阶段（课前准备和引导课）

本阶段要求师生共同创设一定的问题情境,目的在于做好知识铺垫,调动学生的积极性。

（1）课前师生要选准软排单元教材专题和教学实施对象,并深入了解学生、教材、教学条件等各种资讯,同时也包括教师自己的情况。

（2）组识教学形式可分为小组合作研究、个人独立研究、全班集体研究三种形式,但必须落实合作研究课题小组,要求人人参与课题小组。

（3）指导学生设立研究性教材主题板块的内容,更要落实学生关心的研究性问题。具体从软排什么技能学习目标切入，各小组有选择的自由，但必须落实合作研究学习方案。

（二）实践体验阶段（课上运动参与）

本阶段要让学生学会收集、加工、处理信息，并在运动参与中形成亲身感知和初步成果，以及解决实际问题。

（1）课前、课下让学生在开放的情境中广泛收集、加工处理排球和软式排球的信息资料，上好引导课，用讲座让学生明白《研究性学习》，激发出学生研究的兴趣，吸引全体参与。

（2）在课中，开展互动式研究性学习时，针对学生在技能学习中产生的问题，应允许学生采用各种讨论形式，如互相提问法、协商法、中心问题打靶法、动态分组法等。要针对学生提出的不同问题，教师应给予及时的指导和帮助。鼓励学生怀疑、提问、发言，运用各种不同的动作形式完成技能学习目标，营造一个宽松的交往与沟通的环境，用科学态度解决实际问题。

（3）重视一步一步落实课题过程性的目标，可以形成多种多样形式的成果，并根据学生实际水平，进一步鼓励学生塑造个性、发展创造力。

（三）表达和交流阶段（课上评议和课下总结）

本阶段要让学生学会成果的表达、交流和沟通，关心和正确评价别人。

鼓励学生要会表达与沟通：学生要将自己或小组经过实践和体验所取得的收获归纳整理，总结提练。

（1）形成书面、口头报告。

（2）动作示范，以及在比赛中运用的情况。

四、结果与分折

（一）激发出学生参与运动的兴趣和积极性

学生在创设情境阶段主动出击，不仅上网查询，而且四处收集有关排球资料，其中有《中国排球》杂志、《中国体育报》、2002～2003全国排球甲A联赛的比赛录像、有关排球教学和训练的资料12种36篇，并且还请校排球队队员进行排球基本技术录相，制作出了一盘《排球教学光盘》。效果很好，在同学中广泛传看，受到了广大师生的欢迎和好评。

在两个教学班 98 名学生中，落实了 17 个专题研究性学习小组，每个小组由 4～6 人组成，设组长一人，担任小组长的同学非常认真负责。软排学习专题以传球、垫球、发球、扣球、拦网五大技能学习为目标，由学生自由协商选定切入点，学习小组在软排单元教学前先拟订出"学研计划"，每次上课前再明确具体运动参与的内容和方法，课后要求人人写体会和填写"自我评价表"，学生主动交给老师看，与老师沟通这在以前上课是没有的现象。

学生上课出勤率很高，不少学生早早来到操场就急着要玩软排，表现了很高的学习兴趣和积极性。为了尽快掌握排球基本技术，更好地参加软排比赛，学生经常主动询问老师，一节课平均提出 20 个左右的问题。问题不仅有如何掌握技术动作要领、技术原理问题，如何提高技战术意识和身体素质训练练习方法的问题，还有各种心理障碍等问题。面宽又有深度，是过去体育课老师备课不曾考虑的问题。

每节课都由学生自发地组织对抗性的练习和进行软排教学比赛，充分调动了学习的积极性。课的练习密度加大了，技能学习水平提高了，不同层次的学生参加不同水平的比赛，裁判和组织工作全由学生担任，效果很好。每天中午和课后业余时间，来借软排球的人特别多，还有的学生自己购买了软式排球。在业余时间，学生自发地组织班级排球比赛，在北京突发"非典"的时期里，有的学生还在家里用软排健身，研究性学习已深入学生心中。

（二）探索到体育研究性学习评价的可行性

评价是研究性学习的一个难点，通过实验，紧紧抓住把"等级评价"改革为"激励评价"，实验证明促进了学生的进步和成长。我们的具体做法：

1. 确定评价的主要内容

第一，强调学习态度：主要看学生在研究性学习时主动性和积极性。通过学生参与的时间、次数、认真程度、行为表现几方面衡量评价。

第二，强调合作精神：主要看学生参与小组或班集体研究性学习时的合作态度和行为表现进行评价。

第三，强调探索精神和学习能力：可以通过对问题的提出、解决问题过程中的表现及其对探究结果的表达来评价。

2. 具体操作方法

评价方式应是多元的，其形式也要多种多样，有师生共同评价方式，甚至可以以学生为主的评价方式，其方法有：

第一，过程档案：记录学生参与的时间、次数、认真程度、行为表现，包括日记、讨论、访谈记录、探讨计划、个人结论3个亮点，收集资料、对别人技术动作和比赛中表现的评价，等等。均需画出表格列项统计。

第二，展示与交流：它能比较集中综合评价学生个人学习过程和学习结果。在教学评价上要突出发展性、进步性和个性特点。在98名学生中全部取得优良成绩的同时，每个学生都获得了一份别人和自我的评价。

3. 创设了师生互动的平台

"教育要面向未来"，不仅要面向知识经济社会发展的未来，更应该重视人的发展的未来，我们通过此次研究性学习的探索，更深刻地理解了教与学统一的内涵，更自觉地从"教"转化为"导"，学生成为学习的主人。师生关系是民主、平等、和谐的，教师要尊重每个学生、鼓励他们提出的每个问题、并允许有不同的意见展开研讨，才能加速学生的成长，研究性学习给师生互动创设了良好的平台，使师生之间、生生之间顺利进行互动、沟通和交流。

4. 创编了新的单元教学计划和教案

处于新一轮体育教改的今天，需要用现代体育教学观创新新的单元计划和课时教案。对原有的"教材单元教学计划"，采用唯物主义的态度，吸取和继承符合现代体育教学观的东西，对表现以传授教材为主的地方坚决予以删除。

在单元计划中，我们由运动参与、技能学习与情感体验为一条脉络，列在表格中由横轴表示。目标、认知、教学顺序与方法、安排为另一条脉络，列为纵轴表示。运动参与、技能学习与情感体验表现在课的全过程；新教案的纵轴除单元计划内容外,增加了一项反馈信息。

请详见下列表格。

高二男生软式排球单元教学计划　　　　教师:刘洋

目标	运动参与、技能学习与情感体验
认知	内容:软排各种击球手法和排球基本技术、教学比赛。 原理:1. 抛物线——球在空中飞行的弧线。 　　　2. 光的折射入射角与反射角——控制击球反弹面。 　　　3. 作用力与反作用力——控制击球的力量、弧度。 方法:运用信息、目标、分层、竞赛教学法,学习排球基本技术和比赛规则、接发球站位、进攻与防守战术等。 态度:自我激励、自主探究、自我调控、身心和谐发展。
教学顺序与方法	一、激发兴趣 情境导入: 　　1. 充分发挥学生收集的各种软排信息,充分利用排球场地和器材。 　　2. 按小组由学生自由选择技能学习的切入点。 　　3. 教师对各小组依次指导、解疑、给予鼓励性评价。 自主热身: 　　1. 徒手操、软排球操、 　　2. 各种步伐移动、地滚球、环绕球、各种抛接球的耍球和游戏等。 二、自主体验 　　1. 传球:依次体验拍传球、挡传球、拳击球、头顶传球、软化传球,重点体会双手上手传球的击球点、用力、手型动作要领。 　　2. 垫球:依次体验单、双手捞球、捧垫球、重点体会双手下手垫球的击球点、用力、手型动作要领。 　　3. 发球:依次体验磕发球、侧手发球、正面上手发球、跳发球的五固定动作要领。 　　4. 扣球:依次体验原地做抬、拉、甩臂扣球、采用一、二、三步上步起跳模仿扣球、正面扣固定球、扣抛、传球的动作要领。

续表

目标	运动参与、技能学习与情感体验
教学顺序与方法	5. 教学比赛：全体学生每次课都参加比赛，竞赛组织、裁判员均由学生承担，教师在技术、战术和心态上予以指导。 6. 整理运动与进行评价。 三、自我意识与调控： 1. 自我监测脉搏（120～150次/分），并及时调整运动量。 2. 在小组学习中主动与别人沟通、交流各种感受和体会。 3. 敢于展示自我，并在观察、比较中主动找差距，调整心态，改进学法确立新的追求目标。 4. 正确评价别人和自己。
安排	1. 本单元共占16节课，约8周。教师要系统安排教学内容，重点指导。 2. 传球（3节）垫球（3节）发球（2节）扣球（4节）介绍拦网技术。 3. 每次课都要安排教学比赛，规则和战术学习占4节。 4. 每次课都要进行热身练习，适当加入素质练习。 5. 学生可选择技能学习的切入点，但要鼓励全面学习排球基本技术。

高中二年级男生软排教学研究性学习教案格式

班级_____ 性别_____ 人数_____ 时间_____ 教师_____

认知	内容：软排各种击球手法和排球上手传球知识与要领，诱导型教学比赛规则。 原理：1. 抛物线——球在空中飞行的弧线。 　　　2. 作用力与反作用力——控制击球的力量、弧度。 组织：教师对传球重点指导，并对各小组学习依次指导、解疑。鼓励学生合作学习，自我激励、自主探究、自我调控、身心和谐发展。
起步	激发兴趣 　1. 运用信息、目标、分层、竞赛教学法，激发学习排球基本技术和比赛规则的兴趣，给予学生鼓励性评价。 　2. 按学习小组由学生自由选择技能学习的切入点。

续表

自主热身	1. 球操一套六节，4×8呼，以小组为单位，由学生自创自做。 2. 环绕球一组，3′，由组长带领做。 3. 抛接球一组，5′，由学生自编自选自做不同高度、不同弧度、不同方位的球。 4. 两人配合互抛接球，5′，由学生自编自选自做一上抛一下抛接球练习。
自我体验	1. 传球组由组长带领依次做练习：传拍球，挡传球，头顶传球，软化传球。 2. 教师指导练习双手上手传球：练习顺序为： 　　＊徒手模仿练习　　　＊轻压传球 　　＊对墙传球　　　　　＊两人抛传或对传 　　＊在教学比赛中做传球。 3. 其他小组由组长负责分组练习，进行软排垫球、发球、扣球的练习。 4. 诱导型教学比赛：可组成2对2；3对3；4对4；5对5；6对6等的教学比赛，竞赛组织和裁判工作均由学生承担。 5. 游戏名称：＜步步高＞ 　目的：熟悉传球动作要领和提高自传球的能力。 　方法：一人持一球做自传球，传三次为一组，传的高度一个比一个高。在规定时间里看谁连续传的组数多。次数多者为优胜。 　规则：连续传三次，中途断了则不计完成的组数，应重新开始计数。 6. 整理活动。 7. 进行小组评价。
自我意识	1. 每个练习均进行自我监测脉搏，并及时调整运动量。 2. 积极参加练习，敢于展示自我；发挥创新精神。 3. 虚心学习，接受教师的指导；主动与别人沟通交流感受和体会。 4. 学会观察比较，主动找差距，改进学法，不断提高技能水平。 5. 善于鼓励同学，正确评价别人和自己。
反馈信息	

五、结论与建议

实践证明：我们设计进行的高中软排教学研究性学习方案是可行的。操作运用应注意以下四个方面的问题：

1. 鼓励全员参与：它不仅主张全体学生积极参与，人人都要提高身心健康；同时还能赋予学生充分的发展自由，学习内容（课题）选定一定要根据学生的兴趣爱好、经验条件、能力水平等来选择。研究方案也由学生来规划，研究过程也要学生主动参与，组织形式、课题的最终结果也要由学生来完成和表达。

2. 突出运动参与过程：它注重掌握调查、观察、实验以及现代信息技术的方法和技巧。研究性学习的重点不在于知识、技能，而在于方法的掌握，思维方法的学习和思维水平的提高，从而培养学生的自学能力，使学生具备可持续发展的能力。教师是创设一个问题情境，让学生自己去感知、体验、发现，提出需要学习的问题。一般不直接提供教材让学生去理解和记忆，它重在知识技能的实际应用，而不在于掌握多少知识量。有时教师也提供教材，目的是激发学生的学习欲望，而不是用它作为解决问题的依据。

3. 强调情感认知和体验：它重在运动参与中的情感认知和体验，并上升为理性认识，如方法的掌握、能力的提高。教师应给学生全方位的开放，在课题内容、资源、组织练习形式、参与运动的时间、空间、结果表达、评价方式都应是开放式，赋予学生更多的权利和主动性。

4. 重视人际之间的沟通与交流：运动参与的感知和体验，研究成果都可引发学生进行沟通和交流。评价促进人际之间的沟通和交流，要鼓励学生深思与表达，在自评基础上，通过互评了解别人，完善自己。友情沟通了，同时在参与运动中不仅有了本体感受的认知，观察和接触同学，促进了认知能力和人际交往能力的提高。全班学生之间的差异性决定了学生对同一问题理解的不一样，迫使学生进一步深入思考，经过再思考，再表达出自己的观点或再展示不同的运动技术动作时，也就完成了对成果的延展性和生成性的体验。这才是研究性学习的中心目的。

让每一个"问题生"都享有教育的阳光

刘志江

何为"问题生"?依我的理解,"问题生"可能指以下几个方面出了问题的学生:学习方面:学习基础薄弱,学习方法不当,学习态度不端正;行为方面:表现为懒散,自制、自律意识弱,行为习惯不好;心理方面:心理封闭、偏执,情绪消极、低落,心理发展不健康。

总之,和同龄人、群体难以融合,难以相处的学生,就都可以称为"问题生"。我认为,不骄不躁、不急不恼、不愠不火、不离不弃等心理状态,是班主任引导和促进"问题生"转化和发展的基础。班主任在良好的心态下开展工作,对学生进行学习指导、行为督导、心理疏导,才可能事半功倍。同时,我对"问题生"的教育,不求"速效",但求"渗透";不求"立竿见影",但求"循序渐进"。

一、构建"班级",整体引导

构建良好的班级氛围,提高班级整体的班风、学风,"问题生"在整体进步中会"水涨船高","问题"会容易得到化解。

我把"班级"看做我和学生的"生命舞台"。这个舞台允许一切学生展现个性,尤其是"个性"可能更为突出的"问题生"。对他们,我经常采取激励的方式。"激励就是调动人的潜在的积极性。"对待"问题生",我满怀信心,充满热情,我想:他们每个人都潜力巨大,每个人都是一座宝藏,我所要做的就是尽力挖掘,让他们厚积薄发,彰显才华。

我经常注意发现班级生活的亮点，及时、准确地肯定班级进步的点点滴滴，促进班级建设的良性发展。比如，运动会后，我及时召开班会，主题是"运动会十大感人事件"。其中包括某同学给同学买巧克力、精心制作号码牌；某某等6位同学协助老师整理三级跳场地；某某等5位同学精心制作班牌；某某"激情解说"老师和学生的足球比赛；25位参加入场式同学的"团结一心"；21位运动员的精彩表现；等等。我捕捉细节，挖掘亮点，大力表扬，使班里大部分同学都有"被肯定"的成就感。

我遵从"在群体中培养人"的理念，抓住"纪律"、"学习"、"心理"等要素，构建适合学生成长的"班集体"，让班级拥有轻松愉快、平等民主、互信互助的班级氛围。我采用赏识教育，将鼓励的话语、信任的目光传达给每位学生。

每次集体活动之后，甚至是平常生活中"问题生"的表现，我都会及时总结，及时表扬。例如，哪位同学上课时小动作少了，谁把黑板擦得最干净，谁主动换好了饮水机的水，谁自然而然地拣起了地上的废纸，等等，我留心观察"问题生"在生活中的种种表现，从小事上挖掘出他们精神上的闪光点，不断鼓励他们，肯定他们，并信任他们会来日方长，会越来越好。

每个月，我都逐一找遍班里的"问题生"，谈谈情况，鼓舞干劲儿！在交流中，我鼓励并肯定他们，让他们在充满信任、欣赏的环境中成长、进步，进而使学习、行为和心理等方面都能逐渐趋于"和谐"。

对于"问题生"，我也会恰当使用惩罚手段，有针对性地进行批评教育。当然，惩罚只是教育手段，不是教育目的。我是通过适度的外在压力使学生的内在因素发生作用，产生对错误行为的趋避意识。而且，批评学生前后，我都会及时找"问题生"谈话，心平气和地分析原因，寻找对策，让"批评教育"充分发挥积极作用，促进"问题生"的进步和发展。

二、遵循规律，因势利导

"多元智能理论"认为：每个人都具有8种或8种以上的智能，只是由于组合和发挥程度不同,每个学生都有自己的优势智能领域,有自己的学习特点与方法。也就是说,每个学生都具有在某一方面或几方面的发展潜力,只要为他们提供合适的教育,每个学生都可以成才。遵循"多元智能"规律,在教育中,我结合学生的性格特点,因势利导,不同的学生采用不同的方法。在教育过程中,我引导学生探求新知识的方法,因为"良好的方法可以增进学生的效能,乃至加速他们的心理成长而无所损害"。经过引导,学生们原有的习惯在活动中活跃起来,"进入周转,像工具在劳动中得到运用一样"。

某清晨,马某再次迟到。对于他的"迟到"问题,我总是这样想:既然马某是"问题生",那么他的"问题"就一定容易出现反复,这很正常。我不把一次次"迟到"看成是过去错误的简单重复,更不认为是屡教不改或不可救药,我能在每次反复中看到前进的因素,并因势利导,促其转化。

看到我在班级门口等着他,他不好意思地用衣服领子遮住自己的脸。这个身高一米八的男孩脸上写满惭愧。我没说话,微笑着打开教室门示意他进班上早读。他快步进班,深低着头。当天晚上七点多钟,他给我发来短信。

马某:马某要请功!

老师:为什么?

马某:因为我把运动会比赛时间和人员摘出来写成表,贴在班里墙上了。我还给同学们买了两箱水,运动会时给同学们抬过去。

老师:做得好。一定在班里大力表扬你。

马某:正和我的意思相反,我要的不是表扬,我只是想用这事告诉您,我知道我该做什么。我十七了,您,可以少操心了,在这邀功了,我只是想弥补早上带来的不便。

这几条短信,我保留至今。我想,是我充分维护了他的自尊,并依照他的个性"因势利导",他会感觉到,老师是尊重他的,信任他的,我的做法激发起了他的自尊心,他便会主动地承担起男子汉应当承担的责任。这样的短信,能表明学生情感上的成熟,也是老师们不断努力后取得的阶段性成果。

　　王某是个个性孤僻的女孩,在班里独来独往,"自我"意识很强,"事不关己"则"高高挂起"。一次,班里评选三好学生,班级成绩靠前的她竟然仅获得6票的支持。我反复找她交流,告诉她:人生活在人群当中,不可能脱离社会而单独存在,学会合作比成绩优秀更重要。通过交流,我发现,这样的谈话对她来说效果不大。我开始等待机会。今年五一长假前,学校组织学生游览植物园时,她没有通知任何人,躲在家里不参加活动。我打了十几个电话,她都不接听。终于在临近中午时,她发来短信,说自己生病了,不舒服,要请假。事后我及时和她母亲沟通,证实她根本就没有生病。紧跟着在五一长假之后,我发现她美术课时竟然跑到阅览室学习,而且见到了我还泰然自若。我抓住她"自我"意识强的特点,找到她,严厉地批评。我告诉她,没有正当理由不参加集体活动,不上美术课,都是旷课。我找出校《学生指南》这本小册子,把学校的"考勤管理办法"读给她听,"旷课五节以上的学生","学校对其点名批评","屡教不改……学校给予警告处分或严重警告处分,直至留校察看或除名。"我告诉她,你的行为很严重,已经严重违反了校规,损害了别人的利益。她害怕了,内心有了触动。在她反省了一会儿之后,我让她表态,她说自己的做法"草率"、"过分",说自己认识到自己思想上的错误和态度上存在的问题。我让她写了书面检查,并让她父母签字。我告诉她,如果她表现好的话,这份她所谓的"证据",可以在适当的时候还给她。这之后,她似乎变了一个人,开始尝试融入班集体。在她不断进步的过程中,我了解到她还没有"入团"的事,便以此为切入点,鼓励再接再厉,积极向团组织靠拢。今年10月17日,"团员发展会上",班里全票通过她成为预备团员,她获得了大家的认可。当天放学,我找到她,郑重地还给她那份书面检查。她满脸感激,向我深深鞠了一躬……

　　俗话说,"一把钥匙开一把锁",我尝试着遵循孩子的性格特点,因材施教,因势利导,具体问题具体分析,在和"问题生"的反复沟通和磨合中,促进他们的进步和发展。

三、"尊重"教育，挖掘潜能

"作为学校素质教育的重要方面，其目标是要培养一种具有多方面能力的、人格高尚的、能够对社会有用的人才……引导和鼓励学生做一个有很好的品格、值得尊敬的人。"为了促进学生的身心发展，培养学生的良好品格，我积极引导学生学会尊重，挖掘潜能。

对待"问题生"，我不在人格上给他们施加压力，不因为他们暂时"有问题"而另眼相看。反之，我给予他们更多的"尊重"。

在对学生进行"尊重教育"时，我谈到了自己所理解的"尊重"的两个内涵：

第一，"尊重"的相互性。我们要求别人尊重自己，我们更要尊重别人。我引用了王选院士所说的一句话："好人的标准是什么？好人就是考虑别人和考虑自己一样多。"我们能否能站在对方的角度思考问题，换位思考，互相尊重。

第二，"尊重"的责任性。尊重别人，就是对别人负责任，生活中多为别人做点什么；尊重自己，就是对自己负责，就是不断强大自己，发挥潜能，促进自己学习、行为、心理等多方面和谐发展，尽最大努力实现人生的意义和价值。

前两天，学校请来了建筑设计院崔凯副院长作"变化的城市，创意的建筑"专题讲座，听讲座过程中，一名同学不时地聊天，表现得很"活跃"。我抓住这个契机，事后针对这个问题和他谈到了三个方面的"尊重"：

首先，讲座之前，我们达成共识要认真听讲座，你没有做到，这是对大家的不尊重；

其次，讲座过程中，作为景山的学生，你没有展现出应有的素养，这是对专家的不尊重；

最后，讲座之后，不能及时反思自己做得不好的一些细节，这又是对自己的不尊重。

就是通过这样的谈话方式，我引导学生解决"问题"，改正不足，克服缺点。

今年4月份学校艺术节期间，班里两个学生在"才艺展示"的舞台上载歌载舞表演了歌曲《喜唰唰》。事后，音乐老师在同年级的几个班里表态说，这个节目没有艺术品位。这两个学生不服气，找到老师理论，老师坚持己见，双方各不相让。接着，就有同学在百度网的"景山贴吧"上诋毁音乐老师，问题闹僵了。知道这件事后，我及时和双方沟通，我的核心词就是"互相尊重"。这件事老师和学生都有自己的理由，音乐老师有自己专业领域方面的见解，也有发言权；学生有展示自己才华的舞台，也有自己的品位标准。这件事的矛盾就在于双方没有很好地沟通。我利用一天中午的时间，领学生到学校附近花店为音乐老师买了一束鲜花，之后和学生一道和音乐老师进行面对面的沟通，双方聊了四十分钟，老师还将自己作曲的两首歌曲的盘送给了学生。沟通最后，双方都各退一步：音乐老师认为评价的场合要有选择性，应考虑到学生的承受能力；学生认为自己在贴吧上行为过激，给老师造成了不良的影响，同时也表示要不断提高艺术修养。双方都站在对方的立场思考问题，在互相尊重的基础上，双方握手言和，矛盾在"互相尊重"的基础上迎刃而解。

心理学理论表明，在人的心理机能方面，比"尊重"心理需要更高一层的是"自我实现"的需要。为了能更好地做到"尊重"他人，我引导学生不断实现自身价值。我创造机会，例如安排部分"问题生"做班干部、做小组长、做课代表等。尽量挖掘他们的潜能，并引导他们都有成功的喜悦。

四、多方合作，共促提高

针对"问题生"的问题，我想仅凭班主任一己之力显然勉为其难。家校的密切合作，科任教师的配合，同学的互帮互助，多方合作，各方面的爱加在一起，我想是会促进"问题生"的进步的，至少他们能感受到这份真诚的关爱。

我曾关注到这样的一条新闻：由东城区13所学校德育干部组成的调查

队于今年对区里的 125 名问题学生进行了访谈，还寻访了他们的家庭、好友、主管老师等相关群体。调查发现，家庭教育方法不当、家长自身不完善以及由家庭残缺与再婚家庭导致的家庭关系冷淡是产生问题学生的最主要因素。

正因如此，在多方合作中，我特别重视"家校合作"。

我经常对家长说："兴趣就意味着自我活动。"我们应该注重培养孩子多种多样的兴趣爱好，而不是仅仅关注孩子的学习成绩。爱要春风化雨，我们不能急躁，不能放弃。我们应该比孩子站得更高、看得更远，在欣赏、信任、尊重孩子的基础上引导孩子提升自己的综合素养。

在和部分家长交流的过程中，我发现，一些家长在教育孩子的过程中，容易急躁，动辄以"爱之深，责之切"作为自己责备孩子的理由，结果很容易导致家长和学生关系的对立和紧张。我建议家长做到"三有"：有善于发现孩子优点的眼睛；有积极鼓励孩子的语言；有包容孩子缺点的心胸。同时，我和"问题生"家长保持良好的沟通，针对学生的状况"对症下药"，进行有针对性的指导。

高二开学初，班里的两位同学确定了恋爱关系，他们的一些行为在班里造成了不良的影响，引起了大多数同学的反感。在和这两位同学反复沟通、收效甚微的情况下，我及时通知了双方家长。我给男同学的家长提出了一些具体的操作建议，引导男同学先"冷处理"这段感情；同时把女同学的单亲母亲请到办公室，和女孩一起进行沟通。女孩母亲的一句"妈妈为你做了这么多，可不可以要求你为妈妈做一点什么？"让女孩泪如雨下。两个小时的沟通，让女孩意识到自己应该做些什么。家校合作，让两个学生迷途知返。紧接着，我找到班里的一些同学，让他们多和两个同学沟通，安慰他们，鼓励他们，填补他们可能会出现的空虚和失落。现在，两名同学的状态良好，已经摆脱了这件事带来的负面效应，正为自己的理想而拼搏。

当然，在和家长的沟通中，并不是每位家长都通情达理，但老师只要以"一切为了学生"为出发点，就会慢慢地感动家长，让家庭和学校的合作走上良性循环的道路！

发动大家的力量，多方合作，各尽其能，齐心协力，会共同促进"问题生"的进步和提高。

在认识问题学生的形成和转变的规律中，认知教育工作的责任；在追求教育的公平、正义中实现"面向全体，不失一生"。总之，我始终相信：每一个"问题生"都是可以改变的，关键看我们怎样付出，付出的程度怎么样。

我曾和很多"问题生"聊天。他们都说：喜欢那些给他鼓励、相信他进步的老师。我记得他们的话，我愿意做一名"问题生"们所喜欢的给他们鼓励，并相信他们会进步的老师。

高中新课程实施过程中学生心理的调查研究

毛敏　张毅

一、问题的提出

新一轮基础教育课程改革启动以来,人们对教师的角色和行为进行了反思和探讨,并提出了许多有创建的观点。人们普遍认同教师是课程改革成功与否的关键,不可否认,教师教学实践的改变是决定这轮改革成败的因素之一。但是,我们在关注教师角色和行为的同时,必须意识到学生才是新课程改革的最终主体,无论课程模式的改革、评价方式如何变化,教师角色和行为的改变其最终的目的是让学生有所发展,新课程改革成功的最终标准是学生的发展。只有了解学生的心理状态,才能在实践中更好地贯彻高中新课程的宗旨,实现新课程改革的最终目的。但遗憾的是,在众多关于新课程改革的研究中,对于中学生在新课程改革中的态度与心理状态并没有给予足够的重视。

中学生对于新的课程改革是怎样的态度呢？新课程改革给予他们的是更多的惊喜还是增添了几分焦虑呢？新课程改革到底给他们带来了哪些行为上的变化呢？为了进一步探讨高中新课程实施过程中学生的心理状况,并从心理学的角度对这些问题进行分析,从而更好地指导和推动高中新课程的改革,我们做了《我校高中新课程实施过程中学生心理的调查研究》。

二、研究对象及方法

1. 研究对象:我校高一年级四个班级共 171 名学生。回收有效问卷:

164份，其中男生83份，女生81份，问卷回收率97%。

2. 调查问卷：参考戴斌荣、张旺编写的《高中新课程实施过程中学生心理的调查问卷》，对该问卷进行了修改和删减。该问卷共19题，从认知、情感、行为三个方面对高中新课程实施过程中学生的心理状况进行调查。其中1～8题，属于认知方面，主要用来了解学生对新课程认知方面的心理；9～13题属于情感方面，主要用来了解学生在新课程改革中的情感体验；14～17属于行为方面，主要用来了解学生在新课程改革中的行为。

三、结果与分析

（一）高中新课程实施过程中学生的认知概况

这一部分共有8道题目，用以了解学生在新课程实施中的认知概况。调查结果表明：尽管77%以上的学生对课程改革持支持态度，但仍有23%以上的学生对于新课程改革持反对态度。有25%的学生认为学校的课程改革流于形式、非常失败；75%的学生认为新课程改革对其自身的发展弊大于利、利弊相当和无所谓；30%的学生不认可新课程改革中的课程模块设置；70%的学生认为新课改中老师的教学方式与以前相比较没有变化或者没有以前好；25%的学生对新课程改革的评价方式不认可；有49%的学生主要目标是考取大学以及46.9%的学生认为影响新课改的最大因素是高考。具体数据如下：

1. 你对新课程改革的认识：

有30以上的学生对新课程改革持反对态度。

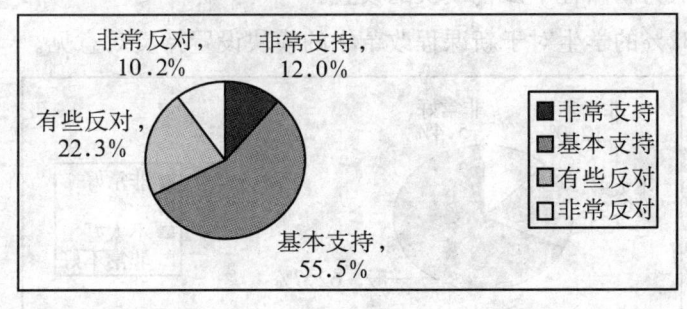

2. 认为所在学校课程改革：

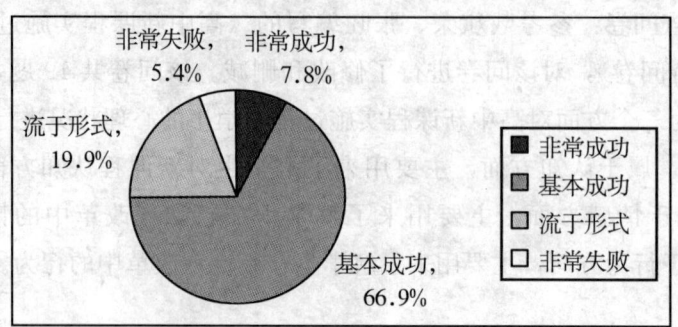

近75%的学生认为我校课程改革是成功的，但仍有25%的学生认为新课程改革是流于形式和非常失败的。

3. 新课程对自己的发展：

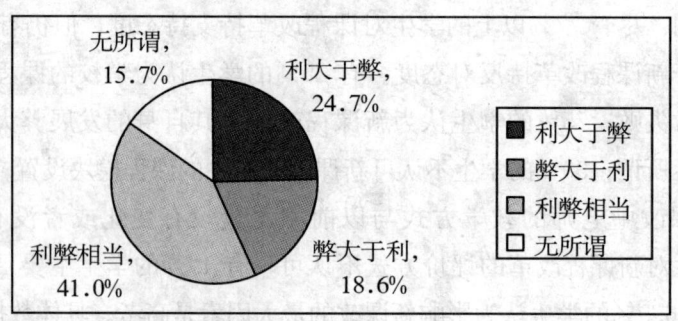

认为新课程对自己的发展更为有利的学生有24.7%，75.3%的学生并不认为新课程更能有利于自己的发展。

4. 你认为新课程中课程模块的设置：

有近32%的学生对于新课程改革中的模块设置持反对意见。

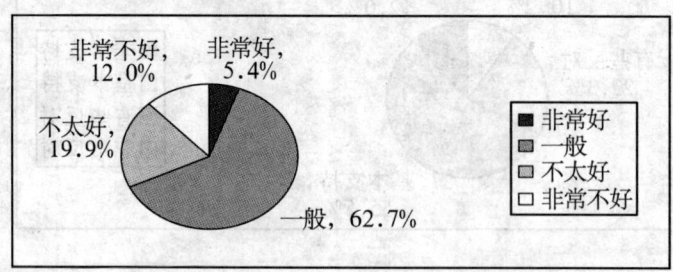

5. 你认为新课程改革中老师的教学方式:

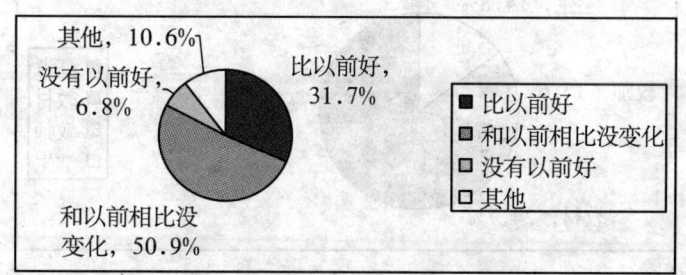

近70％的学生并不认为新课程改革中老师的教学方式比以前更有利于自己的学习。

6. 你认为高中新课程改革的评价方式:

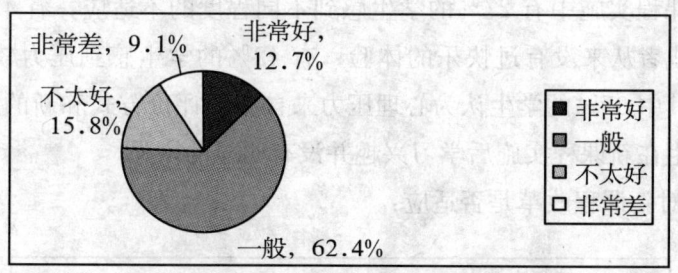

有24.9的学生并不认可高中新课程改革的评价方式。

7. 你学习的主要目标是:

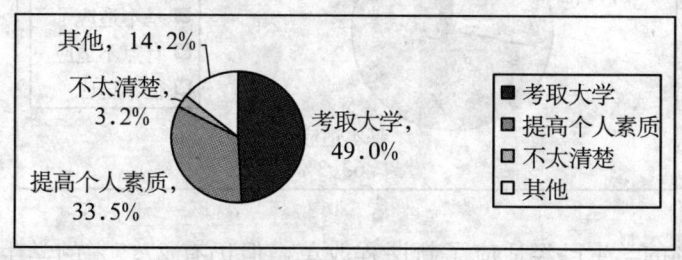

49％的学生学习的主要目标是考取大学。

8. 你认为影响新课程实施的最大因素是:

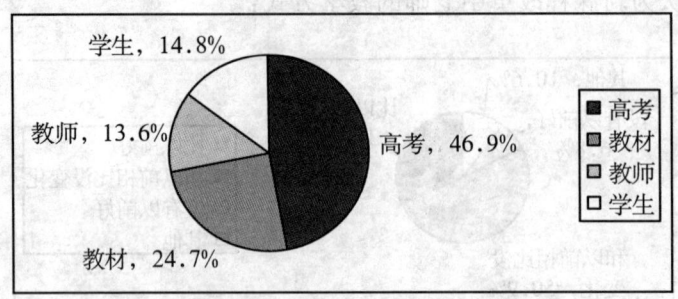

46.9％的学生认为影响新课程实施的最大因素是高考。

（二）高中新课程实施过程中学生的情感体验

高中新课程实施过程中学生的情感体验方面共有 5 道问题。调查结果表明：在新课程实施中有 27％的学生感到不同程度的不适应，有 47％的学生基本没有或者从来没有过快乐的体验；有 42％的学生感到压力较大或者压力很大，其中 37％的学生认为心理压力来自新的评价方式和新的课程模式；60％的学生在新课程实施后学习兴趣并没有明显的增强。

1. 你对新课程改革是否适应：

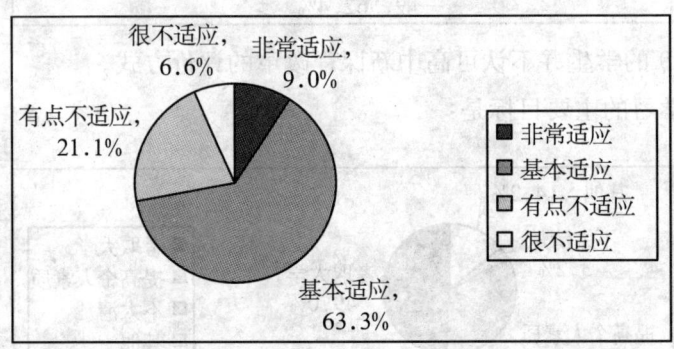

72.3％的学生已经适应了新课程改革，但仍有 27.7％的学生对新课程改革还没有适应。

2. 你在实施新课程中是否体验到快乐：

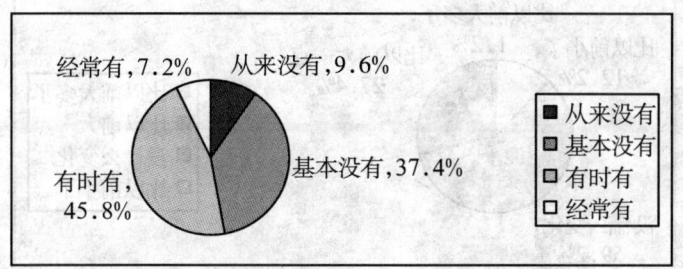

53%的学生经常有或有时体验到快乐。47%的学生基本没有或者从来没有感受到快乐。

3. 你在新课程实施以来的心理压力：

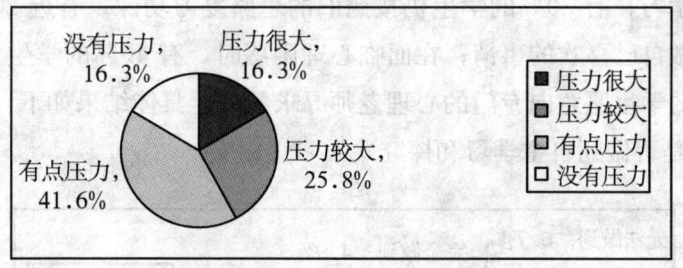

83.7%的学生在新课程实施以来有不同程度的压力。

4. 新课程实施中的心理压力主要来自：

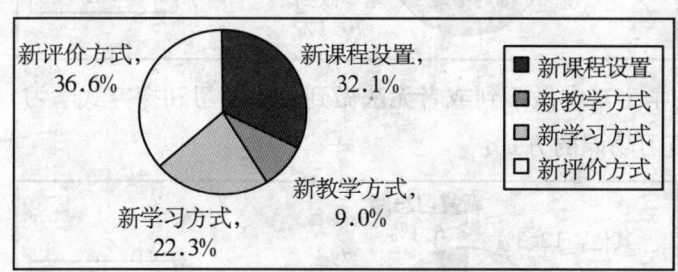

学生的心理压力主要来自新评价方式、新课程设置和新的学习方式。

5. 新课程实施后自己的学习兴趣：

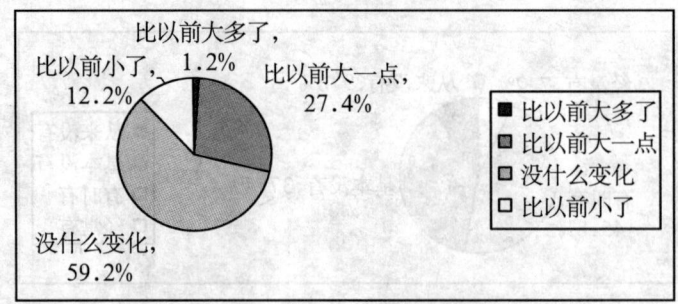

实施新课程后,学生学习兴趣并没有明显提高。

(三)高中新课程实施过程中学生的行为概况

在新课程实施中,有75%的学生能够基本做到或者完全做到自主学习和探究式学习;有30%的学生仍按照旧的思路复习功课;有近20%的学生没有时间做自己喜欢的事情;在面临心理困惑时,有40%的学生自己解决,只有2.4的学生愿意向专门的心理老师寻求帮助。具体结果如下:

1. 你是否做到自主学习和探究式学习:

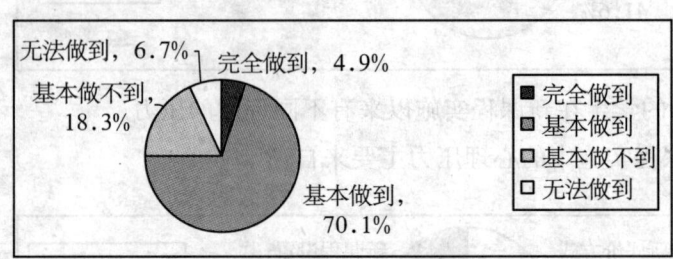

25%的学生基本做不到或者无法做到自主学习和探究式学习。

2. 你复习功课的方式:

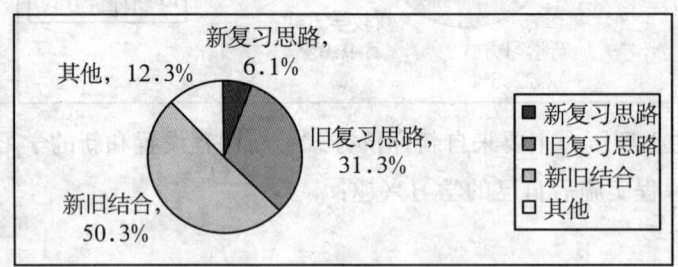

30%的学生仍按照旧的思路复习功课。

3. 你是否有时间做自己喜欢的事情：

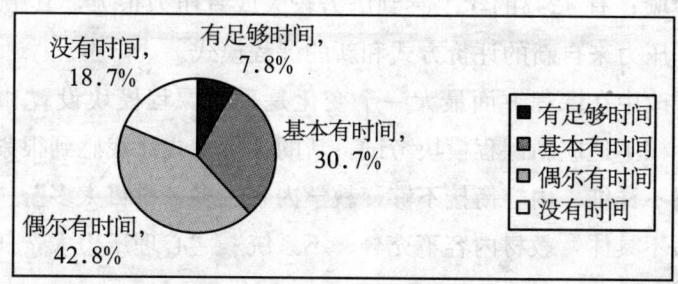

新课程实施中，有18.7%的学生没有时间做自己喜欢的事情。

4. 你在学习和生活中遇到心理困惑时向谁寻求帮助：

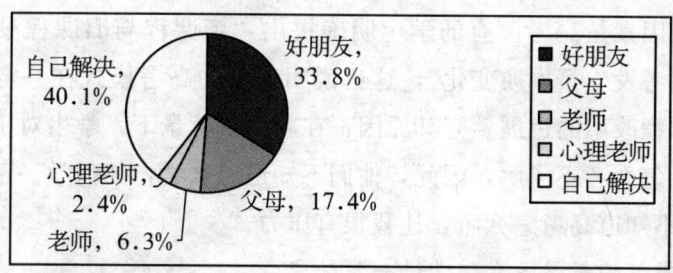

在学生遇到心理困惑时，有40.1%的学生自己解决，有近58%的学生寻求朋友和父母的帮助，只有2.4%的学生愿意向专门的心理老师求助。

四、讨论

（一）新课程改革虽然能被大部分学生所接受，但面临新课程，学生普遍觉得压力很大，压力主要来自课程模块设置以及评价方式

有77%以上的学生对课程改革持支持态度，75%的学生认为我校的课程改革是成功的，这说明大多数学生对高中新课程改革是支持和认同的。新课程改革能被学生所接受，但我们也不能忽视仍有30%以上的学生对于新课程改革持反对态度。25%的学生认为学校的课程改革流于形式以及非常失

败；30%的学生不认可新课程改革中的课程模块设置。新课程实施中有27%的学生感到不同程度的不适应，有47%的学生基本没有或者从来没有过快乐的体验；有42%的学生感到压力较大或者压力很大，其中37%的学生认为心理压力来自新的评价方式和新的课程模式。

在新课改中在课程方面最大一个变化是采用课程模块设置和实行学分制。有学生"不适应新课程模块考试，新的评价方式让我感到很紧张"，"课程乱，教材不详细，内容衔接不够，教学内容过多，科目太多"，"模块设置使教材编写不具体，教材内容不充分、不系统"，"心理压力大，任何方面都有学分"。

（二）高考仍是制约新课程改革进展的主要因素

调查显示：49%的学生主要目标是考取大学；46.9%的学生认为影响新课改的最大因素是高考。有的学生明确提出"新课程与旧课程没有本质变化，除非高考发生了本质变化"，这也说明现行的高考模式在一定的程度上制约了新课程改革的进展。究其原因，在新课改背景下，学生对于未来的高考考什么，怎么考不了解，因此，他们不知道怎么学，如何学。正如很多同学所说："不知道高考怎么考，让我很有压力。"

（三）教师的教学方式仍需进一步转变

新课程改革中提出要改变教育方式，但是有70%的学生认为新课改中老师的教学方式和以前相比没有变化或者还没有以前好，造成这一现象的原因是由于教师也没有现成的经验可借鉴，而且教师多年形成的教学方式也很难在一夜之间发生变化，改革目标的达到是一个长期任务，不可能一蹴而就。教师也需要在不断学习和实践中进一步转变思想，实施新的更利于促进学生学习的教学方式。

（四）学生的学习兴趣并没有获得明显提高

60%的学生在新课程实施后学习兴趣并没有提高。新课程强调加强实践动手的能力，研究性学习和自主学习的能力以及同伴合作的能力。但是这些理念课改要求要充分发挥和体现学生的主动学习、积极探索的精神，要激发学生学习的积极性、主动性，首先必须使其能够产生浓厚的学习兴趣，有了兴趣才能有学习的动力，才能有主动探求的意识和愿望。

五、建议

首先，学校应该加大教师的新课程培训，教育改革既是时代发展的需要，也应该成为广大教师的呼声。改革的目的是为了使教育能适应时代的发展，是为了使教师的教育教学更适应孩子的身心发展。教师是课程改革的实践者，教师是将先进的教育理念转化为教学行为的引导者和实施者。

其次，新课程实行学业成绩与模块学分制，综合运用自评、教师评价、同伴评价的多元主体评价方式。这样的评价体系，从理论上说更有利于学生的发展。调查中25%的学生对新课程改革的评价方式不认可，所以教师应引导学生共同探讨新课程的评价体系，使学生做到心中有底，彻底消除他们的疑虑，指导学生学会学习，从被动接受知识转向积极建构知识，每个学生都应该找到适合自己的学习目标和人生规划。

最后，学校应该采取多种措施帮助学生缓解心理压力。高中生是个特殊的群体，从自身个体发展来看，他们处于生理、心理迅速发展时期；从外界环境来看，学生的学习强度和学习压力都比较大，再加上处于新课程改革的时期，已经习惯了的学习方式、老师的教学方式、评价方式又发生了很大的变化，这些都使得学生面临很大的压力，而调查中有40%的学生在遇到心理困惑时都是依靠自己解决，只有2.4%的人向专业心理老师求助。这反映了学校需要加强对学生的心理辅导和心理减压，完善学校的心理健康教育体系，让同学们能在遇到心理困惑时能向专业的心理老师寻求帮助，从而保证他们能健康快乐地发展。